"十二五"国家重点图书出版规划项目

中国社会科学院创新工程学术出版资助项目

新版《列国志》编辑委员会

列国志

GUIDE TO
THE WORLD
NATIONS
新版

王宏纬
主编

N E P A L

尼泊尔

社会科学文献出版社
SOCIAL SCIENCES ACADEMIC PRESS (CHINA)

尼泊尔国旗

尼泊尔国徽

尼泊尔新王宫

尼泊尔政府所在地：狮子宫

加德满都的斯瓦扬布纳特寺

帕坦市的克里希纳神庙，又名黑天神庙
（张弛　摄）

印度教著名神庙——帕舒帕底纳特庙
（张弛　摄）

蓝毗尼园，释迦牟尼诞生地

巴德岗王宫广场的尼亚塔波拉神庙（初征 摄）

昌古·纳拉扬寺的雕像

巴德岗木雕店（初征 摄）

尼泊尔特色的面具和工艺品

加德满都谷地

安纳普尔纳峰

纳加阔宾馆（初征　摄）

博卡拉徒步线上的客栈（赖鑫琳　摄）

加德满都泰米尔区街头（张弛　摄）

帕坦市的民居

巴德岗街景（初征　摄）

出版说明

　　《列国志》编撰出版工作自 1999 年正式启动，截至目前，已出版 144 卷，涵盖世界五大洲 163 个国家和国际组织，成为中国出版史上第一套百科全书式的大型国际知识参考书。该套丛书自出版以来，受到社会各界的广泛好评，被誉为"21 世纪的《海国图志》"，中国人了解外部世界的全景式"窗口"。

　　这项凝聚着近千学人、出版人心血与期盼的工程，前后历时十多年，作为此项工作的组织实施者，我们为这皇皇 144 卷《列国志》的出版深感欣慰。与此同时，我们也深刻认识到当今国际形势风云变幻，国家发展日新月异，人们了解世界各国最新动态的需要也更为迫切。鉴于此，为使《列国志》丛书能够不断补充最新资料，更好地服务于社会各界，我们决定启动新版《列国志》编撰出版工作。

　　与已出版的 144 卷《列国志》相比，新版《列国志》无论是形式还是内容都有新的调整。国际组织卷次将单独作为一个系列编撰出版，原来合并出版的国家将独立成书，而之前尚未出版的国家都将增补齐全。新版《列国志》的封面设计、版面设计更加新颖，力求带给读者更好的阅读享受。内容上的调整主要体现在数据的更新、最新情况的增补以及章节设置的变化等方面，目的在于进一步加强该套丛书将基础研究和应用对策研究相结合，将基础研究成果应用于实践的特色。例如，增加了各国有关资源开发、环境治理的内容；特设"社会"一章，介绍各国的国民生活情况、社会管理经验以及存在的社会问题，等等；增设"大事纪年"，方便读者在短时间内熟悉各国的发展线索；增设"索引"，便于读者根据人名、地名、关键词查找所需相关信息。

顺应时代发展的要求，新版《列国志》将以纸质书为基础，全面整合国别国际问题研究资源，构建列国志数据库。这是《列国志》在新时期发展的一个重大突破，由此形成的国别国际问题研究资讯平台，必将更好地服务于中央和地方政府部门应对日益繁杂的国际事务的决策需要，促进国别国际问题研究领域的学术交流，拓宽中国民众的国际视野。

新版《列国志》的编撰出版工作得到了各方的支持：国家主管部门高度重视，将其列入"'十二五'国家重点图书出版规划项目"；中国社会科学院将其列为创新工程学术出版资助项目，王伟光院长亲自担任编辑委员会主任，指导相关工作的开展；国内各高校和研究机构鼎力相助，国别国际问题研究领域的知名学者相继加入编辑委员会，提供优质的学术咨询与指导。相信在各方的通力合作之下，新版《列国志》必将更上一层楼，以崭新的面貌呈现给读者，在中国改革开放的新征程中更好地发挥其作为"知识向导"、"资政参考"和"文化桥梁"的作用！

新版《列国志》编辑委员会
2013 年 9 月

前　言

　　自 1840 年前后中国被迫开关、步入世界以来，对外国舆地政情的了解即应时而起。还在第一次鸦片战争期间，受林则徐之托，1842 年魏源编辑刊刻了近代中国首部介绍当时世界主要国家舆地政情的大型志书《海国图志》。林、魏之目的是为长期生活在闭关锁国之中、对外部世界知之甚少的国人"睁眼看世界"，提供一部基本的参考资料，尤其是让当时中国的各级统治者知道"天朝上国"之外的天地，学习西方的科学技术，"师夷之长技以制夷"。这部著作，在当时乃至其后相当长一段时间内，产生过巨大影响，对国人了解外部世界起到了积极的作用。

　　自那时起中国认识世界、融入世界的步伐就再也没有停止过。中华人民共和国成立以后，尤其是 1978 年改革开放以来，中国更以主动的自信自强的积极姿态，加速融入世界的步伐。与之相适应，不同时期先后出版过相当数量的不同层次的有关国际问题、列国政情、异域风俗等方面的著作，数量之多，可谓汗牛充栋。它们对时人了解外部世界起到了积极的作用。

　　当今世界，资本与现代科技正以前所未有的速度与广度在国际间流动和传播，"全球化"浪潮席卷世界各地，极大地影响着世界历史进程，对中国的发展也产生极其深刻的影响。面临不同以往的"大变局"，中国已经并将继续以更开放的姿态、更快的步伐全面步入世界，迎接时代的挑战。不同的是，我们所面临的已不是林则徐、魏源时代要不要"睁眼看世界"、要不要"开放"问题，而是在新的历史条件下，在新的世界发展大势下，如何更好地步入世界，如何在融入世界的进程中更好地维护民族国家的主权与独立，积极参与国际事务，为维护世界和平，促进世界与人类共同发展做出贡献。这就要求我们对外部世界有比以往更深切、全面的了解，我们只有更全面、更深入地了解世界，才能在更高的层次上融入世界，也才能在融入世界的进程中不迷失方向，保持自我。

与此时代要求相比，已有的种种有关介绍、论述各国史地政情的著述，无论就规模还是内容来看，已远远不能适应我们了解外部世界的要求。人们期盼有更新、更系统、更权威的著作问世。

中国社会科学院作为国家哲学社会科学的最高研究机构和国际问题综合研究中心，有 11 个专门研究国际问题和外国问题的研究所，学科门类齐全，研究力量雄厚，有能力也有责任担当这一重任。早在 20 世纪 90 年代初，中国社会科学院的领导和中国社会科学出版社就提出编撰"简明国际百科全书"的设想。1993 年 3 月 11 日，时任中国社会科学院院长胡绳先生在科研局的一份报告上批示："我想，国际片各所可考虑出一套列国志，体例类似几年前出的《简明中国百科全书》，以一国（美、日、英、法等）或几个国家（北欧各国、印支各国）为一册，请考虑可行否。"

中国社会科学院科研局根据胡绳院长的批示，在调查研究的基础上，于 1994 年 2 月 28 日发出《关于编纂〈简明国际百科全书〉和〈列国志〉立项的通报》。《列国志》和《简明国际百科全书》一起被列为中国社会科学院重点项目。按照当时的计划，首先编写《简明国际百科全书》，待这一项目完成后，再着手编写《列国志》。

1998 年，率先完成《简明国际百科全书》有关卷编写任务的研究所开始了《列国志》的编写工作。随后，其他研究所也陆续启动这一项目。为了保证《列国志》这套大型丛书的高质量，科研局和社会科学文献出版社于 1999 年 1 月 27 日召开国际学科片各研究所及世界历史研究所负责人会议，讨论了这套大型丛书的编写大纲及基本要求。根据会议精神，科研局随后印发了《关于〈列国志〉编写工作有关事项的通知》，陆续为启动项目拨付研究经费。

为了加强对《列国志》项目编撰出版工作的组织协调，根据时任中国社会科学院院长李铁映同志的提议，2002 年 8 月，成立了由分管国际学科片的陈佳贵副院长为主任的《列国志》编辑委员会。编委会成员包括国际片各研究所、科研局、研究生院及社会科学文献出版社等部门的主要领导及有关同志。科研局和社会科学文献出版社组成《列国志》项目工作组，社会科学文献出版社成立了《列国志》工作室。同年，《列国志》项目被批准为中国社会科学院重大课题，新闻出版总署将《列国志》项目列入国家重点图书出版计划。

在《列国志》编辑委员会的领导下，《列国志》各承担单位尤其是各位学者加快了编撰进度。作为一项大型研究项目和大型丛书，编委会对《列国志》提出的基本要求是：资料翔实、准确、最新，文笔流畅，学术性和可读性兼备。《列国志》之所以强调学术性，是因为这套丛书不是一般的"手册""概览"，而是在尽可能吸收前人成果的基础上，体现专家学者们的研究所得和个人见解。正因为如此，《列国志》在强调基本要求的同时，本着文责自负的原则，没有对各卷的具体内容及学术观点强行统一。应当指出，参加这一浩繁工程的，除了中国社会科学院的专业科研人员以外，还有院外的一些在该领域颇有研究的专家学者。

现在凝聚着数百位专家学者心血，共计 141 卷，涵盖了当今世界 151 个国家和地区以及数十个主要国际组织的《列国志》丛书，将陆续出版与广大读者见面。我们希望这样一套大型丛书，能为各级干部了解、认识当代世界各国及主要国际组织的情况，了解世界发展趋势，把握时代发展脉络，提供有益的帮助；希望它能成为我国外交外事工作者、国际经贸企业及日渐增多的广大出国公民和旅游者走向世界的忠实"向导"，引领其步入更广阔的世界；希望它在帮助中国人民认识世界的同时，也能够架起世界各国人民认识中国的一座"桥梁"，一座中国走向世界、世界走向中国的"桥梁"。

《列国志》编辑委员会
2003 年 6 月

尼泊尔前国王贺词

　　我高兴地获悉，中国社会科学院亚洲太平洋研究所王宏纬教授将于今年年底出版《尼泊尔》一书。此书的确是中国出版的关于尼泊尔书籍的可喜新收获，有助于中国民众更好地了解尼泊尔的历史、文化、政治、经济和社会制度。

　　尼泊尔和中国是享有最良好的关系和在许多事情上休戚与共的亲密邻邦。相互信任、依赖和友谊，是我们经过时间考验的关系的特征。在和平共处五项原则的指引下，我们两国都承诺要世世代代维护这一信任和友谊的精神。在各个层次上密切、全面理解彼此的感情和愿望以及重视彼此关切的问题，对于实现这一理想是至关重要的。我相信，此书的出版将在一个很长时期内推动这一进程。

　　我赞赏王教授的努力，并且希望在未来的岁月里看到他更多的宝贵的作品问世。我祝他健康、幸福和长寿。

贾南德拉·比尔·比克拉姆·沙阿·德瓦

　　说明：该贺词是由国王的首席秘书白舒帕提·马哈尔詹寄给《尼泊尔》一书主编的。他写道：亲爱的王教授，我愉快地寄去国王陛下的贺词，他亲切地同意将其刊印在即将出版的《尼泊尔》一书中。致最良好的祝愿。

国王陛下首席秘书

Pashupati Sharma　　　　　　　2003 年 9 月 19 日

序　言

　　1999 年初，中国社会科学院做出一项决定：在较短的时间内组织撰写和出版一套论述世界各国基本情况的《列国志》丛书。这是一项十分正确和及时的决定，因为它不仅可以满足广大读者日益渴望全面了解外部世界的要求，促进我国人民与世界各国人民之间的友好交往，也将会为我国大中小企业和各个部门走向世界提供不可缺少的知识读物和基本的参考资料。

　　既然要出版一套论述世界各国基本情况的《列国志》丛书，那就不仅要包括一些大国，还要包括一些影响不大的小国，特别是我们的周邻小国。这一决定对于研究大国问题的学者来说，如果是一个喜讯的话，那么对于研究小国的学者来说，却无疑是一个鼓舞。因为一般来说，论述大国的著作由于拥有相对较多的读者，出版比较容易，而有关小国的著作，由于拥有的读者较少，出版也就相对比较困难。尼泊尔虽是我国的近邻，但却是个小国，加之交通不便，经济欠发达，因而在学术界和出版界较少受到关注。对此，长期研究尼泊尔的人颇有感触，故对决定出版这套丛书特别感到高兴。有关部门经过研究，决定由我担任《尼泊尔》一书的主编，我感到十分荣幸。

　　当然，决定出版《列国志》丛书，无疑给无论研究大国或研究小国的工作人员，提供了一个向读者和社会做贡献的平等机会，至于是否能够做出贡献，即所完成的著作是否能达到既定要求，则取决于撰写人员的刻苦努力和认真负责的精神。《尼泊尔》与其他国别志一样，虽不是某一学科的专著，但是由于涉及的学科较多，故而有相当的难度。有鉴于此，我们在撰写《尼泊尔》时，注意发挥集体的力量，特别邀请了马维光、刘善国、季平、何朝荣和张惠兰等几位学者参加。他们大都多年从事有关尼泊尔问题的研究，并密切关注尼泊尔形势的发展，有的曾长期在尼泊尔工作，有的则多次访问过尼泊尔，有他们参加此项工作，发挥各自的优势和长处，是顺利完成《尼泊尔》的有利条件。

尽管我们做出最大的努力，注意发挥集体的优势，尽可能地广泛收集资料，并利用一切机会，向前来访华的尼泊尔学者或知识界人士请教，但是由于条件限制，一旦要动笔时，还是感到对许多问题仍然知之甚少，对有些问题理解不深，甚至还有一些盲点。在这里，我要特别感谢尼泊尔王国驻华大使阿查里雅先生（H. E. Mr Rajeshwar Acharya），他一直十分关心和热情支持我们的工作，除提供必要的资料外，还多方活动，设法安排我们到尼泊尔进行实地考察。为了减轻接待单位的负担，他分别与尼泊尔民航局和旅馆业协会联系，促使前者慨然答应免费提供从上海至加德满都的往返机票，后者大方地免费提供一个房间。正是在阿查里雅大使的热心推动和积极斡旋下，2000 年 8 月 6 日，尼泊尔的最高学府特里布文大学和于不久前成立的尼泊尔中国研究中心，邀请我赴尼泊尔进行了为期 6 周的学术考察和访问。这使我获益匪浅。可以说没有阿查里雅大使先生热诚和有力的支持，我们不可能取得今天这样的成果。

这虽是我对尼泊尔的第三次访问，但却是我第一次单独直接生活在热情友好的尼泊尔朋友中间，得以与他们朝夕相处，促膝谈心，敞开肺腑。这种有利环境，使我们对尼泊尔的了解取得前所未有的深入。

我还要特别感谢特里布文大学国际关系中心执行主任卡尔马查里雅教授（Prof. Dibya Man Karmacharya）和尼泊尔亚洲研究中心主任米什拉教授（Prof. Tirtha Mishra），由于他们的热情支持，我得以在该校拥有一间办公室，方便会见各系科的教授和学者，并利用该校收藏十分丰富的图书馆。我同样要特别感谢尼泊尔的著名政论家兼中国研究中心主任马丹·雷格米先生（Dr. Madan Regmi），他在条件相当困难的情况下，在市中心地区也为我提供了一间办公室，使我便于会见该中心的会员，访问有关部门和会见各界名流。该中心的许多会员，诸如达哈勒教授（Prof. Ballabh Mani Dahal）、乌布雷蒂教授（Prof. Ganga Prasad Upreti）、巴塔先生（Mr. Govind Bhatt）、高塔姆博士（Dr. Upendra Gautam）、迪塔勒博士（Dr. Saroj Dhital）和乌克雅波先生（Mr. Tamla Ukyab）等，都是各方面的精英，给了我许多宝贵帮助。特别是乌克雅波先生，他长期从事民族方面的工作，现在又是民族事务委员会的负责官员，他提供的有关尼泊尔民族问题的资料自然具有权威性。

特别值得提出的是，在我回国前夕，尼泊尔前国王比兰德拉特地在纳拉扬希蒂宫（Narayanhity Palace）单独接见了我。除其他事项外，他还特地问及我们撰写《尼泊尔》的计划，并在我告别时，一再叮咛，将来书出来时要送给他。尼泊尔国王对此书的关心，是对我们的有力鞭策，也是对我们的巨大鼓舞。

为明确责任和铭记每位参与者对此书的贡献，现将本书稿的撰写分工记录如下：

分工不等于分家。在撰写过程中，大家相互切磋，不时交换意见，并且进行互相帮助。作为主编，除单独或与他人共同撰写有关章节外，我反复阅读每个章节的原稿，或核对出处纠正错误，或提出修改意见，或做一些补充，最后多次通读书稿，并对文字做一些润色。多数作者几易其稿，力求提高写作质量。尽管如此，我们还是不敢说，此书不会出现错误。我们的态度是，热诚欢迎广大读者批评指正，以便不断修改，不断提高。

在书稿即将付梓之际，我们的心情却有些沉重。我们万万没有想到，年仅56岁的比兰德拉国王竟于2001年6月1日过早地离开了人世。比兰德拉对中国如此友好，又如此关心此书，我们谨将此书献给他的英灵，以表示我们对他由衷的敬意和怀念之情。

王宏纬

2002年11月7日

中国前驻尼泊尔大使序

今年是中国与尼泊尔建交 60 周年。在这大庆之年，中国社会科学院和社会科学文献出版社决定出版新版列国志《尼泊尔》，实在是一项很有意义的举措。因为此书的出版，不仅可使我国读者了解该书原版 2004 年问世前尼泊尔各方面的历史情况，还可使他们进一步了解该国近十多年来的发展。这无疑有助于增进中尼两国人民之间相互了解和友谊，加深双方在各个领域的紧密合作，共同走向繁荣富强。

新版列国志《尼泊尔》全书共分 9 章 38 节。除在第一章"概览"中简要介绍尼泊尔的"国土与人口"、"宗教、节日与民俗"和"特色资源"外，其他章节分别详细地论述了尼泊尔的民族、历史、政治、军事、经济、社会、文化、外交和中尼友好关系等各个方面，内容丰富，资料翔实，事实描述准确，文字通顺流畅，有些资料十分珍贵，令读者感到开卷有益。我相信，新版列国志《尼泊尔》问世后，依然会受到读者的欢迎。

我在这里想要指出的是，王宏纬教授对我国的尼泊尔研究做出了突出贡献，列国志《尼泊尔》的出版只是其贡献的一部分。在人们对这个领域尚没有给予应有关注时，他便开始了默默无闻的研究。为写好此书（原版），尽管他当时已年逾古稀，却不怕辛苦，不畏疲劳，多次前往尼泊尔实地考察，翻阅资料，进行论证，并同尼方的著名学者和官员深入地交换意见和探讨问题；现在他虽已是耄耋之年，却依然为做好此书（修订版），不辞辛苦，日夜劳作。正是这种孜孜不倦和严谨治学的精神，才使此书的质量有了保证。它在读者心目中实际上是一本尼泊尔百科全书。若说它是中尼文化交流史上的一部经典之作也不为过。我要向王宏纬教授表示诚挚的敬意。

尼泊尔是个南亚国家，位于中国和印度之间，其首都加德满都是南盟总部所在地。深入了解尼泊尔，做好对尼的工作，对中国发展同拥有 17 亿之多人口的南亚各国的关系具有重要的战略意义。我曾在尼泊尔工作过四年，离尼回国后也常像走亲戚那样不时故地重游，与那里的老朋友叙旧，因而能深刻体会尼泊尔人民对中国人的深情厚义。我们应当珍视这种深厚情义，不断浇灌它，培育它，使它根深叶茂，绽放出美丽的花朵，结出丰硕的果实。但是，要真正做到这点，就需要不断加深我们对这个友好近邻的了解。为此，我希望能有更多深入研究或详细介绍尼泊尔情况的著作问世。

据我所知，尼泊尔前国王比兰德拉曾对此书的出版表示过关切，遗憾的是他于 2001 年过早地离开了人世；还有一些知名的尼泊尔朋友，诸如尼泊尔前驻中国大使阿查里雅先生和潘迪先生、尼泊尔著名政论家兼中国研究中心主任马丹·雷格米先生和该中心的其他领导人乌布雷迪教授和高特姆博士等，都对此书的问世给予过不同形式的支持，我们应向他们表示深切的感谢。

我真诚祝愿中尼两国和两国人民的友谊地久天长，万古长青！

李德标

2015 年 2 月 15 日

尼泊尔驻华大使序

　　王宏纬教授请我为他主编的新版列国志《尼泊尔》写序，我乐而从命，因为这为我就他本人和此书说一些话提供了良机。

　　2011年12月26日，我被任命为尼泊尔驻华大使。在准备动身前来中国履新之际，尼泊尔几位前任驻华大使建议我到中国后拜会王宏纬教授。在与他会面后，我就明白了他们对他那样高度赞赏的缘故。在过去的三年间，就理解新兴的中国—南亚合作进程和尼—中关系而言，我从他的丰富智慧和远见卓识受益良多。我从这些互动中毫不迟疑地得出结论，他不但是一位真正的学者，而且是尼泊尔信赖的朋友，而他的谦逊和朴实又使他颇具真正的君子之风。

　　这部400多页的书，针对中国读者详尽介绍了尼泊尔的方方面面。在论述尼泊尔的历史、经济、文化、社会、政治、军事、民族及外交等领域时，为使尼泊尔贴近中国民众的意识，他做出了卓越的贡献。我深信，此书将依然是对尼泊尔感兴趣的中国人民的案头必备之书。

　　王宏纬教授是个多产作者，已撰写多部与尼泊尔相关的著作。此外，他还出版了有关南亚其他国家以及探讨中印关系的著述。他曾多次访问尼泊尔，广泛会见了尼泊尔高层政治领袖，包括前国王及毛主义者。他在使中国人民了解尼泊尔的毛主义运动以及诸多互有冲突的政党之间的和平进程方面，也发挥了至关重要的作用。从现在算起，尼泊尔制宪进程将在数月之内圆满结束，而他的这部新修订的书将对了解这一历史进程的背景大有裨益。

2015年是尼泊尔与中国建立外交关系60周年。新版列国志《尼泊尔》面世是今年的一件值得欢迎的大事。我衷心希望看到更多新书从王宏纬教授笔下源源不断地涌现。

马赫什·库马尔·马斯基

2015年2月25日

CONTENTS

目 录

CONTENTS

目　录

CONTENTS

目 录

CONTENTS
目录

CONTENTS

目　录

CONTENTS

目 录

CONTENTS

目 录

CONTENTS
目 录

CONTENTS

目 录

第一章

概　览

第一节　国土与人口

一　地理位置和国土面积

尼泊尔位于南亚次大陆北部，亚洲的中心部位，大约在北纬26°22′~30°27′和东经80°4′~88°12′之间。地处世界屋脊喜马拉雅山脉的中段南麓，是一个内陆山国。地形呈长方形，东西长约885公里，南北平均宽度193公里，最宽处约241公里，最窄处约145公里。北部与中国西藏接壤，东部与印度的锡金和大吉岭毗邻，西部与印度的塔兰查尔邦相接，南部则与印度的北方邦和比哈尔邦相连。从地理位置上讲，尼泊尔处于中国和印度之间，与世界其他国家隔绝。

尼泊尔是一个风景优美的山国，被誉为"东方的瑞士"。全国土地面积为147181平方公里，3/4是山地和丘陵，1/4是平原。土地总面积占全球总面积的0.03%，亚洲的0.3%，约为中国的1/75，印度的1/20。打开亚洲或南亚的地图，乍看起来，尼泊尔显然是个小国，但其领土比希腊、保加利亚、捷克和斯洛伐克四国中任何一个都大，相当于荷兰、比利时、丹麦和瑞士的总和。

二　地形和气候

1. 地形特点

尼泊尔地形是北高南低，从北面海拔8000多米的世界屋脊经过中部的高山、丘陵地带，到南部海拔 200 余米的平原，在短短 200 余公里的距离内，地势递降急剧。这种北高南低的落差，形成自北向南四大阶梯状的地貌形态。这四大阶梯是由横贯东西的三座山脉和一个带状平原构成的。从地势的高低和构造上看，尼泊尔的地形可以划分为阶梯式的四个自然区，即喜马拉雅高山区、山地河谷区、低山丘陵区和平原区。

（1）喜马拉雅高山区

这个地区由气势磅礴的喜马拉雅山主脉南侧及其南伸的支脉组成，占尼泊尔境内北部约 50～90 公里宽的领土，是尼泊尔地势的最高阶梯。平均海拔高度在 6000 米以上。

"喜马拉雅"的意思是"雪之家"。高山区海拔 5200 米以上是终年积雪，那里雪峰林立，大大小小的雪峰约有数百座。世界上海拔 8000 米以上的著名十大高峰中，有八座位于尼泊尔境内或尼与邻国的边界上。它们是：珠穆朗玛峰（Jhamologma）、干城章嘉峰（Kanchanjangha）、洛茨峰（Lhotse）、马卡路峰（Makalu）、卓奥友峰（Choyu）、道拉吉里峰（Dhawlagiri）、马纳斯卢峰（Manaslu）和安纳普尔纳峰（Annapurnal）。世界第一高峰珠穆朗玛峰海拔 8844.43 米，是地球的最高点，也是尼泊尔与中国交界的最高点。尼泊尔人称其为"萨加玛塔"（Sagarmatha）。在尼泊尔语里，"萨加"是"天"的意思，"玛塔"是"顶""头"的意思。萨加玛塔取"齐天"之意。萨加玛塔气势雄伟，其峰顶形如一座金字塔，在阳光照耀下银光闪烁，十分壮丽。除萨加玛塔外，该区还有不少引人入胜的雪峰，它们随着气候的变化和云雾的流动呈现出各种形象，有的像鱼尾，有的似象头，有的像罐耳。这些雪峰以其形象而得名，如马查普兹雷（Machhapuchhre，意为鱼尾）、伽奈什（Ganesh，意为象头神）、古姆坡卡尔纳（Kumbhkarna，意为罐耳）。在喜马拉雅高山区，除了引人入胜的雪峰外，还有许多绚丽多姿的冰川，有的像水晶宫，有的像晶莹宝塔。各种奇异的冰川令人叹为观止。

喜马拉雅高山区虽然地势高峻，但仍有许多被河流强烈下切而形成的峡谷和天然山口，成为尼泊尔通往西藏的通道。主要的山口有科达里山口（Kodari）、拉苏瓦山口（Rasuwa）、拉卡山口（Rakha）、波底山口

（Popti）、兰巴山口（Lampu）、那木扎山口（Namja）、平都山口（Pindu）等 20 多个。其中科达里山口和拉苏瓦山口是尼中两国通商和人民进行友好往来的重要通道。科达里位于加德满都东北方向，约 126 公里。著名的阿尼哥公路将加德满都与科达里山口连接起来，并可经过此山口到达中国西藏的聂拉木。拉苏瓦山口位于加德满都的正北方，地势平缓，山口宽阔，终年没有积雪，距加德满都只有 60 公里，是尼泊尔通往中国西藏吉隆的捷径，也是尼中贸易的主要口岸。

（2）山地河谷区

这是尼泊尔地势的第二大阶梯。该阶梯内的地形特点是山峦重叠，岭谷交错，河流纵横，森林密布。这里蜿蜒着马哈帕腊特大山脉，海拔高度在 1524～3048 米之间。由于马哈帕腊特山脉相对高度比较大，构成河流南行的障碍，因而源自喜马拉雅山的大多数河流在此受阻，只能与马哈帕腊特山脉平行前进。这样，它们便在这个平行地带汇成大河。尼泊尔著名的卡尔纳利河、甘达基河和孙柯西河都是这样形成的。这些河流在沿山脉的东西走向流经一段距离后，又顺地势穿山越岭向南流去。这就构成河流纵横和高山与谷地相互依存的地形特点。上述的几条大河及其支流流经许多河谷盆地。这些河谷盆地分布在喜马拉雅山脉和马哈帕腊特山脉之间。主要的盆地有加德满都谷地、博卡拉谷地、萨尔扬塔尔盆地、卡尔普塔尔盆地、鲁姆贾塔尔盆地、图姆林塔尔盆地、塞拉贝西与拉姆普尔帕特河谷等。在众多的河谷与盆地中，最著名的是加德满都谷地与博卡拉谷地。

加德满都谷地 位于尼泊尔中部地区，是一个呈不规则的椭圆形大盆地。东西长 33 公里，南北宽 25 公里，面积约 640 平方公里。谷地四周由相对高度为 2000 余米的群山环抱。其中最高的是著名的普拉佐克山（Pulacok，意为花圃山）和湿婆普利山（Sivopuri，意为湿婆神住所），海拔高度均在 2438 米以上。其他高高低低的群山平均海拔高度 1340 米，形成倾斜度较大的阶地，从四周向谷地中心倾斜。从地质构造上讲，谷地四周的山地大部分由石灰岩、石英岩和板岩构成。谷地底部的土壤多为黑色，含腐殖质，土地肥沃，宜于农耕。因此，谷地内人口稠密，并建有加德满都、帕坦和巴德岗等三座城市。

加德满都谷地内的河流均自北向南而流，有巴格马提河（Bagmati River）、毗湿奴莫提河（Visnumati River）、摩那合拉河（Manahera River）、驮比阔拉河（Dhobi Khola River）、哈努曼迭河（Hanumenty River）等。其中巴格马提河最大，它从加德满都市和帕坦市中间穿流而过，成为这两座城市的分界。由于这些河流都不是发源于喜马拉雅山，因此在冬季或干旱时节流量很小，甚至干枯。

加德满都谷地是首都的所在地，是全国的政治和文化中心。自古以来历代王朝均在此建都。至今仍保存完好的马拉王朝的王宫和遍布谷地的无数寺庙建筑及其他文物古迹，是尼泊尔民族文化的宝库。

博卡拉谷地　位于加德满都谷地以西约 160 公里处，是一个风景秀丽的旅游中心。谷地面积大约 290 平方公里，海拔 885 米。谷地内有著名的安纳普尔纳雪山、马查普兹雷雪峰（鱼尾峰）和倍瓦湖，还有溶洞和茂密的森林。倍瓦湖是博卡拉谷地诸多湖泊中最大的一个，系天然淡水湖，湖水来自安纳普尔纳雪山的冰川融水，十分清澈。在晴朗的日子，人们无论在湖中荡桨，或伫立湖畔，都可以望见那高耸入云的鱼尾峰，并观赏明镜般湖水里的雪峰倒影。

博卡拉谷地由群山环抱，有一条大河从山上咆哮而下，名塞蒂河。该河的上游是石灰岩，河水呈白色。这也是博卡拉谷地多有溶洞的原因。这里最著名的溶洞是马亨德拉溶洞，内有大量的石笋和石柱及其他各种奇形怪状的天然岩石建筑。由于博卡拉谷地的河流落差较大，具有丰富的水力发电资源，因而在这里建有大型的水力发电站。

从地理上讲，博卡拉谷地是尼泊尔西部地区重要的交通枢纽。由于谷地内地势比较平坦，所以公路交通和航空运输均比较方便。

（3）低山丘陵区

尼泊尔地形上的第三阶梯是山区到平原的过渡地段。那里盘亘着楚里亚山脉（又名西瓦里克山脉），海拔 300～1500 米。"楚里"在尼泊尔语里意为"手镯"，由于该山脉的低山、丘陵和坡地的起伏环绕，形成了若干个连环式的盆地，状如手镯，故而得名。楚里亚山脉的丘陵和向南倾斜的坡地，由石灰岩、砂岩和砾岩构成，硬度不大，上面长满了灌木丛。缓缓的坡地上森林密布，系亚热带和热带森林。密林里有虎、豹、犀牛、熊和飞禽等多种珍奇野生动物。尼泊尔著名的奇特万国家公园就在该地区。该地区气温通常在19℃~25℃，宜于水稻和其他农作物的生长。

楚里亚山脉与马哈帕腊特山脉被岗丘谷地所隔开，这片相对平坦的土地，叫内特莱（Inner Terai）。这一带森林十分茂密，尼泊尔人称为"毗特里马代什"（Bhitrimadhesh），意为森林覆盖的岗丘谷地。

（4）平原区

低山丘陵以南是一片绿洲，称特莱（Terai）。"特莱"在尼泊尔语里的意思是"平原"。该平原系恒河平原的一部分，沿着尼泊尔和印度边界延伸，平坦宽阔，东西长800公里，南北宽度不等，大约在10~15公里之间，呈狭长带状。海拔高度在80~400米之间，从北向南倾斜。北部地带分布着许多大森林，几乎占据特莱平原区土地面积的一半。特莱平原区的土壤有黄土和黑色砂土两种，比较肥沃，耕地约占全国总耕地面积的60%以上，是尼泊尔的主要农业区，素有"尼泊尔的谷仓"之称。这里盛产水稻、小麦、甘蔗、花生、黄麻、油菜籽和棉花；由于河流较多，地势平坦，水、陆交通都十分方便，是尼泊尔的工业和农产品加工工业基地。中部山区所需物资大都由这里供应。这里的城市星罗棋布，人口比较稠密。较大的城市有比腊特纳加、拉杰比拉兹、贾纳克普尔、比尔根杰、拜拉瓦、尼泊尔甘季和马亨德拉纳加等。这里有十几个尼泊尔与印度通商的口岸。尼泊尔与世界其他国家的商贸往来主要是从这里运进运出的。

2. 河流与湖泊

尼泊尔的地理特色是山连着水、水连着山。河流、湖泊、泉水、溪涧布满全国，形成了密密麻麻的水流网络。由于尼泊尔的绝大部分河流均发源于喜马拉雅高山区和中国西藏高原，除了雨水以外，它们还拥有那里终年积雪融化后供应的永久性水源。这些河流由北向南奔流，切穿喜马拉雅山脉，一般都在进入马哈帕腊特山脉后，转而与该山脉平行，流经一段距离之后，向南蜿蜒曲折地缓缓流入印度。

（1）河流

据统计，在尼泊尔境内大大小小的河流共有100多条，其中对国计民生有意义的约三四十条。根据这些河流的分布情况，可归纳分为三大水系，即东部的萨普塔柯西河（Sapta Koshi River）水系、中部的甘达基河（Gandaki）水系和西部的卡尔纳利河（Karnali River）水系。

萨普塔柯西河水系　该水系横贯尼泊尔东部地区，流域面积约5.9万平方公里，是尼泊尔最大的一个水系。在尼泊尔语里，"萨普塔"的意思是"七"。顾名思义，该水系由七条河组成。它们是干流柯西河与支流阿龙河（Arun River）、塔木尔河（Tamur River）、孙柯西河（Sun Koshi River）、因德拉瓦蒂河（Indrawati River）、保特柯西河（Bhote Koshi River）、塔玛柯西河（Tama Koshi River）、都德柯西河（Dudh Koshi River）。阿龙河从北面，塔木尔河从东面，孙柯西河从西面，分别注入干流柯西河。其他四条支流分别从西北方向注入孙柯西河。

阿龙河发源于喜马拉雅山北坡中国西藏境内的希夏邦马峰，河水是冰川的融雪。在中国境内的一段为朋曲河。朋曲河经珠穆朗玛峰的东侧古姆婆格尔纳雪山流入尼泊尔后被称为阿龙河。

塔木尔河发源于古姆婆格尔纳雪峰的东部，干城章嘉峰的西侧。自东向西南方向流去，在乌德亚普尔和孙萨里交界处与阿龙河、孙柯西河汇合。

孙柯西河的上游叫保特柯西河，发源于西藏的希夏邦马峰。经聂拉木进入尼泊尔。先向南流，再转向东南，与喜马拉雅山平行流动，并吸纳了因德拉瓦蒂河、塔玛柯西河、都德柯西河三大支流和一些小支流。

因德拉瓦蒂河发源于辛杜帕尔乔克县的朱加尔雪山，经多拉卡县注入孙柯西河。

塔玛柯西河发源于贾纳克普尔专区的多拉卡县的东北部，向南流至拉梅查普县注入孙柯西河。

都德柯西河的源头系索卢昆布北部雪山上的都德湖。向南流至博季普尔县注入孙柯西河。

萨普塔柯西河水系流域基本在1000～3000米的高山丘陵区，河流在深邃的峡谷间从北向南穿流。由于地势落差较大，河水流势迅猛、湍急；进入平原后，河面变宽，河床趋浅，并常形成岔流，出现沙洲。由于萨普塔柯西河水域区降水丰富，雨季时，下游常有洪水泛滥。

甘达基河水系 甘达基河是尼泊尔的第二条大河，位于尼泊尔中部地区的甘达基峡谷，其上游是由来自东、西两个方向的两条支流组成：东为特里苏利河（Trisuli River），西为迦利甘达基河（Kali Gandaki River）。

特里苏利河发源于西藏的藏南高原吉隆县的雪山上，在中国称为吉隆河。它在热索桥南面穿切喜马拉雅山，进入尼泊尔，然后流向西南，穿山越岭，形成无数的溪谷和瀑布。在它由东北往西南的流动进程中，布迪甘达基河（Budi Gangaki River）、马逊迪河（Masyangdi River）与塞提河（Seti River）等三条自西北方向南流的大支流汇入其中。布迪甘达基河又有两个支流。一支源于中国西藏境内的雪山，另一支源于尼泊尔的拉尔凯雪山。这两条支流汇合后一直南流成为甘达基专区和巴格马提专区的分界，直至注入特里苏利河。马逊迪河发源于甘达基专区马南县北部的雪山。它从安纳普尔纳和马纳斯鲁两大雪峰之间切割而过，转向东南，经拉姆忠县与切普河（Chepe Khola River）、多恩河（Dhon River）汇合后注入特里苏利河。塞提河发源于安纳普尔纳雪峰南坡，主要河段在博卡拉谷地。"塞提"在尼语里为"白色"的意思，这是由于其上游河道经过石灰岩地区，河水融有大量的石灰质，呈乳白色之故而得名。塞提河在博卡拉谷地切割的河谷，最深处达 60 米，河谷顶部最窄处仅宽一二米，人们从上面经过时，觉得是一条深沟，并不感到是一个深邃、陡峭的峡谷。谷壁岩面参差不齐，望不到底。有的地方谷底的流水细如棉线，有的地方只闻水流声，不见水踪影。它在流经博卡拉后继续流向东南，至塔纳胡县与马迪克拉河汇合后，注入特里苏利河。

迦利甘达基河发源于道拉吉里专区的木斯塘县北部的雪山。河流自北向南，沿着喜马拉雅山奔腾而下，穿越许多大峡谷。其中流经安纳普尔纳和道拉吉里两大雪山之间的一个深峡，在世界上颇为知名。"迦利"在尼语里的意思是"黑色"。迦利甘达基河上游流经黑色岩石和粘板岩的剧烈风化地区，河中夹带着大量泥沙，乌黑如墨。该河南流至中部地区受马哈帕腊特山的横阻，折向东流。在纳拉亚尼区的北部与特里苏利河汇合。当它南穿马哈帕腊特山的峡口和楚里亚山口进入拉普提谷地后，则称纳拉亚尼河，最后注入恒河。

卡尔纳利河水系 卡尔纳利河是尼泊尔的第三条大河，位于尼泊尔西部，也是印度恒河支流卡格拉河的上游。它发源于中国西藏的西南地区普兰县，自西北流向东南。流域面积约为 5000 余平方公里。有三条主要的支流：西有塞提河，中有卡尔纳利河干流，下游东面有贝里河（Bheri River）。塞提河与甘达基河水系的塞提河同名，但是两条不同的河流。卡尔纳利河干流的上游还有两条较大的支流，一条是穆古卡尔纳利河（Mugu Karnali River），源于北部克拉克雪山；另一条是呼姆拉卡尔纳利河（Humla Karnali River），源于中国西藏的兰加克湖和法木错湖。塞提河源于尼泊尔西北端弗亚斯雪山、阿比雪山和赛帕尔雪山的冰川。

（2）湖泊

在尼泊尔，湖泊水塘几乎遍及全国。无论在冰雪覆盖的高山区、山地起伏的丘陵河谷区，或是在绿野如茵的平原区，都有景色秀丽的湖泊。全国著名的大小湖泊有近 30 个。其中较大的有位于久木拉县的拉拉湖（Rara Tal），位于安纳普尔纳雪峰以南的博卡拉谷地的倍瓦湖（Phewa Tal）、鲁帕湖（Rupa Tal）及贝格纳斯湖（Begnas Tal）等。

3. 气候与降水量

尼泊尔的气候和降水量主要受其地势和来自印度洋的季风影响。尼泊尔虽地处亚热带，但由于其地形复杂，既有高寒气候也有温带和亚热带气候。具体地说，尼泊尔的气温随着地势高度的变化而变化，从北向南根据气候也大致依次分为高寒气候、寒冷气候、温带气候和亚热带气候。

（1）气候

高寒气候 在北部喜马拉雅高山区，海拔 5200 米的雪线以上是一片冰雪世界，气温极低，经常在 -40℃。即使在暖季，平均气温也不高于 0℃。终年积雪，气压低、空气稀薄。在雨季，从印度洋吹来的湿暖季风被雪峰挡住，强大的高速气流撞到积雪或冰川上，引发雪暴和雪崩。

寒冷气候 尼泊尔北部海拔 3500～5000 米的高山区是寒冷地带，也

有暴风雪。严寒季节降雪，高山峡谷积雪很厚。最低气温 – 30℃ ~
– 20℃。夏季海拔 4000 米向阳山坡和海拔 4000 米以下的山谷气候转暖，
积雪融化。雨季多雾。最高气温 20℃ 左右。昼夜温差很大。平均气温
10℃ 左右。

温带气候 海拔 1500 ~ 3500 米的中部山地河谷区，即马哈帕腊特山
脉至楚里亚丘陵地带以南，包括河谷区，属于温带。该地带在春、秋、冬
三季昼夜温差大。大部分地区在冬季的夜间被寒霜覆盖，太阳出来后寒霜
即很快融化。冬季平均气温不到 0℃。白昼气温一般在 10℃ 左右。人们穿
一件毛衣即可过冬。五月最热的季节平均气温 20℃ 以上。所以，中部地
区属于气候宜人的温和地带。但近年来，加德满都谷地内气温最高可达
36℃ 左右，气候干燥。根据气象记录，加德满都谷地的最低气温为 – 3℃，
最高气温为 37℃。中部地区的气候可分为春、夏、雨、秋、冬、凉六季。
按公历月份划分，大致 2 ~ 3 月是春季，4 ~ 5 月是夏季，6 ~ 7 月是雨季，
8 ~ 9 月是秋季，10 ~ 11 月是冬季，12 月至翌年 1 月是凉季。

亚热带气候 楚里亚丘陵地的南坡和特莱平原区属于亚热带气候。这
里炎热潮湿。特莱平原区冬暖夏热，雨季闷热潮湿。冬季平均气温 15℃
左右。夏季平均气温 30℃ 以上。呈带状的特莱平原其东部与西部的气温
有差别。冬季东特莱的气温比西特莱的气温高，夏季东特莱的气温比西特
莱的气温低。也就是说，东特莱区的温差小，西特莱区的温差大。

需要指出的是：在海拔 1337 米的首都加德满都，最热季节 7 月的平
均气温为 20°C ~ 29°C；在最冷季节 1 月的平均气温为 2°C ~ 23°C；在最
干旱的 12 月，平均降雨量为 3 毫米；在最潮湿的 7 月，平均降雨量为 373
毫米。

（2）降水量

尼泊尔的降水量与来自印度洋的季风有着直接的关系。每年 6 月西南
季风几乎影响了全国。由于高耸的喜马拉雅山成为西南季风的天然屏障，
挡住湿润的季风，从而形成季风雨，雨量充沛。全国各地降雨分布不均。
北部山区，除卡尔纳利专区外，其他山区降雨量均在 1500 ~ 2500 毫米之
间。科达里地区年降雨量达 3000 毫米。中部地区降雨量不低于北部，博

卡拉河谷周围年降雨量 3500 毫米。中西部地区降雨比东部多。西部特莱平原区的降雨量也比东特莱降雨量多。总之,季风雨占尼全年降雨量的 75% 以上。由于雨季降雨丰沛,全国平均相对湿度在 70% 以上。

三 行政区划

尼泊尔划分为 5 个发展区,即东部、中部、西部、中西部和远西部发展区。每个发展区下划分为专区,而专区下划分为县。同样,每个县下划分为市和村发展委员会,后者又进一步划分为选区。目前,全国共有 58 个市和 3912 个村发展委员会。加德满都被定为大都会。还有 4 个城市被定为准大都会,它们是:拉利特普尔(Lalitpur)、博卡拉(Pokhara)、比腊特纳加(Biratnagar)和比尔根杰(Birganj)。现将 5 个发展区、14 个专区和 75 个县的名称、面积和人口等情况简列如下(其中人口和土地面积数字均以尼泊尔中央统计局 2011 年普查后公布的数字为准)。

1. 东部发展区(Eastern Development Region):下辖 3 个专区,总面积 28456 平方公里,人口 581.2 万,首府为丹库塔(Dhankuta)

梅奇专区(Mechi Zone) 该区位于尼泊尔东部边陲,北与中国西藏、东与印度的锡金和大吉岭、南与印度的比哈尔邦接壤。面积 8196 平方公里,人口 142.2 万。梅奇专区以流经尼印两国边界的梅奇河而得名。该区下辖塔普勒琼(Taplejung)、潘奇塔尔(Panchthar)、伊拉姆(Ilam)和贾帕(Jhapa)4 个县,各县的人口分别为 12.7 万、19.2 万、29.3 万和 81.3 万。该区居民主要为谢尔巴人(Sherpas)、林布人(Limbus)、雷布查人(Lepchas)和塔鲁人(Tharus)。该区为农业区,盛产水稻、豆类、马铃薯、黄麻和茶叶。该区生产的马铃薯、茶叶、柑橘、木材和草药出口印度。贾帕县是进出口货物流通中心。

柯西专区(Koshi Zone) 该区以柯西河得名,位于尼泊尔东部地区,与萨加玛塔专区并列从北向南伸展。其东面与梅奇专区相接,北邻中国西藏,南与印度接壤。面积 9669 平方公里,人口 233.5 万。包括桑库瓦萨巴(Sankhuwasabha)、博季普尔(Bhojpur)、特拉图木(Tehrathum)、丹库塔、莫朗(Morang)和孙萨里(Sunsari)6 个县,各县的人口分别为 15.9 万、18.2 万、10.2 万、16.3 万、96.5 万和 76.3 万。主要居民有谢尔巴人、拉伊人（Rais）、塔鲁人、迪玛尔人（Dhimals）和萨达尔人（Satars）等。

该区工商业较发达，与印度的贸易往来十分兴旺。区首府达兰和莫朗县县府比腊特纳加是尼泊尔重要的工业和贸易中心。达兰有一个很大的贸易集市，为山区人民出售酥油、马铃薯、柑橘、草药等货物提供了方便。比腊特纳加有一个较大的工业区，有稻谷、黄麻、棉花、油类、不锈钢加工厂和生产蔗糖、火柴、尼龙、塑料、陶器等物品的工厂。

萨加玛塔专区（Sagarmatha Zone） 该区以萨加玛塔雪峰得名。中国人称萨加玛塔峰为珠穆朗玛峰。该区的北端与中国西藏接壤，尼中两国共同拥有这一世界最高山峰。该区南端与印度的比哈尔邦毗邻，东西两侧分别与柯西专区和贾纳克普尔专区相接。全区面积 10591 平方公里，人口205.4 万。包括索卢昆布（Solukhumbu）、科塘（Khotang）、奥卡尔东加（Okhaldhunga）、乌代普尔（Udayapur）、萨普塔里（Saptari）和锡拉哈（Siraha）6 个县，各县人口分别为 10.6 万、20.6 万、14.8 万、31.8 万、63.9 万和 63.7 万。该区从北向南聚集的主要居民有伯泰人（Botes）、谢尔巴人、拉伊人、马吉人（Majis）、塔鲁人、达努瓦尔人（Danuwars）和卡斯族的婆罗门和刹帝利种姓人。

该区雪峰林立。除萨加玛塔峰外，世界著名山峰马卡路峰和卓奥友峰也坐落在这里。

该专区的经济主要依靠南部特莱平原区的农业生产和利用柯西河的水源发展电力、灌溉及养鱼业。据萨普塔里县农业发展办公室的统计，萨普塔里县有 2068 个养鱼塘，主要供应本地区的市场和加德满都河谷与东部地区的一些县。萨加玛塔专区的各个县府都是商业中心，尤其是拉杰比拉兹市担负着本区对外出口货物的外贸重任。

2. 中部发展区（Central Development Region）：下辖 3 个专区，总面积 27410 平方公里，人口 965.6 万，首府加德满都

贾纳克普尔专区（Janakpur Zone） 该区位于巴格马提和纳拉亚尼两专区的东部，南与印度的比哈尔邦毗邻，东接萨加玛塔专区，北与我国

西藏相连。有 6 个县：多拉卡（Dolakha）、拉梅查普（Ramechhap）、辛杜利（Sindhuli）、达努沙（Dhanusa）、马霍塔里（Mahottari）和萨拉希（Sarlahi）。各县的人口分别为 18.7 万、20.2 万、29.6 万、75.5 万、62.8万和 77 万。全区面积 9669 平方公里，人口 283.7 万。主要居民有谢尔巴人、拉伊人、尼瓦尔人（Newars）、达努瓦尔人和塔鲁人。

该区以卷烟工业、毛毯地毯编织业和粗纺白布在全国闻名。达努沙县有一座历史名城贾纳克普尔（Janakpur），是县政府所在地。据《尼泊尔大辞典》解释，贾纳克普尔是古代土邦王国密蒂拉（Mitila）的首都，贾纳克是国王，也是圣人；贾纳克普尔还是印度大史诗《罗摩衍那》中女主人公悉达的娘家。贾纳克普尔以其在历史上的地位和著名的贾纳克寺，每年吸引着许多来自国内外的香客与旅游者。这里有一条铁路来往于边界城市贾亚纳加尔（Jayanakar），并建有一个飞机场。

巴格马提专区（Bagmati Zone）　　该区以流经此地的巴格马提河得名，位于尼泊尔中段北部高山区，东与贾纳克普尔专区、南与纳拉亚尼专区、西与甘达基专区、北与中国西藏接壤。全区面积 9428 平方公里，人口 384.4 万。下辖 8 个县：拉苏瓦（Rasuwa）、辛杜帕尔乔克（Sindhupalchok）、努瓦科特（Nuwakot）、达丁（Dhading）、卡夫雷帕兰乔克（Kavrepalanchowk）、巴克塔普尔（Bhaktapur）、加德满都（Kathmandu）和拉利德普尔（Lalitpur）。各县的人口分别为 4 万、28.8万、27.7 万、33.3 万、38.2 万、30.5 万、174.4 万和 46.8 万。主要城市有加德满都、帕坦、巴德岗。该区是尼泊尔 14 个专区中经济比较发达和居民最为稠密的专区。居民中以尼瓦尔人最多，其次是塔芒人（Tamangs）、谢尔巴人、卡斯族的婆罗门和刹帝利种姓人和拉伊人及林布人。加德满都谷地居民以尼瓦尔人为主，但各种民族杂居现象突出。

该区北部有著名的伽奈什（Ganesh）雪峰和朗坦（Langtan）雪山；有四季开放的与西藏通商的热苏瓦口岸；有古今闻名的热水湖（Tatopani，温泉）。与喜马拉雅山主脉相平行的马哈帕腊特山脉向西南蜿蜒。由湿婆布利（Sivapuri）、昌德拉吉里（Chandragiri）、纳加尔郭特（Nagarkot）和普拉卓克（Ramechhap）等群山环绕的加德满都谷地位于本区中部。该区河流颇多，有保特柯西河、特里苏里河（Trisuli River）、因德拉瓦河（Indrawati River）、孙柯西河和巴格马提河（Bagmati River）。在北部高山区还有著名的冰川湖郭萨因孔达（Gosaikunda）和拜拉布孔达（Bheirabkunda），是天然的旅游胜地。

这个区的交通运输比较发达，以加德满都谷地为中心，公路四通八达。主要公路干线有阿尼哥（Arniko）公路、普里特维（Prithvi）公路和特里布文（Tribhuwen）公路。加德满都的特里布文国际机场是全天候机场。国内航线有 30 条。国际航线有 10 多条，与中国的香港、上海、拉萨，印度的新德里、加尔各答、瓦腊纳西、巴特那，缅甸的仰光，泰国的曼谷，日本的大阪，斯里兰卡的科伦坡等大都会都有定期航班。

巴格马提专区是尼泊尔工商业最发达的地区。这里建有皮革厂、制鞋厂、纺织厂、地毯厂、家具厂、牛奶厂、饼干面包厂、面粉厂。全区遍布各种手工业工厂和作坊，还有养鸡场、畜牧场和制冰厂，冷藏库、蓄水库，等等。手工业作坊大都生产神像、金银首饰、乳酪、油类、服装、编织品、染料和竹器等。首都加德满都，不仅是政治文化中心，还是贸易中心。在加德满都的商业街和市场，工业与手工业商品琳琅满目，既有代表着尼泊尔传统文化的服饰和宗教用品，也有象征着现代化的各种电器、工业品、生活用品和娱乐用品。

纳拉亚尼专区（Narayani Zone） 该区位于尼泊尔中段的南部，东接贾纳克普尔专区，南接印度的比哈尔邦，北连巴格马提专区，西面与蓝毗尼和甘达基两个专区毗邻。全区面积约 8313 平方公里，人口 297.6 万。该区包括劳塔哈特（Rautahat）、巴拉（Bara）、帕尔萨（Parsa）、奇特万（Chituwan）和马克万普尔（Makwanpur）5 个县，各县的人口分别为 68.7 万、68.8 万、60.1 万、58 万、42.0 万。首府比尔根杰。全区主要居民有塔鲁人、达努瓦尔人、拉杰普特人（Rajputs）、塔卡利人（Thakalis）等。全区跨越 3 种不同的地带，北部有马哈帕腊特大山脉，中部有丘陵坡地和楚里亚山脉，南部是茂密的森林和平坦的平原。物产丰富，有玉米、小麦、粟子、大豆、水稻、甘蔗、烟草和油菜籽等。交通运输比较方便，公路北可连接加德满都，南可通往印度。

　　该区工商业也比较发达。有现代化的造纸厂、制糖厂、纺织厂、卷烟厂、木材厂、火柴厂、榨油厂和铁器加工厂等。在比尔根杰、巴拉、帕尔萨等地都有较大的商贸市场。该区的自然资源有水力、森林、煤矿、铜矿，还有犀牛、大象等野生动物。

　　3. 西部发展区（Western Development Region）：下辖 3 个专区，总面积 29398 平方公里，人口 519.5 万，首府博卡拉

　　甘达基专区（Gandaki Zone）　　该区是个大专区，位于尼泊尔中部。面积 12275 平方公里，人口 155 万。东与巴格马提专区、南与蓝毗尼和纳拉亚尼两专区、西与道拉吉里专区、北与中国西藏相接。包括廓尔喀（Gorkha）、马南（Manang）、拉姆忠（Lamjung）、卡斯基（Kaski）、塔纳胡（Tanahun）和西扬加（Syangja）6 个县，各县的人口分别为 27.1 万、0.65 万、16.8 万、49.2 万、32.3 万和 28.9 万。首府博卡拉。全区主要居民有古隆人（Gurungs）、伯泰人、马南加人（Manangays）、杜拉人（Duras）和少数塔芒人。

　　该区雪山林立，群峰交错。世界著名的第七座和第十座雪峰马纳斯卢峰（Manaslu，海拔 8157 米）和安纳普尔纳峰（海拔 8078 米）位于西北部。首府博卡拉北部有著名的鱼尾峰（即马查普兹雷峰，海拔 6997 米）。

　　甘达基专区的地势除北部耸立着高达天庭的喜马拉雅山外，其他地区多为盘桓延伸的马哈帕腊特山脉所覆盖。6 个县都在山区。首府博卡拉即坐落在马哈帕腊特山脉的一个谷地中间。博卡拉谷地里有不少湖泊，其中最大的湖泊叫倍瓦湖，那里风景优美，气候宜人，是著名的旅游胜地。

　　由于该地区都是山地，发展工业较困难，故居民多以农业、畜牧业为主。

　　蓝毗尼专区（Lumbini Zone）　　"蓝毗尼"之名取自佛教圣地蓝毗尼。该区位于甘达基和道拉吉里两个专区以南、纳拉西亚专区以西，南与印度比哈尔邦毗邻，西与拉普提专区接壤。面积 8975 平方公里，人口近 300 万。有纳瓦尔帕拉西（Nawalparesi）、帕尔帕（Palpa）、卢潘德希（Rupandehi）、古尔米（Gulmi）、阿尔加坎奇（Arghakhanchi）和卡皮尔

瓦斯图（Kapilvastu）6个县，各县的人口分别为64.4万、26.1万、88.0万、28.0万、19.8万和57.2万。居民主要是马嘉尔人（Magars）、塔鲁人、尼瓦尔人和卡斯族的刹帝利种姓人。首府在布特瓦尔（Butwal）。布特瓦尔、拜拉瓦（Bhairahawa）和坦森（Tansen）是本区的主要城镇。

该区地势只有平原和丘陵，交通比较方便，不仅粮食生产可以自给，小型工业也得以发展，建有造纸厂、胶合板厂、糖厂、酒厂、面粉厂等。

佛祖释迦牟尼的诞生地蓝毗尼位于该区，每年从世界各地来此朝拜的佛教徒与观光者数以万计。

道拉吉里专区（Dhaulagiri Zone） 该区位于甘达基专区的西部，北与我国西藏、南与蓝毗尼和拉普提专区、西与卡尔纳利专区接壤。面积8148平方公里，人口54.2万。包括木斯塘（Mustang）、帕尔巴特（Parbat）、米亚格迪（Myagdi）和巴格隆（Baglung）4个县，各县的人口分别为1.3万、14.7万、11.4万和26.9万。首府巴格隆。主要居民是马嘉尔人、伯泰人、塔卡利人（Thakalis）、洛帕人（Lhopas）和昌特亚尔人（Chhantyals）。

本区大部分在喜马拉雅高山区，有一小部分在马哈帕腊特山脉上。由于世界著名的第六高峰道拉吉里峰（海拔8167米）位于这里，本区因之得名。由于整个专区遍布高山，山势陡峭，沟壑纵横，不仅耕地缺乏，植被也甚为稀少。这里物产缺乏，粮食不能自给，每年需从南方输入。

巴格隆、米亚格迪和帕尔巴特是该区的主要工商业中心。所谓工业只是一些家庭作坊，主要制作水烟袋、羊毛背心和羊毛外套等手工业产品。此外，这里还有一种被称作"萨里格拉目"（Saligram）的闻名遐迩的黑色石头。它产于卡泰科拉河（Kataikara River）与迦利甘达基河的汇合处，印度教徒视之为毗湿奴神的象征，将其迎回家里供奉。其他城镇如木斯塘和贝尼等，主要与中国西藏进行商贸往来。1994年中国帮助尼泊尔修筑的博卡拉—巴格隆公路，对道拉吉里专区的经济发展起了一定作用。尼泊尔政府计划进一步修筑巴格隆—木斯塘公路。如能实现，将有力地促进该地区的发展。

4. 中西部发展区（Mid-western Development Region）：下辖 3 个专区，总面积 42378 平方公里，人口 354.7 万，首府比兰德拉纳加（Birendranagar）

拉普提专区（Rapti Zone） 该区属于中西部发展区，其东部地界与道拉吉里和蓝毗尼专区相接，南与印度的北方邦毗邻，西与贝里专区、北与卡尔纳利专区接壤。面积 10482 平方公里，人口 145.6 万。有鲁孔（Rukum）、罗尔帕（Rolpa）、皮乌旦（Pyuthan）、萨尔亚（Salyan）和当格（Dang）5 个县，各县的人口分别为 20.9 万、22.5 万、22.8 万、24.2 万和 55.3 万。主要居民有马嘉人、塔鲁人、苏努瓦尔人和少数古隆人与尼瓦尔人。

该区域内有马哈帕腊特山脉、楚里亚山脉和特莱平原。水利资源丰富，有拉普提河、马里河、吉姆罗克河及贝里河。盛产水稻、甘蔗、油菜籽、生姜、小麦、玉米。该区虽然山地多于平原，但牧场较多，居民饲养了大量的牛羊。在丘陵地带建有毛纺厂、造纸厂、酥油制造厂等。皮乌旦和当格县是主要的商业贸易中心。

贝里专区（Bheri Zone） 该区位于拉普提专区的西侧，南与印度接壤，西与塞提专区相连，北与卡尔纳利专区毗邻。面积 10545 平方公里，人口 170.2 万。包括贾贾科特（Jajakot）、代累克（Dailekh）、苏尔克特（Surkhet）、巴迪亚（Bardiya）和班凯（Banke）5 个县，各县的人口分别为 17.1 万、26.2 万、35.1 万、42.7 万和 49.1 万。居民主要有卡斯族的婆罗门种姓人、马嘉人、塔鲁人、尼瓦尔人与古隆人。

该区地理特点是在楚里亚山脉的群峰之中点缀着大大小小的湖泊，风景十分秀丽；河流纵横，有贝里河（Bheri River）、巴巴伊河（Babai River）、卡尔纳利河及拉普提河（此河与加德满都谷地的拉普提河同名）等。在南部平原地带交通运输条件好。苏尔克特、巴迪亚和班凯几个县都有公路和土道。苏尔克特还建有机场。这里的工业和家庭手工业发达，有碾米厂、榨油厂、面粉厂、羊毛厂、火柴厂、造纸厂、胶合板厂等。县府和主要城镇尼泊尔甘季（Nepalganj）、苏尔克特和拉兹布尔（Rajpor）都是本区的商业和贸易中心。该区向印度出口马铃薯、油菜籽、生姜、药材、兽皮和马匹，从印度进口服装、不锈钢制品和煤油等生活必需品。该区矿物资源丰富，有钴、铜、石墨、石油和天然气等。

卡尔纳利专区（Karnali Zone）　该区位于尼泊尔西北角，是全国最大的一个专区。东与道拉吉里专区、正南方与拉普提和贝里两专区、西南方与塞提专区、北及西北方与中国西藏接壤。面积达 21351 平方公里，人口 38.9 万。有多尔帕（Dolpa）、呼姆拉（Humla）、穆古（Mugu）、久木拉（Jumla）和卡里科特（Kalikot）5 个县，各县的人口分别为 3.7 万、5.0 万、5.5 万、10.9 万和 13.7 万。居民有伯泰人、马嘉人、卡斯族的婆罗门种姓人、塔卡利人（Thakalis）和康巴人。

该区大部分面积属于喜马拉雅高山区，中部和南部在马哈帕腊特山脉。这里地势高峻，山峰林立，山上常年覆盖着皑皑白雪。著名的山峰有道拉吉里峰和甘吉洛巴峰。在这些山峰之间有许多山口，诸如平都山口和那木扎山口等。中尼两国边民常通过这些山口互相往来，从事贸易活动。尼泊尔的第三条大河卡尔纳利河流经这里。这里气候严寒，农作物不宜生长，畜牧业以绵羊、山羊和牦牛为主。在马哈帕腊特山脉的南部地带可种植一些玉米、粟子、小麦和马铃薯。由于交通不便，工业发展困难，只有以畜牧为基础的毛织手工业。商业也不甚发达，首府久木拉是该区的商业中心。商人们多从事西藏货物和印度商品的贩运与购销活动。从西藏运来的货物基本是羊毛、食盐和麝香。从印度输入的商品大都是布匹、煤油、卷烟等生活用品。

5. 远西部发展区（Far Western Development Region）：下辖 2 个专区，总面积 19539 平方公里，人口 255.3 万，首府迪帕亚尔（Dipayal）

塞提专区（Sati Zone）　该区属于尼泊尔的边远地区。其北部分别与卡尔纳利专区和中国的西藏接壤，东部分别与卡尔纳利和贝里两专区相接，南部地区与印度的北方邦毗邻，西部与马哈卡利专区相连。面积较大，有 12550 平方公里，人口 157.5 万。包括巴章（Bajhang）、巴朱拉（Bajura）、多蒂（Doti）、阿查姆（Achham）和凯拉利（Kailali）5 个县，各县的人口分别为 19.5 万、13.5 万、21.2 万、25.7 万和 77.6 万。居民主要有卡斯族的婆罗门种姓人、塔鲁人、拉吉人（Rajis）、劳泰人

（Rautes）、古隆人和少数尼瓦尔人。

该区有 3/4 是山地，1/4 是平原。山地包括了喜马拉雅山支脉、马哈帕腊特山脉和楚里亚山脉。山区里有许多河谷。塞提河从西北流入本区，经巴章县和多蒂县向东流去。本区粮食供给主要依靠位于平原区的凯拉利县。多蒂县以盛产一种具有特殊香味的小麦在全国知名。山区基本以畜牧业为主。有一些小型的羊毛纺织厂、乳酪制造厂、碾米厂和面包加工厂。

马哈卡利专区（Mahakali Zone） 该区位于尼泊尔的最西部，沿尼泊尔与印度的边界成带状，东与塞提专区相连，南面和西面与印度北方邦毗邻，北与中国西藏接壤。面积 6989 平方公里，人口 97.8 万。下辖达尔丘拉（Darchula）、拜塔迪（Baitati）、达德都拉（Dadedhura）和坎昌布尔（Kanchanpur）4 个县，各县的人口分别为 13.3 万、25.1 万、14.2 万和45.1 万。只有坎昌布尔县位于平原地区，其余 3 个县都在山区。主要城镇有达尔丘拉、拜塔迪、达德都拉和马亨德拉纳格尔（Mahendranager）等。居民主要是卡斯族的婆罗门种姓人、塔鲁人和少数马嘉人。

该区自北向南延伸，跨越喜马拉雅山、马哈帕腊特山和楚里亚山以及特莱平原 4 个不同地形地区。在山区已经发现有贵重的宝石和云母、铜、石墨、石板石、石灰石等矿藏。位于平原地区的坎昌布尔县盛产稻米。该县有稻田 4700 多公顷，年产 100 多万吨的稻谷，大多向印度出口。

四 人口和语言

1. 人口

据尼泊尔中央统计局调查，2011 年全国人口为 2649.5 万，比 2001年增长 334.3 万。（据尼泊尔驻华大使馆 2013 年《旅游信息》，尼全国人口为 2858 万；据国际货币基金组织公布的资料，尼泊尔 2011 年全国人口为 3050 万。仅供参考）

自 1911 年以来，尼泊尔一般每 10 年左右进行一次人口普查。但是，由于种种原因，早期的人口普查资料不太准确。1951 年以后情况有所改观。

据历届人口普查统计资料，尼泊尔全国人口在 1961 年为 941.3 万，年均增长率为 1.16%；1971 年为 1155.6 万，年均增长率为 2.07%；1981 年为 1502.3 万，年均增长率为 2.66%；1991 年为 1849.1 万，年均增长率为 2.10%。到 2001 年，尼泊尔全国人口达 2315.1 万，年均增长率为 2.2%。

从上述情况看，尼泊尔人口的增长速度相当高。尼泊尔的人口增长之所以相当迅速，主要有以下几种原因。第一，受印度教传统观念的影响。根据印度教的说法，一个人如果没有子嗣，他在天堂中便没有地位，所以，许多人尽管已经有了几个女儿，但仍不甘心，非要生出一个儿子方肯罢休。第二，医疗条件的改善。医疗条件的改善使婴儿死亡率下降，婴儿成活率大大提高。近 20 年来，尼泊尔的年均婴儿出生率为 42‰，死亡率为 19‰，成活率达 23‰。第三，妇女的育龄期长。尼泊尔妇女大多早婚。据 1991 年人口普查，10 ~ 14 岁结婚的女童占全国妇女总人数的 7.2%；15 ~ 19 岁结婚的女子占全国妇女总人数的 45.5%；20 ~ 24 岁结婚的妇女占全国妇女总人数的 45.1%。由此可见，尼泊尔的女子普遍结婚早，因而生育时间较长。据普查统计，平均一个妇女要生 6.3 个孩子。第四，儿童死亡率高。由于尼泊尔有 42% 的人口生活在贫困线以下，贫穷儿童普遍营养不良，生活条件较差，又没有医疗保障，因而不少儿童在患病时夭折。由于这个原因，大多数家庭都倾向于多生子女。

2. 语言

尼泊尔的国语是用天城体（印地文使用的源自梵文的书写字体）书写的尼泊尔语。这是官方语言，全国通用。但英语在政府、学界和工商界也很流行，并且是加德满都和其他地区一些私立学校的教学用语。

尼泊尔是个多民族国家，语言较多。2007 年官方宣称全国拥有 12 种较为流行的语言，另外还有 93 种方言。除尼泊尔语和英语外，其他使用较多的语言有尼瓦尔语（Newari）、塔芒语（Tamang）、拉伊语（Rai）、林布语（Limbhu）、马嘉语（Magar）、古隆语（Gurung）、塔鲁语（Tharu）、梅蒂利语（Maithili）、博杰普里语（Bhojpuri）和阿瓦迪语（Avadhi）等。

五　国家象征

国旗　由两个上下相叠的深红色底和深蓝色边的三角形组成，上半部有一新月形白徽，有八道光线清晰可见；下半部是一个有十二道光线之太阳形白徽。

国徽　中底部是世界第一高峰珠穆朗玛峰，峰顶飘扬着尼泊尔国旗，峰底是丘陵和平原。浮在地貌底图之上的有白色尼泊尔地图和女性与男性握手图样，在整个图案的外围，左右两边环绕着尼泊尔国花杜鹃，花束下方有稻穗图案。底部基座是弧形的红绶带，上面用梵语写着"母亲与祖国重于上天"。

国歌　尼泊尔的国歌是《唯一百花齐放的国度》，2007 年 4 月 20 日被尼泊尔众议院正式批准起用。歌词创作者是 P. K. 拉伊（Pradeep Kumar Rai），曲作者是 A. 古隆（Amber Gurung）。

歌词大意是：

> 我们尼泊尔人就像
> 成百花束编织的花环。
> 从梅奇河到马哈卡里河
> 统属于我们的主权。
>
> 富饶多样的自然资源
> 是我们的天然财富；
> 勇士们用他们的鲜血
> 铸成了不可剥夺的自由。
>
> 这里充满智慧与祥和，
> 从平原、山区直到雪山，
> 这样一个整体构成了
> 我们亲爱的祖国尼泊尔。

多样的民族语言和宗教

体现着深厚广阔的文化。

我们前进中的国家尼泊尔

从胜利不断走向胜利！

国花　杜鹃花。

国色　深红色。

国兽　母黄牛。

国鸟　虹雉（Lophophorus）。

第二节　宗教、节日与民俗

尼泊尔一向以寺庙之国著称。人们说，在尼泊尔"屋有多少，庙有多少；人有多少，神有多少"。这话虽有些夸大，但的确说明了宗教在尼泊尔的盛行程度，反映出各种神祇在人民生活中的地位。总之，在尼泊尔，宗教对人们的思想、行为和创作有着深刻的影响。在人们的日常生活中，没有任何一个方面能够摆脱与宗教的关系或者不受宗教的影响。所以，要了解尼泊尔各民族的生活，就不能不了解尼泊尔的宗教情况和丰富多样的节日习俗。

一　宗教

尼泊尔流行着多种宗教。由于在2006年5月18日议会宣布尼泊尔为世俗国家前印度教一直是国教，所以信奉的人口最多，信徒分布较广，影响也最大。其次是佛教，由于传入的时间较久，其影响也不容忽视，信徒主要分布在北部靠近喜马拉雅山的地带和加德满都地区。许多较小的民族或部族，则信奉基于天启和神谕的万物有灵论宗教——萨满教。此外，还有少数人信奉伊斯兰教、基督教和耆那教等。

无论从历史角度还是从现实情况来看，印度教和佛教是对尼泊尔影响最大的两个宗教。但是，究竟是哪一个最早传入尼泊尔，现在还说不清楚。许多编年史学者认为佛教传入尼泊尔的时间较早，但是研究印度教史诗的人却有不同的意见。可是，有一点大家有着共同的看法，即在5世纪这两个宗教都在尼泊尔牢牢地站稳了脚跟。

1. 印度教

印度教传入尼泊尔的时间相当早。在李查维王朝统治时期（公元464～879年），人们对湿婆和毗湿奴的崇拜已相当普遍。从当时的雕刻作品所表现的万神殿中，人们可以看到在文字记载中提到的数以百计的偶像。即使在今天的加德满都，依然能够见到可以追溯到那时的许多湿婆和毗湿奴的神龛和圣地。其中最重要的莫过于位于德奥帕坦（Deopatan）的帕舒帕底纳特庙（Pashupatinath Temple），即兽主庙。兽主神之所以能在尼泊尔的宗教生活中占有十分突出的地位，是因为许多朝代国王的扶持和人民群众的不断捐助。在李查维王朝终结后，印度教的发展似乎出现了一个停止时期，历史学家很少看到有关这个时期印度教状况的记录。

穆斯林势力进入印度后，大批的印度教王公和婆罗门涌入尼泊尔，使印度教势力在尼泊尔大为增强，但是局势变得有些混乱。为进行整顿，马拉王朝的国王贾亚斯提提·马拉（1382～1395年在位）实施了一些社会改革。他从印度请来婆罗门，按照《摩奴法典》制定了有关各个种姓的等级、地位、工作和服饰守则，并且大力贯彻执行。但是这种努力遇到不小阻力，因为多数人不愿接受低等的种姓。

拉觉帕德亚雅婆罗门（Rajopadhyaya Brahmans）和梅蒂利婆罗门（Maithili Brahmans）之所以成为马拉王朝的宫廷祭司和显贵，据信就是因为他们是从外界请来的。顺便提及的是，不知是什么原因使得少数尼瓦尔族印度教徒中的高级种姓被紧列在拉觉帕德亚雅婆罗门之后，而且他们的姓氏和职业名称也酷似婆罗门种姓的名称，诸如卡马加尔亚（Karmacarya）、乔西（Joshi）和魏德亚（Vaidya）等。姓卡马加尔亚的人，其主要职业是印度教寺庙的祭司。在那里举行祭祀时，他们要严格遵守密教的神秘规定。这是他们的专有特权，甚至比他们地位高的拉觉帕德亚雅婆罗门也没有资格或权利参与这种活动。姓乔西的人，其真正职业是星象学家。这也是一项在通常情况下由婆罗门担任的使命。

穆斯林势力进入印度还产生了另外一种后果：由于孟加拉地区的波罗王朝在 12 世纪初期的灭亡、著名的超戒寺院在 13 世纪初期的毁坏，大批的密教师尊逃往尼泊尔，使尼泊尔的密教在以后的几个世纪里进入全盛时期。

从公元 2 世纪李查维王朝开始，直到中世纪马拉王朝末期，尼泊尔宛如一个宗教大熔炉，混合和融合了各种宗教信仰和势力，其中有佛教、印度教、密教、萨满教和苯教等。当然主要是印度教和佛教两大宗教的各种教派和势力。在十几个世纪的漫长岁月里，它们一方面相互斗争和竞争，一方面相互渗透和融合，但主流是后者。

中世纪的尼泊尔宗教，无论是印度教还是佛教，都受到密教教义的巨大影响。密教由于提倡秘密传授，所以带有一种神秘色彩。

密教认为，人体乃宇宙的缩影，宇宙生命是男性活力（以湿婆为象征）与女性"萨克蒂"（sakti，即性力）结合的产物。因此，男女两性交媾的仪式也是一种修行模式，修炼者通过它来实现"天人合一"，获得灵魂的解脱与极乐。从理论上说，它实际上是对已经普遍存在的有神论观念的进一步极致化，更为强调通过履行新的宗教仪式和技巧，使信徒与其所崇拜的神灵之间实现完全的共享和交流。从外部看，这一新的仪式不仅谈不上"正统"，而且显得稀奇古怪和极不寻常。在密教繁复的仪式中，教导徒弟进入此道的师父（Acharya），实际上是密教形态下佛的终极超度"智慧"借以传授的一个中介实体。师父是神的化身，徒弟对着他打坐，进行沉思和冥想。该教的一个最基本的观念是崇拜女性的生殖能力，认为它有巨大的创造力，能够创造万物。一些神秘的仪式要在极为严密的场合进行，因而也只接受那些经过秘密传授的虔诚信徒。

尼泊尔对性力崇拜的普遍性，导致印度教和佛教万神殿中出现了名目繁多的女性神祇。所以，人们在加德满都谷地可以看到许多女神庙。在一些寺庙中，往往没有什么偶像，因为密教一般并不强调偶像崇拜。在密教的崇拜仪式中，血和酒是常用的供品。"萨麦巴吉"（samebaji），一种用肉、豆角、大米和生姜等合成的供品，在吠陀形式的祭祀中被认为是不洁净的，但是，尼瓦尔人却一直把它作为一种特别的祭祀食品。

密教对尼泊尔宗教发展的贡献，据信是在于它混淆和模糊了印度教和佛教之间的特征和界限。这有助于印度教和佛教的融合，并有利于两者的和谐发展。

在山区流行的印度教实践显得比较涣散而没有组织。那里的宗教庆祝活动远没有达到谷地的水平。山区的寺庙既不显眼，数量也不多。在有些地方，当人们在一块空地上发现有供品时，才意识到那里有一个不起眼的小庙。像样的寺庙大都是仿照谷地的寺庙建成的。

在尼泊尔最受崇拜的女神是杜尔迦（Durga），即难近母。她在不同地方有不同的名称。她的神龛可见于山顶，可见于防御要塞，也可见于宫殿般的建筑之中。对杜尔迦的崇拜，可能是由于受《杜尔迦萨普塔萨提》（Durga Saptasati）一书的影响。该书所描述的故事强调，此神能保护国家免遭外来侵略，能保护信徒不受侵害和一生平安幸福。

沙阿王朝于18世纪后半期统一尼泊尔后，大力支持和提倡印度教，使印度教在尼泊尔得到空前的传播。但是，在一个相当长的时期，沙阿王朝并没有采取立法措施，将种姓制度强加给尼泊尔社会；只是1846年拉纳家族专政后，情况才发生了变化。总的来说，沙阿王朝对各种宗教采取兼容并蓄的政策。发展到今天，作为国教的印度教在许多方面吸收了佛教、密教和其他地方性宗教的一些成分，并将其融于自己的有机体之中。在尼泊尔的印度教里，佛陀成为印度教三大神之一毗湿奴的化身；加德满都的土著保护神摩金德拉纳特既被认为是湿婆，又被认为是观世音菩萨。此外，印度教的教义和风俗习惯，大大影响了许多不信仰印度教的民族。例如，塔卡利族的统治阶层和上层人士虽然不信印度教，却极力想取得一个高级种姓的地位；一些民族在种姓观念的影响下，也渐渐形成了等级。又如，印度教禁止屠宰黄牛，在国家通过的法律的干预下，许多民族被迫放弃了吃黄牛肉的习惯。更为突出的是，许多印度教节日，如德赛节、光明节等，都渐渐被尼泊尔人普遍接受并热烈庆祝。

2. 佛教

尼泊尔是释迦牟尼的故乡，但释迦牟尼的成道是在印度。所以对尼泊尔来说，佛教也是从外界传入的。

相传在公元前520年左右，佛陀曾率领徒弟到谷地传播佛法。如果此事属实，佛教应当说从这个时候起便传入尼泊尔。公元前265年，阿育王带着女儿恰鲁玛蒂到蓝毗尼园朝圣，接着不仅访问了尼泊尔谷地，还在帕坦的四周和中心各建立了一个窣堵波（一种佛塔）。

在公元后最初的几个世纪里，从佛教上座部分裂出来的说一切有部在尼泊尔很盛行。4世纪大乘佛教兴起后，瑜伽行派的理论奠基人世亲访问了尼泊尔，并在那里传布佛法。东晋高僧法显于公元405年访问蓝毗尼，但是由于他没有访问尼泊尔谷地，对那里的佛教状况并不知晓。实际上法显访问蓝毗尼前后的几个世纪里，佛教在尼泊尔谷地不断发展。因为那里并没有发生过像蓝毗尼地区的那种动乱，人们对佛教的信仰没有受到干扰。正是因为如此，到尼泊尔国王鸯输伐摩（595~640）在位时，佛教已发展到鼎盛时期。鸯输伐摩把女儿嫁给松赞干布时，还让女儿给西藏带去了佛像和佛经。关于当时尼泊尔的佛教情况，玄奘在《大唐西域记》中这样记述："僧徒二千余人，大小二乘，兼功综习。外道异学，其数不详。"这里所说的"外道异学"显然主要是指印度教及其各不同派别。这说明，在那时佛教与印度教在尼泊尔和睦相处，都有发展。

大约在公元8世纪，南印度的印度教大师商羯罗来到尼泊尔。他用摧残佛教的手段来传播印度教。他强迫佛教的僧尼结婚，焚毁了大量的佛教经典。这虽使佛教受到严重打击，但佛教在尼泊尔并没有消亡。

穆斯林势力侵入印度，迫使大批的婆罗门逃往北部山区，因而大大加强了尼泊尔的印度教势力。但是，12世纪初孟加拉地区波罗王朝的灭亡和13世纪著名的超戒寺院遭到破坏，也迫使大批的佛教徒带着大量的经卷和文物避难至尼泊尔，因而使很多佛教经典和手稿得以保存下来，并促进了尼泊尔佛教的发展。这时，西藏佛教的很多教派已逐渐形成，有些派别也开始传入尼泊尔。与此同时，许多密教师尊也来到尼泊尔，这不仅使尼泊尔的密教在以后的几个世纪进入全盛时期，也使佛教和密教逐渐结合起来。

沙阿王朝于18世纪后半期统一尼泊尔后，虽然印度教成为国教，国家予以大力支持和提倡，但总的来说，对各种宗教还是采取兼容并蓄的政策，故佛教依然盛行。只是在拉纳家族于1846年专政后，官方才开始排斥佛教，并将许多僧侣驱逐出境，使佛教在尼泊尔的影响大为衰弱。拉纳家族在1951年初被推翻后，尼泊尔的佛教开始复兴，印佛两教并行不悖，佛教大乘和小乘同时发展。

就在拉纳家族被推翻的当年，佛教的小乘教派信徒即从印度返国，成立了"全尼泊尔比丘协会"，大力弘扬佛教，并积极扩建寺庙和出版佛教经书。到20世纪80年代初，小乘教派已拥有寺庙27所，比丘、比丘尼120名，出版书籍200多部。至1994年，尼泊尔的小乘佛教寺庙达88座，比丘、比丘尼300多名，出版佛教书籍和翻译巴利文经典400多种。其中较有影响的有《佛陀时期的婆罗门》《佛陀时期的居士》《佛陀本生》等。此外，还用尼泊尔文和尼瓦尔文同时出版了《阿毗达摩》《居士律》《佛与佛教》《羯磨》等书籍。

尼泊尔小乘佛教还十分重视僧团与寺院的组织管理工作。在不少地区建立了"佛教复兴会"分会和"佛教妇女协会""佛教青年协会"等组织。每座寺庙每周举行一至二次佛事活动。

目前小乘佛教主要分布在尼泊尔中部地带和南部某些地区。佛教复兴会先后与泰国、缅甸、印度、阿富汗、斯里兰卡、日本、中国等十几个国家的佛教组织进行了互访。

尼泊尔大乘佛教注重对佛陀与神明的崇拜和宗教仪礼。大乘佛教徒与印度教徒一样，在人生的各个阶段举行不同的宗教仪式，如出生礼和剃发仪式等。这些仪式由大乘佛教古鲁（导师）主持。举行仪式时需要设立坛场，供佛像和菩萨像，摆供品和诵经等。

尼泊尔大乘佛教注重密宗修行。教徒修习密法时，要绝对保密。密法由法师亲自传授。居士掌握密法后，可在家中修习。通晓密宗的大乘佛教法师被称为古巴朱。古巴朱还可以通过密语为人"治病"。大乘佛教密宗的修行者除口念密语、打手印外，还使用法器，如金刚杵、拂尘和铜镜等。

尼泊尔大乘佛教包容了金刚乘和藏传佛教。金刚乘和藏传佛教均重视宗教的实践。金刚乘自中世纪在尼泊尔广泛传播以来，至今依然盛行。金刚乘修习的经典主要有《金刚经》《文殊师利经》《婆罗密多经》等。

藏传佛教各个派别自公元 11 世纪陆续传入尼泊尔。最初主要集中在尼泊尔北部的喜马拉雅山地区。近现代，藏传佛教不断向南扩展，目前已在尼泊尔的中部河谷、丘陵地带广泛传播，但以宁玛派和噶举派的势力较强。宁玛派、噶举派、萨迦派和格鲁派都分别在尼泊尔建立了寺庙。根据尼泊尔藏传佛教寺庙管理与发展委员会 1988～1992 年的统计，尼泊尔全国有藏传佛教寺庙约 3000 座。每座寺庙都保存着佛教经典和佛教文物。藏传佛教寺庙在尼泊尔被称为"古姆巴"（Gumba）。尼泊尔全国各区县，少则有一二座古姆巴，多则有数十座。仅在加德满都斯瓦扬布纳特寺周围就有二十几座大大小小的古姆巴。由此可见，藏传佛教在尼泊尔佛教中占有重要地位。

尼泊尔前国王比兰德拉虽被尊为印度教三大神之一毗湿奴的化身，但他对尼泊尔的佛教振兴也比较重视。尼泊尔佛教界在联合国与世界佛教国家的支持下，积极振兴尼泊尔佛教，于 20 世纪 90 年代开始了修复佛陀诞生地蓝毗尼园的建筑工程。计划中的蓝毗尼园分为三个区：圣园区、生活区和国际区。有 20 多个国家和地区在国际区兴建具有本国和本地区特色的寺院。2000 年，中国的"中华寺"和印度的"世界和平寺"先后举行了竣工典礼。据了解，到 2011 年 6 月为止，韩国、泰国、越南、德国、日本、柬埔寨、缅甸和斯里兰卡等国的佛教组织已先后在这里建成了各具特色的佛教寺院。

3. 伊斯兰教

大约在 12 世纪以后伊斯兰教传入尼泊尔，但信徒极少。20 世纪 90 年代初期尼泊尔开始实行改革开放政策，外国文化从各种渠道进入尼泊尔。伊斯兰教随之在尼泊尔迅速发展。据 2011 年统计，尼全国已有伊斯兰教徒 116.2 万人，其中城市居民 17.5 万人，农村居民 98.7 万人。约有一半人集中在中部地区，绝大多数系逊尼派中的哈乃斐派教徒。他们每天诵读《古兰经》，一日做5次礼拜；每年都有大批的教徒去麦加朝圣，去麦地那拜谒。还有不少青年被伊斯兰教组织送往阿拉伯国家学习伊斯兰教经典。在加德满都市中心有两座较大的清真寺，修建得十分漂亮。每周日前来做礼拜的信徒有如潮涌。

4. 基督教

基督教包括天主教、东正教、新教和其他一些较小的派别。天主教的方济各会在加德满都谷地的帕坦市曾建有机构。据说在清代，一些西方传教士来到西藏，企图传播基督教，后来中国皇帝把他们从西藏拉萨赶了出来，他们翻山越岭来到尼泊尔。1742年普里特维·纳拉扬·沙阿开始进行统一尼泊尔的大业，为保护民族文化，也将西方传教士全部驱逐出境。1846年，拉纳家族篡夺了尼泊尔国家政权，采取亲英政策，基督教随之再度传入尼泊尔。但是由于西方的价值观念和基督教的习俗与尼泊尔的印度教传统差距太大，长期以来，尼泊尔人皈依基督教者寥寥。但在当代，随着西方文化的渗透与商品的不断输入，不少印度教教徒开始改信基督教，据1994年尼泊尔基督教组织统计，尼泊尔约有4万人信仰基督教。据2011年人口普查统计，全国信仰基督教的人数为37.6万，其中城市居民8.6万，农村居民29万。

除上述几种宗教外，尼泊尔还有少数耆那教、锡克教、苯教、萨满教的信奉者。

二 节 日

尼泊尔有许许多多的节日，而且大都与宗教和农时有关。除各个民（部）族特有的节日外，尼全国人民在一年之中共同庆祝的节日就有50个以上。其中，政府规定放假的节日近40个。如马琴德拉纳特节、佛诞节、春节、驱鬼节、祀蛇节、圣线节、牛节、黑天神节、妇女节、因陀罗节、洒红节、赛马节、德赛节、灯节、国庆节、植树节和教师节等。节日公假少则1天，多则15~20天，节日的庆祝活动既有官方的，也有民间的。形式多种多样：开庆祝大会、举行文体表演、跳舞、游行和举办庙会等。现将一些主要节日介绍如下。

马琴德拉纳特节（Machindranath Jatra） 这是尼泊尔印度教徒和佛教徒共同庆祝的喜庆节日，在帕坦市进行。每年从尼历元月白半月（有月亮照明）的第一天开始，历时一个月。在这一个月中，载有马琴德拉纳特神像的巨大神车，按照既定的路线，由人们拉着在居民区游行，在一些街道会停留一天、两三天或一个星期。大神车的停留日期和起程时辰，由占星师决定，以趋吉避晦。大神车的外观犹如一株高耸入云的塔式青松，顶端插着尼泊尔国旗，挂着红色长幡、彩带和金色神符。大神车所到之处，人们纷纷出来顶礼膜拜，并往神车上抛洒供品和钱财。事毕之后，人们欢欢喜喜回家，仿佛了却了一桩心事。

关于马琴德拉纳特节的来历在尼泊尔有各种传说。最流行的一种说法是，湿婆神往印度河里抛入自己的精液，那精液使鱼受孕而生出马琴德拉纳特神。另一种传说是，马琴德拉纳特是印度阿萨姆邦的一位圣人。他的一个徒弟廓尔喀纳特到尼泊尔化缘，因为没人理睬，便怒从心起，用咒语将九条舞云降雨的神蛇收压在自己的臀下。从此，尼泊尔干旱，颗粒不收。人们便向毗湿奴大神祈祷求救，毗湿奴显灵给尼泊尔国王，示意要到印度去请马琴德拉纳特。国王遵照神的旨意率领祭司、法师等人去印度，将马琴德拉纳特请到尼泊尔。廓尔喀纳特见师傅来到，即起身拜见，九条神蛇腾飞入云，即日春雨普降，当年五谷丰登。此后，尼泊尔人将马琴德拉纳特奉为神明，每逢春耕之际，都向该神顶礼膜拜，祈求风调雨顺。

马琴德拉纳特节最隆重的一天，是大神车到达行程最后一站乌拉凯尔（Jaulakhar）广场的那一天。这天要在那里举行隆重的群众集会，并展示一件被称作"博托"（Bhoto）的黑绒马甲。它镶满了宝石，传说那是马琴德拉纳特留下来的。

这一天，国王、王后、王储及王室其他成员、高级军政官员和各国外交使节来广场观礼，参加庆祝活动。四周人山人海，要由警察维持秩序。下午五时许，军乐高奏，礼炮齐鸣，人人都向马琴德拉纳特神肃立致敬，一名祭司站在车沿上，双手高高举起那件黑绒马甲，先向观礼台方向展示，然后顺时针向其他三个方向展示，循环三次，每次展示都博得热烈的掌声。此后，国王、王后、王储及王室其他成员在鼓乐声中拜谒马琴德拉纳特神像。接着，一名神的侍者爬到大神车上的青松顶端，抛下一个用赤铜制作的大盆。尼泊尔人认为，铜盆落地时，若盆口朝上，表明当年会风调雨顺；反之，为旱灾之年。

庆祝会结束后，马琴德拉纳特神像将被送往布翁加莫迪（Bunggamdi）寺庙供奉，半年后送回帕坦市的塔巴哈拉庙（Ta bahala）。

佛诞节（Buddh Jayanti）　佛诞节是纪念佛祖释迦牟尼诞生的日子。释迦牟尼是佛教创始人，尼泊尔人民把他奉为和平的先驱与象征。1951年，尼泊尔政府宣布，释迦牟尼诞辰为全国性的节日，放假一天。尼泊尔人每年在尼历（超日王历法）元月的望日（公历5月初或中上旬）庆祝释迦牟尼诞辰。届时尼全国各地分别举行庆祝活动，以加德满都和蓝毗尼专区的庆祝活动最为隆重。

佛诞节前夕，前往蓝毗尼朝拜的僧侣、香客络绎不绝。既有来自蓝毗尼附近地区的信徒，也有来自北部山区东部边远地区的佛教徒；还有来自印度、中国、泰国、缅甸、日本等世界各地的僧人和香客。佛诞节之日，蓝毗尼僧团组织庆祝大会。僧人们要诵经文、浴佛身、供鲜花、燃香烛，然后抬着佛祖玉像上街游行。游行队伍浩浩荡荡，参加游行的有僧人、居士、香客和当地的民众。

在加德满都，成千上万的佛教徒云集在斯瓦扬布纳特寺，拜祭佛祖，焚香点灯，进行祈祷，布施钱财。寺内还展出表现佛祖生平的彩色泥塑和绘画。下午，尼泊尔"佛教复兴会"在位于斯瓦扬布纳特寺丛林中的阿难陀寺举行隆重的庆祝大会。政府首相、外国来宾也应邀参加。

每年佛诞节，尼泊尔前国王比兰德拉和艾什瓦尔雅王后都去阿难陀寺瞻礼佛祖舍利。

圣线节（Jamaipurne）　圣线节是印度教再生族成年男子更换圣线的日子。圣线是他们斜挂在肩上或颈上的护身物。圣线是由棉线或金线拧成的一缕线，是印度教再生族的男孩在举行成人仪式后开始佩戴的，要在一年一度的圣线节里更换。

圣线节在每年的4月望日（公历8月）。这一天除了更换圣线外，全国的男女老少也要去圣地戴祛灾线。婆罗门祭司一边念经，一边往受线者的手腕上缠绕几缕黄色的棉线：男子缠在右手腕上，女子缠在左手腕上。以此为他们祛灾。祛灾线要戴到7月朔日解下，将其绑在一头黄牛的尾巴上。据说，这意味着在人死后，这头黄牛会驮你渡过阴森恐怖的黄泉。

牛节（Gai Jatra）　　这是尼瓦尔族祭奠死者的传统节日，在尼太阳历5月黑半月的第一日（公历8月中旬）。牛节的庆祝活动具有独特的民族风采。这一天，居住在尼泊尔全国各地的尼瓦尔人都举行庆祝活动。最为热闹的地方要数加德满都谷地的三大城市。三地的庆祝活动不同，各有其独到之处。

在加德满都市，当年丧亲的人家，以户为单位牵出一二头真黄牛，与由女孩装扮的假牛和由男孩子装扮的苦行僧组成一个祭奠小队，上街游行。出发前，先在自家门前进行祭祀，然后由一批吹鼓手为真牛和假牛开道。这一天，真、假牛和苦行僧无论走到哪里，都有当年丧亲的人家布施食品、牛奶和钱币。布施是庆祝牛节的一项重要活动。丧亲的人家要挑着盛满食物的担子，等候在游行者必经之地，发放布施品。布施品放在用树叶串成的小盘子里，每户至少要发放365份。丧亲的人家在结束游行时，要在自家的门口举行回归仪式，将真牛放生。

在巴德岗市，祭奠活动是有组织的集体游行。游行从下午两点开始，走在队伍最前面的丧亲人家的男孩，个个赤裸着上身，下围树叶或布片，两人一排，每人手持一个竹杠，边走边对峙敲打。紧跟在他们后面的是假牛队伍。这里的假牛有两种模式：一种是模拟真牛形象的卧式假牛，另一种是人身牛头的木偶牛，均放在木架上由人抬着缓缓前行。木偶身穿纱丽或筒裙，戴着项链、耳饰和手镯，胸前挂着死者的生前照片。手托祭品的死者家属跟在自家木偶牛后面参加游行。游行队伍最后面的人们装扮得很滑稽：有人戴着古怪的面具；有人男扮女装或女扮男装；有人身披芭蕉叶或麻袋片。男男女女嘻嘻哈哈，唱着跳着，纵情狂欢，以此给死者的家属以慰藉与欢乐。

在帕坦市，牛节活动又是另一番情景。假牛全身从上到下都拴上各种铜铃和铁片，行走时叮当作响，饶有趣味。所以帕坦市的牛节活动也毫不逊色。

牛节始于中世纪，起初只是人们怀念死去亲人的一项宗教社会活动，后来逐渐演变为一种文化政治活动。牛节期间，人们借庆祝牛节的机会，演出一些活报剧，展示一些漫画，并朗诵一些诗歌和小品文表达他们对时事的看法。

祀蛇节（Nagpencami） 尼泊尔人视蛇为神，所以在每年的 4 月白半月第 5 日（公历 8 月上旬），专门敬蛇神。这天清晨，各家门户刚刚敞开，小贩和该地区的祭司便挨家挨户兜售和分发蛇神图。人们按照经书中的记载，将四角涂有牛粪和酸奶的蛇神图，贴在房门上方。另外，在蛇神图上方贴一撮牛粪，并在上面放一些槟榔、油菜籽和杜伯草，再撒上鲜牛奶和祭米。然后，对蛇神图进行礼拜，请蛇神保佑。

驱鬼节（Ghantakarna） 这一天每个大居民区的重要交叉路口，都竖立一个用稻草扎成的草人，面孔是鬼脸，象征着魔鬼"肯塔卡尔纳"。"肯塔"意为响铃，"卡尔纳"意为耳朵，全意是耳朵上挂着铃铛的魔鬼。关于这个节日的来历，《往世书》中有几种说法。其中一种说法是，在很早以前，有一个罗刹（魔鬼）不喜欢听到任何神的名字，它在自己的耳朵上挂了铃铛，以掩盖听觉，被称为响铃耳罗刹。他经常来到加德满都谷地兴风作浪，伤害生灵。有一天，即尼历 4 月黑半月的第 14 日（公历 7 月底），人们在蛤蟆的帮助下，终于将罗刹置于死地，除掉一害。从此，人们把这一天作为驱鬼节来庆祝。

驱鬼节活动的程序主要是，人们在清晨沐浴洁身和礼拜神明后，拿一枚铜制或铁制戒指上街，把戒指在代表魔鬼的草人上触一触，然后戴在小拇指上。他们认为这样可以辟邪。有小孩的家庭还要准备一个假娃娃、一个铁钉子和一些碎布，将它们拴在草人身上，认为这样才可以使魔鬼罗刹不伤害孩子。这一天，孩子们成群结伙地在大街上用绳索拦截过往行人和车辆，向他们化缘。当夜幕降临时，草人便被扔进河里。人们在水葬魔鬼后，便回家在墙角撒上油菜籽和草药，并点燃香火。在室内烟雾缭绕之中，把清扫出来的污垢扔出家门。

黑天神节（Krishna Jayanti） 尼泊尔的印度教徒，每年在 5 月黑半月的第 8 日（公历 8 月下旬）庆祝黑天神的诞生。庆祝活动最正规、规模最大和最热闹的地方，要数位于帕坦市的黑天神庙。节日这天拂晓，朝拜黑天神的队伍已经延伸到庙外的广场上。手托供品的信徒，进庙后先在庙宇四周的台阶栏杆上点燃大大小小的油灯，然后到主殿瞻仰黑天神像。黑天神庙附近的庙宇台阶、走廊和福舍，从早到晚坐满善男信女。他们唱赞美黑天神的颂歌，吟诵诗经，表现出对黑天神的无比虔诚。据统计，每年至少有 5 万人从四面八方来此参加庆祝活动。入夜九时许，国王和皇亲国戚在侍从官和警卫的陪同下前来参拜黑天神。第二天，黑天神像被抬出寺庙巡游，晚上大街上有跳鬼神舞的活动。

因陀罗节（Indra Jatra）　每年的 5 月白半月第 13 日（公历 9 月上旬），尼泊尔人开始庆祝因陀罗节。在印度教里，因陀罗被视为云雨之神。在佛教里因陀罗是护法神，名天帝释。因此，因陀罗节是尼泊尔全民族的传统节日。节日为期 8 天。第一天在加德满都老王宫的西门前，为第二天举行竖立因陀罗旗杆仪式做准备。因陀罗旗杆是经过密宗仪式修饰的一根树干，几天前从巴德岗用人力拉到这里，日夜有人守护。第二天举行的竖立因陀罗旗杆的仪式非常隆重。按照皇家礼节，由祭司主持，有皇家卫队和身着古装腰佩宝剑的士兵助威。当占星师宣布吉辰已到时，鼓乐齐鸣，礼炮声声，在群众的欢呼声中，因陀罗旗杆被缓缓竖立起来。当一面画有符号的长方形的因陀罗旗在空中飘扬时，人们便簇拥到旗杆的下面，向供奉在那里的一尊骑在大象上的因陀罗神金像祭拜，并供奉食品和卢比。在尼泊尔，因陀罗旗是胜利的象征，人们不时仰望着高大华美的旗杆和在上面飘扬着的旗帜，感到自豪，并沉浸在欢乐之中。

下午三时许，在老王宫的御前会议厅前的广场上举行节日典礼。国王、王后、王储及王室其他成员、高级军政官员以及各国使节在御前会议厅的检阅台上观礼。如果国王不能出席，按照常规，把象征国王权杖的一把宝剑放在王座上抬到检阅台中央。广场上身着古装的士兵和身着黑色服装的军乐队，面对会议厅列队。当国王、王后走上检阅台时，军乐高奏，礼炮齐鸣，十分庄严和隆重。礼毕后，表演民间歌舞，有"婆鼓舞"（Bhogu Naca）、大象舞和"拉凯舞"（Larke Naca）。表演接近尾声时，鼓乐齐鸣，"童女神"乘坐的一辆古色古香的两轮木车，由众人拉着缓缓驶来，在检阅台前，停留片刻，随即在鼓乐声中通过广场向街市驶去。神车驶过，跳民族舞的演员们立即聚到检阅台下，向国王欢呼。在热烈的气氛中，国王和王后赏赐演员卢比。

晚上，国王和王后专程到童女神庙拜谒，同时接受"童女神"点赐的吉祥痣。因陀罗节日的后几天，在各个闹市街头都有歌舞表演和神像展出。第七天的晚上有祭奠死者的活动。最后一天晚上举行放倒因陀罗旗杆的宗教仪式。众人将因陀罗旗杆抬到河边焚烧后，因陀罗节才宣告结束。

德赛节（Dasei） 尼泊尔最盛大的节日是德赛节。德赛节犹如中国的春节，不但举国同庆，而且热闹非凡，政府和人民都极为重视。

德赛节的来历与印度史诗《罗摩衍那》中的神话故事有关。它描写罗摩为救回被十首罗刹王罗波那劫走的爱妻悉达，求助难近母女神，在他敬拜难近母女神的第十天，终于取胜，杀死罗刹王罗波那。"德赛"是"第十"的意思。德赛节是庆祝罗摩在第十天取得胜利，它也表达了人们扶正祛邪的爱憎情感，以及对幸福生活的向往。

节日之前，从服装鞋帽到食品佳肴，一切过节所需之物人们都要准备齐全。远在他乡的亲人也纷纷返回家园，欢聚一堂。有些人家还特设一间庆祝德赛节的专用房间。德赛节在尼历6月（公历9月底至10月上旬）的金秋时节，共庆祝10天。人们庆丰收，敬女神，求保佑。

第一天，设圣罐。晨星未落，家家户户都到圣河或离家较近的河里沐浴，并装满一罐子圣水，放到敬神室内。另准备一个瓦罐或土盆种上大麦和玉米种子。此后，一连九天要披星戴月去洗圣水浴。每次浴后拜谒难近母女神，并用圣水浇大麦和玉米种子。数天后种子发芽，待第九天将绿莹莹的麦苗、玉米苗供在难近母女神像前。

节日的第七天"取神花"。神花是象征皇家家神的一种花卉，要从沙阿王朝的老本营廓尔喀取来。"取神花"的仪式在加德满都王后湖北侧的贾玛拉大院里举行，十分庄严和神圣。院子正中设一块用红土铺成的祭坛。"取神花"仪式开始时，奏颂神曲，两名侍者抬着神花担子站在祭坛中间，政府官员面对祭坛而立，祭司口中念念有词，女侍者吟唱圣歌。仪式结束后，将神花送往老王宫。与此同时，首都中心广场也在举行庆祝活动。

德赛节的第八、九两天是杀牲祭神的日子，主要祭祀难近母女神及其各种化身。民间百姓在夜间洗过圣浴之后，第二天清晨便空腹提着鸡、牵着羊，到难近母庙进行杀牲祭祀。

第九天清晨，皇家军队在加德满都卫戍区军营所在地科特庭院（Kote Coka）和老王宫的穆拉庭院（Mula Coka）举行杀牲祭神活动。早晨七时半，卫戍区的官兵上百人在庭院中站成方队，挥刀舞剑，随着军乐操练一番，鼓舞士气，然后开始杀牲。

这一天，汽车司机要在车前杀一只鸡或宰一只羊，将其鲜血撒在车轮上，并提着流血的鸡、羊围绕汽车转一圈，然后将鸡毛或羊毛粘在车轮的鲜血上。人们认为杀牲敬车，可免行车事故。入夜时，各家各户关门闭户，一家老小郑重其事地向难近母女神礼拜、祷告，直至深夜或通宵。这天晚上被称为"德赛节之夜"，是敬拜难近母女神的高潮时刻。

德赛节的第十天称"胜利的第十日"。传说，罗摩在敬拜难近母女神的第九天夜里，难近母女神托梦给他："明天你拿着我的供品去征战，定能打败罗波那。"天亮后，罗摩用十天前摆设的圣罐里的水灌顶，用难近母神像前供奉的朱砂点在自己的额头上，并戴上大麦的嫩苗去讨战罗刹王罗波那。由于有了难近母女神的法力，罗摩终于取胜。这天，尼泊尔妇女还把大麦苗插在自己的头发上，男人则把麦苗夹在耳后；男女老少都穿起节日的盛装走亲访友。这天，国王、王后及政府官员也与万民同乐。下午，国王和王后在纳拉扬希蒂宫的大厅里分别为男女政府官员和平民百姓点吉祥痣。每年这一天，前来接受国王和王后点吉祥痣的人络绎不绝，等候那一时刻到来的队伍往往达数百米之长，呈现出动人的景观。不少边远地区的上访者，借此机会向国王和王后呈递书信。国王通过点红活动，既了解了民情，又赢得了百姓的爱戴。

灯节（Dihala） 灯节是尼泊尔全民族的喜庆节日，庆祝5天。第一天敬乌鸦；第二天敬狗；第三天敬财富女神拉克希米；第四天敬牛；第五天为兄弟点吉祥痣。

关于灯节的来历，《往世书》里有不少说法。其中流传最广的说法是每年7月黑半月朔日，财富女神拉克希米下凡，人们都希望财富女神巡游到自己家里。由于财富女神拉克希米喜爱明净，所以人们从7月黑半月的第13日开始扫房拖地，擦窗洗门，准备供品，一直忙到朔日。

朔日，家家户户窗明几净，张灯结彩，高挂花环。大门口、庭院中画上神符，神符四周用红丹粉和鲜花瓣装饰。有些人家将红丹粉和鲜花瓣从神符处一直撒到家内钱箱、衣柜。室内供桌中央供着财富女神拉克希米女神的五彩画像。为了得到拉克希米女神的青睐，每户人家不仅灯火通明，而且在拉克希米女神像前摆满了各种水果、甜点和百宝盒。

当晚，家庭中的男主人换新衣，女主人描红颜，分别敬拜财富女神拉克希米。在焚香点烛、磕头诵经和祷告之后，燃放爆竹，并邀请邻居朋友来品尝自己家的甜点小吃。

灯节的第五天要为兄弟点吉祥痣的原因，系出自一个神话故事。相传有一天阎王向一位寿数已尽的男子索命，该男子的姐姐向阎王请求："请允许我给弟弟点吉祥痣送行。"言罢，她一面用油洒祭坛，用核桃和一种叫作"默克默利"的花做点红仪式的供品，一面热情地款待阎王。阎王由于受到尊敬而高兴，表示愿意满足她的一个要求。姐姐谢过阎王后，提出："今天我为弟弟做点吉祥痣的仪式，请等祭坛上的油迹干了，核桃被水浸透，默克默利花凋谢之后再把弟弟带走。"阎王听到此言，只好拂袖而去，因为油迹不会干，核桃不会被水浸透，默克默利花永远不会枯萎。

尼泊尔女子为祝福自己的兄弟健康长寿，借鉴这个故事，每年为兄弟举行这样一次点吉祥痣仪式，称之为"帕依蒂卡"。

春节（Sri Panchami） 尼泊尔的春节处于乍暖还寒的尼历10月，与我国的春节日期相近。在春节期间，中部山谷地区气候宜人，木吐新绿。在这万象更新的季节，人们希望智慧女神斯拉斯瓦蒂在新春之际赐予聪明才智，冒着春寒起五更沐浴洁身后，前往智慧女神庙做礼拜。知识分子则把智慧女神看作自己的护佑神，要膜拜书籍和笔墨。学生也要焚香祈祷。商务工作者要做好经济结算和预算，并更换新的账本。工人、农民也穿戴整齐，手提酸奶等供品去膜拜智慧女神，渴望自己聪明能干。

在春节期间，国王要去老王宫聆听祭司读经文，诵史诗。届时，鸣礼炮 31 响，然后，奏吉祥曲。祭司从神像前取一些供品奉献给国王，作为吉祥幸福的象征。王室成员及高级军政官员也参加这项皇家举行的春节活动。

洒红节（Holi） 洒红节来源于一个印度教传说。在薄伽梵神（Bhagavan）与魔王的斗争中，魔王之子背叛魔王，崇拜薄伽梵。气急败坏的魔王施展各种法术欲置儿子于死地，但均未得逞。女妖霍里（Holi）具有耐火烧的功力，为帮助魔王杀子，她挟起魔王的儿子跳进熊熊烈火之中。魔王之子在烈火中向薄伽梵净心祈祷，安然无恙。女妖霍里却被烧成灰烬。为庆祝正义战胜邪恶，人们以点火烧柴，欢庆女妖霍里被焚，并称之为"霍里节"。现在尼泊尔南部特莱平原地区仍以燃烧篝火庆祝霍里节。北部和中部居民则以抛洒红粉庆祝。因此，"霍里节"被意译为"洒红节"。

洒红节从 11 月白半月的第 8 日开始至月圆日结束，历时 7 天。这是一个嬉笑打闹的娱乐节日。节日期间人们无论相识与否，走在街上都可以相互抛洒红粉。近年来，人们不仅抛洒红粉，而且投掷水球、水袋。行人稍不注意，就成了落汤鸡。坐在汽车里的乘客也会被从窗外突然飞来的大水包弄湿衣服。被袭击者要么回敬对方一把红粉，要么报之一笑。尼泊尔人以受红为吉祥幸福的象征。洒红节期间，有社会地位的人和高级知识分子，一般不出大门，自家人互相在脸上或头上洒红粉，彼此祝福。

赛马节（Ghoda Jatra） 赛马节在尼历 12 月（公历 3 月）。庆祝活动在加德满都市中心的通迪凯尔（Tundikel）广场举行。据说，这里原是一片荒草地，隐居着一个吞食儿童的恶魔。人们经过一场搏斗，终于铲除了恶魔，并用疾驰奔跑的马群践踏恶魔的灵魂，使其永不再生。

赛马节这天，通迪凯尔广场彩旗飘扬，鲜花绚丽。从上午开始，人群便如潮涌般会聚到广场周围，等候观看赛马表演。下午，国王身穿尼泊尔军服与王后、太子同坐在观礼台正中，王室其他成员及首相、大臣、文武百官和外国使节也应邀观礼。

下午三时许，头戴高冠、身着猩红色战服、手持长矛、骑着高大枣红色骏马的古装骑士方队，在洪亮的军乐声中进入会场，横排齐、竖排直、马步矫健。骏马飞奔在广场上，忽而腾空越障，忽而伏身钻火环，表演精彩夺目，观众不时爆发出阵阵热烈的掌声。此后，直升机的空投和步兵攻打堡垒的表演，使广场硝烟弥漫，顿时人们犹如置身战场。待烟雾消散后，有古装步兵进行刀和盾的表演。最后是体育节目，有吊环、跳马、自行车赛等。在节目表演结束后，国王向优胜集体和个人颁发奖旗、奖状。

晚间，人们将守护神波德拉迦莉（Bhadrakali）和甘迦斯瓦莉（Genggasvali）等诸位女神像，抬到通迪凯尔广场供人们膜拜。广场上还有表演镇妖除魔的剑舞和神仙舞等。节日活动直到深夜才告结束。

妇女节（Shri Panchami） 尼泊尔妇女将5月白半月的第三天（公历的8月底至9月中旬前）视为最神圣的日子。她们甚至把一生的幸福都寄托在这一天。是日凌晨三四点钟，妇女们即涂脂抹粉，戴上五光十色的金、银、珐琅或玻璃制成的各种首饰，浓妆艳抹，成群结队地涌往兽主圣地洗洁灵魂。

兽主圣地有许多印度教庙宇，但以具有悠久历史的兽主庙（Pashupatinath Temple）最为著名。兽主庙是尼泊尔最大的一座湿婆神庙，闻名遐迩，不仅尼泊尔的印度教徒常到这里烧香敬神，远在印度的教徒们也长途跋涉来此朝拜。该寺庙的正门坐东朝西，东门在巴格马提河之畔。妇女节这天，成千上万的妇女聚集到这里，在巴格马提河里沐浴洁身。上岸更衣后，即进入兽主庙膜拜神灵。兽主庙的正中是主殿。主殿正门前有一块高约1米的长方形石台，台上跪卧着一只长五六米的铜牛塑像。这是湿婆神的坐骑"南迪"（Nandi），它昂首注视着供奉在殿堂里的主人湿婆神。殿堂分里外三层。湿婆神像供奉在最里层的殿堂里。这里的湿婆神像是一尊上方雕有四个湿婆面像的黑色石柱，名曰"湿婆林伽"（Siv Linga，湿婆神的一个形象，状似男根）。教徒们只被允许站在第二层殿堂里礼拜，隔着门槛向湿婆林伽投掷供品。在妇女节之日，等候进殿拜神的妇女人山人海，难以计数。她们个个手捧鲜花、供米、黄油饼、水果和钱币等，从庙外到庙里，得绕着殿堂耐心等候几个小时，才能观见到湿婆林伽。尼泊尔人认为，女子只有虔诚地礼拜湿婆林伽，才能配上如意郎君，婚后才能过上美满生活。妇女们拜过湿婆林伽后，便心满意足、步履轻盈地走出庙门，到外面的林中草地上唱啊、跳啊，似乎真的得到了湿婆神赐予的幸福和快乐。

三 民 俗

尼泊尔不仅有着悠久的文化传统，而且有着丰富多彩的民族习俗。尼泊尔民族众多，在饮食、服饰、婚丧嫁娶等生活习俗方面，既有不同民族的特殊性，也有共性。以下介绍绝大多数民族共有的一些风俗习惯。

1. 服饰

尼泊尔男子的传统民族服装为大襟和尚领服，长至双膝，尼泊尔语称"兜拉"（Dou ra）。下衣是胯大裆肥、腿瘦、包着脚腕的马裤，尼泊尔语称"苏鲁瓦尔"（Suruvala）。"兜拉"和"苏鲁瓦尔"是套装。有白色和土黄色两种。白色套装外面，再穿上一件黑色西服，戴一顶黑色的尼泊尔小帽，即是尼泊尔的国服。尼泊尔小帽椭圆形顶，类似船帽，有黑色的，也有彩色的。白色帽子为丧服。穷人大多数是低种姓者，如搬运工、清洁工。他们上身穿布制的马甲，下身围一块未过膝盖的粗布，脚穿拖鞋。冷天在身上裹一块粗纺的毛织或线织的大披巾。当代男青年喜欢穿花衬衣、牛仔裤，或西服和夹克衫。另外，西装革履也是各族男士追求城市化的服装。

妇女上衣是紧身齐胸的无领对襟短衫，露着腰和上腹部。下身裹一条长 5~6 米的"纱丽"。纱丽的 2/3 用于腰以下的部位，在腹前折出 6~9 层褶皱披在衬裙上，下端直垂地面；其余的 1/3 则从腰部搭在肩上或头上。纱丽是已婚妇女必须穿的服装。冷天在纱丽外穿长袖、大襟、系布襻的花夹袄。外面再披一条名曰"卡丝朵"（Khasto）的披肩，或穿开身毛衣。纱丽有丝、纱、绸、尼龙纱、土布几种不同的面料和各种各样的花色，人们可根据自己的爱好和经济条件选择。农村妇女多穿布料纱丽。尼瓦尔族妇女时兴穿黑色镶紫红色大宽边的土布纱丽。女大学生的校服也多是布料纱丽。当代女大学生喜欢穿紧身无领T恤、牛仔裤、巴基斯坦女装以及西藏女袍。巴基斯坦女装是一种袖长七分、下摆较大、略过膝盖的无领连衣裙，配同样花色的长至脚面的裤子，裤筒较细。另外，从胸前到双足后披一条长1.5~2米的薄纱巾。尼泊尔女子一般不穿皮鞋，只穿拖鞋或凉鞋。她们无论穷富，都讲究佩戴项链、耳饰、手镯和戒指等饰品。当然，有人戴的是金银首饰，有人戴的是铜铁或塑料饰品。青少年女子通常在脚腕上戴银质脚链、脚镯，脚趾上戴类似戒指的金银铝制的饰品。已婚女子除发缝上涂抹朱砂红外，一定要佩戴由6~9串红色玻璃珠链子拧成的一种项链，项链下端嵌入金或银的饰物。另外，已婚妇女必须戴手镯。一旦丈夫去世，妻子立即洗去发缝上的朱砂，打断手镯，摘掉项链，从此不能穿色泽鲜艳的纱丽，只能穿白色或素色纱丽。男子的孝服从头到脚都是白色，而且不能用皮革制品。

尼泊尔北部山区的一些民族，如谢尔巴、马南加〔Manangay，又名乃斯扬巴（Nesyangba）〕、伯泰（Bote）等民族的服饰与中国藏族的服饰相同。

2. 饮食

尼泊尔人的饮食习惯是一日两顿正餐，三次奶茶。正餐在早上9点钟左右和傍晚7点钟左右，以米饭、蔬菜、豆汤和开胃小菜"阿杂拉"（Acara）为主。大多数家庭一周只吃一两次肉，而且只吃羊肉和鸡肉。有些民族也吃水牛肉，但都不吃黄牛肉和猪肉。因为印度教认为黄牛是神，猪太肮脏。由于鱼的价格比较贵，一般家庭很少吃鱼肉。尼泊尔人用餐时，习惯使用不锈钢的分餐盘。把米饭和几种不同的蔬菜分别放入餐盘中，然后把豆汤浇在米饭上，用右手抓着吃。三次喝奶茶的时间分别在清晨、下午一点钟和四五点钟。下午一点钟是政府机关规定的喝奶茶时间。喝奶茶时人们大都吃些小吃，如煎鸡蛋、炸酥油薄饼、米片、面包或饼干。穷人在喝奶茶时间只能以生水和炒玉米豆充饥。

3. 礼仪

礼节　尼泊尔人见面时，双手合十于胸前，说"纳马斯代"（Namaste）或"纳马斯卡"（Namaskar），意思是"你好"。晚辈拜见长辈不但要双手合十于胸前，而且要鞠躬。每日清晨，做儿媳妇的给公婆请安，在喜庆的节日中晚辈给长辈行礼时，不仅要下跪，还要以前额触长辈的脚面。长辈则把右手放在晚辈头上，说几句祝福语。每逢家庭中的大喜事，晚辈行过礼，长辈要送给晚辈礼物，通常是金项链或卢比。

尼泊尔人十分好客，对客人常以奶茶、煎鸡蛋或一些油炸小吃招待。北部山区的民族以酥油茶和干奶酪招待客人。谢尔巴、塔芒等民族与客人初次见面时，献上哈达，以示欢迎。

尼泊尔国王出访或访问归来，以及在接待外国首脑或高级代表团时，尼泊尔人都以隆重的礼节迎送。机场不但铺上红地毯，而且安排5名女童向国王或贵宾奉献鲜花花环。机场路上每隔一段路搭一座拱门，拱门上画满了花卉和吉祥物，拱门两侧的地上各放一个铜制的大水罐。

称谓 对王族、婆罗门和令人尊敬的学者、教授称呼"何祖拉"（Hejura），意思是"老爷"。佣人称主人"何祖拉"。关系比较亲近的人开玩笑时也可称对方"何祖拉"。在家庭里晚辈对长辈、妻子对丈夫也用"何祖拉"。孩子称父亲"卜爸"，称母亲"阿妈"，称"爷爷"或"外公"为"何祖尔·爸"或"爸接"（Bajie），称"奶奶"或"外婆"为"何祖尔·妈"或"伯接"（Bejiey）。与对方说话时，平辈人之间称呼名字或用"递密"（Timi），意思是"你"。对长辈或客人用"塔巴依"（Tapai），意思是"您"。

同事或朋友见面时可直呼对方的名字，但名字后要加一个敬辞"吉"（Ji）。熟人、同学之间，以及不相识的人之间，为表示对对方的尊重和亲切，一般均称"达意"（Dayi，哥哥）、"递递"（Didi，姐姐）或"帕依"（Bhai，弟弟）、"玻黑尼"（Behini，妹妹）。学生称老师"古鲁"（Guru），现在称老师"瑟尔"（Sir）。

生活习惯 清晨洗漱完毕，首先敬神或佛。无论在家里还是去寺庙礼拜，必须空腹。参拜后才可以进餐。用正餐时，先拿出一点盘中餐放在桌上，以示对神和佛的敬供。

吃饭时用右手抓饭。递给其他人食品时也只能用右手。因左手用于大便后冲洗肛门，被视为不洁。但在传递非食用品时用双手，以示礼貌。

进室内要脱鞋，进寺庙的佛堂、神殿要把鞋脱在外面，不能用手触摸佛像和神像，只能用头触佛像和神像的足部。

在家里不穿正规的服装，男人上身穿大襟白衬衣，下身围直筒裙；女人穿短袖拖地的连衣裙。

出远门时要根据尼泊尔的历书选择吉日良辰，并举行外出仪式。外出者要随身带一些仪式中用过的供品，如红色大米、槟榔、硬币等。

不宰杀母畜母禽，不食用其肉。不吃剩饭，剩饭用于喂乌鸦和狗。

妇女不能直呼丈夫的名字，称其为"何祖拉"。妇女月经期间不能进寺庙，不能进厨房，不能与丈夫睡在一张床上，一般席地而卧。

忌讳 忌讳宰杀黄牛（水牛除外）。因为公黄牛是印度教湿婆神的坐骑，母黄牛是财富女神的象征。

忌讳外人进自己家的厨房和神舍、佛堂。忌讳穿衣时只穿一只袖子。忌讳晚上剪指甲，认为这是不祥之兆。

婚礼 婚礼是尼泊尔人一生中要举行的人生圣礼之一。从历史上延续下来的婚姻形式和结婚礼仪颇多。在婚姻形式上，有一夫一妻、一夫多妻、姐妹共夫、一妻多夫、姑表结亲以及童婚等。在结婚礼仪上，不同的民族有不同的礼仪程序。属于雅利安种族的尼泊尔人和尼瓦尔人的结婚礼仪大同小异，都非常复杂。首先联姻要经过媒人介绍，互送庚帖。订婚时由双方父母面谈，男方送女方聘礼。举行正式婚礼前要举行名曰"索亚姆布尔"（Soyamubur）的仪式，表示女子自选郎君的意思。双方互赠金项链、戒指和花环，作为定情之物。举行这项仪式后，可以在当天或隔一二天，或隔一个月，甚至一年之后再举行正式婚礼。

婚礼分两部分进行，一部分仪式在新娘家进行，另一部分在新郎家举行。结婚之日，新郎在父母的陪同下率迎亲队前往女方家举行婚礼。在城市里迎亲队的人数由新郎所在居住区的地方政府部门规定。印度教徒的婚礼由婆罗门祭司主持，有数十项程序，还要膜拜各路神明，至少要进行一天。主要程序有"阁内亚达恩"（Keneyadan），即女方父母把女儿交给女婿的仪式。这项仪式后有洗脚、祝福、踩石头、播簸箕、绕火堆、新郎给新娘戴"滴拉核里"（Dilaheri）等仪式。"滴拉核里"是一种嵌有金银饰物的红色玻璃珠项链，为已婚妇女所佩戴，是幸运的象征。婚礼的高潮是新郎往新娘头发中间的发缝上涂抹朱砂红。发缝上涂抹朱砂红是尼泊尔已婚妇女最明显的标志。至此，婚礼算是告一段落。此后一对新人到新郎家还要举行新娘被婆家认可的礼仪。

尼瓦尔人在送新娘去婆家时，要由舅舅背新娘上车或轿子。新娘的父母只把女儿送出门外。新郎带着迎亲队把新娘迎娶到家门口时，新郎的父母各拿一个大罐子，里面装满鲜花、纸花和染成红色的大米往新郎和新娘的头顶倾洒。新郎和新娘对双亲行顶足礼，新郎父母给一对新人戴金项链和鲜花花环，然后把新人领进家门，新郎家的人提着水壶往地上洒水。进屋后婆婆要把家里粮仓、厨房和贮藏室的钥匙交给儿媳妇，儿媳妇把一大串钥匙系在腰上。在进洞房时，小姑子挡在门外，待新郎递过喜钱后，才放新郎新娘进屋。第二天举行梳头仪式，由新郎给新娘梳头。第四天，新娘回门时还要举行宗教仪式。

农村人的婚礼也多在女方家进行。新郎在结婚那天的傍晚去新娘家举行婚礼并迎亲。新郎拜见岳父时，要赠送一些卢比和其他礼品。岳父母也送女婿一些礼品。婚礼在专门搭建的彩棚里举行。新郎在结婚仪式上要送给新娘戒指、玻璃珠项链和朱砂。新娘送给新郎的一般为花环。婚礼通常持续整整一个夜晚，直到翌日清晨，新娘才坐在用椅子或大布兜做成的简易轿子里被抬往婆家。在坐轿子之前，新娘的舅舅要背着女儿绕轿子三圈。轿子被抬走时新娘的母亲和家里人要做祭礼。轿子是露天的，新娘的头上蒙着盖头，有人给她打着伞。新郎骑着马，跟在轿子后面，也打着伞。从新郎出发迎亲的那一时刻起，新郎家通宵灯火齐明，乐器联奏，新郎的家人与亲朋欢聚在一起或聊天，或跳舞，通宵达旦，直到新郎将新娘娶回家中。点长明灯是尼泊尔人举行一切仪式中不可缺少的一环，它象征着光明和希望，也象征着幸福和吉祥。因此，在结婚大喜的日子里长明灯特别明亮。

"益喜"（Ihi）仪式 这是尼瓦尔族的一种独特风俗。"益喜"（Ihi）是尼瓦尔语，专指尼瓦尔族7～9岁的小女孩与"贝尔果"（Bel，孟加拉苹果，又称金苹果或木苹果）举行的象征性结婚仪式，俗称"贝尔婚姻"。"贝尔果"果皮坚硬，存放多年不烂，因此，尼瓦尔人将其作为金童子的象征。女孩与"贝尔果"的婚姻象征着永恒的婚姻。贝尔果是女孩一生的丈夫。姑娘成年后与男人结婚时亲朋好友送的槟榔，姑娘珍藏起来，若婚姻遭遇挫折，妻子将槟榔放在枕下，即可不受束缚地离异。在丈夫去世时，妻子把槟榔放在丈夫遗体旁边就可以改嫁。为了女儿一生的幸福，大多数尼瓦尔人家庭都为女儿举行"益喜"仪式。这个仪式和正式婚礼一样庄重，由祭司主持，并邀请亲戚、朋友参加。通常是数名或数十名小姑娘在一起集体进行，小姑娘们各个穿红戴绿，额上点着红色的吉祥痣，列队席地而坐。祭司捧起贝尔果做祈祷，小姑娘们对贝尔果、祭司和自己的父母一一行礼。最后，祭司把贝尔果分别交给小姑娘的父母，婚礼在欢乐、喜庆的氛围中结束。小姑娘的父母把贝尔果珍藏在家里。但尼瓦尔人中的婆罗门种姓不做"益喜"仪式。

"乌博那亚那"（Upnayana）仪式 也称"博拉德奔德"（Bratebend）。这是印度教婆罗门、刹帝利和吠舍种姓的男孩必须进行的一项"入法礼"。婆罗门种姓的男孩在7~9岁，刹帝利在11岁，吠舍在12岁时举行这项仪式。按照印度教经典的说法，举行入法礼意味着获得再生。从这天起，男孩要正式戴上圣线，从此永不离身。同时忌食葱、蒜、酒、肉（除阉割过的羊的肉以外）等有怪味的食物，禁食比自己种姓地位低的人做的饭菜。举行入法礼还意味着男孩开始接受正规的宗教知识，进入有约束的学生生活期。此后要学习吠陀经典，学习本种姓、本民族和家族的传统文化，并正式参加宗教活动。

入法仪式要进行一整天。其实从正式举行仪式的前一天中午开始，男孩要做一系列准备工作，如浴身、斋戒、独居一室、膜拜智神和圣母神等。第二天，即举行成人仪式这天清晨，男孩的姑姑要祭拜剃头刀，然后由舅舅给男孩剃光头，只在后脑勺上方留一小撮头发。没有亲舅舅的男孩，可请近亲或远房舅舅代理。剃过发之后，再次沐浴洁身，全身涂上香料和菜籽油，身着黄色围裙或从上到下缠裹黄布，类似袈裟，由祭司领入祭坛。仪式自始至终由祭司主持，由精通吠陀和印度教经典的"古鲁"（老师）解释经文，负责说教。

仪式开始时，首先由祭司向神请愿，请神赐予某某学生学习吠陀的资格，请神赐予某某学生第二次生命。然后，古鲁带领这位学生宣告："我作为求学期的学生，现在开始学习吠陀。"在祭坛里，学生面对着古鲁、父母和来宾宣誓，表明自己求知的欲望和努力学习的决心。接着，古鲁给学生讲解《耶柔吠陀》的一些经文诗句。读解之后，学生给古鲁点吉祥痣，行跪拜礼，用头触碰古鲁的脚。古鲁教学生祭拜吠陀经典，然后继续教诲学生，要他们不贪吃、不好色、不偷东西、不说假话、尊敬老师、爱护师长、努力完成学业等。

入法仪式中还有一项让学生扮作苦行僧的仪式。学生们得赤身裸体，下身只兜一块遮羞布，肩背一张卷起的鹿皮，手拄一根木棍，绕着祭坛行走。鹿皮象征着铺盖，可供席地而卧用；木棍用作打狗，象征着自卫的武器。在尼泊尔，苦行僧一年四季不遮体，以乞讨为生。在乞讨时，一般讨够当日食用即不再多讨，以便把全部精力和时间用于学习修道。过去，学生从举行入法礼那天起每天要走街串巷，挨家乞讨，将乞讨得来的食物孝敬古鲁，直到在古鲁家的学业结束。还要为古鲁砍柴、添火、扫地、提水，干一些力气活。在学习上，每天要在古鲁面前背诵旧课，学习新课，并按照古鲁的指点做瑜伽、健身。现在，乞讨活动是象征性的，学生在入法礼结束时，向父母、亲友和参加庆祝仪式的来宾乞讨，然后把乞讨到的大米、扁米、水果、钱币等奉献给古鲁。

丧仪　尼泊尔人的丧葬仪式由专门负责丧葬事务的祭司主持。人死后用白布裹尸，在 24 小时之内将尸体火化。尼泊尔的绝大多数民族都实行火葬，火葬后将骨灰投入河中。只有个别民族实行土葬。加德满都帕舒帕蒂寺后的巴格马提河畔，阿尔雅特火葬场被认为是最神圣的火葬场。人一死，马上被抬到那里火化。尼泊尔人讲究由儿子送终和守孝。所谓送终，就是双亲去世时，要立即剪去手脚指甲，剃光头发、眉毛等全身的毛发后沐浴更衣，用白布围住下身，并开始斋戒。在焚尸之前，做儿子的要往死者嘴里倒一口水，然后用右手举起火把，从死者头部开始点着柴火。所谓守孝，就是在双亲去世后，要吃斋禁欲 13 天，以喝牛奶、吃水果蔬菜为主，蔬菜中还不能加入油盐和葱蒜等怪味物品。斋戒期间每天早晚要为死者祈祷，13 天以后才能开斋，但要服丧一年。一年之内，服丧者从头到脚要穿白孝服，不能进寺庙，不能参加娱乐活动，不能饮酒。待一周年为死者举行过忌辰祈祷仪式后，才可以脱掉孝服。

4. 历法

尼泊尔自古至今先后使用过 9 种历法。除公历外，有卡利历法（Kali Samvat）、超日王历法（Vikram Samvat）、沙卡历法（Shakya Samvat）、尼瓦尔历法（Newar Samvat）、特里布文历法（Tribhuvan Samvat）和李查维历法（Lichchhavis Samvat）等。目前尼泊尔官方和民间主要使用超日王历法和公历。超日王历法始自印度古代乌贾因王朝时期，系名叫"比格拉姆·迪特亚"（Vikrama Ditya）的国王创建，时为公元前 57 年。从尼泊尔古籍看，尼泊尔从古代李查维时期已使用此历法，一直沿用至今。该历法的元月从公历的 4 月中旬（13～15 日）开始。尼泊尔的一月称贝沙克（Beishakh），相当于公历的 4 月中旬至 5 月中旬；二月称洁西特（Jeshth），相当于公历的 5 月中旬至 6 月中旬，三月称阿沙德（Ashadh），相当于公历的 6 月中旬至 7 月中旬（后面月份依此类推）；四月称斯拉瓦那（Srawana）；五月称帕德拉（Padra）；六月称阿斯温（Aswin）；七月称加尔迪克（Gardik）；八月称马尔格（Marga）；九月称包湿（Boush）；十月称马科（Magh）；十一月称帕贡（Pagun）；十二月称切特拉（Chaitra）。尼泊尔的报纸杂志、政府文件通常同时使用超日王历法和公历。从事与尼泊尔有关工作的中国人通常把尼泊尔使用的超日王历法称为尼历。

除上述两种主要的历法之外，目前，沙卡历法仍由占星家们使用，尼瓦尔历法仍在尼瓦尔民族内部使用。尼瓦尔历法始于公元 880 年李查维王朝末期，系马拉人后来在尼泊尔谷地（现称加德满都河谷）建立统治时创建，称其为尼泊尔历法，但其他人仍称其为尼瓦尔历法。该历法的新年在超日王历法的加尔迪克月的朔日（公历的 10 月中旬至 11 月中旬）。每年的这一天，尼瓦尔人都热烈庆祝他们的新年，穿新衣，佩戴鲜花做成的花环，并备盛馔佳肴以款待自己，尼瓦尔语称之为摩合布扎（Mahebuja）。

沙卡历法创立于印度，从公元 78 年开始，新年在尼泊尔的十二月（切特拉），相当于公历的 3 月中旬至 4 月中旬。

另外，藏历也在属于藏文化圈的尼泊尔北方部分民族中使用。藏历是从中国传去的。藏历用阴阳五行和十二生肖纪年，如火鸡年、木兔年、土狗年、土马年等。

在尼泊尔挂历和历书上通常记载三种历法：（1）超日王历法，称年为"萨拉"（Sala），称日期为"格迭"（Gedie）；（2）公元历法，称日期为"塔里克"（Darik）；（3）太阴历，称日期为"迪提"（Diti）。

"迪提"以半个月为单位，分白半月和黑半月。黑半月有时只有14天。白半月和黑半月1～14天，日期名称相同，如白半月和黑半月的第一天都称"普拉迪帕达"（Pratipadha），第二天都称"德维迪亚"（Dhavitiya）。白半月的第十五天称"布尔尼玛"（Buernima），意思是月圆（望日），黑半月的第十五天称"奥希"（Osi），意思是朔日。尼泊尔的农时和宗教节日都用"迪提"表示。"迪提"类似我国农历的初一、初二……十五，但没有十六，后半月又从初一、初二开始。

尼泊尔人也有生肖，但和我们的生肖不太一样。他们的生肖取决于小孩出生的月份和出生时距离太阳初升的时间。占星师根据小孩出生与太阳初升的时间差，在历书上找小孩应属的黄道位置，从而确定生肖。也就是说，尼泊尔人的生肖是黄道12宫里的星座，即麦什（Mesh，白羊座）、博里什（Vrish，金牛座）、米吐恩（Mithun，双子座）、卡尔卡特（Karkata，巨蟹座）、辛哈（Simha，狮子座）、卡尼亚（Kanya，室女座）、图拉（Tula，天秤座）、博里什乞卡（Vrischika，天蝎座）、塔努（Dhanu，人马座）、马卡尔（Makar，摩羯座）、古姆婆（Kumbha，宝瓶座）和米纳（Meena，双鱼座）。由于黄道不停地运转，因此，同一天出生的小孩生肖不同，有的属狮子，有的属室女，有的属宝瓶。

第三节 特色资源

尼泊尔在2006年5月18日议会宣布成为世俗国家前，一直是世界上唯一的印度教王国，但是，由于尼泊尔也是佛祖的诞生地，佛教在这里一直备受尊崇，两者长期地互相渗透和融合，使尼泊尔拥有丰富而独特的历史文化遗产。那一座座金碧辉煌的王宫，那历时上千年的佛教古刹和印度教寺庙，以及保存完好的形形色色的有关建筑，每年都吸引着无数游客和宗教信徒前来观光和瞻仰。特别是那些生活在这个国度的众多民族，他们肤色各异，语言不同，宗教信仰和风俗习惯千差万别，但都互相尊重对方的信仰和风俗，并礼拜对方的神灵。他们长期友好融洽相处，呈现出一种独特而罕有的人文景观。

到目前为止，尼泊尔已有 8 处名胜古迹被联合国教科文组织列入世界遗产名录。它们是：加德满都王宫广场、帕坦王宫广场、巴德岗王宫广场、斯瓦扬布纳特佛塔、保达纳特大佛塔、昌古·纳拉扬寺、帕舒帕底纳特庙（即兽主庙）和蓝毗尼园。

一　主要城市

1. 加德满都（Kathmandu）

加德满都是尼泊尔的首都和全国的政治、经济、文化中心，位于加德满都谷地的巴格马提河和毗湿奴河的汇合处，海拔 1300 米左右，全年温度在 0℃～30℃，四季如春，树木常青，有山国春城之美称，面积 50 余平方公里。据 2011 年尼泊尔中央统计局数字，全市人口为 131.3 万，是全国第一大城市。加德满都时间比北京时间晚 2 小时 15 分。

加德满都古名坎蒂普尔（Kantipur），意为"光明之城"，建于公元 723 年贡纳噶马·德瓦（Gunakama Dev）国王统治时期。目前这个名称是公元 1593 年（一说 1596 年）根据耸立在市内杜巴广场（王宫广场）的一座完全由木料建造的屋宇取得的。因为"加德"在尼泊尔文中是"木"的意思，"满都"是"屋宇"的意思。这幢建筑据说是用一棵大树的材料劈制加工而成，至今犹保存完好，是加德满都一景。

加德满都是一座美丽而独具风格的古老城市。它四周群山环绕，森林密布，不同风格的建筑星罗棋布：既有印度教的庙宇和神龛，也有佛教的寺庙和宝塔；既有金碧辉煌的古代王宫，也有现代化的旅店和办公大楼。神像与居民相伴，寺庙与店铺为邻，呈现出一种奇妙的景致。

在市区的中心有一广场名为通迪凯尔，为群众集会和军队操练的地方。在广场中央耸立着一个高达 55 米多的圆柱形高塔，是 19 世纪初民族英雄比姆森·塔帕建立的抗英纪念塔。在广场北面不远的地方坐落着现国王居住和处理国家事务的纳拉扬希蒂宫。

加德满都市区以通迪凯尔广场为界，西面是老城区，东面是新城区。新城区是尼泊尔的中央政府的所在地，大多数建筑是在 20 世纪 50 年代以后所建，诸如饭店、办公楼、医院、体育场、会堂、演出场馆和住宅等，但也有一些著名的古建筑，特别是狮宫和兽主庙即位于这个区。

在新城区东北数公里处，坐落着著名的保达纳特大佛塔（The Stupa of Bauddhanath）。这里是尼泊尔藏传佛教的中心。有许多从西藏来的喇嘛居住在此。

2. 帕坦（Patan）

帕坦位于加德满都市南约 3 公里，两市仅有巴格马提一河之隔。据 2011 年尼泊尔中央统计局数字，人口为 22.7 万。"帕坦"在尼语中是"商业城"之意，这说明古代帕坦的经济地位。帕坦又名拉利特普尔（Lalitpur），意为"艺术之城"，是手工艺术的中心，以木雕、石刻、铜器铸造著名。帕坦城建于公元 298 年，是尼泊尔最古老的城市之一。从 15 世纪末起，在长达 270 年的时间里，一直是马拉王朝分裂后独立的帕坦王国首都。

帕坦又是大乘金刚密宗佛教的中心。旧城中心有覆钵式宝塔一座，四周各建一佛塔，传说系公元前 3 世纪印度孔雀王朝阿育王访问此地时所建，但无从查考。帕坦也是元代来华从事营造工作 40 余年的尼泊尔著名工艺师阿尼哥的故乡。

帕坦城市发展很快，一些机关和住宅已由加德满都移向此处。除众多的文化古迹外，帕坦还有一个工业园区。它位于该市的拉甘克尔（Lagankhel），以生产木刻、铜铸肖像、地毯和唐卡画（Thangka）闻名遐迩。

3. 巴德岗（Bhadgaon）

巴德岗是加德满都河谷三大重镇之一，位于加德满都以东约 14 公里。又名巴克塔普尔（Bhaktapur），意为"虔诚者之城"。古代叫科普林，是加德满都河谷最早出现的村落之一，后来逐渐发展成为一座城市。13 世纪初，马拉王朝定都巴德岗，这里成为尼泊尔的政治、经济、宗教、文化中心。15世纪末，马拉王朝分裂，加德满都谷地王朝政权一分为三，巴德岗成为一个独立王国的首都。

巴德岗市仍然保持着尼泊尔古老城镇的风貌和特色，被称为"中世纪尼泊尔城镇生活的橱窗"。据2011年尼泊尔中央统计局数字，人口为8.4万。从加德满都有无轨电车直通这里。居民多数仍从事手工艺，或经商和务农。陶器和手工纺织品是当地驰名的土特产品。尼泊尔政府计划将该市发展成为文化城。

巴德岗虽是在公元889年由阿南达·马拉国王主持兴建的，但市内的许多主要建筑出现在17世纪末布帕亭德拉·马拉（Bhupatindra Malla）国王统治时期。昔日马拉王朝的老王宫坐落在市中心的杜巴广场，周围布满着在不同时期修建的大小不等、风格迥异的古老建筑。这使巴德岗有露天博物馆的美称。学者们认为，从建筑学角度看，可以将它比作阿拉伯神话中的"一个阿拉廷洞穴"。

4. 博卡拉（Pokhara）

博卡拉是尼泊尔西部重镇，位于加德满都以西200公里的博卡拉河谷地，有公路和航线与首都相连。它是甘达基专区的首府所在地，据2011年尼泊尔中央统计局数字，该市的人口为26.5万。这里土地肥沃，物产丰富，是尼泊尔的著名谷地之一。这里出产的柑橘闻名全国。

博卡拉四周群山环绕，城南有塞蒂河流过。塞蒂河发源于喜马拉雅山南麓，上流经白色石灰岩地区，河水呈乳白色，又名白河；在博卡拉西部的卡利甘达基河，因上游流经黑色页岩和粘板岩地区，河水呈黑色，故名黑河。两河相距十几公里，黑白相照，蔚为奇观。

博卡拉海拔仅有885米，夏季炎热，冬季却十分舒适。在尼泊尔语中，"博卡拉"为"湖泊"之意，这里有许多美丽的湖泊，其中以倍瓦湖和贝格纳斯湖最为有名。这里湖水清澈，风景优美，是著名的游览胜地。所以，外国游客常来此地观光旅游。人们可以泛舟湖上，饱览四周自然美景；若向北眺望，挺拔险峻的鱼尾峰的全貌尽收眼底，湖光山色，相映成趣，确为人间佳境。

经过长期的发展，博卡拉的旅游设施日臻完善，现代化的旅馆较之前增多，商业也比较发达。这里有好几条徒步登山的路线，也是进行漂流的出发点。此外，还有马亨德拉岩洞和德瓦瀑布等吸引游客的风景点。

5. 比腊特纳加（Biratnagar）

比腊特纳加是尼泊尔南部特莱平原东部的重镇，也是柯西专区的首府。这是尼泊尔最重要的工业城市和新兴工业中心。

"比腊特纳加"为"大城"之意，据2011年普查数据，人口为20.5万，号称尼泊尔第三大城市。尼泊尔的第一座黄麻厂是第二次世界大战期间在这里建立的。自20世纪50年代以来，该市各方面均有了较大的发展。主要工业有钢铁业、毛纺业、制糖业、造纸业、化工业、陶瓷业等。手工业有毛垫编织业和丝织业等。产品多向印度输出。

这里的交通比较便利，北至达兰、丹库塔，南至印度都有公路相通；城东有机场，与首都加德满都联系方便。

这里气候较热，夏季潮湿多雨。

6. 蓝毗尼（Lumbini）

蓝毗尼位于尼泊尔中南部特莱平原拜尔瓦（Bhairawa）西南21公里靠近尼印边境的地方，距加德满都约250公里。这是佛祖释迦牟尼的诞生地，我国高僧法显、玄奘在古代都曾从印度一侧来此地朝圣。

公元前7世纪这里是释迦族的迦毗罗卫（Kapilavastu）王国。传说王后摩耶夫人在经过蓝毗尼皇家花园时，手扶娑罗树从右肋下生下了王子乔达摩·悉达多，后世曾称他为释迦牟尼（佛陀）。他29岁出家，35岁成道后长期在恒河流域讲经传道。1886年一名德国考古学者在此发现了公元前250年印度孔雀王朝阿育王来此朝圣时的记事石柱，并参阅法显、玄奘游记，确认了此地是释迦牟尼的出生地。

近代考古发现证实，在蓝毗尼以西约30公里的提罗拉科特（Tilaurakot）是公元前2世纪迦毗罗卫古国的都城。释迦牟尼修道前，作为王子曾在这里生活过29年。发掘出的古城墙和护城河遗址依稀可辨，城内宫殿和人居的遗址仍有待进一步发现。

1967年前联合国秘书长吴丹来访时，对该地的荒凉和交通不便感到吃惊，便向马亨德拉国王建议，以摩耶夫人庙和阿育王石柱为中心，修建一个与释迦牟尼出生时相似的林水相间的"圣园"。马亨德拉国王积极响应。1978 年，日本设计师丹下健三（Kezgo Tange）设计了一个总体规划和蓝图。根据总体设计，这里将建成一个由"圣园"、"庙堂"和"新村"组成的集朝圣、研究和旅游为一体的林水相间的圣地。联合国 15 个亚洲国家和世界佛教联谊会下属的 74 个分支机构支持此计划并募集基金，而蓝毗尼园也被列入联合国教科文组织的世界遗产名录。1985 年，尼泊尔成立了蓝毗尼开发委员会，负责总体项目的落实工作。

中国佛教协会已在庙堂区修建一座中华寺，占地总面积 2.56 万平方米。该寺 1998 年 10 月建成，1999 年僧人入住，是中国有史以来在国外修建的第一座正式寺院。主殿佛像高 5 米，是尼泊尔最大佛像之一。

二 名胜古迹

1. 老王宫遗迹

加德满都的老王宫遗址位于老城区，那里的街道比较狭窄，人口十分密集，各种店铺鳞次栉比，多是两层或三层楼的砖木结构。这里有众多的名胜古迹，是游人观光的好去处，主要景点有老王宫和王宫广场周围的建筑。

老王宫又称哈努曼多卡宫（Hanuman Dhoka Palace），建于马拉王朝时期。15 世纪末马拉王国分裂为三个王国，该宫即成为加德满都王国国王普拉达普·马拉（Pratap Malla）的宫殿，因宫门左侧建有象征威猛神力的哈努曼神猴石雕而得名。1768 年普里特维·纳拉扬·沙阿（Prithvi Narayan Shah，1723－1775）攻陷加德满都后，老王宫成为沙阿王朝的王宫，直到 1971 年新王宫建成。

宫内的纳尔萨大庭院，是马拉王朝时代演出戏剧歌舞的场所。老王宫是历代国王举行加冕典礼的地方，宫内设有金光闪闪的狮子宝座。一些重大宗教活动和国王的生日庆典多在这里举行。宫内有 12 个庭院。各座楼阁外墙斗拱、檐柱都刻有盘龙、孔雀、虎头和男女神像。门窗上雕有金翅鸟、龙女、花卉等精美图案。普里特维·沙阿入主加德满都后，在王宫院内东南角修建了高达 35 米、有三重屋檐和九个楼层的新宫，被称作巴桑特。屋檐下巨大的木雕窗棂、雄浑的门楣和檐柱上的精美神像、鸟兽、花木雕刻，都是不可多得的艺术杰作。庭院西边为一座仿欧式三层殿堂，现为特里布文国王纪念馆。

加德满都王宫广场又名哈努曼多卡宫广场。它包括哈努曼多卡王宫及其南面、西面和北面的三个广场和周边建筑群，已被列入联合国教科文组织的世界遗产名录。

2. 狮宫（Singha Durbar）

狮宫是尼泊尔政府所在地。它建于 1902 年，原为拉纳首相官邸，因大厦门前耸立的镀金铜狮高举着国旗而得名。据说它是仿照凡尔赛宫建立的，主楼是一座长方形四层欧式汉白玉宏大宫殿，前面有长方形水池，喷泉柱上饰有骏马、美女、飞鸟等大理石石雕，气势雄伟。宫内有 1700 个房间，按英国维多利亚时代风格装饰，富丽堂皇，宴会厅可容千人。楼南一幢新式楼房，为议会大厦。院内还有一些部委机关和电视台、电台等单位。

3. 兽主庙

在当地称为帕舒帕底纳特庙。这是印度教大神湿婆的著名寺庙，是南亚著名的印度教圣地之一。它位于加德满都新区东边的巴格马提河岸边，始建于公元 8 世纪。湿婆是印度教主管创造、保护、毁灭的三大神中的毁灭大神，腰围兽皮，半裸身躯，呈苦行僧美男子形象。他常手持三叉戟，坐骑是神牛南迪，与其妻雪山神女同住在喜马拉雅山的凯拉什神山顶上。

湿婆的象征"林伽"（Linga）是一个大石柱。在兽主大庙主殿中心就供奉着一个高逾 1 米、塑有 5 个面像的林伽。据印度教的说法，如果妇女不孕，来到林伽面前烧香磕头，然后用手抚摸林伽，回去就能怀孕生子。是否真的灵验，也许只有膜拜过它的妇女才能回答。

湿婆神庙是一个四边对称的具有双重檐和斜坡大屋顶的尼泊尔塔式建筑。顶檐下每侧有数根平行的扁平支柱与斜下方的主墙相连，每个支柱上都镶有精美的神像，四角则以雕有半狮半马半羊的镇脚兽长柱支撑，柱间镶有与窗扇连为一体的玲珑剔透的大围屏。最上部为一尖形宝塔，四周及其上再缀以五个同形小宝塔，象征湿婆的一支三叉戟，竖立其间，指向天空。整个顶部均为镏金铜瓦，金碧辉煌，熠熠闪光。大殿四周修有纯银制作的厚重大门，在通向河岸方向的大门外，卧有镏金大神牛南迪；在通向河床方向的大门下，修有陡峭的石级直达圣河边。巴格马提河如同恒河一样，被印度教徒视为圣河，认为在其中沐浴可以除罪消灾。信徒沐浴后，用罐汲圣水，伴以花瓣、牛奶等物洒浇林伽，以示膜拜。岸边神龛庙宇林立，形成一片庙宇建筑群，对岸山坡边修有成排的石制林伽神龛。主殿内不时响起敬神的铃声，一派肃穆景象。信徒还相信用圣河水洗浴死者双足，火化后灵魂可早升天堂。在神庙旁的河岸上修有几个水泥平台，上边不时燃起火化亡者的黑烟。骨灰一般洒入河中，任其漂流逝去。每年二三月间，约有十来万信徒云集这里，庆祝"湿婆之夜"节，举行盛大庙会。不少人来自印度，携带行李炊具来此宿营。有些圣僧半裸身体，涂上草木灰，彩绘面孔，手持三叉戟，扮成湿婆模样，以示虔诚。

4. 斯瓦扬布纳特佛塔（Swayambhunath）

从通迪凯尔广场向西北方向望去，仿佛在云雾缭绕的半山腰中，耸立着一座类似北京白塔寺般的建筑，那就是著名的斯瓦扬布纳特佛塔。其所在地实际上是一座佛教寺院，位于一个名叫"斯瓦扬布"的孤立小山包上。由于它背面衬托着高山，从远处望去，似乎坐落在高高的半山腰间。斯瓦扬布纳特佛塔是亚洲最古老的佛教建筑之一。根据尼泊尔古代《斯瓦扬布往世书》，佛教大乘金刚密宗认为，前世古佛，远在现世佛释迦牟尼降世以前，当加德满都河谷还是一个大湖时，便在湖中播下了种子，生出一颗千瓣金莲花，花心放出五色佛光。原始佛无性无形，以灵光显示，故称"斯瓦扬布"（意"自我本原"）。文殊师利菩萨从"大中国"来到大湖朝拜佛光，用手中利剑劈开南部的山峦，泄去湖水，加德满都才由湖泊变为沃野，使大众得以朝拜佛光。当地国王尚蒂皈依文殊，修了一座宝塔保护佛光，被称为斯瓦扬布纳特佛塔。

据说，斯瓦扬布纳特佛塔建于公元前3世纪，后不断扩建，形成今天的规模。佛塔最下一层为覆钵式砖泥白色大塔，围以铁栏杆，上挂铜铃，外置转经筒，人们在转塔时可随手转动经筒。塔底四周建9个金顶金门佛龛，分别供奉五方佛和他们的配偶度母。半圆塔顶之上是一个巨大的方形石砌建筑，覆以镏金铜板，四面绘有四双巨眼，冷对四方，象征佛眼（一说文殊慧眼）洞察一切。每双巨眼上方绘出第三只眼，表示佛的智慧，以警世人。眼下似问号的鼻子，是尼泊尔文的数字"1"，象征一体和谐。方形石砌建筑顶部四边，覆以两层下垂的镏金雕铜帷幔，四角镶有镏金宝伞和祥云等饰物，中间四面耸立四个上为三角形下为长方形的金色佛龛，镶有五方佛禅座像。由大渐小的十三层圆锥形塔刹，自方形基座上佛龛背后直达天际，象征十三重天。再上为象征日月光芒的两层圆轮。顶部覆以繁复的圆形巨型华盖，四周悬垂高达数米的透雕铜质帷幔，下垂铜铃、铜叶。最上端以两层尖形宝塔作为极顶。白色的塔基，金色的塔身，高耸的华盖与宝顶在蓝天阳光下交相辉映，使斯瓦扬布山显得格外圣洁庄严，实是加德满都谷地的一大胜景。

从东部山脚开始，有 300 级陡峭石阶直抵大塔东部。塔的正前方，陈列着的哑铃形的巨大铜质金刚杵——金刚乘的象征物。底座是一个石制大天鼓，周边刻有 12 生肖，为 17 世纪的文物。塔南侧两个大石柱上，立有绿度母（尼泊尔赤真公主）和白度母（唐朝文成公主）铜像。周边还有哈拉蒂女神庙和象征水、地、火、风"四大和合"的殿堂及佛殿等多座建筑。从山脚到山顶的盘山路旁，佛塔和庙宇也随处可见。其中"阿难库蒂寺"地下藏有佛舍利一枚，每年佛祖生日搭棚展出，供人参拜。斯瓦扬布纳特佛塔已成为一个古老宏大的佛教圣地。唐朝使者王玄策在第三次出使南亚路经尼泊尔时，曾代表唐朝皇帝赠送一件珍贵的黄袍给斯瓦扬布纳特寺。

斯瓦扬布纳特佛塔西南的另一个山顶上修有文殊师利菩萨庙，岩石上有一双脚印，传说是文殊师利菩萨留下的，也是斯瓦扬布的另一大圣迹。

5. 帕坦王宫广场（Patan Durbar Square）

帕坦广场位于帕坦市中心，南北狭长，东部是帕坦王宫内院，西部是一些庙宇。在广场两边建筑的门前伫立着石雕的守护神、雄狮和大象，旁边的石柱托着镏金人身双翅大鹏鸟雕像，在广场中央高高的石柱上有一尊身穿金色衣裳的国王雕像，还有巨大悬钟和皮鼓分列两行，在四周高大的宫殿和庙宇的衬托下，构成典型的尼泊尔古城风景。

帕坦王宫系多重檐建筑，每扇窗棂都经过精雕细刻，门楣、柱头和斗拱错落有序。庭院南部修有御泉，亦称金泉，水从镏金的铜制鳄鱼口中流出，鳄鱼头上有蜥蜴状动物趴伏，尾上踞有青蛙，腹下有翘首欲出的象、鹿、龟、鱼等动物，背上有三尊神像，造型生动别致。下边浴池墙壁上，布满精巧的八神母、八龙王和各种花卉及动物的石雕。中间庭院北端建有32 米高的塔莱珠女神庙，南端有恒河女神和朱木拿河女神铜像，她们分别站立在大龟和鳄鱼身上，宛如两个美丽少女，体态丰盈，袅娜多姿，是不可多得的铜雕作品。

6. 克里希纳神庙（Krishna Mandir）

克里希纳神庙即黑天神庙。它位于帕坦王宫广场西边，建于 1637 年，呈棱锥型，底座为正方形，上为三层重叠的莫卧儿风格的角亭，共有 214个尖顶，全部由石料雕琢而成。第一层角亭的石壁上刻有《摩诃婆罗多》的故事，第二层角亭的石壁上则刻有《罗摩衍那》的神话，雕刻工艺十分精美，是石雕艺术中的杰作。

7. 希拉尼亚·瓦纳寺（Hiranya Varna Mahavihara）

该寺又称大金庙（Sunwara Mahavihara）。据说最初建于 12 世纪，位于帕坦王宫广场西北部的科瓦庭院内，是一座长方形三重檐塔式庙宇。从屋顶、檐间大窗棂，到下面的墙体和三扇大门，全部覆以镏金纯铜制品。大门上方墙壁上，装有表现佛祖生平的铜雕；门楣、窗楣、墙壁四角佛龛密布；顶部、飞檐饰以神像、鸟兽、花卉图形；房脊覆以成排小塔、伞盖；装饰重叠繁复，令人目不暇接。寺内有巨大经纶，还有众多佛陀和观音铜像。几条大铜带从寺顶直垂至底层庙檐之下，气势恢宏。铜带由数十块刻花铜挂连接而成，上面刻有毒蛇吐芯，下垂铜铃。即使是寺前小庙和成对的立狮，以及石基下的成对怪兽，也全是用铜铸塑而成。整个寺庙金光闪烁，耀人眼目，显示了铜铸艺术的高超水平。

8. 大觉寺（Mahabouddha Temple）

大觉寺位于帕坦王宫广场的东南方向，建于 1585 年。形式仿效印度鹿野苑的金刚宝座塔。塔高 30 余米，塔基高 5 米，四角各建一小塔。每座塔均是用 9000 块巨大红砖建造的，每块砖上刻有释迦牟尼佛像一尊，故又称"千佛塔"，塔形朴实优美，是制陶技艺的杰作。

9. 巴德岗王宫广场（Durbar Square，Bhadgaon）

巴德岗王宫广场比加德满都和帕坦的王宫广场更为开阔。据说，这是由于有一些建筑在 1934 年的地震中被毁坏了。广场西南方的大门气势雄伟，门前的两只巨大雄狮、守护神猴哈努曼、面目狰狞的拜拉布和 18 只手臂持各式武器的难近母神像，都是 17 世纪的石雕力作。

10. 金门（Golden Gate）

金门是通向具有 55 扇窗户的巴德岗王宫庭院的正门，为兰吉特·马拉国王所建。它的工艺精巧，设计复杂细密，堪称世界上同类作品之最。门上雕有一系列的神和精灵，布局匀称，造型完美，体态和谐，是尼泊尔铜雕艺术的一件代表作。

11. 55 扇窗宫（The Palace of 55 Windows）

55 扇窗宫位于金门之东，是一座 4 层砖木结构的宫殿。宫墙暗红，屋顶檐柱上雕有许多神像，飞檐下有 55 扇相连的黑漆檀香木雕花木窗，窗棂花纹图案十分优美，雕工精妙绝伦，是尼泊尔建筑中窗棂木雕艺术的代表作。

12. 孔雀窗（Peacock Window）

在巴德岗王宫旁一个小巷内的布加利修道院（Pujari Math）墙上，装有一扇 15 世纪的黑色木窗，中心透雕了一只孔雀开屏的形象。木窗雕刻精美，构图奇妙，被认为是尼泊尔的木雕杰作，有极高的艺术价值。它已成为尼泊尔艺术的标志性图形，广泛出现在传媒制品中。

13. 尼亚塔波拉神庙（Nyatapola Temple）

尼亚塔波拉神庙即著名的五层塔，位于巴德岗王宫广场东侧，建于1702 年，塔身高 30 米，是加德满都谷地最高的塔式建筑。它建立在一个五层的方形台基上。在塔基的正前面，有五对雕刻的石像：在第一个台阶上站立的是传说中的金刚力士加亚·马拉和帕塔·马拉，据说他们的力气比常人大十倍；第二个台阶上是一对大象，它们的力气比金刚力士大十倍；第三个台阶上是一对狮子，它们的力气比大象大十倍；第四个台阶上是一对半鹫半狮的怪兽,据说它们的力气比狮子大十倍;最高一层台阶上站立的是尼泊尔妇孺皆知的"辛格希尼"和"巴希尼"女神,她们的力气又比半鹫半狮的怪兽大十倍。塔的结构别致,建筑艺术高超,塔身每层都有四方形塔檐向外伸展,檐下柱头上刻有庙内主神西蒂·拉克西米密宗女神 108 个不同形象的彩色木雕,雕梁画栋,色彩斑斓,精美异常。

14. 昌古·纳拉扬寺(Changu Narayan Temple)

此寺位于巴德岗以北 4 公里的一座小山上,建于公元 323 年李查维王朝时代,是尼泊尔古老的寺庙之一。曾因火灾被毁,在 1702 年得以重建。庙宇是一座两重檐金顶寺庙,四面庙门都镶有大幅铜雕,檐柱上有精美女神像木雕。门前石柱上有象征毗湿奴的法器海螺和神盘。庙中的几件石雕——毗湿奴坐骑金翅鸟、双翅人身的金翅鸟跪像、毗湿奴化成半人半狮撕碎魔鬼肚肠的坐像、《毗湿奴三界现身》和毗湿奴仰卧巨蟒身上的神话故事石雕,都是公元 5 世纪和 6 世纪的珍贵作品。庙前的一块碑刻是河谷地区李查维时代最古老的碑刻。

三 独特的自然遗产

尼泊尔的自然景色十分优美,号称"东方瑞士"。北部高山林立,在世界上海拔 8000 米以上的 10 座著名高峰中,有 8 座坐落在尼泊尔境内或尼泊尔与其邻国的边界上。世界第一高峰珠穆朗玛峰,尼称萨加玛塔峰,就位于尼泊尔东部的中尼边界线上。1950 年 6 月,法国登山队首先登上 8000 米以上的安纳普尔纳主峰。1953 年 5 月 29 日,英国登山队探险家埃德蒙·希拉里(Edmund Hillary)在谢尔巴族人丹增·诺尔盖(Tenzing Norgay)的协助下,从南坡首次登珠峰峰顶,使尼泊尔知名度大增,并逐渐成为世界登山运动员向往的地方。除那些常年被皑皑白雪覆盖的无数诱人高峰外,尼泊尔还有无数的野生公园,那里绿荫如盖,各种野兽自由遨游,百鸟在林中欢快争鸣,点缀着这片世外桃源般的国土。

多年来,尼泊尔政府很注意对这些自然遗产的保护,其中许多已被建成国家公园,少数交通较为方便的地方,如奇特万国家公园(Chitwan National Park),已发展成为著名的旅游胜地。

奇特万国家公园位于特莱平原中部，方圆932平方公里，以热带丛林，野生的独角犀牛、鳄鱼、老虎和多种鸟类而闻名。这里景色优美，气候宜人，游客可以在此歇息，享受亚热带丛林的特有风光，或从阁楼远眺野兽出没，或骑大象穿越莽莽的原始森林，近距离目睹犀牛和老虎的活动。最受人喜爱的也许要数大象给人洗澡：年轻体壮者抓住大象的耳朵，踩着大象的鼻子，坐到它光秃秃的背上，让大象在阳光下为自己喷水洗澡，别有一番乐趣。

除奇特万国家公园外，尼泊尔还有许多国家公园，不过由于地处边远，交通不便，人们较少前往，因而不太为外界所知。尼泊尔国家公园基本情况参见表1-1。

表1-1 尼泊尔国家公园一览表

名称	面积（平方公里）	位置
奇特万国家公园 （Chitwan National Park）	932	特莱平原中部
萨加玛塔国家公园 （Sagarmatha National Park）	1148	珠穆朗玛峰南坡脚下
朗塘国家公园 （Langtang National Park）	1710	中部喜马拉雅山脚下
巴尔迪雅国家公园 （Bardiya National Park）	968	西南部平原地区
舍伊-包克松多国家公园 （Shey-Phoksundo National Park）	3555	西北部喜马拉雅山地区
拉拉国家公园 （Rara National Park）	106	西北部
卡普塔德国家公园 （Khaptad National Park）	225	远西部发展区中部
马卡鲁-巴龙国家公园和保护区 （Makalu-Barun National Park and Conservation Area）	2330	萨加玛塔国家公园之东
舒克拉潘塔野生动物保护区 （Shuklaphanta Wildlife Reserve）	305	西南坎昌普尔县境内

名称	面积(平方公里)	位置
柯西－塔普野生动物保护区 (Koshi-Tappu Wildlife Reserve)	175	特莱平原南部
帕尔萨野生动物保护区 (Parsa Wildlife Reserve)	—	奇特万国家公园东部
多尔帕坦狩猎区 (Dhorpatan Hunting Reserve)	—	南部多尔帕县南端
希瓦布里流域野生动物保护区 (Shivapuri Watershed and Wildlife Reserve)	154	朗塘国家公园之南

除国家公园外，尼泊尔还有许多得天独厚的旅游自然资源，为一些特殊的运动项目创造了条件。

登山运动　全世界10大高峰中，除第二高峰乔戈里峰和第九高峰南迦帕尔巴特峰外，有8座位于尼泊尔境内或位于尼泊尔与邻国的边界线上。那一座座直刺蓝天的皑皑雪峰挑逗着各地勇敢者的身心，使这里成为全球登山英雄一展身手之地。

漂流和峡谷探险　世界上很少有什么地区的漂流和探险，可以像在尼泊尔的那样精彩和刺激。主要因为尼泊尔的河流大都源自喜马拉雅山脉融化的冰雪，河流一路奔腾咆哮，穿越蜿蜒的峡溪，徘徊于山间谷地，然后缓缓流向印度平原，汇入恒河。

徒步旅行　尼泊尔是徒步旅行爱好者的理想之地，因为这里有众多的山脉、丘陵和沼泽，有世界上最壮观的徒步旅行景区和路线：从地势舒缓平坦的短途旅行，到白雪皑皑的山峰攀越，难易有别，可以让旅行爱好者挑选，故被称为"徒步旅行者的天堂"。

此外，还有高山飞行，山地自行车运动，自然探险，<u>丛林探险</u>，驾滑翔机，峡谷蹦极，等等。

第二章

民　族

第一节　概论

在尼泊尔这片不大的国土上居住和繁衍着为数众多的民族。他们肤色不一，语言各异，风俗习惯千差万别，服饰五彩缤纷，恰似一座美丽多姿的民族百花园地。

有人说尼泊尔是个民族博物馆，这话有一定道理。尼泊尔民族的多样性和复杂性，就其幅员大小和人口多寡相对而言，在全世界是较为罕见的。这种情况的形成，一方面是因为它地处中印之间，自古以来便是南北两大文化和不同种族的汇合处；另一方面是因为它的特殊地理条件。这两方面的交互作用，使得在尼泊尔这片不大的国土上，民族同源异化或者异源同化的现象极易发生。经过漫长岁月的组合、分离、融合和衍化，逐渐形成了为数众多的民族。

尼泊尔各民族从来源上讲，大致可以分为三种类型：第一种类型是很早以来一直定居在尼泊尔的民族；第二种类型是古代从中国西藏移入的民族；第三种类型是中世纪以来从印度进入的民族。

最早在尼泊尔境内定居的民族即尼泊尔的原住民族，他们之中除塔鲁族定居在南部丛林地区外，大多数居住在中部山丘地带。体型多属蒙古人种，语言也多属汉藏语系的藏缅语族；原先多信仰佛教或萨满教，后来在印度教的强大影响下，一些人不同程度地改信印度教，或接受了印度教的一些习俗。属于这一类的民族有尼瓦尔族、马嘉族、古隆族、逊瓦尔族、林布族和拉伊族等。

第二种类型的民族有菩蒂亚族、谢尔巴族（又译作夏尔巴或舍尔巴族）、塔卡利族、多尔波族、洛米族、洛巴族和巴拉高莱族等。他们多居住在靠近中尼边境的北部高山地带，人数较少。由于环境不同，这些民族虽在生活习惯等方面发生了一些变化，但基本上保持着与中国藏族相近的语言和文化。

第三种类型的民族，即从印度进入的移民集团，情况相当复杂。从印度进入的移民集团大体可以分为两类：一是中世纪进入的移民集团，二是近现代进入的移民集团。前者主要是拉吉普特人，他们经过世世代代与当地居民，特别是与卡斯族的融合和演化，已经完全尼泊尔化了。但是后者则完全不同。他们的民族成分各异，种姓地位不同，构成一股异样的力量。

这里应当对卡斯族做一点说明。这个民族虽然在公元10世纪左右才从印度进入尼泊尔，开始在尼泊尔中部山区定居，但它最初却一直生活在西部喜马拉雅山山麓地带。大约在公元前1500～前1000年，它经西藏从加瓦尔进入印度，后来又进入尼泊尔。所以，若将它划入第三类则显得有些牵强，也许划入第一类比较妥当。

从宗教信仰和社会制度方面看，尼泊尔的众多民族可以分为两大类：一类是信奉印度教并遵守种姓制度的民族，另一类是非印度教社会的民族。前者主要指卡斯族，其成员是真正的印度教徒，人口占全国总人口的30%左右；后者指除卡斯族以外的各较小民族，他们大多信奉佛教或萨满教，尽管有些人后来改信印度教，或在印度教的强大影响下，在一定程度上印度教化了，但是根据印度教法典，他们仍然不能被看作真正的印度教徒，也不可能被吸收和纳入印度教社会的种姓制度之中。在传统的印度教徒的心目中，他们的地位仍然是比较"低下"的。

在20世纪90年代以前，由于尼泊尔政府从来没有对全国的民族状况进行过全面的调查和鉴别工作，所以很难对尼泊尔的民族数量做出确切的回答。人们对尼泊尔民族的了解，主要是依据少数学者在初步研究后所撰写的著作。当时一般认为尼泊尔全国约有30多个民族。1990年尼泊尔实施新宪法后，情况发生了较大变化。因为1990年新宪法规定，"尼泊尔是一个多民族"国家，"政府不得基于宗教、种族、性别、种姓和思想或其中任何一项对公民有所歧视"（1990年《尼泊尔宪法》11条2款），并且规定"国家的社会目标是通过在各个种姓、部族、宗教、语言、肤色和群体之间建立和谐，消灭各种形式的经济和社会不平等，确立和发展一种基于正义和道德的廉洁的社会生活"（1990年《尼泊尔宪法》25条3款）。2007年的《尼泊尔临时宪法》及后续修正案规定，国家应进行"包容、民主和进步的重建"，以结束现行的中央集团体制，从而帮助妇女、贱民、原著民族、马德西人、被压迫者及少数族群；结束阶级、种姓、语言、性别、文化、宗教和地区歧视；帮助马德西人、贱民、妇女、劳工、农民、残疾人及落后阶级和地区，在人口比例基础上安排上述群体进入国家机构（《尼泊尔临时宪法》第33条）。这些规定和政策说明国家对民族问题的重视，同时也促使各民族进一步普遍觉醒。正是在这种背景下，许多昔日不为人知的人类共同体，纷纷要求承认自己的民族地位，希望充分享受宪法赋予自己的权利，以便更快地发展和提高自己。这种形势给当局提出了一个不可回避的问题：如何鉴别和确定一个民族？为解决这一问题，尼泊尔政府成立了一个专门工作小组。1996年，该专门小组就此提出了一项报告，并得到政府的认可。报告宣布："尼泊尔的各民族，是处于印度教种姓制度四个传统种姓以外的那些具有其共同母语和传统文化的部族共同体"（见 *The Nationality of Nepal*, by Tamla Ukyab & Shyam Adhikali, published by His Majesty's Government of Nepal, Ministry of Local Development, National Committee for Development of Nationalities, p.4）。2002年，尼泊尔政府公布了被承认为民族的6项特点：①有共同的特质；②有自己传统的语言、宗教、风习、文化和文明；③有传统、平等的社会结构；④在尼泊尔有自己的人口聚居区；⑤有自己的书面或口头历史；⑥具有共同的群体意识。

　　按照上述定义和标准，尼泊尔政府在21世纪初期，经过鉴别，正式确认和承认的原著民族共计61个。不过，到2010年，尼泊尔政府成立的专门小组建议应予确认和承认的土著民族数量达81个。

根据 1991 年尼泊尔全国人口统计，当时已知的印度教社会以外 26 个民族的人口总数为 657.2 万，占全国总人口的 35.6%。至于其余的 35 个民族，由于其民族地位在当时还没有得到确认，其人口统计数字被列入"其他"项目之下。若将这个数字包括在内，非印度教社会 60 个民族的人口则占尼全国人口的 43%。显然，这些民族都是少数民族。但是在尼泊尔社会里，人们似乎没有"少数民族"这个概念，也从来不用"少数民族"这个词语。这主要是因为，在尼泊尔人看来，这个国家没有任何一个民族在人口上超过全国人口的半数，也就是说，没有一个主体民族。

在尼泊尔，人口最多的民族是卡斯族。但卡斯族也不是尼泊尔的主体民族。根据尼政府 2011 年人口普查数据，构成卡斯族的三个主要种姓及亚种姓，即婆罗门（统计中分为山地婆罗门和特莱平原婆罗门）、切特里和塔库里（以沙阿家族为核心的切特里的一支）的人口分别为 336.1 万、439.8 万和 42.6 万，合计卡斯族人口应为 818.5 万，占尼总人口的 30.9%。

人们也许会问，为什么在历次普查时，对卡斯族的人口常以种姓为单位进行统计？这主要是历史造成的。"由于历史上形成的偏见，过去在平原地区的印度教徒往往看不起卡斯人，所以直至今天，仍有许多卡斯人宁肯强调自己的种姓（婆罗门、切特里等），而不太愿意提及自己的民族成分"（尼泊尔著名学者多尔·巴哈杜尔·比斯塔教授语。据 1985 年 4 月他与本书主编在尼泊尔的谈话记录）。现在人们的思想大为解放，许多卡斯族的学者大都能正视和面对这个问题，在讨论到这个问题时，他们坦然承认，从民族成分讲，他们的确属于卡斯族。但是，思想认识上的升华有时并不能迅速在实践中得到反映。以种姓为单位的统计方法，自 20 世纪初开始进行人口普查以来，已经实践了整整一个世纪，要改变它，需假以时日。

根据 2011 年尼人口普查数据，在 60 个非印度教民族中，以马嘉族的人口最多，占总人口的 7.1%。其他依次是：塔鲁族占 6.6%、塔芒族占 5.8%、尼瓦尔族占 4.95%、拉伊族占 2.3%、古隆族占 2.97%、林布族占 1.5%。其余民族的人口占全国人口的百分比，均在 1% 以下。库孙达族的人口最少，仅有 273 人。根据一些尼泊尔社会学家和人类学家的意见，2011 年的人口普查没有发现的诸如哈玉族、班卡里亚族、苏雷尔族和柴娆坦族等一些民族正濒于灭绝的边缘。

从历史发展的角度看，上述民族的绝大多数都属于资本主义前的人类共同体。由于尼泊尔的非印度教社会共有 60 个民族，每个民族的人口在全国总人口中所占的比例很小，从这个意义上说，它们都是少数民族。但是，它们的总人口却占全国人口的 43%，因而在尼泊尔社会有着举足轻重的作用。但是，由于历史上形成的种种原因，这些民族在经济、社会和文化等领域发展滞后，因而在现今尼泊尔的政体和政府机构中没有起到中枢的、决定性的作用。为促进这些非印度教社会各民族的发展，2002 年，尼泊尔政府成立了一个由首相任主席的国家原著民族发展基金会（The National Foundation for Development of Indigenous Nationalities），专门负责这方面的工作。

国家原著民族发展基金会的职能具体来说，就是拟订和实施各民族的社会和经济发展计划和政策，并对地方组织进行协调，以使政府和外援机构资助的有关发展计划得以在目标地区落实。基金会还负责建立和扩大发展计划网络，并从事调查、研究、出版和宣传有关发展方面的情报和信息工作。

为维护本民族的权益和便于同政府联系及配合，这些民族的大多数都成立了自己的协会，其中有 20 个左右的协会还在首都加德满都设立了办事机构。它们经常向政府反映各民族的愿望和要求，成为政府与各较小民族进行联系和沟通的渠道。

第二节　印度教社会民族——卡斯族

在尼泊尔的印度教社会，到底有多少民族呢？就目前所知，只有一个，即卡斯族（The Khasas），或称卡族（The Khas）。至于除卡斯族外，还有哪些民族？目前尚无定论。这里主要涉及对数百万来自印度的移民的民族鉴别问题，而这个问题十分敏感，也十分复杂，迄今尚未看到有关此类问题的文件或著作。

时至今日，人们对卡斯族确切的人数仍不清楚，因为在尼泊尔本国的民族划分中，卡斯族是被分为婆罗门、切特里等不同种姓来计算的。2011年人口普查中有关各主要种姓的人口统计数据显示，尼婆罗门人口为336.1万人，占全国人口的12.7%；切特里为439.8万人，占全国人口的16.6%；塔库里为42.6万人，占1.6%。这三个种姓的人口加在一起，共818.5万，占全国人口的30.9%。这可以说是卡斯族人口的最低数字。但事实上，还有一些其他人群和种姓没有被计算在内，比如人口高达125.9万的卡米人（Kami）实际上是卡斯族中的低种姓人，以打铁为生；萨尔基（Sarki）人过去多为皮匠和修鞋匠，也是低种姓的卡斯人，目前人口有37.5万；过去身为奴隶的"加尔蒂"（Gharti）种姓现在被单独计算，人口有11.9万。此外被单独计算的穆斯林人共有116.4万，他们中的很多人在民族上也算是卡斯族人。

从人口来说，尼泊尔虽然没有一个主体民族，但从国家和社会生活等各方面的实际情况来看，卡斯族却是一个起主导和中枢作用的民族。在当今尼泊尔统治阶层中，大部分人都来自这个民族。据统计，从1951年2月至1994年11月的历届15位首相中，属于山区婆罗门种姓的共8人，属于切特里（刹帝利的亚种姓）的有5人，属于尼瓦尔族的1人，另1人属于失去种姓地位的"森耶西"（Sanyeshi）。[①] 从民族成分上讲，除尼瓦尔人外，其他14位首相均属卡斯族，占93.3%。在历届内阁中，其成员的大多数也属于卡斯人。例如1990年的临时内阁，其11名成员中有6人属于婆罗门（占54.54%），1人属切特里（占9.09%），另1人是来自南部平原地区的印度教徒（9.09%），尼瓦尔族3人（27.27%）[②] 卡斯族成

---

① 有一些婆罗门和刹帝利种姓的人出家成为托钵僧后，熬不过那清贫孤单的生活，再度结婚成家，生儿育女。由于他们出家时失去了原有的种姓，他们的子女便不具有种姓地位，无法再回到种姓社会中去。这种人被称为"森耶西"。他们可以从事任何工作。但多数人成为寺庙财产的管理人。

② 参见 *Socialogy of the Legislative Elite in a Developing Soceity*，by Dr. Suresh C. Chelise，Nepal Foundation for Advanced Studies，July 1995。

员在这一级官员中所占的比例虽较首相一级低，但也达 72.73%。在政府的各级机构、军事部门和文教、卫生等领域，卡斯人所占的比例虽参差不齐，但一般均居多数。

但 2006 年后，由于众多的小民族及马德西运动的兴起，卡斯族人控制重要岗位的情况出现重大变化。比如 2008 年 7 月选举产生的总统拉姆·巴然·亚达夫和副总统贾阿都是马德西人；制宪会议主席内姆旺来自非印度教族群；马德西政党领导人乌潘德拉·亚达夫和毕·杰·加查达尔先后担任了副总理之职。

一　卡斯族的起源和发展

卡斯族的历史可以追溯到遥远的古代。据传，他们最初主要生活在西部喜马拉雅山山麓地带。大约在公元前 1500～前 1000 年，卡斯人经过西藏，从加瓦尔一带进入印度，后来渐渐东移，于公元 10 世纪左右进入尼泊尔。那时，卡斯人主要从事游牧业，以养殖牛羊为生，间或刀耕火种，以农业作为补充。有学者推测，在上古时一度统治过加德满都谷地的戈帕尔人（牧牛者）很可能就是卡斯人。当然，这有待于证实。

卡斯人的体型属于地中海人类型，与雅利安人比较接近；语言是卡斯库拉语，又称廓尔喀语，后来发展成为现今的尼泊尔语。尼泊尔语用天城体字母书写，受梵语的影响很大。在中世纪时，由于卡斯人没有什么固定的信仰，又不遵守种姓制度的规定，平原地区正统的印度教徒有些瞧不起他们，不承认他们与自己属于同一血统。他们在习惯上被看作类似首陀罗那样的低级种姓。卡斯人在中世纪时曾在尼泊尔中部山区建立了一个独立国家，称作"卡特里普尔"。其领土范围包括尼西部山区的广大地区，东到木斯塘，西至印度现今的库毛恩和加瓦尔，南到特莱平原，北至中国的西藏。后来这个王国解体了，代之而起的是许多大大小小的土邦王国。

穆斯林势力于 12 世纪进入印度后，许多印度教徒纷纷逃到尼泊尔的西部山区，随之在更大的范围内将印度教大规模地传入尼泊尔。在逃到尼泊尔的人员中，有不少人是属于婆罗门和刹帝利的王室和上层贵族，他们失去原有的天堂，自然想寻找机会建立新的王国。最初，他们为散布在尼泊尔西部山区的各个土邦王国效力，轻而易举地取得了这些土邦国王的信任，接着便施展权术取而代之。他们之所以能在事业上很快取得成功，一是由于他们文化水平较高，头脑复杂，善于斗争；二是由于他们掌握着较为先进的技术，代表着新的生产力。在他们进入尼泊尔前，当地的原住居民虽然早已开始从事农业，但是刀耕火种，方法落后，生产力较低。新的移民带来了铁犁和水稻种植技术；在战争武器方面，原住居民原来只有弓箭和简单的长矛，他们则带来了精制的宝剑和锋利的大刀等。这样，这些外来移民很快便在西部山区取得了统治地位。但是，这些印度教徒认识到，要巩固自己取得的地位并在新的环境中站住脚，就得与当地的原住居民相结合。他们看到有的原住居民，特别是卡斯人，缺乏固定的信仰，于是积极传播和推广印度教，并在印度教至关重要的种姓制度方面实行了灵活的策略。比如，他们一反常规，对皈依印度教的卡斯人，大都授予了切特里这样高的种姓地位。又如，按照印度教种姓制度的规定，各种姓集团必须实行严格的内婚制，借以保持种姓的"纯洁"。但是，这些婆罗门和刹帝利种姓的人，在新的环境中远不是如此，他们常常和当地的原住民族妇女结合，并对自己与他们结合所生的子女，也赋予了切特里种姓的地位。正是由于这种原因，卡斯族逐渐接受了印度教，而且在他们之中，切特里种姓的人特别多。长期以来，尼泊尔的中央和地方各级机构的军政大权，均掌握在这一种姓人员的手中。他们无论是在卡斯族发展成为在尼泊尔全国政治生活中起主导作用民族的过程中，还是在建设尼泊尔特有的印度教文化事业中，都起到了突出的作用。

在供奉的神灵方面，这些外来的印度教移民，除印度教的传统神外，也将佛教和一些地方宗教的尊神吸收到他们的"万神殿"中来。这种做法，使得印度教变得更易于为当地原住居民所接受。

应当指出，沙阿王朝在18世纪对加德满都谷地的征服，以及其后对整个尼泊尔的统一，是卡斯族发展史上的一件影响深远的事件。一是沙阿王朝在政治上统一了尼泊尔，使它结束了昔日数十个土邦王国分裂割据的局面，变成一个整体，这为各地区间的经济文化交流创造了空前有利的条件。随着商业贸易的繁荣，卡斯族的经济生活大大向前迈进了一步。二是沙阿王朝征服了加德满都后，数世纪以来形成的西部山区印度教文化与古老的尼瓦尔人佛教文化相结合，使卡斯族文化变得更加丰富和具有特色。三是沙阿王朝掌握了全国政权后，更有力地从上而下推行印度教，使之在尼泊尔真正得到普及。

1805 年，沙阿王朝开始严禁屠宰黄牛和吃牛肉。1836 年，皇家法令完全禁止当时在尼泊尔普遍流行的弟弟与嫂子姘居的习惯；不许印度教徒与欧洲人有身体方面的接触；不许印度教高级种姓喝酒；等等。到 1854 年 1 月 6 日，沙阿王朝正式颁布了《穆鲁吉艾恩》（Muluki Ain），即《民法大典》，使种姓制度和各种印度教规定更加系统和规范化了。正是在这一基本法典的影响下，尼泊尔逐渐发展成为一个印度教王国。

总之，卡斯族过去长期生活在尼泊尔广大西部山区，近几个世纪则逐渐遍及尼泊尔全国；他们在体型上与雅利安人比较接近，但也带有明显的蒙古人种特征；原先他们并没有什么固定的信仰，但在 12 世纪前后进入的印度教移民的影响下，皈依了印度教。他们也遵守印度教的种姓制度和其他有关规定，但不像印度正统的印度教徒那样严格。他们能与异教徒融洽相处，互相影响，互相渗透，又互相崇拜对方的神灵。这个民族与其他信奉印度教的民族一样，内部分成许多种姓等级，但是属于武士种姓的人特别多，而属于吠舍和首陀罗的人特别少。这个民族与尼泊尔南部平原新近从印度进入的移民，虽然在人种、信仰和语言等方面有许多共同之处，但是由于心理素质不同，他们之间来往很少，相互通婚的现象更是罕见。

二　卡斯族的种姓制度

印度教社会的一个主要特征是将人分为婆罗门、刹帝利、吠舍和首陀罗四大种姓和不可接触者。经过长期的演变，这四大种姓又派生出成千上万个亚种姓和次种姓。尼泊尔由于幅员较小，人口较少，所以在种姓的数量上没有印度那样繁多，但却有其独具的特点：一是四大种姓在人数比例上与印度明显不同；二是在种姓制度的实践方面不如印度那样严格。

在印度的印度教社会中，四大种姓的人数比例，大体构成一个金字塔形，即高级种姓的人数较少，低级种姓的人数较多。在尼泊尔，则是高级种姓，特别是刹帝利的人数较多，而属于吠舍、首陀罗和不可接触者的人数较少。这种现象是卡斯族在其发展的特殊历史背景下形成的。

在尼泊尔的广大西部山区，人们常常可以看到，有些地区的整个村庄的居民全是切特里或婆罗门。由于属于铁匠、皮匠和裁缝等职业种姓的人很少，他们不可能为所有高级种姓的人从事服务性工作，这就迫使尼泊尔的大多数婆罗门和刹帝利不得不自食其力，干一些不合于他们种姓身份的工作。天长日久，干着同一工种的不同种姓之间的界线便不那样严格了。在许多农村，常可看到，高级种姓与低级种姓人之间互相交谈，并以兄弟相称，农忙时互相递茶送水，等等。另外，按照种姓制度的规定，各种姓必须实行内婚制，但在现实生活中，情况远不是如此。例如，1846年发动政变篡夺了尼泊尔一切军政大权的拉纳家族属刹帝利种姓，为了维护自己的特权地位，他们极力强调要保持该家族种姓的"纯洁"。但是具有讽刺意味的是，恰恰是这个家族，在种姓血统上却是最不"纯洁"的。世袭的特权地位和长期养尊处优，使该家族的许多纨绔子弟好色如命，岂肯顾及什么种姓限制。他们经常迎娶低级种姓或非印度教民族的漂亮姑娘当作妻妾，生儿育女。在其他高级种姓的家族中，这种现象也很常见，只是程度不同而已。

由于上述原因，尼泊尔的种姓情况在某些方面比印度的更为复杂。为便于读者了解，现将尼泊尔的主要种姓情况简介如下。

婆罗门　一般分两类：一是普尔比亚婆罗门，二是库马因婆罗门。"普尔比亚"（Purbiya）是"东方的"意思，"库马因"（Kumain）一词源自印度库毛恩（Kumaon）这个地名。由此可见，这两类婆罗门可能是由于他们来自印度不同地方而得名。他们都自认为比对方要更"圣洁"和"高贵"。

据2011年人口统计，在北部山区的婆罗门有322.7万人，占全国人口的12.7%。在南部特莱平原地区的婆罗门有13.4万人。婆罗门由于从小受教育的机会多，所以一般文化水平较高，加上他们在种姓方面的优越条件，在社会上处于领导地位。虽然有相当大量的婆罗门也是普通老百姓，从事农耕或干其他营生，但他们之中稍懂得一点吠陀经文或宗教礼仪的人，可在正业之余，为一般人家充当祭祀，捞到一笔可观的收入。少数婆罗门还可担任神庙祭祀。在尼泊尔的知识阶层中，有大量的人出身于婆罗门种姓，不过他们由于受现代文明的影响较大，种姓制度的观念不那么浓厚。

婆罗门有一种亚种姓被称作"洁西婆罗门"（Jaishi Brahman）。这种人是婆罗门男女之间的非婚生子女。他们虽有婆罗门种姓的身份，但社会地位较低，不能充当祭祀。

婆罗门与塔库里妇女婚生的子女被称为"哈马勒"（Hamal），被列入塔库里种姓。

婆罗门出家后便失去原有的种姓地位。他们还俗后所生的子女被称为"森耶西"（Sanyashi）。他们也无种姓地位，但是可以从事任何工作。据2011年人口普查数据，这种人有22.8万之多。

刹帝利　主要分两类：一是切特里，二是塔库里。后者的人数比前者少，但其社会和政治地位比前者高。塔库里起源于中世纪。那时，在尼泊尔的广大西部山区，群雄割据，土邦林立，他们之间互相倾轧和斗争，极力扩大自己的势力范围，那些在斗争中最为出色和最有影响者，被认为是塔库里。经过世代相传，塔库里渐渐成为一个种姓。直至今天，塔库里在人们的心目中仍然被认为是切特里种姓中的出类拔萃者，他们与切特里一道，组成了卡斯族的刹帝利种姓阶层，在尼泊尔的各方面社会生活中发挥着十分突出的作用。据2011年人口普查数据，切特里共有439.8万人，占全国人口的16.6%；塔库里共有42.6万人，占全国人口的1.6%。

其他种姓　在尼泊尔属于吠舍种姓的人很少。尼瓦尔人好经商，从职业上看相当于这一种姓，但他们不属于印度教社会民族。卡斯族究竟有多少属于首陀罗和不可接触者的低级种姓，目前尚无准确的数字。常见的职业种姓有：达马依（Damai），是裁缝；萨尔基（Sarki），是皮匠和修鞋匠；卡米（Kami），是铁匠；苏纳尔（Sunar），是银匠。另外，还有一种被称作"加尔蒂"（Gharti）的人，他们是奴隶的后代。在过去，婆罗门以外的其他种姓的人，犯罪后即沦为奴隶。这些奴隶直到1924年在拉纳首相昌德拉·苏姆谢尔（Chandra Shumsher）当权时，才获得解放，但失去了其原来的种姓身份。这部分奴隶虽然得到解放，但是由于尼泊尔的土地占有制度没有改变，在农村的广大贫苦农民往往由于还不起祖祖辈辈拖欠的债务，依然不断沦为契约劳工，即实际上的奴隶，被称为"卡麦亚"（Kamaiyas）。2000年7月17日，尼泊尔政府做出一项划时代的决定，宣布收养契约劳工为非法。据《加德满都邮报》同年9月3日的报道，估计这种新近被解放的"卡麦亚"约有16000人，但是人权组织的调查显示，仅在班凯、巴迪亚、坎昌普尔、凯拉利和当格等县就有40000人。他们大多在富人家从事无收入的重体力工作，重见天日遥遥无期。

三　卡斯族的经济社会生活

在尼泊尔，种姓和阶级有着一种错综复杂的关系。王室成员属于刹帝利种姓中较高级的塔库里种姓，高级官员、社会名流和地主资本家也大多来自婆罗门和刹帝利种姓中的切特里亚种姓，但这并不意味着所有的婆罗门和刹帝利都可以跻身于上层社会的行列。从经济状况来说，这些高级种姓的人，有的很富有，有的也很贫穷。尼泊尔是个农业国，大部分人口从事农业，在农村的婆罗门和刹帝利也大多从事农耕，其中拥有土地较少或无土地的人，生活也很清苦。由于历史上形成的原因，在尼泊尔的广大西部山区，有的整个村庄甚至整个县的居民几乎全是切特里，他们更是以务农为生。婆罗门则稍有不同，他们之中一些稍懂吠陀或稍有学问的人，在从事农业之余，可以为别人充当家庭祭祀，能得到许多额外收入，而其他种姓的人则没有这个机会。特别是在中世纪，国王和贵族常向婆罗门和寺院赐赠金银或捐献土地，许多婆罗门因而致富或成为大地主。刹帝利种姓的人走的是另一条道路，他们在农耕之余，千方百计地去当兵，并以此为荣；有的还争取受雇于英国或印度的"廓尔喀"兵团，每年可汇回不少外汇接济家中生活；有的服役期满领了退休金，以此作为资本置田买地，渐渐发家致富。

尼泊尔农村的地主和高利贷者，大多数是婆罗门和刹帝利。他们对佃农的剥削相当残酷。地租一般占收成的一半以上。这些人有钱有势；其中最有能耐者，常年住在加德满都，将庄园委托别人代管；中等的则成为专区或县里的乡绅或社会名流；小点的则就地管理自己的庄园田地。自 20世纪 50 年代以来，随着尼泊尔逐渐对外开放和建设事业的不断发展，已有不少地主开始向商业贸易方面投资。

由于城市经济的日益繁荣和资本主义因素的不断增长，更多的人离开了种姓制度规定的世袭职业，从事其他工作，各种姓阶层的经济情况也发生了变化。所以，人们在生活中可以看到原来属于职业种姓或不可接触者种姓的人，在经济地位上超过贫穷的婆罗门和刹帝利，而一些出身名门的人，包括拉纳家族和塔库里种姓的一些人，反而变得穷困潦倒。有少数大家族，由于门庭败落，其子女也渐渐沦落为目不识丁的"芸芸众生"。其实，此类种姓、职业的变动和阶级分化现象过去也一直存在，不过自 20 世纪 50 年代尼泊尔对外开放以来，变得比较明显罢了。尽管有上述种种情况发生，但是婆罗门和刹帝利在传统上处于有利的政治和经济地位，文化水平较高，在各方面都具有较强的竞争能力。从总的情况看，在上层富有者阶级中，仍以这两个种姓的人为最多。难怪有些访问过尼泊尔的人，认为尼泊尔的阶级差别在很大程度上表现在种姓差别上。实际上，种姓差别主要表现在宗教地位和印度教社会的社交礼仪方面，阶级差别则主要是指经济地位方面的差别，这两者虽在概念上不同，但在实际生活中互相关联，错综复杂，并有机地交织在一起。

第三节　非印度教社会各民族

这里所说的非印度教社会各民族是指那些不信仰印度教，内部没有像印度教社会那种严格种姓制度的民族。1854 年 1 月 6 日颁布的《穆鲁吉艾恩》（《民法大典》）将尼泊尔所有非印度教社会的各个民族，统称为"马塔瓦里人"（Matawalis），意即"喝烈性酒的人"，视他们的地位为

"首陀罗"（不可接触者）。"马塔瓦里人"还被分为两类：一类是不可奴役的，另一类是可奴役的。属于前一类的有马嘉族、古隆族、尼瓦尔族、拉伊族和林布族等；属后一类的有菩提亚族、切彭族、马吉族、达奴瓦尔族、达拉伊族、库马尔族、帕哈里族和梅切族等。

但是，这样提出问题，并不是说这些民族不受印度教的影响；这里之所以将它们划入非印度教社会，主要是因为，根据1854年颁布的《民法大典》，无论其成员受印度教影响的深度如何，无论他们的日常生活和行为方式如何酷似一个印度教徒，他们永远也不可能取得正统印度教社会的任何一种高级种姓地位。尼瓦尔族受印度教的影响较深，究竟应当将它列入哪类民族呢？这个问题曾引起过争论，但是最后，还是维持将其划入非印度教社会民族的结论。

由于篇幅有限，这里不可能对尼泊尔非印度教社会的60个民族一一介绍，只选择其中影响较大的十一个主要民族，做简要论述。

一　尼瓦尔族

尼瓦尔族是尼泊尔的一个有着古老文化和悠久历史的民族，也是一个以艺术和经商才能著称的民族，过去世世代代几乎全部定居在加德满都谷地，近两个世纪则不断向各地流动，逐渐遍布全国。据2011年人口普查数据，尼瓦尔族人口为132.2万，其母语是尼瓦尔语，但大部分人会讲尼泊尔语。

尼瓦尔族是尼泊尔的文化、艺术和文明古迹的主要创造者之一，其历史可以追溯到公元前6世纪。今天耸立在加德满都谷地那数以千计的灿烂辉煌的古代建筑，大都出于这个民族之手。元朝初期，到我国工作40余年的尼泊尔著名艺匠阿尼哥，据说就是来自尼瓦尔族。尼瓦尔族的建筑技巧和其中所包含的雕刻、铸造及绘画等艺术，在13世纪以前便达到很高的水平。目前，尼泊尔的不少著名学者、作家、诗人和工艺能手，都是出自这个民族。无论从政治、经济角度，还是从文化角度来看，它都是非印度教社会中影响最大的一个民族。

尼瓦尔人还善于经商，长期以来他们控制着加德满都谷地及东部尼泊尔的零售商业；有些人还经营着对中国西藏地区的贸易。近些年，由于人口压力增大，其他民族纷纷向东南方向迁移，寻找可开垦的土地或其他工作，但是尼瓦尔人却恰恰相反，他们向西北方向移动，主要是为了寻求商贸机会。此外，尼瓦尔人在行政管理方面也比较精明能干，国王时代，尼瓦尔人的少数精英获得王室或统治阶层的信任，登上了政治结构的上层。

尼瓦尔族有一种别具一格的民间社团组织，称作"古蒂"（Guthi）。"古蒂"的组织形式很多，但大体上可以分为三类：第一类是为宗教目的而建立的；第二类是为某种公益事业或实行互助而建立的；第三类是为娱乐性目的而建立的。

第一类"古蒂"主要是为祭祀族神而建立的，其成员大都属于同一血统。这种"古蒂"的成员定期聚会，向族神举行祭祀。有些寺庙为维持其祭祀方面的礼仪，也成立自己的"古蒂"组织。在这种情况下，该"古蒂"的成员范围较广，包括多种血统和种姓的人。

第二类"古蒂"是专门为维修寺庙、修建道路桥梁和旅客休息站及举办火葬等事项而组织的。这种"古蒂"的成员来自不同种姓的许多家族。他们大都居住在同一地区，不一定属于同一血统。

第三类"古蒂"是根据人们的共同爱好和兴趣分门别类组织的。参加这类"古蒂"的人也不要求有同一血统和亲缘关系，而是完全出于自愿；不像参加前两种"古蒂"那样带有一定的强制性和世袭性。

"古蒂"组织拥有的土地，在传统上不向国家缴纳任何赋税，所以自1964年开始实行土地改革后，不少地主巧立名目，利用"古蒂"组织隐瞒私有土地偷税逃税。在舆论的要求下，政府为增加国库收入，于1976年规定：一切"古蒂"所属土地均要向国家纳税。

二　马嘉族

马嘉族是非印度教社会中人口最多的民族，在尼泊尔的近代史上有着显著的地位。据说在中世纪土邦王国林立的时代，西部的乔比西联盟（24国联盟）中最强大的帕尔帕王国，就是马嘉人建立的。18世纪中叶，廓尔喀国王普里特维·纳拉扬·沙阿起兵东征时，先后有大批的马嘉人参加了他领导的军队，为现今统一的尼泊尔王国的创立，建树了不可磨灭的功绩。

据2011年统计，马嘉族有188.8万人，占全国人口的7.1%。马嘉人的起源不详。据说定居在廓尔喀县的拉纳氏族中的布萨勒胞族人保存了一些马嘉人的古籍手稿和一些前马嘉国王的铜牒，还有一些用马嘉文书写的家谱世系。这些材料如果问世，也许会对研究马嘉人的起源有所揭示。

马嘉人的体型属蒙古人种，皮肤呈黄色。原来多信佛教，由于自中世纪以来长期与地中海型的人种混杂相处和密切接触，并相互通婚，在各个方面都受到后者不同程度的影响；少数居住在靠近北部边境地区的人，则受到较深的西藏文化的影响。

马嘉族的母语是马嘉语，属藏缅语族。由于各民族的长期相互影响和演变，目前在马嘉族中实际上流行着三种语言：多数人会讲马嘉语，少数人会讲藏语，绝大多数人会讲尼泊尔语；一部分人甚至将尼泊尔语作为第一母语。

马嘉人传统聚居区包括西部蓝毗尼、拉普提和贝里专区的各县。但在近一两个世纪以来，有相当一部分马嘉人离开了传统聚居区向外扩散，特别是向东南方向迁徙。这主要是由于以下几个原因：①尼泊尔西部山区雨水比较稀少，不利于农业生产，而东部雨水较多，条件较好；②许多马嘉人曾在军队服役，国家常将东部地区的一些新开垦地分配给他们的家属作为报酬；③马嘉人中有许多泥瓦匠、木工、建筑技工和采石工等手工艺人，为寻找工作，他们渐渐流向东部地区。今天在东部山区的一些矿场和采石场附近，常可以看到一些较大的马嘉族村落。

马嘉人的住房建筑在不同地区有不同的形态。大多数住房在传统上是用石头砌成的两层建筑，用茅草或石板覆盖屋顶。在西部地区，房屋较小，且多是圆形或椭圆形建筑，墙壁呈赭石色或红色；在东部地区，则很少有圆形或椭圆形房屋，墙壁一般均刷成白色，房前还有走廊；在最北部地区的一些房屋往往是三层结构，上面是平顶，最下层常用来做牛羊或其他牲畜的窝棚。

马嘉人主要以务农为生。除生产一些水果和蔬菜外，主要作物有玉米、小米、小麦、荞麦和水稻。有些农户饲养绵羊和山羊；还有不少人从事建筑业或当矿工。自从印度廉价的铜锭涌入后，尼泊尔的铜矿纷纷倒闭，从而剥夺了马嘉人在这方面就业的机会。少数生活在北部高山区域的马嘉人，则在经营从北部边界到南部特莱平原，甚至到大吉岭或加尔各答的长途贩运中致富。

由于土地贫瘠，生产落后，大部分马嘉人生活相当困苦。所以，除从事农耕和手工艺活计外，许多马嘉人积极争取当兵，寻找生活出路。在英国和印度的廓尔喀兵团中，马嘉族士兵所占的比例是各民族中最大的一个。在多数马嘉人村落中，有相当数量的人家，要么有退役军人在家，可以领取养老金，要么有子弟在英印廓尔喀兵团或尼泊尔军队服现役：他们定期向国内和家里寄一些外汇，不仅改善家中生活，也有利于国家的外汇收入。马嘉人以诚实、勇敢、守纪律和性格开朗著称，这些特点很符合军事生活的需要。不少马嘉人由于军功卓著，在英印军队或在尼泊尔军事和警察部队中升任尉校级军官，有少数人还在尼泊尔警察部队中升任为将级军官。

马嘉族分为若干氏族，当地人称作"塔尔"（Thars）。每个"塔尔"据信都有一个共同祖先。这些父系氏族有时还可再分为许多外婚制的血统胞族。一般来说，这些氏族和胞族的地位是平等的，虽然在少数地方也有例外。例如，在某些地区，拉纳氏族中的布萨勒胞族人是传统上的权威和领袖，由他们出面调解本民族群众之间的纠纷，判决案件，并在一系列事务上向群众提出建议和劝告等。直到20世纪初，拉纳家族当局才剥夺了他们的这种权力，要求他们在遇到此类事件时向政府报告。

马嘉族实行内婚制。尽管有一部分马嘉族妇女愿意嫁给外族人，但是马嘉族男子与卡斯族的婆罗门和切特里人不同，他们总是与本族女子结婚。从理论上讲，一个马嘉人可与本氏族或胞族以外的任何马嘉人结亲，但在实际上许多马嘉人喜欢与其舅舅的女儿结亲。除北部的少数马嘉人外，大多数马嘉人不与其姑姑的女儿结亲。

由于大多数马嘉人与卡斯族的婆罗门和切特里种姓交往密切，在宗教信仰、文化生活和社会习俗方面受到他们较大的影响，所以在结婚礼仪方面几乎与他们相同。青年男女的婚事在过去大都由父母出面安排，近二三十年来，渐渐盛行自由恋爱的风气。

马嘉人过去多信佛教，但自中世纪以来，由于长期受印度教徒的包围和影响，多数人渐渐崇信印度教。在举行各种仪式时，马嘉人常请婆罗门祭祀来主持，并遵守印度教的习俗；唯一不同的是他们大都不佩戴圣线。但是在多尔帕和米亚各迪等县，许多马嘉人仍然信仰佛教；他们在举行各种仪式时则请喇嘛主持。这样从表面上看，马嘉族内部似乎出现了两种宗教集团，但在事实上，这种差别并没有在其内部造成什么矛盾和冲突。对马嘉族来说，这种差别与其说是信仰上的矛盾，不如说是在不同的环境和条件下，形成的不同生活方式而已。

三　塔鲁族

塔鲁族是特莱平原地区一个较大的民族。据 2011 年人口普查数据，塔鲁族有 173.7 万人，占全国人口的 6.6%。主要分布在南部特莱平原地区，但以中部特莱最为集中。那里森林密布，天气炎热，空气潮湿，疟疾猖獗，过去很少有人在这里定居，只有塔鲁人生活在这片荒无人烟的地带。由于塔鲁人成功地抵御了疟疾的侵袭，人们便认为他们具有一种先天性的免疫力。

塔鲁族的村庄大都坐落在莽莽的原始森林之中，那里野兽经常出没，常常可以遇到大象、犀牛、老虎、豹子、狗熊和毒蛇等，但是塔鲁人习以为常，并不感到恐惧。他们以淳朴、腼腆和好客著称，过去在较为开阔的平原地区也有不少耕地，但是这些便于与外界交往的地方，后来都为其他较为机敏的居民所占据，他们便愈来愈深入到森林腹地。

塔鲁族讲塔鲁语。据说此种语言受北印度的许多语言如印地、乌尔都、博杰普里和孟加拉等语言的影响较大。但是由于很少有人对塔鲁语进行研究，人们对其详情说不清楚。

塔鲁人肤色较黑，体形较为瘦小，平均高度 5.2 英尺。眼睛呈杏仁形，身上毛发稀少而竖直，鼻子中等大小，属蒙古人种，但也多少吸收了非蒙古人种的特征。

关于塔鲁族的起源有着种种不同的说法。一种说法认为，塔鲁族是释迦族，即佛祖所属部族的后裔，两千多年来一直定居在这个地区；另一种说法认为，塔鲁族是在伊斯兰教进入时，于13世纪从印度逃难到尼泊尔南部森林地带的拉其普特人的后代。但是这些说法都没有充分的根据。

塔鲁族主要从事农耕，间或进行游猎。生产的稻米和其他杂粮可以自给。但是其内部阶级分化相当严重。有的地主（柴明达尔）拥有大片土地和数百头牛，并雇佣大量的贫苦劳工为他们干活；有的劳工或佃农由于无法还债，便沦为奴隶。佃农的生产手段相当原始，劳动和生活条件十分艰苦。在西部特莱地区当格县的佃农，受地主和中间人的剥削尤为残酷，他们年复一年，深深陷入无穷无尽的债务之中，最后被债权人出卖和任其宰割。一般塔鲁族农户在有空地的条件下，也实行轮种。另外，他们也饲养牛、山羊和绵羊等牲畜。

据说塔鲁族昔日也有自己的国王。在当谷地（Dang Valley）和苏考拉加（Sukauragarh）仍留有昔日王国的碉堡遗迹。

当格县的各个农村有一种被称作"马哈陶"（Mahato）的官员，其职责是维持村里的法律和秩序。在古代，这种官员通常是由村民自己选举产生，后来却常常由地主任命。根据常规，每到雨季和旱季，村中的每户人家要向马哈陶提供两个义务劳动日。这是村民对他从事村里领导和各种事务工作的报答。在遇到有关全村的共同性问题时，诸如在插秧季节安排灌溉秩序或发生了纠纷等，他便得四处奔走，召集村民代表大会共同商量解决办法。若有人违犯有关规定，马哈陶和村理事会可以对其进行处罚。罚款一般是现金。收集的罚款作为全村的基金储存起来，以备将来村民聚餐之用。

塔鲁族内部又分成两大类别，一类是普拉丹人（Pradhans），另一类是阿普拉丹人（Apuradhans）。普拉丹人有6个集团，阿普拉丹人有26个集团，这样，整个塔鲁族共有32个集团。在理论上讲，普拉丹人的社会地位比阿普拉丹人的地位要高，但在实际生活中，这种区分并不起什么明显作用。其所属的各个集团大都相对地集中在一定的地区，例如，吉陶尼亚（Chitauniya）、马尔达尼亚（Mardaniya）和苏纳哈（Sunaha）等集团多分布在奇特万县的拉普提谷地，当高拉（Dangaura）、卡塔里亚（Katharuya）、拉查提亚（Rajhatiya）和苏拉里亚（Solariya）等集团则集中在当格县，等等。

塔鲁族也实行一夫一妻制。在习惯上，婚姻大事通常都由男女双方的父母安排，结婚年龄较早。一般在本族内部选择配偶，很少有与外族通婚的现象。

在奇特万县等地区，流行一种未来女婿要为新娘家干活的制度。一个年轻男子得为他选中的姑娘的双亲干两三年活，才能娶该姑娘为妻。有时也发生私奔的事，在这种情况下举行婚礼时，男青年得付出一笔现金或实物的赔偿费。

塔鲁族有自己独特的信仰。他们崇拜野兽和一系列的神灵及鬼魂。由于受印度教的影响，现在他们也崇拜一些印度教神。在东部特莱地区的塔鲁人还请婆罗门主持一些仪式，有时在举行婚礼和其他祈祷仪式时也请婆罗门参加。但在奇特万、当格、凯拉利和坎昌普尔等地的塔鲁人仍然奉行传统的宗教信仰，在需要时，常请本民族的祭司"古卢瓦"（Guluwa）来主持仪式。除在凯拉利和坎昌普尔县的一些氏族集团中有少数女性古卢瓦外，古卢瓦一般由男子充任。在当格、凯拉利和坎昌普尔等县，有两种类型的古卢瓦，一种被称作"迪斯班迪亚"（Desbandhiya），另一种被称作"加尔"（Ghar）。

"迪斯班迪亚"祭司曾经得到过尼泊尔国王的正式任命，具有官方地位，在全村有一定特权，还有一个世袭的办公室，而"加尔"祭司只负责联系若干户人家。每户世俗人家对这两种祭司都有一定的义务。前者每年可以从本村的每个注册佃户得到一定数量的稻米，而后者只能从其联系户那里得到一个义务工日。

塔鲁族每户人家都有自己的专用神龛。说是神龛，其实不过是一块隔开的四方形空地，中间放着赤褐色陶制的骏马和大象，其面前摆放着一碗一碗的祭酒。

塔鲁族的宗教信仰没有什么复杂的仪式。他们对骏马和大象的崇拜，也许是一个进入不宜于人类居住的林莽地区的民族，对自然界感到惊愕和疑虑的表现。人们还没有意识到自己对野兽的优越地位和能力，所以感到一些动物似乎也有某种灵性，值得礼拜和尊崇。马和象便是这样首批产生的神灵，前者可能是由于它们温顺而善于奔驰，后者可能是由于它们很有力量。

除骏马和大象外，塔鲁族还信奉被称作"马因衍"（Mainyen）和"高莱亚"（Goraiya）的神灵。现在，由于受印度教的影响，他们也开始崇拜一些印度教的神灵，如婆婆蒂和难近母等。

居住在东部特莱地区的塔鲁人大都实行火葬，而居住在西部和中部地区的塔鲁人则实行土葬。在实行火葬时，塔鲁人一般要将死者运到河边，洗净尸体，涂上酥油。在实行土葬时，男死者一般要面部朝下，女死者面部朝上。

塔鲁族崇尚大家庭制度。在联合大家庭中，父亲对家庭的所有成员具有最高的权威。他死后则由其弟代替，如果没有兄弟，则轮到长子。不论年轻的成员如何聪明能干，也没有资格取代这一地位。即使是笨蛋，只要他是长者，就得负责全家的事务。同样的原则适用于妇女。婆婆的地位最高，然后是大儿媳，等等。

在一个大家庭里，家庭事务的组织工作就变得相当复杂和繁重。在一般情况下，大儿媳实际上是在婆婆授意下真正的主事和当家，只要不发生什么纠葛，婆婆是不出面过问的。大儿媳给家庭的一切女性成员分配工作。炊事通常是交给最年轻的媳妇，因为每个新娘过了门，第一件要干的事就是做饭。作为一项家规，她是不能食用由年长者烹调的食品的。只有在另一个新娘进入家门后，她才能免去这项义务。一般遇有什么事要向婆婆报告时，也只能由大儿媳出面，其他人是不允许直接找婆婆的。违反这种家规和没有完成任务的人，要受到处罚。处罚可能是肉体上的，也可能是给予额外的工作，或者不准进食等。家里的主要贮藏室由婆婆控制，在日常情况下，只有大儿媳才能进入贮藏室。但在遇到祈祷和其他节日，或在举行婚礼时，所有的媳妇，不必等婆婆或大儿媳的吩咐，可以根据情况方便行事，到贮藏室拿取所需物品。也只有在这种场合，小媳妇偶然犯一些过失，才能够得到宽容。正如小媳妇要多干活和尊重年长的媳妇一样，小兄弟对兄长负有同样的义务。

这种大家庭的分裂，可能是由于内部发生口角，也可能是所有兄弟商量的结果。财产在兄弟间平均分配。有时分了家，但大伙仍居住在一起，只是在经济上各管各的账而已。分家后只要有人想分开来单独居住，他便可以平静地离开这个共同家庭，因为财产早已分开，无须任何唠叨。

塔鲁族居住的多是平房，墙壁用竹篱笆加泥土糊就，顶上用茅草覆盖。尽管建筑相当原始，但内部却相当宽敞和干净。面对残酷的自然环境，特别是原始森林中的恐怖，塔鲁族能生存和繁衍下来，确实不太容易。过去，一些不了解塔鲁族的外界人士，不把这看作是他们辛勤劳动和集体奋斗的结果，而是认为他们，特别是妇女，有一种神秘莫测的魔力。塔鲁人的住房不仅宽敞而舒适，而且还点缀着各式各样的艺术作品。人们常在依然潮湿的墙壁上，刻画或浮雕出游猎的景象，人物或野兽都栩栩如生。妇女除在田间干活外，将大部分时间用来绣制华美的衬衫。这种衬衫穿在身上，与他们那由阳光炙晒的皮肤相对照，显得格外醒目。

塔鲁人喜欢唱歌和跳舞。每天晚上，村民在一块空地上围成一个圈，跳舞者蹲在中间。当伴奏者敲起大鼓时，女舞者便开始舞蹈。鼓声加强着伴奏者的歌声，歌声又仿佛催促着舞蹈者的缓慢节奏。她跳了起来，越跳越欢快。她的衣裳形成微微发亮的光圈，火把和灯光，这时呈现出灿烂的色彩。由于节奏加强，她的头一会儿向左，一会儿向右，手挥舞着，比画着，以无声的语言诉说着内心的激情。她的激情感染着观众，大家一边拍着手，和着鼓声，一边有节奏地唱起来。这种情景十分壮观。在平日，舞蹈的规模较小，但在比较重要的节日，特别是在月圆或新月之夜，规模比较盛大。这时，舞蹈就不仅仅是一种消遣，而是一种仪式。当人们还不掌握月圆月缺的自然规律时，这对他们就形成一种奇迹，强烈地影响着他们的生活和情绪。

正如其他许多民族一样，塔鲁族的社会也处在变革之中。自20世纪60年代推广使用滴滴涕后，疟疾在塔鲁族的传统居住地区逐渐绝迹。那里的处女森林已变成盛产黄麻、甘蔗、大米和卷烟的田地。受过教育的塔鲁族青年在本民族中掀起了改革的浪潮。他们推广现代化教育并劝说人们放弃陈旧的习惯。塔鲁族还成立了自己的组织——塔鲁族福利协会。该会在比尔根杰为本民族男女青年提供住宿条件，帮助他们接受良好教育，还努力出版传播塔鲁族信息的印刷品。该组织还向一般群众宣传卫生知识，如不在室内饲养家畜等。由于受印度教的影响，目前已有许多塔鲁人不再吃猪肉，并效法印度高级种姓的生活习惯等。

四 塔芒族

塔芒族是尼西部山区的一个较大民族，据 2011 年人口普查数据，共有 153.98 万人，是尼泊尔第五大民族。其体型属蒙古人种，讲塔芒语，属藏缅语族，主要分布在加德满都谷地四周的山区里。他们习惯用头背负重物。人们在加德满都常可以看到一种人，头上勒一条带子，背上驮一个装满货物的篮子，往来于大街小巷之间，这就是塔芒人。

关于塔芒族的起源，在民间流行种种说法。一种说法，认为塔芒族原来居住在西藏，后来渐渐向南迁移，进入尼泊尔。由于他们来自西藏，人们常称他们为"菩提亚"人。另一种说法是，在公元 643 年，松赞干布应尼泊尔国王纳伦德拉的请求，派出骑兵帮助他恢复王位后，有一部分骑兵未能回到西藏，在尼泊尔定居了下来，形成了今天的塔芒族。"塔芒"（Tamang）在藏文中为"贩马者"的意思，因为他们最初多以贩卖马匹为业。还有一种说法认为，塔芒族是尼泊尔中部山区最古老的原住居民。

塔芒族传统上居住的地区和村落，在过去实行一种"基帕特"（Kipat）土地占有制度，即一个氏族或几个氏族共同占领的包括耕地、河流和森林在内的土地，只有该氏族的成员有权耕种或开发。这种土地过去不向政府纳税，但自 20 世纪 60 年代中期以后，情况发生了变化。政府废除了这种制度，属于"基帕特"的土地仍归原来氏族的成员耕种，但在土地占有的数量方面有所限制，此外土地占有者还要缴纳一定的赋税。

塔芒族的头人或村长被称作"塔鲁格达尔"（Talugdar），他负责全村的行政事务，也替政府收税。过去政府不是根据占有土地的多寡收税，而是按户平均摊派。自从"基帕特"土地占有制度被废除后，人们得按占有土地的多寡纳税。

塔芒族喜欢生活和居住在较高和较为干燥的地区，一般多在海拔1600～2300米的地区。但也有少数人生活在特莱平原和拉普提河谷地区。

在塔芒族的村庄里，房屋建筑一般较为密集，街道用石头铺成，屋顶多用木板覆盖；有时也用石板。房屋通常都是两层，上层用作储藏粮食和其他物品，下层用作饭厅、厨房和卧室。一般在上层有个阳台，在阳台下面的底层，即正门前面，是个游廊，用作起居室。

塔芒人多以务农为生。由于没有文字，文化事业很不发达，社会地位较低。居住在传统地区的塔芒族农民，其经济状况比居住在非传统地区的塔芒族农民要稍好一些。因为他们大都有一定的土地，是自耕农，一般在口粮方面可以自给，尽管由于土地贫瘠，生产落后，不少人常常负债。居住在非传统地区的塔芒人的情况比前者糟，主要是由于他们开垦的一点点土地远不能满足他们在粮食方面的自足需求，得经常外出到加德满都或其他城镇去当搬运工、佣人，或蹬三轮，或为别人赶驴子和饲养牲口，或干其他零杂工，挣几个钱糊口。大部分塔芒人是佃农，由于生活贫苦，无力盖房，常常居住在低矮的茅草棚里。

塔芒族的主要农作物有玉米、小米、小麦和土豆等。生活在低地的塔芒人，有时也种水稻。有实力的人家，大都饲养黄牛和水牛，没有实力的人家则养家禽。

塔芒人有一种特别的习惯，即不允许在室内存放水牛肉、大蒜和一种被称作"帕哈"（Paha）的森林中雨蛙，尽管他们并不禁止食用这些东西，但要在露天或别处烹调。

塔芒族有许多传统的手工技艺。在冬闲时，他们常制作羊毛夹克和背心。这些产品在加德满都的市场上可以看到。另外，他们还善于编织各种各样盛粮食用的柳条筐、竹篮子和其他用具及雨伞。在塔芒族中，还有许多木匠、泥瓦匠、木犁制作工。塔芒喇嘛擅长绘制来自西藏的"唐卡"画和宗教性轴画，并精于木刻。

塔芒族的文化、艺术和宗教虽然源自西藏，但是经过若干世纪的演变，在各方面均与西藏多少有些不同。那些居住在传统地区以外的塔芒人，则较少保持其原有的文化、艺术和宗教，而是采取了其周围紧邻民族的文化形态。

塔芒族在总体上实行一夫一妻制，绝对禁止一妻多夫，但在少数富有人家中有一夫多妻现象。寡妇可以再嫁给亡夫之弟，不能再嫁给亡夫之兄。

婚姻有三种方式：通过父母或媒人说亲、抢亲和自由恋爱。

只有少数富有的人家才为自己的儿女说亲。通过这种方式结婚的男女一般都在十四五岁。一旦婚事谈妥，男孩的父亲便带着孩子，在四五十人的陪同下去到新娘家，将新娘接到自己家里举行婚礼。婚礼比较简单，主要包括由亲友们向一对新人额头上点吉祥痣和设宴招待亲友及邻居等。

抢亲一般是一个青年看中一个姑娘，怕她不肯应允，或者是在为省却说亲的烦琐手续和开支的情况下发生的。有时为了省却开支和时间，甚至对舅父或姑母的女儿也采取这种方式。如果被抢的姑娘能坚持三天不答应亲事，她便可以重新回到父母家。如果她同意，则接着便要举行正常的婚礼，并邀请双亲和所有亲友参加。有的姑娘往往在集市或庙会上被抢，如果其双亲非常反感，常常找到男孩家里要求赔偿。一旦他们的怒气平息下来，其他有关的手续便可顺利进行。

大多数塔芒族青年实行自由恋爱结婚。每当一对青年互相爱慕和钟情并决定结婚时，男青年便请求父母去征求女方父母的同意。一旦获得同意，便举行正常的婚礼。万一男方或女方的父母不同意这门亲事，则这一对情侣的出路往往是私奔。他们藏匿在一个地方，直到他们的双亲同意，或者对他们置之不理。

在抢亲和私奔的情况下，新娘和新郎获得双亲的同意后，只去拜访新娘的双亲。这种拜访通常在抢婚或私奔后三天内举行，并有二三十人陪同。一对新人必须带一瓶酒作为礼物送给新娘双亲。新娘的父母和亲友分别送给她一些嫁妆和礼品：父母一般送给她铜罐、铜盆、衣服和首饰，有时还有奶牛；其他人则送给她一些现金。对这些礼物，丈夫可以占有一部分，但是如果将来他要与妻子离婚，则要将占有的那部分退还给妻子。这种礼品的多寡，通常取决于新娘双亲准备在招待亲友的宴席上花费的数额。

一对新婚夫妻可以在新娘家里住几天，然后在人群的陪同下回到新郎家。

如果一个家庭只有孤女而没有男孩，那么可以招赘一个女婿做继承人。这种女婿不能纳妾；如果他坚持再娶，他所享有岳父的全部财产便自动属于前妻。如果妻子离弃双亲跟其选择的丈夫，则她将丧失继承父亲遗产的权利；如果她中途去世，其夫在其父母的认可下，可以另找一个对象。

塔芒族虔信佛教。在每个具有相当规模的村庄都有一个佛教寺庙。寺庙中的神和绘画与谢尔巴族完全相同；经文全部用藏文写成。宗教仪式也与谢尔巴族和北部边境地带的其他民族没有多大不同。塔芒族的喇嘛多受过藏传佛教方面的礼仪训练。他们有的曾在谢尔巴人的寺院中学习过，有的甚至到过中国西藏进行深造，常为群众主持诸如新生婴儿命名和葬礼等各种仪式。

塔芒族常将神名称和祷文刻成石碑，并将它镶嵌在路旁的墙壁上。此类建筑物统称为"希吉"（Hiki），它与谢尔巴族的"乔尔敦"（Chorten）一样，都是用来纪念已故亲属的。每当建成一个"希吉"，就要举行一次盛宴款待四邻和全村的亲友。据说，所有这些善行都是为死者和施主积攒功德。

塔芒族和其他许多山地民族一样，在宗教活动中保留着萨满教的明显痕迹和影响。他们将自己的祭司称作"本波"（Bompo），人们在患病时，常请"本波"来驱逐病魔。

佛教的喇嘛与萨满教的"本波"相比，在社会地位上要高一些。他更受施主尊敬，收入也多一些。塔芒族的葬仪几乎全是请喇嘛主持，特别是火葬时必须有一个喇嘛在场。传统的火葬场不是在河边，而是在山顶。不论什么人举行火葬，全体村民都去参加，每个人还带着一把木柴，在人死后 7~13 天，还要举行一种仪式，具体时间由家属根据自己准备的情况而定。前来参加这种葬仪的人都带来一点大米和现金作为自己的一份贡献。在此后 30 天到半年期间，死者家属还要举行一种仪式。这需要更大的费用，因为这次邀请的宾客更多。尽管每位客人都捐献一点大米和现金，但这些捐献只能对主人起点补助作用，远远抵消不了全部实际的开销。

塔芒族村庄社会活动的领导者称为"穆勒密"（Mulmi）。"穆勒密"有的是村民选举的，有的是世袭的，但都得经过县政府的认可。新的"穆勒密"一般是在祭祀土地神的节日由村民选举产生，任期有一定年限。他负责收集并向政府上缴赋税，从中得到一定的比例作为报酬。另外，在他管辖范围内的农户每年要向他提供一个义务劳动日。"穆勒密"还在村中长老的协助下，管理该村为村民提供炊事用柴的森林。除一些重大刑事案件需要由政府官员审理外，"穆勒密"有权调解纠纷，并判处一些较轻的刑罚。在遇到有关婚姻方面的纠纷时，村民习惯于请喇嘛来裁定。

尼泊尔的宪法规定，全国各民族一律平等。但是由于塔芒族至今没有文字，文化比较落后，再加上经济上受剥削较重，所以社会地位较低。由于政府大力发展教育，已有不少塔芒族的青少年受到免费的小学教育，有的还进入中学，并渐渐对政治问题产生了兴趣。

生活在加德满都的一些受过良好教育的塔芒人，往往给人们一种有关塔芒族的假象。因为他们大都不能代表真正的塔芒族。他们之中大多数人曾在印度生活过好几代，与原来的祖籍和本族人完全失去了联系。但是居住在首都的古隆人、马嘉人、拉伊人和林布人则不同。他们之中也有许多人曾长期生活在印度，并在那里受过教育，但没有失去本民族的特性，并一直与祖籍保持着联系。

五 古隆族

古隆族是尼泊尔西部的一个山地民族。据 2011 年人口普查数据，其人口为 52.2 万，占全国人口的 1.97%。本民族的语言是古隆语，属藏缅语族，大多数移居加德满都、博卡拉的古隆人说尼泊尔语，生活在中尼边境的少数古隆人也说藏语；体型属蒙古人种。主要聚居于拉姆忠、廓尔喀、卡斯基和西扬加等县，但以前两县为最集中。

这个民族的聚居区与马嘉族比较接近，在18世纪前，有相当一部分人是廓尔喀王国的臣民。在普里特维国王起兵时，他们也参加了他的队伍，而且成为其兵员的主要支柱。所以，在沙阿王朝统一尼泊尔的事业中，也有着古隆人不可磨灭的功绩。

古隆族的经济生活是以农耕为主，兼营畜牧。无论迁徙到什么地方，他们的这种经济结构都不会有大的变化。主要农作物有大米、小麦、玉米、小米和土豆等。在低处的田地，一般在夏天种水稻，冬天种小麦；高处的田地比较干旱，则种玉米、小米和土豆。村庄多建在山顶或稍有阴凉并靠近山顶的向阳斜坡上。在耕种之余，农户多牧羊，以供肉食和提取羊毛。每年从春到秋，在安纳普尔纳山和拉姆忠县一带的山坡上，呈现大片绿色牧场，极宜放牧。古隆族村庄一般每户有十来只羊，大伙往往联合起来雇佣4个牧羊人代为牧养。一般每个村庄有2~6群羊，每群通常有200~300只。

古隆族的每个村庄都有一个村长，其职责是：①代政府收税并将它交县政府；②负责安排前来视察官员的食宿。为履行这两项任务，他可以从税收中留取一定的比例。过去，他还可以要村民提供劳力为他义务耕种土地，但是后来政府免除了人民群众的这种义务。

由于长期生活在山区，古隆人很吃苦耐劳，善于山地行动，也是英印廓尔喀兵团的主要招募对象。在尼泊尔皇家部队和警察部队中也有不少成员来自古隆族。古隆族家庭收入中的一个十分重要的来源，是在外当兵子弟的工资和复员后的养老金。有大量的古隆人长期在英国和印度军队服役，驻扎在英国、马来西亚和印度各地。有一小部分人参加了尼泊尔皇家军队。只有极少数人从事非军事性的有工资收入的职业。

那些没有当兵的人便留在家里照料田地，喂养牲畜，并不时来往于西藏和印度边境之间，用粮食换盐巴，或用盐巴换粮食。有人还用酥油换取西藏的羊毛，交换比例一般是1:1。他们在进行这种活动时所走的路线，多是沿着卡利甘达基河谷、马尔斯扬迪河谷和布里甘达基河谷蜿蜒北上，到达尼中边境。

古隆族男子的传统服装是一件前面开口的短上衣，腰间围一件用白棉布制作的短裙裤，扎一条宽大的带子。在部队服过役的古隆男子在本族人口中所占的比例相当大，他们穿的短裤和衬衫比较平整，常戴军帽或贝雷帽，上面别着原来所属团的徽章。在一些特别节日，或村里接待重要来宾时，那些退役士兵便换上全副戎装，胸前挂着在战场上赢得的一排排奖章。他们对曾在海外服役感到十分自豪。年纪较大的人参加过第二次世界大战，去过德国、法国、意大利和北非，并在东南亚抗击过日本侵略者。

古隆族的起源不详。从体型上看，比较接近蒙古人种。许多人的面庞浑圆，性格开朗，纯朴憨厚。姑娘们喜欢在耳朵和鼻子上穿上小孔，以佩戴耳环和鼻饰。妇女和其他许多民族的妇女一样，很喜欢彩色镯子。但她们在性格上与其他山区民族不同，她们大都比较活泼，经常主动与过往行人或小伙子搭话逗乐。人们常常可以看到在田间干活或在山坡上打柴的古隆人，三五成群，男女混杂，边干活边开玩笑，不时发出爽朗的笑声。

古隆族在婚姻习俗方面比较奇特。他们提倡表亲之间通婚，即一个人可以与其姑姑或舅舅的女儿结婚，但是不能与其叔伯或姨母的女儿结婚。有的古隆人还有这样一种风俗，即属于表亲的一方不愿与另一方结婚，则要给对方一定的现金作为补偿。

古隆族社会中还有一个类似俱乐部的组织，称为"罗迪卡尔"（Rodikar）。它是一个专门为年轻人联欢、从事文体活动和交往而成立的群众性组织。青年们可以在这里自由选择对象。有许多男女青年就是在这种"罗迪卡尔"里相互得到进一步的了解，并建立起爱情关系的。"罗迪卡尔"的参加者大都是年龄大致相同的小伙子和姑娘。他们通常是10岁或11岁，在监护人的照料下活动。男监护照管小伙子，女监护照管姑娘们。他们大都自愿将自己的房舍提供给这些年轻人作集体宿舍和活动场所之用。"罗迪"（Rodi）就是指这种宿舍。一个村里往往有好几个"罗迪"，青年们可以参加不同的"罗迪"。每个"罗迪"一般拥有12~15个青年，他们一般到年满18岁结婚时即行退出。除雨季外，每天傍晚，姑娘们便带着毯子和铺盖之物到自己的"罗迪"里集体住宿；小伙子通常是在姑娘们的集体宿舍里消磨和度过他们的傍晚，直到熄灯时才回到自己的集体宿舍就寝。

每个"罗迪"的成员都在同一块田里干活，或上同一座山打柴。有时，一个"罗迪"邀请另一个村庄的"罗迪"来帮忙干活；有时一个由小伙子们组成的"罗迪"，长途跋涉到一个遥远的村庄，访问另一个由姑娘们组成的"罗迪"。在那里盘桓两三天，姑娘们杀鸡宰羊，做出最美味的食品招待他们，并以此感到自豪。白天，他们随姑娘去田里干活，傍晚回来大家共享珍馐，畅叙友情。在访问结束时，双方还互赠礼物或纪念品等。

"罗迪卡尔"组织男女青年之间的这种交往，活跃了他们的业余生活，给呆板枯燥的山区农村生活增加了生气和活力。

古隆族在传统上信仰萨满教。人死后有两种处理方式，一种是土葬，一种是火葬。究竟用哪种方式处理，要由氏族祭司根据死者咽气时的星辰方位来决定。由于受印度教的影响，现在有不少人在举行有关生老病死的各种仪式时，不再请氏族的祭司，而是请婆罗门来主持。

古隆族虽属蒙古人种，但在体型上与我国的藏族有明显差别。他们不像马嘉族那样受到印度教的强烈影响，大体上还保持着自己民族的特点。大多数古隆人都讲古隆语，但是，生活在加德满都以东地区的许多古隆人，则渐渐忘记了自己的母语，将尼泊尔语作为自己的主要用语。

古隆族居住的山区，和其他许多山区一样，交通闭塞，经济不够发达，缺医少药，文化生活也十分缺乏。但是，古隆族姑娘非常喜爱跳舞，这也给枯燥的生活增添了不少乐趣。每年从1月开始，直到4月的月圆日，是古隆族的舞蹈季节。在此期间，姑娘们可以在任何时候跳舞。但实际上，通常是在干完农活后才跳。

在舞蹈季节开始的第一天，姑娘们的监护导师还要召唤一位神灵莅临，陪伴着她们，直到4月15日月圆的那天。除监护导师外，还有一位女教师负责教姑娘们跳舞。这些姑娘一般都在舞蹈队里呆5～7年才离开。

六 拉伊族

拉伊族是位于尼泊尔东部阿龙河西岸的一个山地民族,属蒙古人种。传说这个民族是古代克拉底族的一个分支,在 2011 年普查时有 62 万人,占全国人口的 2.3%。他们主要聚居在奥卡尔东加、科塘、博季普尔、乌代普尔、索卢昆布等县,讲拉伊语。

拉伊族村落多位于海拔 1000~2000 米的山谷地带。建筑多平房,墙壁用石头砌成,屋顶用茅草覆盖,有时覆以石板。住房大都靠近耕地,所以显得稀稀拉拉,有点像谢尔巴人的村落。

拉伊人既种旱田,也种水田。主要农作物有玉米、大米、小米和芥子。粮食不仅可以自给,还有剩余用来酿造大量的白酒和啤酒。此外,他们还种植各种豆类、土豆和蔬菜,以及柑橘、香蕉、木菠萝和番石榴等。常吃的主食是用手工捣制的小麦面、玉米面和小米面熬制成的稠粥;只有在过节或喜庆的日子里才食用大米。不论男女,都好抽一种土制的卷烟。卷烟是用玉米棒的薄芯包裹成的。

有些地方的拉伊人以令人难以置信的毅力,用石块在陡峭的山坡上堆砌出整齐美观的梯田,种植水稻。除粮食、蔬菜和水果外,他们还种植棉花,并手工纺织一种粗布。这些粗布可以满足那些居住在深山和边远地区的拉伊人的日常需要。居住在靠近大城镇或商贸集市的人则使用机织的布品。

拉伊族妇女喜欢佩戴用红玻璃珠子、塑料球和印度硬币制作的项圈,银镯子,戒指,等等。女孩子常在左肩挎一个竹制口琴,边走边玩,或在傍晚收工后吹奏。

拉伊族男子,包括十来岁的小孩,都习惯于佩戴被称作"库克利"(Khukri)的尼泊尔腰刀。他们非常吃苦耐劳,在播种和收获季节十分忙碌,在冬闲时,常外出到南部的达兰、贾纳克普尔等城市去购买一些诸如油、盐和布匹等生活用品,或去寻找打工机会。

农田一般都实行轮种。耕作仍然使用水牛和木犁、鹤嘴锄、镰刀等工具。

拉伊族的土地制度与塔芒族类似，在农村也实行"基帕特"制度。这是一种带有原始公社色彩的土地制度。一切土地，包括可耕地、森林和河流，都分别归各村社所有，每个农民都享有占用土地的权利；但实际上土地占有多寡不一。

一个自然村庄有一个或一个以上的"拉伊"，即村长。"拉伊"是负责一个村税收的首脑。他还负责接待来访官员，处理日常事务，包括调解民事纠纷。"拉伊"的职务是世袭的。在过去一个很长时期，这个职务主要由长子继承，但在20世纪60年代，这种习惯有所改变："拉伊"死后，其职务由其所有的儿子共同继承。这就是目前"拉伊"管辖范围日益缩小的原因。有些地区的"拉伊"只管七八户人家。

住在一个村子里的拉伊人都能互相关心，比较团结。每当一个村民举行葬礼时，几乎全体村民都来支持和参加。

一个多世纪以来，拉伊人也一直是英国和印度廓尔喀兵团的主要招募对象之一。年轻人都热衷于走参军这条路子。因为在英国和印度服役，可以定期向家中寄回一些外汇，改善家中生活；有的人家还以此为资本，从事商贸，渐渐发迹，变得较为富有。从20世纪60年代起，拉伊人逐渐进入国家的各级行政部门，并开始在军警系统服役；其中参加行政部门工作的拉伊人大都是在印度工作过或居住过的人员。由于就业机会少，不少拉伊人常在旱季离家外出，到东部特莱平原的大城镇和印度的大吉岭去找一些临时性工作。他们省吃俭用，尽量节省一些钱，给家中购买一些日用必需品。那些没有外出打工的人，则设法到集市上出售家中生产的手工制品和粮食，以换回家中所需之物。

农户一般都养一些牛、羊、猪或鸡，一方面满足家中所需，另一方面为换取一些现金。

拉伊人向来以勇敢、无畏和直率的性格著称，但自尊心很强，易于被激怒。因此往往要么是很好的朋友，要么是可怕的对头。

拉伊族在宗教信仰方面尽管受到藏传佛教和印度教的影响，但他们的信仰既不能说是佛教，也不能说是印度教，而是更接近万物有灵论的萨满教。在拉伊族中，人们很崇拜巫师，认为他能通神，还能治病。

拉伊族的各个氏族多实行氏族内婚制。与其他山区民族一样，这主要是由地理条件的限制造成的。因为山地崎岖，交通不便，各氏族之间往来十分困难，所以彼此之间建立姻亲的情况就比较少见。定亲时，双方的血缘要追溯到父系七代以外，也就是说属于第八代或更晚辈的同一氏族人才能通婚。如果从母系血缘计算，则只需追溯到三代以外即可。

拉伊族一般实行土葬，并盛行为过往行人建立被称作"乔塔拉"（Chautala）的歇息站，以纪念死者的风俗。这些歇息站大都建在行人必经的大道旁，它包括一个台案和一条木凳，并在旁边种植一棵用作遮荫的毕钵罗树（Pipal）即菩提树，被认为是一种神圣的无花果树。修建这种歇息站的任务，一般由死者之子或继承其财产的人承担，可邀请全体村民和亲友，包括在外村的亲友，来帮助修建，并以死者的名义设宴，用米饭、水牛肉和酒招待他们。人们相信，这种善行有助于为其在上界的死者和在现世的亲人积德。在歇息站的台案中央，常立有一块石碑，上面刻有死者的姓名和死亡日期，顶端镌有日月图形。

七 林布族

林布族是位于尼泊尔东部阿龙河东岸的一个山地民族，它与拉伊族可以说是姐妹民族，因为根据传说，它也是古代克拉底族的一个分支。据2011年人口普查数据，有38.7万人，占全国人口的1.5%，主要聚居在柯西专区的特拉图木、桑库瓦萨巴、丹库塔等县和梅奇专区的塔普勒琼、潘奇塔尔和伊拉木等县。据传说，在古代有十个林布人王国统治过这个地区，直到廓尔喀王国入侵时，这十个王国才逐个解体。由于他们的反抗十分坚决，所以廓尔喀人在抓到他们后均予杀戮。于是，林布人大批逃亡。后来普里特维国王采取怀柔政策，才使林布人返回家园。

普里特维国王为团结林布人，在他们承认其权威后，曾授予他们的头人以"苏巴"（Subba）的称号，并赠送给林布人一套纪念性的大鼓。林布人以此感到骄傲和自豪。从此，"苏巴"渐渐成为对林布人的尊称。在日常生活中将一个林布人称作"苏巴"，往往含有奉承的意思，但不会引起反感。

直到现在，在林布人地区，"苏巴"仍是一个村落居民的当然领袖。通常一个"苏巴"管辖十来户"基帕蒂亚"（Kipatiya），即种"基帕特"土地的人。有少数拉伊人也居住在林布人地区，耕种着"基帕特"土地，但他们不能算作"基帕蒂亚"，得向"苏巴"交纳土地税。"苏巴"的职务是世袭的。长子除继承其父亲的"苏巴"职务外，还可以与其他兄弟一样，分享其父的一部分遗产。

林布人的经济生活与拉伊族类似。

林布人的语言与拉伊族的不尽相同，在书写方面也有区别。据说曾经有过少量用林布文撰写的书籍，但是很难看到。至今尚未发现用林布文出版的报纸或刊物。

林布族妇女，特别是年轻女子，一般都起得很早，打扫房间，并像尼瓦尔人一样，用牛粪涂抹门前庭院。男子酷爱喝酒，酒后斗殴十分凶狠，但在酒醒后很快和解。一般是打人者带一瓶酒、拎一只鸡来到被打伤者家里赔罪，请求原谅，后者通常也痛快地答应前者的请求。由于林布人在酒后举止粗暴，一些有文化教养的人常迁徙他处。这样，在林布人聚居区，文盲率显得稍高。

林布人还有一种很特别的习惯：从不触摸亲属中异性的躯体。无论是接吻或拥抱，包括握手，都是违背这种习惯的。

在林布族中，老年而有智慧的人很受尊重。宴会时，老年人常被排在右首，这意味着首先请他们洗手，并首先给他们递送食物。林布人很好客，在客人到来时，总是拿出自己最好的食品招待。白天来的客人常被敬上一杯啤酒；傍晚来的客人常被邀享用一顿丰盛的晚餐，为此，主人往往不惜向邻人借债。总之，林布人是不肯让客人空着肚子离开自己家门的。但是，林布人和尼瓦尔人一样，在习惯上不陪客人吃饭，他们总是站在一旁，请求客人接受他们的微薄奉献。

林布人多是宿命论者，一旦有钱，多吃净花光，很少为明天着想。人们相信，只要有神灵保佑，明天总会另有出路。

林布人的宗教信仰与拉伊人类似。他们除崇拜山神、河神和其他地方神外，也接受一些印度教的礼仪，庆祝印度教的德赛节等一些较大的节日，有时也请婆罗门来念诵吠陀经文。

每个林布人家中都有一个祖先神位和一个被认为是整个林布族最原始的祖宗娘娘神位。人们每年 3 月和 11 月分别在河畔祭祀木神、石神和土地神，并在每次举行祭祀的一个月内，每天在家里向以上三位尊神贡献食品。

林布族除有一种被称作"福旦格玛"（Fedangma）的祭司外，还有一种祭司被称作"夏姆巴"（Shamba）。两者都可以主持宗教祭祀和出生、结婚及丧葬等仪式。人们相信，他们可以安抚祖神，禳灾消祸，驱逐魔鬼。

林布族的一些氏族还可以进一步分为胞族，胞族下面还分为宗族。大多数氏族都居住在一个共同的地区。有些氏族的名称即来自其居住地区名。

林布人禁止在宗族内部通婚。男女青年可以在本宗族以外的林布族中自由选择配偶。未婚女子与拉伊人不同，在婚前是很注意贞节的。如果一个女子在婚前怀孕，将会被逐出家门，终生过孤苦伶仃的生活。

结婚的方式与塔芒人相同，也有说亲、抢亲和私奔三种形式。不过，林布族中有一种奇特的风俗，即女婿在有了五六个孩子后，必须向岳父母交付一定数量的现金或其他财物，作为对他们将女儿嫁给自己的报酬。如果女婿不付或付不出此项报酬，他们夫妇将无权做孩子的父母；孩子将归其舅父抚养，其双亲此后无权对他们进行任何干预。这种孩子在长大后，如果付清其双亲应付的报酬，他们则可以保持与其双亲的联系。

林布族中也流行男子可以与其寡嫂或亡妻之妹结婚的风俗。在这种情况下，如果她被人拐走，该男子无权要求得到补偿。林布人在离婚时，也不办什么手续。若夫妻实在合不来，双方便实行分居，但是只有在妻子找到第二个丈夫后，才算真正离婚。

林布人在死后实行土葬。他们与拉伊人一样，也讲究以死者的名义在大路旁修建歇息站，以积攒功德。

八 谢尔巴族

自 20 世纪 50 年代初期，第一个谢尔巴人滕津格陪同英国登山队登上珠穆朗玛峰以来，随着旅游事业的发展，谢尔巴人日渐为外界所知。2011年尼人口普查数据显示，谢尔巴族人口为11.3万。

谢尔巴人的传统聚居区是在尼东部珠峰脚下的几个狭窄的河谷里，这里有三个相互连接的地区：昆布、帕拉和索卢。它们位于现今的索卢昆布县境内。但在东部山区的其他各县里也可以看到一些谢尔巴人。"谢尔巴"这个词来自藏语，意为"住在东方的人"，据说这是由于他们原先居住在西藏的缘故。

尼泊尔的谢尔巴族和我国西藏的夏尔巴族，虽然属于不同国籍，但他们在语言文化和宗教信仰方面基本一致，有着同一族源。关于谢尔巴族的起源，人们过去只知道他们来自西藏，但对其具体情况不详。1980年8月至1981年8月，中国社会科学院民族研究所的陈乃文和张国英两位学者经过在西藏一年的考察，弄清了夏尔巴族的起源。原来夏尔巴族就是木雅巴人，是党项族的一支。党项族的首领曾在银川一带建立过西夏王国。蒙古族灭西夏后，党项羌族中的一支向南迁徙到西康木雅地区，后来在忽必烈南征大理时，他们又逃离木雅迁往西藏，其中一部分人翻越喜马拉雅山的囊巴拉山口，到达尼泊尔境内珠峰脚下的索卢昆布定居。他们在这里繁衍生息，逐渐形成了今天的谢尔巴族。

在谢尔巴族的传统聚居区里也有不少非谢尔巴族居民，正如在附近其他民族传统聚居区里也有谢尔巴族居民一样。但是谢尔巴人无论在哪里，他们的住房一般建在比其他民族的住地要高的地方。在索卢昆布地区，谢尔巴人的村庄多坐落在海拔3000～4200米高的地带，杜德柯西河、波特河和因贾科拉河不断冲刷着周围峡谷的山岩，使地势十分险峻和陡峭。

索卢昆布地处尼泊尔北部高山区域，气候比较寒冷。冬季大雪封山，气温常在零下数十度。这时，野外工作全部停顿，除老年人守候在村里外，大部分身强力壮的谢尔巴人均到较为温暖的地区从事贸易或干其他工作。在昆布地区，有的人家在冬季四五个月将门锁起来，全家外出，到南部特莱平原或东部的大吉岭，或者去西部的加德满都。但是人们通常在二月的"洛萨尔"（Losar），即新年时返回家园。因为新年过后天气即将转暖，冰雪开始融化，耕种的季节就要来临。

索卢昆布的一年可分为四季。3～5月是春季，这是一年之中最好的季节。这时，春暖花开，人们下田耕作，种植土豆、荞麦和大麦等农作物。这里的青苗、杜鹃花及各种石南属花将大地装扮成另一种妩媚景象。5～8月是雨季，索卢昆布在这三个月期间的雨量约为760毫米。9～10月是秋季，这时天气再度好转，高山草原绿草如茵。紫罗兰、樱草、龙胆草、火绒草和许许多多不知名的香花、野草布满了大大小小的山冈，呈现出收获季节的诱人景象。接踵而来的是冬天，从11月至来年2月的整整4个月时间，大雪封山，大地冰冻。

谢尔巴族的经济活动与他们所处的高山环境和地理位置有着直接的联系。索卢昆布的气候严寒，在冬季，一切农事活动都无法进行。全年只能种一季作物，一般在4～5月下种，9～10月收获。昆布地区只能生长荞麦、土豆和萝卜等。但在索卢地区，除种上述作物外，还可以种大麦和小麦等越冬植物。所以，索卢地区的谢尔巴人比较注重农业，他们种植的土豆、小麦和玉米除自给外，还有余粮供应南部邻近地区的居民。在昆布地区，由于发展农业的条件较差，人们则将主要精力用于饲养和放牧牦牛、黄牛等牲畜方面。

人们对黄牛和牦牛的杂交甚为重视，因为通过杂交，可以产生一种杂种牛，即犏牛（Dzopkyo）。这是一种非常强壮而有耐力的动物，用它驮载很为理想，它既不畏寒冷，又能忍耐炎热，比仅能适应高山地形的牦牛更显得优越。犏牛性情温和，易于驯服，用来耕田犁地，在西藏和高山地区很受欢迎。据说，谢尔巴族每年平均向西藏和尼泊尔境内其他高山地区出售600头以上的犏牛，并换回一些母牦牛。犏牛的价格往往比公牦牛贵一倍，通过这种交易，能获得可观收入。西藏之所以不断从尼泊尔进口犏牛，据说是由于那里的风俗不允许拿黄牛与牦牛进行杂交。这种情况刺激了昆布地区畜牧经济的发展。

谢尔巴人由于要进行放牧，就不得不从一个牧场迁移到另一个牧场。这使他们经常过着流动性生活，每个家庭都必须在多处盖房，每处只在一年中某个时期去居住。这些房屋大体可分为三种类型。①在主村里的永久性住房：这里终年住人，用以存放大部分家产和贵重财产。②冬季居住用房：多位于比主村海拔高度低的挡风的山谷，主要供冬季最冷的几个月居住。③夏季居住用房：多处在森林线以上，主要为夏季放牧时使用。

在谢尔巴人看来，拥有牦牛不仅可以满足生活上的需要，而且可以从事有利可图的商贸活动；在传统上，它还是一个谢尔巴人获得声望的来源。所以，照料牛群一向被认为是一种适于男子的尊贵的职业；人们积攒够钱财后，大都要去设法购买牦牛。

但是谢尔巴族不是一个游牧民族。它是以农业为主、畜牧业为辅，还有不少人把精力用在商贸事业上。

谢尔巴人之所以比东部尼泊尔地区其他民族较为富足，一个重要原因是他们善于经营尼泊尔和中国西藏间的贸易。

昆布位于一条从囊巴拉山口到中国西藏的重要贸易路线上。从此向北，可以到达位于海拔 3300 米处一个名叫南切（Namche）的村庄，这是尼藏间的重要商贸集市。昆布的谢尔巴人实际上垄断了从南切经过囊巴拉山口到西藏的第一个边村加布拉，直到定日的货物运输，因为只有他们能够在海拔 4000 米以上的地区生活，也只有他们能够忍受和克服在穿越一个海拔接近 6000 米的山口时，由于背负重载所造成的种种困难。

早在 19 世纪末和 20 世纪初，尼泊尔的一个小镇所生产的大量生铁，便经由索卢和昆布，到加布拉边村和定日销售。后来，一条从甘托克和噶伦堡通往孟加拉平原的公路建成后，印度廉价的铁在西藏开辟了市场，尼泊尔的铁便无法与之竞争。当尼泊尔铁的贸易衰落时，西藏盐的贸易仍处在它的高峰。许多谢尔巴大商人的财富，就是通过从中国西藏进口盐转运到尼泊尔南部各处销售而积累起来的。虽然在第二次世界大战后，廉价的印度盐伸展到尼泊尔的山区，但在此前，西藏盐一直是谢尔巴人从西藏进口两大宗商品之一。另一宗商品是没有加工过的羊毛。这两宗商品既在昆布有市场，也可以向其他地区销售。由于昆布没有西藏所需的物资，谢尔巴人不得不到拉伊人地区购买他们可以用来同西藏人交换盐和羊毛的各类谷物和其他商品。经常向西藏出口的物品除粮食外，还有染料茜草、净化的酥油、土豆干、粗糖、香粗纸、水牛皮和棉布。从西藏进口的物品除盐和羊毛外，还有茶叶、烟草、羊皮、兽毛、干肉、毛织料、地毯、衣服、帽子、靴子、丝绸、银器装饰品、瓷杯、木刻书本及各种宗教用品。

1959 年西藏农奴主叛乱后，物物交易的边境贸易大为减少，但是谢尔巴人仍然进行着与西藏的贸易活动。中国政府允许谢尔巴人可以无护照越过国界，直到定日。后来在南切市场建立了每周一次的集市。

自 20 世纪 50 年代以来，随着旅游事业的发展，越来越多的外国登山队来到索卢昆布和其他高山地区。他们要登山，需要大量的当地居民做向导、搬运工和助手。谢尔巴人长期同严峻的自然环境做斗争，养成了强健的体魄和勇敢、顽强的性格，具有极强的耐寒力，又善于爬山，因而正符合这种形势的需要。这一变化为谢尔巴人提供了新的就业机会，而且可以获得前所未有的高额收入。所以，他们渐渐放弃了昔日长期从事的费时费力的艰难贸易。由于接触的增多，人们对谢尔巴人的了解也日渐加深。

谢尔巴人讲谢尔巴语。在服饰和衣着方面与我国的藏族类似。妇女穿藏袍，系围裙和围腰，过去还习惯戴一种呢制小圆帽，脚上穿藏靴；天热或劳动时，上身穿衬衣，下身围一条多折花裙。男子过去多穿藏族的服装，现在受卡斯族的影响，穿尼泊尔上衣和细管裤。由于山区雨雾较多，气候变化剧烈，所以不管男女，一般多喜在外面罩一件白羊毛短毡衣，以御寒冷。

在谢尔巴族中有兄弟共妻的现象。有时两兄弟共一个妻子，有时共两个妻子。由于只允许两兄弟共妻，所以有三个儿子的父母，常常让老二过独身生活，而让老大和老三共一个妻室。在生活中有四个儿子的事例比较少见，一旦出现这种情况，家长一般是让老大和老二共一个妻室，老三和老四另共一个妻室。在举行婚礼仪式时，两兄弟均出席，他们对妻子享有平等的权利。这种一妻多夫现象在昆布地区比较常见，在索卢地区则不同。因为后者与外界接触较多，不像昆布地区那样偏僻和与世隔绝。

谢尔巴族的婚礼仪式大体可以分为三个阶段，其风俗习惯相当独特，且需要很长的时间。第一是选择对象阶段。如果一个男子看上了一个姑娘，他便请媒人拎一瓶"羌"酒，即用米制作的酒，前去送给自己所看中的姑娘的父母。若遭拒绝，这门亲事即行告吹；若对方接受了这瓶酒，则说明女方肯认这门亲事。这个仪式最重要的结果是，从此男青年有权到女方与自己看中的姑娘同居。这个过程往往要持续数年之久，直到有了小孩——最好是个男的。如果在这个过程中出现了什么麻烦和困难，这门亲事随时可能中断，男女双方可以另行寻找新的伴侣。由于男方每天晚上要到女方家里住宿，早晨又要回自己家里，所以谢尔巴人所找的对象一般多在本村或不远的邻村。第二是定亲阶段。在一对青年男女有了小孩后，双方便兴高采烈地进行各种准备，要举行定亲仪式。这一仪式的一个重要程序是由五六十个穿着崭新和打扮得花枝招展的男女亲友组成的一支游行队伍，欢欢喜喜地来到新娘家里做客。他们受到新娘家热情招待，并对新娘家报之以热烈的歌舞。除新娘家外，他们还受到女方其他亲戚的热情款待。宴会完了是歌舞，歌舞完了又是宴会，就这样热热闹闹度过三天，仪式才算结束。这意味着双方关系的确定，再过数月，或者一年半载，将进行下一个阶段的仪式。第三是过门阶段。在男方父母感到应当把媳妇接到家里时，便求媒人带着"羌"酒，去女家商量过门日期。女方可以确定一个日期，也可以无限期推脱。在后一种情况下，男方父母在过了几个月后，可以再次央媒人去女方家商谈。过门实际上是真正的婚礼。除重演定亲仪式的程序外，还增加了一些别的程序，如给新郎和新娘额头上抹黄油等。在女方家的宴会和随之举行的联欢结束后，亲友们离别时要将新娘接走。这时，新娘父母要送给新娘许多嫁妆和礼品，通常包括毯子、毡子和牦牛垫等，有时甚至还包括牛。

有趣的是，一旦新娘过了门，新郎的地位立即发生了变化：昨天，人们常常直呼其名，今天却一口一个某某他爸、某某他爹地称呼。所以谢尔巴人在接新娘过门前必须至少有一个孩子。这一点很重要，因为头一个孩子可以提高其社会地位。

谢尔巴族一年要过许多节日，其中最重要的有两个，一个是"洛萨尔"，即新年，另一个是"驱鬼节"（Dumdze）。

新年的期是根据藏历推算的，时间多在公历2月底，相当于尼历的11月新月的第一天。出门在外的谢尔巴人在这个节日一般都要赶回来与家人团聚，大家愉快地度过这个全年中最大最隆重的节日。

"驱鬼节"是在公历7月，历时一周。在这个节日里，要进行大规模的祈祷，并念诵经文，以驱赶鬼魂。人们相信，这可以为全村乃至全国带来繁荣、健康和幸福。这个节日到来时，农活已经完毕，去中国西藏的夏季旅行也大体结束，人们即将驱赶各种牲畜到高山牧场去放牧。过节时，大家都聚集到各自地区的寺庙前，听喇嘛念诵经文，向神祈祷，然后聚餐，并观赏年轻人唱歌跳舞。人们一边观看，一边互相说笑打趣。

谢尔巴族信奉藏传佛教的宁玛派，遵守该派法典。在整个索卢昆布共有30多个寺庙，其中以丹保切（Tengboche）寺最为有名。据说该寺保存着数千卷藏文丹珠尔和甘珠尔佛经以及许多精制的佛画。

由于旅游事业的发展，现代化教育事业在索卢昆布地区日益发展起来。应当提及的是，1953年首次登上珠穆朗玛峰的英国登山队新西兰人埃德蒙德·希拉里（Edmund Hlary）对发展谢尔巴族的教育事业做出了突出贡献。他多次筹集款项，到索卢昆布地区筹办学校。1963年在这个地区建立了第一批小学，此后学校的数量不断增加。

谢尔巴人要想在旅游和登山运动中发挥应有作用，不仅要有一定的文化，而且还必须掌握基本的英语会话。目前，已有许多人具有了这种能力，不少人还到过欧美及世界各国。

谢尔巴人非常勤劳，他们很少在家中闲坐，不是走南，便是闯北，长年处在跋涉和流动之中；只有在农忙季节才留在家里种地。他们不畏严寒，不辞劳苦，这正是他们在登山运动和旅游事业中成功的关键所在。

九 塔卡利族

塔卡利族是除尼瓦尔族外另一个以善于经商著称的中部山区民族。这个民族的体型在各方面都具有蒙古人种的特征：脸庞浑圆，鼻子扁平，颧骨稍高，眼眶较窄细，皮肤呈黄色。塔卡利语也属藏缅语族，但没有文字。2011年人口普查数据显示，该族有13215人。从尼泊尔西部重要城市博卡拉出发，在崎岖不平的山道上步行四五天的路程，即可到达位于卡利甘达基河上游的一个名为"塔克科拉"（Thak Khola）的高山谷地。塔卡利族的传统聚居地——塔克萨特赛（Thak Sat Sae），即在这里。

　　塔克科拉谷地位于道拉吉里专区的木斯塘县境内，地处安纳普尔纳山和道拉吉里山之间。它是这一地区尼藏贸易必经之地，也是从尼泊尔中部山区的印度教文化到北部边境地区佛教文化的过渡地带。从这里向南是一片碧绿葱翠的亚热带植被，从此向北则是一片干燥的高原荒漠。

　　到博卡拉地区旅行的人，常会遇到塔卡利人。因为塔卡利人在这一带的主要通路上开设了许多"巴蒂"（Bhatti），即路旁小客栈。过往行人常常造访这种小客栈，或喝茶用餐，或歇脚过夜，十分方便。但是人们很少知道，这种客栈是一种只在冬季旅行季节才出现的临时性企业，它反映着塔卡利族有趣的社会生活的一个侧面。

　　塔卡利人的传统聚居地塔克萨特赛位于尼藏贸易路线的必经之地，这使他们在贸易事业上处于十分有利的地位；加上这里特殊的交通和气候条件，使他们极易垄断这个地区的贸易。

　　每当夏秋之间的雨季来临时，南部的交通便告中断，恰在此时，北方高山区域的冰雪融化，道路可以通行，塔卡利人趁机从北方中尼边境地区购买西藏出产的湖盐，运回来储存起来，待雨季过后向南方外运销售。靠近北部边境地区的道尔波（Dolpo）等较小民族，虽然有时也做这种生意，但是由于他们在塔克萨特赛没有落脚点，无法在那里长期等待，只好将运来的湖盐以贱价转卖给塔卡利人。南边的粮商多在秋收之后到这里来，这时北方的道路完全被冰雪封住，他们也只好将大米转卖给塔卡利人，或者从后者手中换一些食盐返回。

　　从西藏来的货物除食盐外，还有山羊、绵羊和羊毛。羊毛多运往印度市场出售，而羊多在中部山区和南部平原转手。运往西藏的货物中除粮食外，包括食糖、茶叶、香料、卷烟、纸张、棉花和布匹及其他一些零星日用品。

　　从19世纪起，塔卡利人开始离开自己的传统聚居区，向南或向东迁徙。这种迁徙有两方面比较明显的原因。一是大约在一百多年前，尼泊尔政府将该地区尼泊尔与西藏之间盐粮贸易的垄断专权给予了塔卡利人，但是塔卡利人每年得向政府缴纳一定数额的赋税。许多塔卡利人感到赋税过重，负担不起，便迁往主要靠农耕生活的南部地区，因为那里居民的赋税较轻。二是因为塔卡利人不仅已经成为尼泊尔的一个经验丰富、精明强干和善于经营长途贩运的贸易集团，而且思路大为开阔，现在开始向任何在他们看来是有利可图的方面投资，如购置土地、放债、开设新商店、向政府举办的项目投标等。这样，塔卡利人越来越远离自己的家乡，到适合发挥自己经商才干的地方去开创事业。博卡拉是一个在经济上日益发展和繁荣的城市，这里吸引了不少塔卡利人。

塔卡利族社会有一种特别的经济互助组织，被称作"迪古尔"（Dhigur）或"迪库里"（Dhikuri）。这使他们在经济方面得到一定的安全保证。一个塔卡利人如果想筹集一笔现金进行投资、开办企业或付清债务，他便可以走街串巷，联合一二十个，或二三十个有同样要求的人，共同成立一个"迪古尔"。"迪古尔"的成员，每人每年都拿出同样数量的现金，汇集起来交付给一个成员，由他自由使用，无论盈亏都由他自己负责。谁先谁后要根据每人急需款项的程度，或者通过抽签来决定。反正每个人都有一次机会。得到现金款项的人每年要交回一定的现款，直到"迪古尔"的每个成员都轮流得到一次集体筹款，除此之外，别无其他义务和责任。每个成员轮完之日，即是该"迪古尔"自动解散之时。

"迪古尔"对于以商贸为传统职业的塔卡利人来说，是一个很理想的互助组织。它可以帮助许多人在较短的时间内筹集到所需的资金。直到今天，在塔卡利族社会中仍然存在着上百个这样的组织，每年都有一些自动解散，一些自发产生。

塔卡利族实行严格的内婚制，但其内部分为 4 个实行外婚制的氏族。塔卡利人不能与非塔卡利人通婚，但可以与本氏族以外的其他任何氏族通婚。这 4 个氏族在地位上是平等的，但在祭祀神时的礼仪顺序上有个先后。一般是高昌（Gau Chan）第一，杜拉昌（Tula Chan）次之，谢尔昌（Sher Chan）第三，巴塔昌（Bhatta Chan）最后。这 4 个氏族的神通常以不同的动物形象为代表：高昌氏族为"龙"，杜拉昌氏族为"象"，谢尔昌氏族为"狮"，巴塔昌氏族为"牦牛"。

这 4 个氏族都居住在塔克萨特赛。他们认为只有他们才是塔卡利族，其他人一概不属于这个民族。尼泊尔学者认为，"塔卡利"（Thakali）一词是从"塔卡"（Thak）派生而来，它不仅指居住在塔克萨特赛的居民，而且也包括在潘查岗（Panchgaun）的居民。后者在语言、相貌、文化和社会风习等方面，与前者十分类似，他们也认为自己是塔卡利族。

关于塔卡利族的起源，一直没有发现什么可靠的记录。不少塔卡利人认为，他们的祖先来自西部的辛佳（Sinja），原属印度教塔库里种姓，在移居塔克科拉后，逐渐信仰藏传佛教，经过若干代的变化，便被人们称为塔卡利族。

塔卡利族内部除有上述 4 个氏族外，还有一个"苏巴"（Subba）集团。这个集团的形成，始于一个半世纪前。

1854～1856 年，统治尼泊尔的拉纳家族为了控制古蒂和吉隆等地区，借口西藏虐待尼泊尔使者和侨民，向西藏发动了进攻，从而爆发了战争。战后尼泊尔当局对北方边境地区的局势日益关心；为控制北部贸易关税和取得该地区较小民族的效忠，尼泊尔政府任命曾在上述战争中担任过译员的塔卡利人巴勒·比尔·谢尔昌（Bal Bir Sherchan），乳名卡卢（Kalu），为塔克科拉地区主管贸易、关税和行政事务的长官，称为"苏巴"。他很快将自己的势力扩展到东部古隆族居住的"博特科拉"（Bhot Khola）地区。后来，由于政府决定将"苏巴"的头衔授予那些在承包这个地区税收的最高投标者，所以塔卡利人和古隆人之间展开了争夺担任"苏巴"和控制权的斗争。直到 20 世纪 40 年代，政府废止了税收承包制改行直接税后，这一斗争才告结束。

在废除"苏巴"制后，塔卡利族中的"苏巴"后裔，仍然保留了塔克科拉地区的头人"穆基亚"的头衔和职务。尽管没有什么实际意义，他们仍自称"苏巴"。今天，在尼泊尔南部平原的一些重要城市如拜尔瓦等，最有影响的商人多是这些"苏巴"的后裔。他们之中的少数人已成为拥有不少雇工的企业家。

塔卡利人实行表亲通婚，即一个人可以与其姑姑或舅舅的女儿婚配。他们在这点上与塔芒族和古隆族有共同之处，不同的是塔卡利人不仅在同辈人之间通婚，在不同辈分的人之间也可以通婚。

塔卡利族也实行抢婚。他们之中虽然没有邻近山地民族中常见的一妻多夫现象，但是却有一夫多妻的情况。父亲的财产由儿子共同继承，但是最小的儿子得到特别的照顾。长子结婚后离家分居，房产最后归最小的儿子所有。

塔卡利族原来主要信仰佛教，由于受印度教的影响，不少人现在改信印度教，在风俗习惯方面也日益向卡斯族看齐。

十　逊瓦尔族

逊瓦尔族虽是个较小的民族，但是由于逊瓦尔人在英、印的廓尔喀兵团中表现突出，举止得体，行动利落，且又易相处，所以在外界颇为知名。2011年人口普查时逊瓦尔族有55712人。

逊瓦尔族的起源不详。有人说他们来自西藏，有人认为他们来自克什米尔，还有人认为他们是其邻居马嘉族的分支。从外表看，逊瓦尔人与马嘉人十分接近，但在性格上，他们却与林布族和拉伊族类似。妇女大都长得圆脸细眼，相当漂亮。

逊瓦尔族的主要聚居地是贾纳克普尔专区的拉梅查普县和多拉卡县境内的利库考拉（Likhu Khola）和吉木提考拉（Khimti Khola）谷地。他们主要以务农为生，生产大米、小麦、玉米、小米和其他谷类，另外还种植水果。这些产品基本上可以自给。除务农外，有不少人参加了英印的廓尔喀兵团或皇家尼泊尔军队。人们在这方面的收入对该民族脆弱的经济是个有力的支援。据抽样调查，一个逊瓦尔人村庄约有5%的人在军队里服役，另有5%的人由于过去服役，现在领取养老金。此外，还有3%的人在印度从事其他行业的工作。

逊瓦尔人的住房多用石块和泥灰砌成，比较坚固。尽管室内粗糙简单，但从外表上看却相当美观。住房多是平房，有卧室、贮藏室和厨房等；另有专为牲畜建造的棚圈。许多人家的窗棂上刻有花纹图案。窗架大都涂成黑色，而墙壁大都用白灰喷刷，黑白分明，别具格调。房顶通常用木板覆盖，有时也用石板或茅草。

逊瓦尔人在衣着方面与卡斯人大体相同。男子穿细管裤，上面套西装上衣；妇女穿绒上衣和色彩缤纷的纱丽，鼻子、耳朵、手腕和手指上均戴有金属制的装饰品。男子外出时，腰间常带一把"库克利"刀，刀鞘里常装着引火所必需的物品：过去是燧石和棉花，现在是打火机。

逊瓦尔族内部分为 14 个氏族。他们与本民族的其他氏族通婚，一般不与其他民族通婚，但在实际生活中也有逊瓦尔族妇女与吉雷尔族或卡斯族中的切特里种姓人结婚的现象。旁系亲属不能交叉通婚，但允许男子娶其妻妹或内兄之女，或寡嫂为妻。寡妇可以再嫁。

自由恋爱比较流行，但也实行媒人说亲；抢婚现象也时有发生。

逊瓦尔人的信仰是印度教、佛教和萨满教的混合体，不过目前正处在印度教化的过程中。他们信奉一些印度教神，庆祝德赛节、光明节等印度教节日，在举行各种仪式时多请婆罗门来主持。每个氏族都有自己的神，氏族的全体成员每年都要在一个特定地点进行祭祀：有的在森林中举行，有的在某个成员家里。此类祭祀一般请本民族的祭司"纳苏"（Nasu）来主持。

人死后火葬，仪式大体与卡斯族相同。

十一　劳泰族

劳泰族 1982 年始被发现，是目前所知的尼泊尔最小的民族。1991 年人口普查时，该族有 2680 人，但 2011 年人口普查时为 618 人，人口似乎在急剧减少。

劳泰族分布在尼泊尔西部地区。他们的活动范围东起拉普提专区皮乌旦县的马迪河，西至塞提专区的塞提河，南到楚里亚山脉，北至马哈帕腊特山脉之间的森林地带；大致包括阿查姆、久木拉、代累克、苏尔克特、贾贾科特、鲁孔、萨里亚钠、罗尔帕、皮乌坦 9 个县。由于发现较晚，劳泰族很少为外界所知。关于它的起源目前尚没有一个可信的说法。

劳泰人认为世界上的人分两类，一类人从事农耕，他们需要交纳租税；另一类人无须成年累月地在土地上劳动，而是无拘无束地在森林中流动，靠打猎、采集野果过活。他们属于后一类人。所以，劳泰人从不在一个地方久居，每迁徙到一个新地点，一般住 20 天，顶多不出一个月，就要抛弃旧居，另择新址。他们不喜欢其他民族进入他们的居住地，也决不与其他民族杂居。据说，他们虽然不断地更换住址，但是大约过 12 年左右便有可能重新回到原先居住过的地方。无论他们在西部的森林中如何流动，他们从来不越过马哈帕腊特山脉向北移动，因为他们无法抵御北方寒冷的气候，也不翻过楚里亚山脉向南移动，主要是害怕那里的其他民族会欺侮他们。

劳泰人的外貌具有澳大利亚人种的某些特点。由于生活漂泊不定，生产能力低下，他们的衣着十分粗糙和简单，家什也特别少。男子一般在上身披一块方形的白色土布，下身兜一块遮羞布，头上裹头巾。妇女身上穿紧身胸衣，下身围布，戴耳环、手镯等少量铜质饰物。正是由于漂泊不定，他们的住房极其简单。每到一个新的地方，他们首先是选定住址，通常选择在容易找到野山药和有猴群出没的森林旁边。建造房屋是妇女的事。所谓建造房屋，事实上就是平整一块屋基，然后用砍来的树枝做骨架，再用树叶加以覆盖。这实际上是个三四米见方的一人来高的窝棚。在窝棚的正中央，有一个小炉灶。灶的两旁是睡觉的地方，人们利用灶中余火取暖过夜。

劳泰族的营地式居住群一般由同一家族的人组成，少则几户，多则十几户。这样一个居住群体，一般多由其中最年长的男子统领。他负责组织打猎、物品分配和迁徙方面的事务。大自然赐给劳泰族无穷无尽的生活用品。各群体之间一般不会因争夺生活资料发生纠纷。据说在 1971 年，这个民族内部发生了一次少有的冲突，使这个人数本来不多的小民族一分为二，从此两个集团各自按照一定的路线流动。它们互不接触，避免发生不和。

劳泰族讲劳泰语，属藏缅语族，没有文字。大多数男子都懂尼泊尔语。因为他们得经常把自己制成的木器拿到市场上去同其他民族交换必需品，所以逐渐学会了尼泊尔语。

劳泰族的信仰同他们的捕猎生活紧密相关，带有传统色彩。他们主要崇拜"普亚尔"（Puyal）和"马湿托"（Mashito）神。前者专司捕猎活动，被认为是最可怕的神。每年三四月的月圆之日，每户人家都要杀鸡宰羊，举行祭献。后者是驱病之神。人们生病时，常在一个小木罐上面挂一个铃，再将一个小小的模拟人像放入木罐中进行祭祀，以为这样就可以保佑自己转危为安，乃至痊愈。此外，由于受印度教的影响，人们也崇拜毗湿奴和湿婆神，庆祝德赛节和蒂哈尔节等。

在婚姻方面没有什么明确的规定。人们基本上保持着一夫一妻制的习惯。在本民族内部通婚。在游猎生活中认识的朋友，大多成为联姻的对象。结婚之日只要准备简单的饭食招待自己的亲友即可。傍晚，新郎给新娘戴上花环、互点吉祥痣之后就算完成了婚礼。是夜，新郎的父亲手捧面饼给亲家送去，表明两家建立了新关系。新婚夫妇占据公婆的窝棚，于是二老只好另搭窝棚居住。经过一段时间，新的家庭初步形成，有了炊具、狩猎器具和锛斧等木工工具后，就同父母分开单独生活。离婚的情况很少。

孩子出生后没有举行洗礼、命名、喂饭和剃发等仪式的习惯。妇女特别能吃苦耐劳，怀孕期间也不休息，产后随即投入到日常的生活之中。

人死后实行土葬。成人死亡，须以其生前用过的捕捉猴子的绳网缠尸，属于死者的其他财物也同死者一起埋葬。不举行守孝和悼念活动，亲属面向坟堆默哀向死者告别。掩埋好死者后，居住在该地的所有人家立即起程迁往一个新的地方。

在现代科学突飞猛进的今天，劳泰族却还过着朝不保夕的游猎生活。他们的经济状况具有采集经济和狩猎经济的某些特点，完全靠大自然的恩赐。妇女们专门从事家务和采集活动，野菜、野果、野木薯以及其他野生根茎都是采集的对象。劳泰族不信印度教，猴子成了他们的狩猎对象。捕杀猴子的方法十分神秘而有趣，通常十来个男人一组，先在猴群的退路中，将一张长数十米、宽数米的绳网挂在密林之中，在网后几米远的地方埋伏三五个手持斧头和大棒的男子，其余的人分三路从很远的地方朝着布网的方向驱赶猴群。猴子落网时，隐蔽者跃出掩体，迅速击毙网中的猴子。这时有专门的警戒，不许外人目睹这种场面。久而久之，在外界便流行许多有关劳泰族的荒诞离奇的传说，比如说劳泰人能用咒语和妖术捕杀猴子，甚至还说他们能用魔法骗走女人，偷窃东西，等等；更有甚者，有的干脆把劳泰人视为妖魔鬼怪，往往一提及劳泰人便毛骨悚然，并以此吓唬顽皮的孩子。事实上，劳泰人非常爽直、勤劳，完全靠自己的双手，向大自然索取自己所需要的一切。

劳泰族在食物分配方面具有氏族社会的某些特点，即将所采集的野菜、野果及猎获物平均分配给每个参与者；参与者的家属减半分发。外出做生意者则无权参加分配。

一部分劳泰人擅长手工技艺，他们能用锛子、斧头等极为简单的工具挖制木桶，制作木箱、木盆、木罐等，然后拿到附近的村子去交换大米、小麦、棉布和食盐等生活必需品。在每次商品交换之后，他们就进行搬迁，以避开人们对自己的追踪。

劳泰族不愿定居从事农耕，经济极其落后。人们除了身上穿的简单衣物，随身携带的绳网、锛子、斧头等工具和饲养的鸡、羊之外，几乎没有其他任何财产。随着时代的前进、人口的增多，许多偏僻地方逐渐开发，森林逐渐减少，使他们这种生活方式的活动场所日益缩小，这势必影响劳泰族的未来。

第三章

历　史

第一节　上古简史

一　传说时期

尼泊尔的历史，以尼泊尔谷地（现称加德满都谷地）形成的传说为开端。据《斯瓦扬布往世书》记载，尼泊尔谷地原本是一个名叫纳格达哈（Naga Dah，蛇湖）的大湖泊。湖泊四周群山环绕，杳无人烟。在远古时代，一位名叫毗婆尸（Vibhash）的圣人来到这里，他受神灵的启示在湖泊中间播种了一粒莲籽。不久，湖面开出一朵奇异的莲花。莲花光芒四射，那是神明大梵天放射出的光辉。此后一天，文殊师利（Manjusri）菩萨从中国五台山来到这里，居住在普拉卓格（Phulacoka，意为花园）山。他用10万朵鲜花敬拜大梵天，向大梵天祈祷之后，挥剑劈开纳格达哈湖泊南面的一座山峰，湖水顿时从山间的豁口向南奔流而去，大蛇也随湖水远逸，使谷地现出一片适于人类居住的土地。文殊师利菩萨在这里建立一座城，名叫曼殊帕坦（现名德瓦帕坦），立弟子法持为王，自己离去。法持死后，陆续有不少国王统治过这个地方，其中有一位名叫尼·牟尼（Ni Moni）的圣人治理有方，使国家兴旺起来，并取国名"尼泊尔"。"尼"指这位圣人，"泊尔"的意思是养育，"尼泊尔"意思是由尼哺育的国家。尼·牟尼治理好国家后，把国家政权交给了戈帕尔（Gopala）人。

据另一种传说，加德满都谷地原是一个大湖泊。湖边高山的山脊上居住着一个魔王，魔王有个女儿叫乌莎。有一天，乌莎梦见了一位王子，那王子正是黑天大神的孙子，叫阿尼鲁。魔王得知后，便派人把阿尼鲁绑架到这里。黑天大神发现后追来杀死了魔王，并用法轮劈开山脊。湖水即从劈开的山口泻去，大湖随即变成谷地。黑天大神为阿尼鲁和乌莎在谷地完婚，同时从谷地西部带来许多牧牛人在此安居乐业。牧牛人在这里定居之后，一位牧民每天都把牛群赶到位于谷地东北方向的一片森林里放牧。他发现一头母牛每天都在同一个土丘上出奶，便用锄头刨开土丘，发现了一尊帕舒帕底（Pasupati，兽主）神像。消息传开后，一位名叫"尼"的圣人前来膜拜兽主像。之后，他为牧民的儿子巴卡德曼（Bhakattaman，意为虔诚者）加冕，让他做了国王，从此这里便成为牧牛人的王国。

上述两种神话传说虽然不是信史，但却反映了尼泊尔人民对远古悠久历史渊源的想象。传说中的文殊师利菩萨劈开的峡谷，现称佐帕尔（Cophara），根据地质勘测，已有20万年的历史。

据公元13～14世纪成书的尼泊尔王朝世系和语言系谱记载，尼泊尔的第一个王朝是"戈帕尔王朝"（Gopala Vensh），"戈帕尔"的意思是"牧牛人"。该王朝大约经历了八位国王的统治，被"阿希尔"（Ahira，牧羊人）替代。后来克拉底（Kirant）人打败了戈帕尔和阿希尔人，建立了克拉底（Kiranti）王朝。

戈帕尔王朝和克拉底王朝的始末年份都无文字记载。据说，克拉底人最早居住在喜马拉雅山麓，后来移入加德满都谷地，打败了当地的统治者，建立了克拉底王朝。克拉底王朝十分强大，国土辽阔。尼泊尔现有几种版本的史书，基本断定尼泊尔上古时期有四个王朝，即戈帕尔王朝、阿希尔王朝、克拉底王朝和李查维王朝。但是，由于缺少戈帕尔王朝和阿希尔王朝的史料，因此，对于这两个王朝的年代和社会等方面的状况至今尚无从考证。至于克拉底王朝，则可从李查维王朝时期的金石铭刻和一些编年史中，间接得到一些零碎材料。

据说，克拉底王朝建在中部山区的河谷地区，取国名"尼泊尔"。在克拉底族的文字中，"尼"是"中间"的意思，"泊尔"是"国家"的意思，"尼泊尔"就是"中间的国家"。它先后经历了亚拉姆巴尔（Yalamber）、吉德达斯迪（Jidedasdi）、克依古（Keyigu）等 32 个国王的统治。

克拉底王朝时期大约是印度的孔雀王朝时期。孔雀王朝的阿育王曾到蓝毗尼朝拜佛祖的诞生地。据尼泊尔语言系谱记载，阿育王曾携女儿恰鲁玛蒂来到尼泊尔谷地，将女儿许配给帕坦的一位名叫提婆帕拉的王子。

印度古代政治经济学家考底利亚（Kautilya），于公元前 4 世纪撰写的《利论》里提到尼泊尔出口编织的毛毯。这说明克拉底人擅长手工编织和贸易，与印度有商贸关系。克拉底人信仰原始宗教，也崇拜湿婆神。至今遗存在加德满都市帕舒帕底纳特庙（兽主庙）后山的一尊湿婆林伽石像，据说是克拉底人建立的。上面刻有铭文"克拉底斯瓦拉"（Kirantsvara）。另外，在李查维王朝建立的碑铭中，记载了在李查维王宫里有克拉底人侍从。据此，尼泊尔历史学家一致肯定，在李查维王朝之前是克拉底王朝。

二　有文字记载时期

尼泊尔有文字记载的上古历史，始于李查维王朝马纳·德瓦（Mana Dev，公元 464～505）国王统治时期。李查维王朝于何时建立，至今无法考证。据《尼泊尔古代历史与文明》，在马纳·德瓦国王之前已有 16 代国王。另据贾亚·德瓦二世（716～725 年在位，另一说 703～729 年在位）建于帕舒帕蒂纳特庙的碑铭记载，马纳·德瓦前四代国王的名字分别是哈里达特（Haridatt）、布里什·德瓦（Brish Dev）、尚卡尔·德瓦（Shankar Dev）和塔尔马·德瓦（Dharma Dev）。但二者均未留下任何有关当时情况的文字记载。至今发现最早的有关李查维王朝的记载，见于马纳·德瓦于公元 464 年树立在毗湿奴神庙昌古·那拉扬寺（Changu Narayan）的一块碑铭。碑铭中记载了他平息诸侯叛乱后，以母亲的名义进行祭祀，并慰劳婆罗门的情况。除此之外，他还雕塑神像，铸造铜币，并在神像基座和货币上记载了名称和年代。从碑铭记载看，马纳·德瓦英勇善战，治国贤明。他不但扩张了国土，而且以安内攘外的政策，把征服的领土归还原来的诸侯，从而受到各诸侯的拥戴，为国家的发展创造了安定的环境。马纳·德瓦笃信印度教毗湿奴派，但不反对其他宗教。从其大

王后和二王后树立的一些神像的铭文中可以看出她们笃信印度教湿婆派。总之，从马纳·德瓦国王统治时期开始，尼泊尔才有了连续的王朝纪年史。

公元 7 世纪是李查维王朝的鼎盛时期，有著名国王阿姆苏·瓦尔玛（605～640 年在位），即鸯输伐摩。关于他的统治年代，有学者认为是605～621 年。在纳伦德拉·德瓦（643～679 年在位）统治时期，尼泊尔国家经济繁荣，农业、手工业、贸易和建筑业都相当发达，宗教文化十分兴盛，与邻国的外交往来颇为频繁。在中国古籍中，对这一时期尼泊尔与中国官方的互访以及民间往来的记载较多。尼泊尔公主布丽库蒂（Bhurikuti）出嫁到中国西藏，唐朝特使李仪表、王玄策前往尼泊尔联谊，玄奘等中国高僧去西域求法等，都发生在这个时期。玄奘的《大唐西域记》对李查维时期的蓝毗尼、劫比罗伐堵波和尼婆罗的概况，从地貌、风情、宗教到国王的统治均有记载。有关阿姆苏·瓦尔玛国王的记载是："王，刹帝利栗占婆种也。志学清高，纯信佛法。近代有王，号鸯输伐摩，唐言光胄。硕学聪睿，自制声明论，重学敬德，遐迩著闻。"（《大唐西域记》，169 页，上海人民出版社，1977）阿姆苏·瓦尔玛被誉为品德高尚、具有雄才大略的贤明君主。在阿姆苏·瓦尔玛和纳伦德拉·德瓦之后著名的李查维国王有希瓦·德瓦二世（Siva Dev Ⅱ）和贾亚·德瓦二世（Jaya Dev Ⅱ）。

从尼泊尔古籍考证可知，公元 464～879 年是李查维王朝，系有证可考的上古史时期。但 879～1200 年属哪个朝代，尚无考证。尼泊尔历史学家称此时期为中古过渡时期。

第二节　中古简史

尼泊尔历史学家将尼泊尔中古史分为中古前期和中古后期。879 年至1482 年马拉王国分裂之前属于中古前期，1482 年马拉王国分裂后至 1769年廓尔喀人攻占加德满都谷地属于中古后期。中古前期尼泊尔没有一个稳定的集中的国家政权。众多的公国征战，拟建立以自己国家为中央的政权。从 13 世纪开始出现了两个同时存在的强大政权。一个是旧王族的

"德瓦"政权，另一个是"马拉"（Malla）政权。"马拉"是一个古老的民族，最早生活在印度和尼泊尔南部的特莱平原地区。后来一些马拉人在西部的甘达基河流建立了马拉王国。随着公国征战，马拉王国的统治者逐步向加德满都河谷挺进。1328 年阿迪特亚·马拉占领努瓦科特（Nuwakot）后进入加德满都谷地，建立了马拉王国在谷地的统治，在尼泊尔历史上称之为马拉王朝。在尼泊尔中古前期的历史上最著名的一位国王是贾亚斯提提·马拉（1382～1395 年在位）。他是一位改革家，对尼泊尔当时的社会、宗教、经济都进行了改革。在社会领域，他强化神权，强化种姓制度，将印度教徒分成婆罗门、刹帝利、吠舍、首陀罗四种姓和许多亚种姓，同时将佛教徒划分出班达、乌达斯、迦布等种姓等级。各个种姓的人在衣食住行等方面都受到法律的约束。在宗教方面，他大力推行印度教，修建了许多印度教神庙。在经济方面，实行新的土地丈量法和新的度量衡单位。在司法方面，实行按罪量刑的法制。这样，他为巩固马拉王朝的统治做出了许多努力和贡献。但是，到其孙子亚克希亚·马拉（Yakshya Malla）执政时，由于他让自己的儿子们协助管理巴德岗和帕坦两镇的行政事务，从而孕育了分裂马拉王朝的因素。

尼泊尔中古后期的历史从马拉王国的分裂开始。1482 年亚克希亚·马拉国王死后，他的几个儿子在加德满都谷地各据一方，自立为王，从此分裂出坎蒂普尔（Kantipur，现加德满都）、巴德岗和帕坦三个王国，一直持续到 1769 年廓尔喀人攻占加德满都谷地。这三个独立的王国分别经历了几代国王，其中以加德满都王国的普拉达普·马拉（Pratap Malla，1641－1674）、帕坦王国的希迪纳拉·辛哈·马拉（Siddinala Simh Malla，1621－1661）和巴德岗王国的布帕亭德拉·马拉（Bhupatindra Malla，1687－1700）最负盛名。

加德满都王国的普拉达普·马拉国王博学多才，精通诗歌和文学。他还通晓梵文、尼瓦尔文、印地文等语言，写过许多诗歌，曾在加德满都老王宫的墙壁上用 15 种文字镌刻铭文。他也注重宗教，既扶持印度教也扶持佛教，在加德满都市建造了不少庙宇和神像。他信仰密宗，在他统治时期，密宗在尼泊尔得到发展。他还是一个勇敢善战的军事家和政治家，在谷地内的三国鼎立中，他用政治手腕削弱巴德岗和帕坦的力量，并先后击败帕坦和巴德岗的进攻。

帕坦王国的希迪纳拉·辛哈·马拉国王是一个热衷宗教和爱好文学艺术的人。他在帕坦兴建了许多寺庙和水池，其中最著名的是建有 21 个塔尖的黑天神庙，这座庙宇至今仍被视为尼泊尔建筑艺术上的典范。希迪纳拉还是一个虔诚的印度教徒，他在晚年让位给儿子，弃俗成为一个苦行者，履行印度教规定的"遁世期"。

巴德岗王国的布帕亭德拉·马拉在尼泊尔历史上占有显著的地位。他酷爱建筑艺术，修建了许多工艺精湛的宫殿和庙宇。其中著名的 55 扇窗宫殿和尼亚塔波拉神庙具有卓越的艺术价值，成为今日巴德岗露天博物馆的名胜古迹之一。

综合来看，马拉王朝统治时期，尼泊尔经济繁荣，手工业、宗教、文学艺术等方面都有很大的发展。与西藏的频繁贸易，推动了尼泊尔经济的发展。另外，马拉国王大都爱好文学艺术，所以有不少诗歌和戏剧问世。在宗教方面，印度教与佛教互尊互融，佛教寺院和佛像与印度教的寺庙和神像同时林立而起，有些寺庙至今举世闻名，如大觉寺、黑天神庙和尼亚塔波拉神庙等。

由于马拉王朝的三个独立国家之间相互倾轧残杀，给位于加德满都谷地西部的廓尔喀人创造了入侵加德满都河谷的可乘之机。公元 1768 年 9 月 25 日，正当谷地上下都在庆祝"因陀罗节"，即"童女神节"之际，西部崛起的廓尔喀国王普里特维·纳拉扬·沙阿（Prithvi Narayan Shah，1723－1775）率兵一举攻克了加德满都王国，几天后又攻陷了帕坦，第二年攻占了巴德岗，马拉王朝就此灭亡。

第三节　近代简史

尼泊尔的近代史从 1769 年开始，因为在这一年，廓尔喀国王普里特维·纳拉扬·沙阿征服了加德满都谷地，这标志着中世纪马拉王朝的终结和尼泊尔开始走向统一。

廓尔喀王国本来是位于西部甘达基河流域的一个较小王国，由于其几代国王实施了一些比较开明的政策，特别是制定了一部维护正义和主持公正的民法，因此有效地维持了正常的社会秩序，实现了国家稳定，从而使国家逐渐强大起来。普里特维·纳拉扬·沙阿是廓尔喀王国的第十代君主。由于受到家族的熏陶和影响，在少年时期，他就一心想着要征服谷地，扩大自己家族和王朝的统治范围。但是，随着年龄的增长、阅历的丰富和眼界的开阔，他逐渐摆脱了狭隘的家族观念，具有了民族主义思想意识。这时，他所想的不仅仅是征服谷地，而是统一整个尼泊尔，因为只有这样，国家才会变得强大，才不受外部势力的欺侮。为实现统一尼泊尔这一远大目标，他倾注了自己的全部心血。

一 沙阿王朝对谷地三国的征服

普里特维·纳拉扬·沙阿知道，要想统一尼泊尔，首先得征服谷地马拉王朝的三个王国。而在这三个王国中，加德满都王国较为强大，故普里特维首先把进攻的目标指向了这个王国。

1742年，普里特维凭一时的勇气，发动了攻打努瓦科特土邦的战争。他之所以要攻打努瓦科特，主要是由于它是加德满都的属地，每年向谷地提供大量粮食和其他生活必需品。此外，它还是通往吉隆口岸与西藏进行贸易的交通枢纽。因此，它既是谷地的生命线，又是谷地的前沿阵地，战略地位十分重要。但是，由于准备不足，这次进攻未能成功。后来经过两年多的认真准备，他于1744年10月再次发动了对努瓦科特的进攻，这次终于成功地占领了该地。此举不仅夺走了谷地的粮食供应地，还等于截断了谷地通往西藏的贸易路线，在很大程度上动摇了谷地三国的统治基础。

接着，普里特维又开始筹备攻打谷地的门户——基尔提普尔（Kirtipur）。该地位于谷地南面，地理位置也十分重要。在这个关键时刻，谷地三国意识到固守基尔提普尔对它们的重要性。为了共同利益，他们暂时搁置了彼此间的争议，组织起联军以加强对该地的防守。由于对联军的力量估计不足，普里特维1757年对该地的进攻不仅遭遇失败，还损失了得力的指挥官卡鲁·潘迪（Karu Pandey），自己也险些丧命。

这次失败，除对谷地三国的力量估计不足外，谷地南面的马克万普尔以大量的物资供应谷地，使联军能够坚持抵抗也是一个重要的原因。因此，普里特维认为，在下次进攻基尔提普尔之前，应首先堵死对方的这条供应渠道。1762 年 8 月，他派三个弟弟率军出征，成功地占领了马克万普尔城，并缴获了许多武器。

1765 年，普里特维第二次攻打基尔提普尔。开始时仍不顺利，伤亡惨重。后来他改变了战术，对该地采取了围而不攻策略。6 个月后，基尔提普尔城内弹尽粮绝，守军被迫投降。1766 年 3 月，廓尔喀军胜利占领该地。

基尔提普尔陷落后，谷地三国十分惊恐。加德满都王国的加亚普拉卡萨·马拉国王，决心投靠英国东印度公司。他于 1767 年 3 月派出密使前往贝迪亚，请求英方出兵援助。英国殖民者本来早就觊觎着要插足尼泊尔，以便进一步将魔爪伸向西藏，现在看到送上门的大好机会，岂肯轻易放过？于是，东印度公司第一任驻孟加拉省督罗伯特·克莱武迅即做出决定：派其驻巴特那的长官金罗克上尉率兵前往"援助"马拉王朝。

1767 年 8 月，金罗克上尉率 2400 名士兵从印度的巴特那出发，向谷地进军，准备在那里与围困谷地的廓尔喀王国的军队决战。当时正值雨季，天气闷热，道路泥泞，士兵还要穿越尼泊尔南部平原的莽莽原始森林。森林里瘴气流行，疟疾猖獗，不仅行军艰难，许多士兵疾病缠身，吃尽了苦头。没有作战经验的司令官金罗克上尉，自恃装备精良，骄横跋扈，完全没有将廓尔喀军放在眼里。他不让士兵进行休整，就带领他们进入山区。这正中普里特维的下怀，因为他深知英军装备精良，训练有素，在平原作战对己不利，因而指挥手下的 1200 名士兵在山区埋伏。英军不知就里，还是大摇大摆地向前挺进。他们一进入伏击圈，立即遭到密集火力的围攻，直被打得上天无路、入地无门，2400 名士兵霎时间东倒西歪，陈尸遍野，伤亡惨重。少数幸存者仓皇逃命。金罗克聚集残兵败将约 800人，灰溜溜地返回印度。

这次胜利显示了尼泊尔人民捍卫民族独立的决心，并且用事实证明，只要战术得当，他们有能力战胜比自己强大的敌人。这大大鼓舞了廓尔喀士兵的士气。

1768 年 9 月 26 日，普里特维趁加德满都王国沉浸在因陀罗节的欢乐之际，率部队攻破了加德满都王国；接着，势如破竹地占领了在帕坦的拉利特普尔王国，并于 1769 年 7 月，拿下了巴德岗的巴克塔普尔王国，完成了对谷地的征服。1769 年 11 月 12 日，沙阿王朝正式将首都迁到加德满都。

二　普里特维的西进计划受挫

在加德满都谷地建立统治后，普里特维让部队进行了一段时间的休整，然后于 1771 年 4 月开始向西部进军，目的是征服"乔比斯"（二十四个土邦王国联盟）和的"巴比斯"（二十二个土邦王国联盟）。

在"乔比斯"各王国中，塔那胡王国首先归顺了廓尔喀王朝。在它的帮助下，廓尔喀部队先后征服了赖兴、培云、比尔克特和卡斯基等土邦王国。这时，拉姆忠和帕尔巴特两个土邦王国看到他们的宿敌廓尔喀王朝一个一个地征服了邻近的王国，感到自身难保，便联合了"乔比斯"的一些成员，向廓尔喀部队发动进攻，试图先发制人。于是，双方进行会战。联军由于占有地形和后勤供给便利等有利条件，在会战中使廓尔喀部队几乎全军覆没：包括指挥员巴斯奈特在内的 500 多名战士壮烈牺牲；其余士兵后来也被包围，13 天后由于弹尽粮绝，被迫缴械投降。

三　普里特维的东征与逝世

西进计划受挫后，普里特维便将矛头转向东面。东部的土邦王国，无论在数量上还是战斗力方面均不如西部地区，但这并不意味着普里特维可以轻易地征服这个地区。

经过一年多的休整和恢复，普里特维于 1772 年下半年开始谋划对东部的征讨。为顺利实现占领东部的计划，他首先收买了当地的卡斯族婆罗门，将他们安排在政府部门任职。1772 年 8 月 25 日，在这些婆罗门的帮助下，廓尔喀部队顺利渡过了都德柯西河，向拉伊族和林布族的传统地区推进。廓尔喀部队在一系列战役中均遇到顽强而凶狠的抵抗。除了王朝的支持者外，一些独立的酋长也积极参与了抵抗。在维加亚普尔陷落后，林布人还支持锡金人与廓尔喀军对抗。但是，这些抵抗均未能取得明显的效果。普里特维领导的东征大军还是不断取得胜利，先后占领了博季普尔、乌代普尔、莫朗、萨布达里和伊拉木等广大地区，将沙阿王朝东部领土的边界一直扩展到梅奇河。但是，正当廓尔喀军节节胜利之时，普里特维·纳拉扬·沙阿不幸于 1775 年元月病逝。

普里特维虽然没有最终完成统一尼泊尔的大业，但他从 1744 年攻克努瓦科特起，经过 25 年的奋斗，终于在 1769 年征服谷地三国，接着又进一步东征西讨，于 1775 年控制了整个尼泊尔的中部和东部地区，为此后尼泊尔的统一奠定了坚实的基础。所以，人们把他看作尼泊尔命运的缔造者和国父。

大约 20 年后，他的后人巴哈杜尔·沙阿再次出兵西征，终于消除了盘踞在那里的割据势力，完成了普里特维未竟的统一大业。

四　普里特维实现统一和治国的内部方略

普里特维要征服谷地三国并统一尼泊尔，他必须动员和解决其军队的给养和财政问题。否则，一切都只能是空想。

当时，在尼泊尔山地的各个王国，一般都是把一种被称作"贾吉尔"（Jagir）的土地当作薪俸赐给大臣和官员。普里特维将这种做法制度化，不仅给指挥连队的官员分赐土地，而且也使每个士兵都能根据他的级别得到一份土地。这极大地鼓舞了部队官兵的积极性，因为在当时拥有这种赐予的土地，不仅是一种实在的财富和收入，而且也是一种社会地位的象征。这种制度一举两得：既解决了部队的给养问题，也充分地动员了人力。有了这种制度保证，普里特维组织起一支强大的部队，并在他的率领下持续战斗了 25 年之久。

在征服谷地后，普里特维建立了一种新的政府体制：通过向各地委派军事官员和县长进行统治。他给这些官员下达明确的指令和方针，并要求他们运用自己的智慧来贯彻它们，即允许他们根据各地的不同情况，对这些指令和方针做适当的变通。他就是通过严格的军事纪律、指令和方针，牢牢地控制着这个不断扩张和走向统一的国家。他建立的这种体制成为日后统一的尼泊尔的政府体制。

普里特维之所以能成功地率领尼泊尔各族人民逐步走向统一，还得益于他坚决果断地实行一种被称作"巴加尼"（Bajani，年度考核）的制度。根据这种制度，他每年要对各级官员的表现进行考核，以决定升降和去留。"巴加尼"制度加上国王恩准或撤销赐予土地的权力，保证了国王对政府的绝对控制。随着领土不断扩张，普里特维赐予土地、提升或贬谪官员的权力显著增大，"巴加尼"便成为一种十分有力的政治工具，他利用它促使各级官员和臣民积极为其效力。这对其后的王朝政治也有影响：凡是想要控制国家政权的人，总是首先千方百计地掌握这一权力。

普里特维去世后，其长子普拉塔普·辛格·沙阿（Pratap Singh Shah）即位。但是不久，普拉塔普于1777年11月去世，其遗孀拉金德拉·拉克西米（Rajendra Laxmi）与其弟弟巴哈杜尔·沙阿（Bahadur Shah）之间立即展开了夺权斗争。这给普里特维所打造的领导层的团结撕开一条裂口，导致了此后王宫内部的派系纷争。

统一的征战仍在继续。处于主导地位的拉金德拉·拉克西米巩固了对东部的控制，并奋力向西部的甘达基河地区推进。但是，当她还很年轻时，即于1785年去世。接着，巴哈杜尔·沙阿成为摄政者。历史记录显示，他严格执行"巴加尼"，辞去了拉金德拉·拉克西米的顾问和追随者，以自己所信任的人取而代之。他的班子干得不错，为尼泊尔增加的领土比其任何前任都要多，甚至超过了以前所取得的领土总和。而且，他是靠最低限度的战争取得这些成果的。大部分新领土是那些较小的王国自愿交出的。对这些归顺的小王国的国王，巴哈杜尔允许他们保持国王的头衔，并拥有相当于县长的权力。他们可以收税，并像过去那样进行统治。但他们必须承认尼泊尔的主权，服从中央的命令，对中央在其领土附近进行的战役提供支持，并且每年向中央政府上缴一定的赋税。

这些条件对这些小国来说算不上苛刻，它们若拒绝接受，面临的将是灭顶之灾，因为在山地的所有土邦王国中，没有一个能在军事上与中央抗衡。

这里要顺便提及的是，沙阿王朝在对外扩张的过程中，也曾一度向西藏扩张。沙阿王朝的对外政策原先是仇英的，但是东印度公司在1784年开始通过赠送礼物和枪械等手段对其进行拉拢，沙阿王朝的摄政者巴哈杜尔逐渐变得亲英，并于1788年企图通过商贸条约谈判与英国建立友好关系，以英方的支持对抗清政府。在此背景下，他多次派兵侵犯聂拉木和济咙等边界市镇，到1791年8月6日，进一步派兵夺取贸易中心库蒂，并深入到日喀则，肆无忌惮地掠夺了扎什伦布寺。这迫使清政府于1791年11月27日命福康安将军率兵讨伐。福康安攻陷尼泊尔边防，接着七战七捷，深入尼泊尔境域，抵达距加德满都20余公里的努瓦科特附近驻扎。这时，沙阿王朝看到英国的援助无望，主动求和，表示愿退还掠夺财物，"保证此后永不敢再犯边界"。双方于1792年9月30日签署友好条约，清政府将部队撤回境内，结束了对抗。

但是，尼泊尔对西部的扩张相当顺利。1811年，尼泊尔的版图达到最大。它在东部已经越过梅奇河直至锡金境内的提斯塔河（Teesta River），西部则远超过昔日"乔比斯"和"巴比斯"的范围，直到今日印度的达兰萨拉（Dharmashala）。面对如此广阔的领土，对尼泊尔来说，行政管理的确是一项艰巨的任务，特别是考虑到马哈帕腊特山脉横贯东西全境，各个地区为高山大河所阻隔，在没有任何公路的情况下，人们不难想象其在管理上的难度。

在这个时期，尼泊尔还建立了一种被称作"呼拉克"（Hulak）的驿站体制。这种体制主要用于传递官方的文书。各驿站之间相隔8英里左右。政府从村民中招募一些"呼拉克"投递员来干这种工作。每当有文书传递过来时，该村的投递员必须立即启程将文件传送到下一个驿站。这些投递员并没有什么薪俸，唯一的好处是他们的租佃权可以得到保障。当然，任务也不很繁重，因为每个村子有好几个投递员，大家可以轮流当差。

五　英国对尼泊尔的入侵

从普里特维·纳拉扬·沙阿 1775 年逝世到 1832 年，连续三个幼王的登基，严重削弱了王室的权力。由于王权衰弱，皇亲贵族之间争权夺利，这就给外敌以可乘之机。

早在 1791 年，英国与尼泊尔签订了一项掠夺性的"通商条约"。但到 1814 年 11 月 1 日，英国驻印总督赫斯廷斯勋爵（Lord Hastings）以边界问题为借口向尼泊尔宣战，调集 2 万多人，从东、西、南三面向尼展开进攻。当时的尼泊尔首相比姆森·塔帕（Bhimsen Thapa，1775 – 1839）采取了坚决保卫国家和民族独立的抵抗政策，并团结全国各地酋长共同投入反抗英国侵略者的斗争。在他的领导下，尼泊尔军民英勇痛击英国侵略者，涌现出无数可歌可泣的民族英雄，谱写了无数动人心弦的战斗篇章。

在卡朗加（Khalanga）战役中，抗敌英雄巴拉巴德拉·孔瓦尔（Balabhadra Kunwar）率领 600 名战士与由英国将领吉莱斯皮（Gillespie）率领的 4000 名英军作战，英勇地击退英军的多次进攻，并用仅有的一门大炮击毙吉莱斯皮。妇女们用石块作为武器也参加了战斗。在这场战役中，巴拉巴德拉·孔瓦尔及其战士发出誓言："我们至死也不放弃堡垒，我们宁愿同来犯者同归于尽。"巴拉巴德拉·孔瓦尔所率军民的英勇无畏和不屈不挠的精神使英军心生敬畏。战役结束后，英国人在卡朗加树立了一块纪念碑，碑文写道："敬献给我们英勇的敌人巴拉巴德拉和他的勇敢的廓尔喀朋友们。"

在马龙（Malaun）战役中，负责守卫西部边陲的阿马尔·辛格·塔帕（Amar Singh Thapa）以少数尼军多次击败由奥克特洛尼（Ochterlony）率领的英军。两军作战人数悬殊，但英军经过半年的数次进攻都未能攻克马龙。奥克特洛尼在百般无奈的情况下，写信给阿马尔·辛哈·塔帕，企图以高官厚禄诱降这位尼泊尔将领。阿马尔·辛哈·塔帕则认为这封信是对他的侮辱，将信撕得粉碎，更加勇猛地投入了战斗。由于他对敌异常勇猛顽强，因而被誉为"尼泊尔的活狮子"。

在同英军作战的德乌塔尔（Deu Thal）战役中，曾经参加征讨和收复西部广大地区的尼军老将巴克提·塔帕（Bhakti Thapa），奉命攻占德乌塔尔堡垒。60岁高龄的巴克提·塔帕率领500名士兵与英军展开了争夺德乌塔尔的激烈战斗。他以"冲锋在前是英雄"的口号鼓舞青年士兵，并以身作则，身先士卒，率先杀入敌阵，后来身负重伤，仍然手持利剑指挥军队，坚持到最后一口气。虽然这次战斗未能收复德乌塔尔，却给了侵略军以沉重的打击。巴克提·塔帕以自己的英勇行为为尼泊尔民族谱写了一曲悲壮的英雄赞歌。

在两年多的尼英战争中，尼泊尔人面对英帝国主义的侵略，顽强奋战，终因人数和武器装备上的劣势而失败。1816年3月4日，尼泊尔被迫与英国签订了《萨高利条约》。根据该条约，尼泊尔把南部和西部平原区的大片土地割让给英属印度，并给予英国在尼泊尔的种种特权。

尼泊尔虽然在战争中失败，但人民没有屈服。为把英国侵略者赶走，以尼泊尔首相比姆森·塔帕为代表的尼泊尔人民主张走富国强兵之路。为重振国力，比姆森·塔帕主张实行一系列改革：在军事方面，要整编军队、加强训练、建立兵工厂和军火库等；在经济方面，要发展工商业、开发森林资源、开垦荒地和废除奴隶制度等。在外交方面，比姆森·塔帕主张将英帝国主义从亚洲赶走，为此，他积极与中国、缅甸及印度民主势力联络。比姆森·塔帕的对手英国殖民者也未停止活动。他们为了巩固在尼泊尔的胜利，推行殖民政策，千方百计地阻挠比姆森·塔帕实施改革计划。他们利用潘德家族与塔帕家族之间的矛盾，制造阴谋，煽动潘德家族诬陷比姆森·塔帕因主战而丧失西部领土并毒害王子，企图让潘德家族的拉纳·忠格·潘德取代比姆森·塔帕的首相职务。狠毒的潘德家族不但置比姆森·塔帕于死地，而且将其碎尸投河。比姆森·塔帕虽然悲惨地结束了生命，但他的名字永垂尼泊尔史册，他被誉为反对外来侵略的民族英雄和独立的尼泊尔国家的缔造者之一。

六 "科特庭院"惨案与拉纳家族的专政

潘德家族成员担任首相的局面没有维持多久，尼泊尔另一个名门望族拉纳家族的野心家忠格·巴哈杜尔·拉纳（Jung Bahadur Rana，1846－1877）于1846年9月15日发动政变。他制造了骇人听闻的"科特庭院"惨案，在一举杀害潘德首相、大臣、将军等400余人之后，夺取了尼泊尔的军政大权和世袭首相的职务。他把国王作为傀儡，使自己成为国家的最高主宰。

拉纳家族统治尼泊尔达105年之久。先后有10位拉纳家族成员出任首相。每位首相任职期间，总有一些或大或小的事件发生。但是，有三个时期发生的事件值得在这里予以简要阐述。

（1）忠格·巴哈杜尔·拉纳统治时期（1846～1856年）

忠格·巴哈杜尔·拉纳是个专制暴君。他为人狡黠，手段残酷而反复无常，但也是尼泊尔历史上一个颇有魅力和成就的统治者。作为行政管理者，他聪明绝顶；作为组织者，他善于激励部下去调查问题，去探索答案，并提出解决的办法。在他统治的第一个5年，他结束了"贾吉尔"制度下的任人唯亲的做法，改组和简化了尼泊尔南部特莱地区的税收管理，重组了"呼拉克"公文传递体系，并建立了一个委员会，由其负责编纂第一部尼泊尔法典。在这个时期，他还对英国进行了一次重要的访问。通过这次访问，加强了尼泊尔与英国的联系。

在他统治的第二个5年，忠格·巴哈杜尔·拉纳于1854年1月5日颁布了一部被称作《穆鲁克艾恩》（The Muluki Ain）的法典。这是尼泊尔有史以来最完整和最全面的一部实施种姓制度的法典。法典表明，统治者极欲通过法律和司法手段，用印度教种姓制度的行为规范和价值观来控制社会各阶层人民的社会行为，以巩固自己的特权地位。

特别应当指出的是，忠格·巴哈杜尔·拉纳违背沙阿王朝1792年战败后对中方保证"永不敢再犯边界"的承诺，利用鸦片战争后清政府无力西顾之机，于1855年再次拥兵侵入西藏的古蒂和吉隆。尽管尼方在这次战争中占了上风，迫使西藏地方于1856年初与尼方签订了不平等的

《塔帕塔利条约》（Thapatali Treaty，规定西藏每年向尼泊尔支付 10000 卢比；拉萨决定不向尼泊尔商人征税；尼泊尔被允许在西藏派驻使节；等等），但是战争劳民伤财，苛捐杂税太重，在尼泊尔引起了广泛不满。为平息民怨，忠格·巴哈杜尔·拉纳在战后突然宣布辞去首相职务，去当卡斯基和拉姆忠的大君，每年收入 100 万卢比。

拉姆·巴哈杜尔（Ram Bahadur），是忠格·巴哈杜尔·拉纳的弟弟和继任者，即位后不到一年就去世了。此时印度发生了反英大起义，北印度响起了枪炮声。在忠格·巴哈杜尔·拉纳的授意下，言听计从的苏伦德拉国王于 1867 年 6 月 28 日任命他为拥有国家全部权力的终生首相。这项任命奠定了拉纳家族统治尼泊尔的基础。从此，拉纳首相名正言顺地掌握了尼泊尔的全部权力。

作为首相，忠格·巴哈杜尔·拉纳坚持派兵为英国效力，最后获准。有 11000 名尼泊尔士兵参加了英国殖民主义者镇压印度人民起义的战争。首相本人还亲率其中的 8000 名士兵参加了收复勒克瑙的战斗；其余的 3000 人作为一个单独的先遣支队，由英国军官指挥。勒克瑙失陷后，这个富裕的城市遭到劫掠。忠格·巴哈杜尔·拉纳和他的部队在一些英国人的私人报告中受到批评。然而，在战斗公报中，他们却受到表扬。作为回报，英国在镇压了 1857 年印度反英起义后，将当年通过战争取得的西特莱地区的领土，归还给尼泊尔。

忠格·巴哈杜尔·拉纳于 1877 年 2 月 5 日在南部特莱平原去世。他的去世，改变了尼泊尔的历史进程。忠格·巴哈杜尔·拉纳本来打算让他的兄弟们轮流充任首相，而他在卡斯基和拉姆忠的大君头衔及土地收入打算传给他的儿孙们。但是忠格·巴哈杜尔·拉纳的弟弟拉诺迪扑（Ranoddip）趁他死于特莱平原的混乱，设法让国王将两个头衔全都授给了他自己。当吊唁的人们从特莱平原回到加德满都时，拉诺迪扑则已经大权牢牢在握。这使忠格·巴哈杜尔·拉纳的儿子们感到十分愤怒。拉纳家族的团结一致，从此成为历史。也就是从这时起，拉纳家族的内部矛盾达到前所未有的激烈程度。

1885 年 11 月 22 日，通过阴谋夺得大权的拉诺迪扑被自己的亲属暗杀。接着，比尔·苏姆谢尔（Bir Shumsher）出任首相，并统治了尼泊尔16年之久。在他统治期间，昌德拉·苏姆谢尔（Chandra Shunsher）成了他的"主心骨"。1901年3月5日，比尔·苏姆谢尔去世，德瓦·苏姆谢尔（Dev Shumsher）继任首相。

（2）昌德拉·苏姆谢尔统治时期（1901～1929年）

1901年6月26日，昌德拉·苏姆谢尔用手枪威逼，将德瓦·苏姆谢尔赶下台，自己接任首相之职。他在行政管理和外交方面有一定的能力。其外交政策的基石是与英属印度维持紧密的关系。这种关系使他摆脱了英国外相寇松的中亚政策的困扰，因为寇松曾一度主张不再容忍尼泊尔在对外事务上的独立性。这里有两个因素起了作用：一个是英国认识到英属印度不太可能强行限制尼泊尔同清政府的关系，另一个是第一次世界大战牵制了英国的力量。

在第一次世界大战中，尽管尼泊尔没有同战争的任何一方结盟，但是，尼泊尔的主要战斗人员还是积极参与了战争。在战争爆发前，昌德拉·苏姆谢尔主动向英属印度总督查理·哈丁表示愿意向英国提供尼泊尔的人力资源。尼泊尔为英国效力，先后共向英国提供了10万以上的人力支持。这些人员是尼泊尔青年的精华。由于有1万人的尼泊尔部队在印度常驻值勤，英国得以从印度抽调部队到海外其他地区服役。此外，尼泊尔还为英国的廓尔喀兵团提供了6万人，平均每年输送1.5万人。而在战前，每年只向英国输送1500人。在这方面，昌德拉·苏姆谢尔给予英国很大的支持。由于受到英国人的赏识，尼泊尔军队的一个分遣队还于1919年夏季参加了阿富汗战争。

为感谢尼泊尔在战争期间的服务，英国允许尼泊尔部队带着他们的武器和全部装备返回尼泊尔，并每年给予尼泊尔100万卢比。令昌德拉·苏姆谢尔更为满意的是，1923年12月21日英国与尼泊尔签订了一项新的友好条约，正式承认了尼泊尔的独立。该条约还规定：尼泊尔政府有权通过印度进口尼泊尔所需的任何武器与弹药；从第三国进口政府自身使用的物资，在经过印度海关时实行免税；商人从第三国进口的货物在加尔各答上税；通过海运发往尼泊尔的货物，如果不打开包装抵达加德满都并且海关的印记保存完整，则返还所交纳的关税。

最后一项优惠条件令尼泊尔商人非常高兴，但它对普通人民来说，却是喜忧参半。因为从日本潮水般涌来的进口物品充满了加德满都市场，并扩散到广大山区和特莱平原，甚至越过边界流向印度。日本商品质好价廉，战后退休的一些老战士，为庆祝平安归来，总以能为家人买一些日本商品感到高兴。但是，尼泊尔欣欣向荣的手工业倒闭了。老战士带回来的钱，本来可以投入农村经济建设的，现在却被截留在外。商人们获利丰厚，财政部门也受益。既然财政部在实际上就是拉纳家族的钱庄，昌德拉·苏姆谢尔本人所得的好处自然不会少。

昌德拉·苏姆谢尔也进行了一些行政改革。改革的目的是让行政机构在日常事务方面自动运转，而将一些人事任命和预算支出的决定权留给自己。1918年，他进一步规定了各个单位的职权范围，制定了办理案件应遵循的程序，规定了处理日常事务的时间限制，以及对超过时限未完成任务的处罚。他将"巴加尼"制度化，并雷厉风行地贯彻执行。他派出检查组定期到全国各地巡视，以确保新的规定予以实施。检查组还被授权调查贪污腐败案件，并处罚罪犯和滥用职权者。

这种改革使得行政机构办事效率提高了。官员们不论距离加德满都有多远，均加快速度努力按期完成他们的任务。那些没能按期完成任务的官员，用不着等到年度考核便被解职。

这种改革显然达到了昌德拉·苏姆谢尔的目的，但它对尼泊尔的发展，对尼泊尔人民的好处并不大。拉纳家族统治时期的行政机构主要目的是最大限度地搞好税收，但税收很少用于人民。

尼泊尔人民也曾一度"受惠"于昌德拉·苏姆谢尔的改革，但这并不是他本来的意图。原来尼泊尔农村的税收主要是粮食，但在实际收缴时是收取应交纳粮食折合的现金。为了便于中央政府的评估和操作，昌德拉·苏姆谢尔决定从1910年起，把粮食税收的现金转换率固定下来。结果，政府按1910年的市场价格，确定了粮食与现金的转换率。但是，此后粮食的市场价格不断攀升，人民则按1910年的固定转换率交税，在无形中得到实惠。尽管昌德拉·苏姆谢尔本意并非如此，尼泊尔人民还是感谢他在无意中办的这件好事。

昌德拉·苏姆谢尔在社会改革方面也做了一些好事。他于 1920 年废除了"萨蒂"（Sati），即寡妇陪葬制度。他首先不允许拉纳家族的寡妇这样做，然后推而广之。"萨蒂"在尼泊尔虽不像在印度那样普遍，但是能彻底予以禁止，还是很受欢迎的。另一项值得称道的改革是，他于 1924 年废除了奴隶制。由于无法就业，或者无力还债，有许多穷人沦为奴隶，受到粗暴的待遇，过着非人的生活。此前，昌德拉·苏姆谢尔曾发表演说，劝说那些蓄养奴隶的人主动释放他们，但是收效甚微，因为许多人希望得到补偿。于是，他颁布了法令，并筹集 350 万卢比作为补偿。这些经费来自寺庙。

（3）帕德马·苏姆谢尔及莫汗·苏姆谢尔统治时期（1945～1950 年）

昌德拉·苏姆谢尔于 1929 年 11 月 25 日去世，比姆·苏姆谢尔（Bhim Shumsher）接替他担任了 3 年的首相。接着，朱达·苏姆谢尔（Juddha Shumsher）成为首相。他们在任上均无所作为。接替朱达·苏姆谢尔的是帕德马·苏姆谢尔。

帕德马·苏姆谢尔虽也被称为"庸碌之辈"，但作为首相，他比较注意人民群众的不满，并在应对民族民主运动提出的种种挑战方面表现了自己的才能。在他统治的最后一年，即 1947 年 1 月，尼泊尔大会党成立了。同年 3 月，大会党鼓动尼泊尔东部工业基地比腊特纳加黄麻厂的工人罢工。大会党领导人从印度国大党那里学了不少群众运动的经验，将罢工组织得很好，并力图激起官方的过度反应，以便将前来执行任务的尼泊尔军队描写为拉纳政权的走狗。印度加尔各答和巴特那的报纸报道了许多相关事件，拉纳家族的形象遭到破坏。4 月，大会党在全国开展不合作运动。5 月，梵文学校的学生举行罢课，要求教授一些现代化课程。

帕德马·苏姆谢尔冷静地观察和应对这一切。他宣布，尼泊尔要准备一部宪法，市政府要由选举产生的委员来领导。他还承诺要开展女子教育。当人们在一个月内，看到女子学校开学，市政委员会得以通过选举产生后，没有人再怀疑他的立宪意图。帕德马·苏姆谢尔还释放了在不合作运动中被捕的人员。这使得群众的对抗情绪得到缓和。当然,尼泊尔将要发生变革,也需要变革。尼赫鲁在1947年8月15日印度独立后一直强调这一点,并声称,他将通过使拉纳政权现代化来实现尼泊尔的稳定。在这样的背景和形势下,帕德马·苏姆谢尔勉强控制着局势。

帕德马·苏姆谢尔在对付大会党方面也煞费苦心。大会党主席B.P.柯伊拉腊(B.P.Koirala)由于比腊特纳加大罢工事件而被捕。大会党认为他可能会在狱中蹲很长时间,便在1947年7月举行的瓦腊那西会议上选出了一位代主席。看到这种情况,帕德马·苏姆谢尔于同年8月释放了B.P.柯伊拉腊。这样,大会党内就出现了两位主席,他们之间产生了矛盾。帕德马·苏姆谢尔因而有更多的时间进行自己想要的变革。

帕德马·苏姆谢尔还与英国、印度建立了大使级外交关系。两国与尼泊尔签署了继续招募士兵组建廓尔喀旅的协定。

印度专家小组在咨询过帕德马·苏姆谢尔后,草拟了一部宪法。从某种意义上说,这部宪法是帕德马·苏姆谢尔草拟的。他在位时面临着民族民主主义运动日益增长的困境,可是他实现了妥协,既满足了群众运动的某些紧迫要求,也使拉纳家族的统治得以延续了几年。但是,昌德拉·苏姆谢尔的几个儿子,特别是莫汗和巴巴尔,强烈地反对新宪法。帕德马·苏姆谢尔不愿与他们纠缠,萌生了辞职的念头。

1948年1月,帕德马·苏姆谢尔携带他所有的细软前往印度,在兰奇(Ranchi)定居下来。莫汗·苏姆谢尔于1948年4月30日成为首相。

莫汗·苏姆谢尔贬低宪法的作用,使得市政委员会无法使用权力。当B.P.柯伊拉腊因从事政治活动被投入监狱而进行绝食时,他对其日益恶化的健康状况熟视无睹。这使印度失去了对他仅存的一点信任。最后,还是他的儿子维加亚·苏姆谢尔说服了他,作为一个正统的印度教徒,他不能犯罪去让一个婆罗门死亡。在这种情况下,他才释放了柯伊拉腊。

1950年,尼赫鲁要求与首相会晤。于是,莫汗·苏姆谢尔来到德里。在面对面的交谈中,尼赫鲁明确地向莫汗·苏姆谢尔表示,他要求尼泊尔保持和平，而和平的取得需要拉纳政权的变革。在这次会见中，尼赫鲁向莫汗·苏姆谢尔提供了两项条约建议的文本：一项是尼泊尔与印度之间的友好条约，另一项是两国之间的商贸条约。友好条约是带有威胁性的。随条约交换的信件实际上承认，在需要时，印度有权捍卫喜马拉雅山防线。这一切是在尼泊尔公众不知情的情况下进行的。商贸条约的条款震惊了尼泊尔商人。因为根据条约，尼泊尔政府对从第三国进口的商品征收的关税税率要与印度对同一商品征收的关税税率相同。尼泊尔政府还得对在尼生产并向印度出口的商品征收足够的印花税，以使这些商品的价格提高到与印度所订价格可比较的水平。尽管条约会引起争论，但是，莫汗·苏姆谢尔还是接受了这两个条约。他提出的条件是：在签字仪式上，尼赫鲁不公开施压，不要求改变拉纳家族的政府体制。尼赫鲁同意了，于是双方于1950年7月31日正式签署了《印度尼泊尔和平友好条约》[①]和《印度尼泊尔商贸条约》。关于前者，尼赫鲁于1959年12月3日在新德里的一次记者招待会上披露，在签订本条约的同时，双方交换了信件，其中有一段内容是："两国政府都不容忍外国侵略者对对方安全的威胁。为对付此类威胁，两国政府要彼此磋商并设计有效的反措施。"在当时，莫汗·苏姆谢尔也许以为，只要尼赫鲁不公开要求他进行变革，拉纳政权就能继续存在。可是，他幼稚地犯了一个很大的错误。

在拉纳家族统治下，尼泊尔成了英国的附庸。国家的建设、经济的发展及人民生活水平的提高等，在统治者的心目中根本没有什么位置。虽然个别的拉纳首相也做了一些好事，如修整道路、修建浴场、建电站、架桥梁、挖水井等，但这并不能改变这个封建家族专制政权的性质；加之它长期实行闭关锁国和愚民政策，不与外界交往，不给人民受教育的机会，并遏制言论与出版的自由，尼泊尔社会几乎停滞不前，人民生活十分贫困。因此，人民期盼着社会变革。

---

① 参见 A. S. Bhasin，*Documents on Nepal's Relations with India and China 1949 – 66*，p. 28。

第四节　现代简史

印度民族独立运动的热潮助推了尼泊尔人民的觉醒。尤其是 1947 年印度的独立，大大加速了尼泊尔人民摆脱英国殖民者的控制和推翻拉纳政权的步伐，尼泊尔全国各地要求维护国家独立、推翻拉纳家族统治的呼声日益高涨。在这种形势下，尼泊尔大会党与民众和王室汇成一股推翻拉纳政府的强大洪流。

1950 年 11 月 10 日，特里布文国王（Tribbuwen Bir Bikram Shah，1911～1955 年在位）摆脱了拉纳政府的监视，到驻加德满都的印度大使馆避难，并在印度政府的支持和保护下飞往新德里。特里布文国王出走后，拉纳政府宣布特里布文国王退位，立国王年仅 3 岁的孙子贾南德拉（Gyanendra Bir Bikram Shah）为国王。拉纳政府废黜国王的行动激起了全国人民的怒潮。在尼泊尔大会党的领导下，加德满都谷地三市举行大罢工，尼泊尔的东、西部和南部地区出现了武装起义。首都及全国其他地区同时掀起了声讨拉纳家族的浪潮，并迅速展开了推翻拉纳家族统治的革命斗争。拉纳政府的军警镇压已无济于事。在国际上，印度、中国、美国都声明不承认新立的幼王；英国迫于国际形势和尼泊尔人民反英斗争的压力，也表示不承认新立的幼王。拉纳家族见大势已去，只好派莫汗·苏姆谢尔·拉纳（Mohan Shumsher Rana）、凯舍尔·苏姆谢尔·拉纳（Kasher Shumsher Rana）、维加亚·苏姆谢尔·拉纳（Vijaya Shumsher Rana）三位代表，前往新德里与特里布文国王和尼泊尔大会党谈判。在印度政府的斡旋下，1951 年 2 月 12 日，三方达成协议，迫使拉纳家族交出政权。2 月 15 日，特里布文国王返回加德满都。2 月 18 日，国王向全国人民宣布拉纳政权结束，颁布临时宪法，实行君主立宪制，由 5 名尼泊尔大会党代表和 5 名拉纳家族代表组成联合临时政府。自此，拉纳家族长达 105 年之久的独裁统治告终，而 2 月 18 日被定为"国家民主日"。

恢复王权以后，尼泊尔人民在民主、法治和人权等方面获得了较多的权利。特别是马亨德拉（Mahendra Bir Bikram Shah）继承王位后，在1959 年春，宣布实行两院议会制，并举行了尼泊尔有史以来的第一次全国大选。尼泊尔大会党在此次选举中获胜，该党主席 B. P. 柯伊拉腊出任首相，并组成了大会党内阁。然而，大会党上台后居功自傲，压制其他党派，特别是它在制定和执行有关对内或对外的一些重大政策时独断专行，与王权发生了矛盾。1960 年 12 月 15 日，马亨德拉国王解散尼泊尔大会党内阁和议会两院，亲自接管了国家全部行政权力。

经过两年的探索，马亨德拉决定实行评议会制度，并于 1962 年 12 月16 日颁布了评议会制度新宪法。评议会制度的指导原则和特点主要有三个方面。（1）突出国王至高无上的地位和作用。新宪法规定，国王是"权力的源泉"，"尼泊尔之主权属于陛下，一切权力，包括行政权、立法权和司法权皆来自陛下"。（2）无党派性。评议会禁止一切党派和政治团体的存在和活动，认为这样不会导致国家分裂，不会影响建设事业的发展，可避免外国插手尼泊尔的内政，不会使国家的主权和独立处于危险之中。（3）不承认阶级斗争，主张阶级调和。

尼泊尔自 1962 年实行评议会制度以后，国家政局虽然没有大的变动，但是围绕着是坚持评议会制度还是恢复议会制的政治斗争并没有停止。维护评议会制度和反对评议会制度的两大政治势力，一直进行着或明或暗的斗争。

1972 年，马亨德拉国王逝世，王储比兰德拉继位。比兰德拉国王（Birendra Bir Bikram Shah，1972 - 2001）曾长期在西方留学，思想比较开放。他在位初期，一切尚较顺利。但是，随着民主和自由化浪潮席卷全球，尼泊尔于 1979 年 4 月爆发了大规模的学生运动和政治骚乱，尼泊尔大会党等反评议会制度势力借机公开抨击评议会制度和王室的统治。在这种情况下，比兰德拉国王决定，在成年人有选举权的基础上，通过无记名方式举行公民投票，以决定这个王国是保持无党派的评议会制度，还是建立多党的议会制度。1980 年 5 月 2 日，尼泊尔举行了全国公民投票，结果有 54.4% 的人赞成继续保持无党派的评议会制度，但要对它进行改革。由于对评议会制度进行了一些改革，如通过全民大选选出评议会议员等，尼泊尔各党派与评议会的对立形势暂时得到缓和。

自 1985 年起，各党派政治势力仍不断发动反评议会的斗争。1989年，印度由于不满尼泊尔从中国进口了一些防御性武器，借口尼印贸易和过境协定期满，单方面关闭了尼印边界 15 个过境点中的 13 个，对石油、煤炭和食盐等重要物资实行禁运。这使得尼泊尔国内通货膨胀加剧，物价飞涨，经济近乎瘫痪。这时，大会党在印度方面的直接介入和支持下，刻意将人民群众对印度制裁的不满引向对评议会制度的攻击。1990 年春，尼泊尔大会党进一步联合左翼阵线发起了铲除评议会制度、恢复多党制的民主运动。由于政府进行镇压，军警与示威群众发生了严重冲突，王室与群众的矛盾趋于尖锐。在这个关键时刻，比兰德拉国王面对外部势力的引诱和威胁，没有在有关国家主权和独立的重大问题上向外部势力低头，而是果断地决定向人民群众让步。1990 年 4 月 16 日，比兰德拉国王郑重宣布废除实行了 28 年之久的评议会体制，建立君主立宪制下的多党议会制度。

1991 年 5 月 12 日，尼泊尔举行了历史上第二次大选。选举结果是尼泊尔大会党获得的席位超过半数，赢得组阁权。比兰德拉国王任命大会党领导人之一吉里贾·普拉萨德·柯伊拉腊（Girija Prasd Koirala）为首相，5 月 29 日成立了新内阁。

尼大会党能够一举成功的主要原因：一是大会党与其他政党相比，资格老、经验多；二是在政治上和经济上得到印度、美国、加拿大、法国、德国等国家的支持。吉里贾·普拉萨德·柯伊拉腊上台后，其政府主要致力于发展经济，提出实行自由市场经济的新政策。

尼泊尔恢复君主立宪制以后，国内各政治党派之间不断展开争夺执政权的斗争。1994 年 11 月 15 日，尼泊尔再次举行大选，尼泊尔共产党（联合马列）——以下简称尼共（联合马列）——以赢得 88 席而成为议会的第一大政党，随即受命组织新政府。

1994 年 11 月 30 日，由尼共（联合马列）主席曼·莫汉·阿迪卡里任首相的尼泊尔新政府宣誓就职。这是尼泊尔历史上前所未有的共产党执政的政府。尼泊尔共产党上台执政的主要原因如下。一是尼共（联合马列）主张"耕者有其田""保护国家利益""发扬民族自尊心"，从而取得了广大劳动人民的信任与支持。二是大会党政府的自身失误。大会党在执政的三年多时间里，贪污腐败，引起了民众的不满。另外，大会党内部矛盾重重，领导人之间互相拆台，从而削弱了大会党的实力。三是尼泊尔广大人民群众对大会党政府的亲印政策十分不满。因此，许多群众积极投尼共（联合马列）的票。然而，尼共（联合马列）毕竟是一个根基浅、底子薄、经验少的政党，由它领导的政府仅仅维持了9个月，便在议会不信任投票中被击败。尼共政府首相曼·莫汉·阿迪卡里于1995年9月10日提出辞职，尼共政府垮台。

1995年9月12日，尼泊尔大会党再次受命组阁，由该党第二代领导人谢尔·巴哈杜尔·德乌帕出任首相，联合民族民主党和亲善党，组成三党联合政府。德乌帕上台后，推行经济自由化和吸引外资的经济政策。在德乌帕执政的十几个月里，尼泊尔的经济出现了起色。在1995~1996财政年度，尼泊尔工业产值增长了4.9%，农业产值增长了5.4%，国内生产总值的增长率也由1995年的2.9%增长到1996年的6.1%。德乌帕在政治上注意维护各党派的民主权利，以扩大内阁，维系联合政府中三党之间的微妙关系，但德乌帕对三个党内部的派别争斗却无能为力。大会党内部有四派，民族民主党内分两派。这些派别之间明争暗斗、矛盾重重。尼共曾联合民族民主党内的昌德派，两次对德乌帕政府提出不信任案。在第三次扩大内阁会议上，尼共再次向三党联合政府发起进攻。由于大会党内部和民族民主党内部的分歧，终于导致德乌帕的三党联合政府垮台。

1997年3月10日，尼共（联合马列）与民族民主党和亲善党联合，成立了三党联合政府。由民族民主党议会党团领袖洛肯德拉·巴哈杜尔·昌德出任首相。昌德于1939年出生，1975年从村议会选进全国评议会，开始了政治生涯。1980年他被选为全国评议会主席。1981年他被任命为政府首相，1983年辞职。1990年春，他再次被任命为首相。当时尼泊尔国内正在进行大规模的政治运动，不久，全国评议会解散，尼泊尔恢复了君主立宪制，昌德的首相职务被取消。1997年是昌德第三次出任尼泊尔首相。与前两次不同的是，现政府是一个多党派政府。他必须在协调好各党派关系的前提下，推进政府的工作。1997 年 3 月 19 日，昌德政府通过了议会信任案的表决，以 113 票获胜。其中，尼共（联合马列）90 票、民族民主党 20 票、亲善党 2 票、工农党 1 票。在新联合政府中，尼共（联合马列）代言人提出，要解决人民群众最关心的衣食住行等生活问题，并提倡进步的民主主义；民族民主党提出要维护国家与民族的民主，提倡民族主义；亲善党强调促进社会的平等和消除社会分歧。尽管他们的口号不同，但在解决国家的根本问题上，他们的意见是一致的：要发展国家经济，解决贫困与失业，发展教育，走自力更生的道路；要稳住国内政治局势，建立一个理论与行动统一的稳定的多党联合政府。

但事与愿违，民族民主党内部公开分裂为昌德派和塔帕派，大会党利用民族民主党的内部矛盾联合塔帕派反对政府。在这样的情况下，昌德政府只维持了 7 个月就被迫解散了。

1997 年 10 月 6 日，民族民主党的苏尔亚·巴哈杜尔·塔帕出任首相，组成民族民主党塔帕派、大会党和亲善党三党联合政府。按照大会党与塔帕派联合推翻昌德政府的协议，塔帕只能做 10 个月的首相。10 个月以后首相职位由大会党人接任。但塔帕在首相这把交椅上刚刚坐了 3 个月，他就向国王请求解散议会，举行中期选举。因为塔帕不仅面临尼共（联合马列）与民族民主党的昌德派联合对其政府提出不信任案的外部压力，而且又陷入由于昌德派另立新党所造成的党内分裂的困境。他企图以此另寻出路。但是由于向国王提出的请求未能获准，而又无其他办法打开僵局，他只好辞去了首相职务。

1998 年 4 月 12 日，吉里贾·普拉萨德·柯伊拉腊被任命为首相后，组成大会党一党政府。但大会党政府一成立，尼共（联合马列）就给了它一个下马威。尼共（联合马列）书记马达夫·库玛尔·内帕尔（Madhav Kumar Nepal）率领一个代表团到首相府向吉里贾·普拉萨德·柯伊拉腊提出 36 条要求。其中包括：要求组织具有高级决策权力的公民委员会；要求在解决不丹难民问题（由于不丹当局于 20 世纪 80 年代后半期开始推行民族同化政策，大批尼泊尔裔不丹人被驱逐出境，涌入尼泊尔，形成难民潮）上走出具有影响的一步；要求在利用尼泊尔水利资源时，要在达成共识的基础上制定国家政策；要求让印度军队从尼泊尔的领土卡拉巴尼（Kalapani）撤出；等等。尽管党派斗争不断，吉里贾·普拉萨德·柯伊拉腊这届政府总算维持到了1999年5月的第三次大选。

1999年5月的大选改变了过去的选举方法，即实行两轮选举法。第一轮选举在尼泊尔35个县90个选区里进行，第二轮选举在39个县102个选区里进行。大选结果是大会党获胜，组成多数派政府。大会党领导人巴特拉伊出任首相。他保证这一届大会党政府将把对民众的许诺付诸行动。然而，巴特拉伊仅仅执政了数月，他与大会党主席吉里贾·普拉萨德·柯伊拉腊之间的权力之争就发展到白热化。在柯伊拉腊派的发难下，巴特拉伊不得不放弃首相职位。

2000年3月，吉里贾·普拉萨德·柯伊拉腊再次出任首相。他也面临种种的棘手问题，如反政府武装斗争问题、贫困与失业问题、官员腐败问题和大会党内部斗争问题等。2000年8月吉里贾·普拉萨德·柯伊拉腊访问印度未取得预期效果，受到朝野的指责。在他访印归来的第二天，以政府内阁水资源大臣为首的60多名议员发起联名反对他的签名活动。他们对吉里贾·普拉萨德·柯伊拉腊一身担任两个要职不满，要求他或将首相职务放弃，或将大会党主席的职务交给党内的年轻一代。

第五节 当代简史

一 王宫惨案后国内政局的发展

2001年6月1日晚，尼泊尔发生震惊世界的王宫惨案。比兰德拉国王、艾什瓦尔雅王后、王子、公主和王室的其他成员共13人被枪杀，王储迪彭德拉（Dipendra）受重伤送往医院抢救。据官方任命的调查委员会称，这一血案系王储迪彭德拉所为（尽管公众对此普遍持怀疑态度）。在王室于 6 月 1 日晚举行例行聚会时，王储迪彭德拉由于在婚姻问题上与父王和母后发生争执，酒后发怒开枪扫射，然后"自杀"。200 多年来，尼泊尔一直是个印度教王国，国王不仅是国家的最高首脑，而且被认为是印度教三大神之一毗湿奴的化身。所以，杀害比兰德拉国王不仅是弑君，而且是弑神。这使印度教徒的心灵产生了巨大的震撼。从此，王室在人们心目中的崇高威信，几乎丧失殆尽。它在无形中为不久后沙阿王朝的终结创造了社会心理条件。

6 月 2 日，正在奇特万"度假"的比兰德拉的大弟贾南德拉（Gyanendra）返回加德满都。同一天上午，尼泊尔国务会议做出决定，宣布性命垂危的王储迪彭德拉为新国王，贾南德拉为摄政王。6 月 4 日，迪彭德拉去世，贾南德拉就任尼泊尔新国王。

王宫惨案的发生使吉里贾·普拉萨德·柯伊拉腊首相及其政府受到在野党和人民群众的谴责，加之他在应对国内反政府武装力量等方面无所作为，引起了广泛的不满，因而在各党和人民群众的强烈要求下，吉里贾·普拉萨德·柯伊拉腊被迫于 2001 年 7 月 20 日辞职。大会党的新一代领导人谢尔·巴哈杜尔·德乌帕再次出任首相。

在 2001 年的下半年，由尼泊尔共产党（毛主义者）——以下简称尼共（毛主义者）——领导的反政府武装力量活动更加频繁。他们自 1996 年在尼泊尔西部山区起事以来，力量不断扩张，至今已在全国 75 个县中的 30 多个县里建立了自己的势力范围。2001 年 8 月至 10 月，德乌帕领导的政府与反政府武装力量先后进行了 3 轮谈判，由于反政府武装力量要求废除君主立宪制，改行共和制，双方没有达成任何协议。面对反政府武装力量不断扩张和暴力事件的发生，国内局势日趋严重，新国王贾南德拉于 11 月 26 日宣布全国进入紧急状态，并宣布尼共（毛主义者）为"恐怖主义组织"。

2002 年 10 月 4 日，贾南德拉国王以德乌帕执政无力为由，免去其首相职务，接着于 10 月 11 日任命民族民主党主席洛肯德拉·巴哈杜尔·昌德为临时首相，组成临时内阁。与此同时，国王迅速通过秘密渠道与反政府武装联系，双方于 11 月同意实行第二次停火，准备再次进行和谈。

2003 年 3 月 13 日，政府军与反政府武装双方就应遵守的"行为准则"达成协议，并于 4 月 7 日、5 月 9 日和 8 月中旬举行了三轮会谈。但是政府军在美国的支持下，坚持认为反政府武装为"恐怖主义组织"，在第三轮会谈期间逮捕了 19 名反政府武装的干部和一般成员，并将他们杀害。这种违反"行为准则"的行为导致停火协议失效，谈判破裂。

二 政府与反政府武装在军事上的全面较量

第二次和谈失败后，政府与反政府武装在军事上展开新一轮全面较量。8 月 27 日，尼共（毛主义者）向全国发出号召，要求建立一个民主共和国，并决定在全国 75 个县采取武装行动：进攻和袭击政府军和警察局，伏击和歼灭行动中的政府武装人员，并破坏政府的办公设施等。翌日，政府军的高级军官基兰·巴斯奈特（Col. Kiran Basnet）上校即在首都被杀，负责心理战的切特里（Col. Ramindra Chhetri）上校被击成重伤。第三日，前内政部长坎德尔（Devendra Raj Kandel）被击伤住院。9 月 8 日，政府军 150 人进攻罗尔帕县的反政府武装，但被击退，死 8 人，伤数十人。

2003 年 12 月，美国南亚事务助理国务卿克利斯提娜·罗卡（Christina Rocca）访尼时到尼泊尔政府军的总部，了解其对反政府武装的具体镇压计划。此后，双方的战斗进一步趋于频繁和激烈，大小战斗不计其数，双方的伤亡人数迅速上升。

2004 年 8 月 18 日，反政府武装对加德满都实行了第一轮封锁，约有 2000 多部运送补给的车辆无法进城。由于物资供应短缺，物价飞涨，首都人心惶惶，坐卧不安。

这时，贾南德拉国王感到反政府武装的势力增长迅速，而内阁软弱无力，君主制陷入危机之中，于是再次萌生撇开各政党直接与反政府武装秘密接触的念头。他实际上是想与对方进行一笔交易：承诺支持普拉昌达出任首相，换取对方确保君主制的存在，以实现和解。① 据说，双方已初步

---

① Dhruba Adhikary："Maoists Face up to Political Reality"，*Asia Times Online*，April 11，2007.

约定于 2005 年 1 月 29 日在罗尔帕县会晤。但是，恰在此时，贾南德拉得到情报说，尼共（毛主义者）内部在路线问题上出现严重分歧，该党即将分裂。他认为这是个千载难逢的机会，于是毅然决然地做出决断：取消原来约定的会晤。他于 2 月 1 日对尼共（毛主义者）发动了闪电式的袭击，宣布全国处于紧急状态。他一方面解散不久前再次出任首相的德乌帕内阁，亲自执政，并软禁各主要政党的领导人；另一方面加紧对反政府武装进行镇压，务求将其消灭。

但是，贾南德拉国王错误地估计了形势，尼共（毛主义者）内部虽出现分歧，但没有分裂。他的这一举动，既得罪了各个合法党派，又使自己在尼共（毛主义者）面前陷于不义，使这两股本来相互对立乃至敌对的势力走到了一起。

三　八党联合政府的成立

2005 年秋，尼共（毛主义者）在西部的春邦（Chungbang）召开了一次中央委员会会议，决定实行战略转变，即从"人民战争"转变为"人民革命"，并认为对首都的包围可开启通过民主路线进行最后革命的道路。尼共（毛主义者）做这一战略转变，主要出于以下考虑。（1）国王的闪电式袭击堵塞了与之联合的可能。（2）皇家尼泊尔军队士气不高，但得到美国先进武器和装备，故有较强的战斗力，要攻克和占领首都并非易事。（3）即使在人民群众的配合下，攻陷了首都，但在当前国际形势下，友邦和同情者也难以出面支援，而美国和印度也决不肯罢休。因为美国极不愿看到尼共（毛主义者）在尼泊尔的存在，遑论让其在尼泊尔政治生活中起主导作用；印度虽愿看到尼共（毛主义者）被纳入尼泊尔政治主流中来，但也不愿让其在尼政坛居于主导地位，因为这会对印度的反政府武装活动产生激励效应。不论由谁出面——极可能是印度——武力干涉在所难免。到头来，生灵涂炭，于事无补。

尼共（毛主义者）在贾南德拉国王专政后，邀请以吉里贾·普拉萨德·柯伊拉腊为主席的尼泊尔大会党、以马达夫·库玛尔·内帕尔为总书记的尼共（联合马列）、以德乌帕为首的尼泊尔大会党（民主派）、以阿米克·谢尔阐（Amik Sherchan）为首的尼泊尔人民阵线、以阿南迪·戴维（Anandi Devi）为首的亲善党和以普拉布·那拉延·乔达里（Prabhu Narayan Chaudhari）为首的尼泊尔左翼阵线等组成的七党联盟代表团，到西部罗尔帕县举行会谈。在会谈中，各方初步同意联手反对国王，并同意将来举行制宪会议选举，制定一部新宪法。

2005 年 11 月，尼共（毛主义者）主席普拉昌达与以吉里贾·普拉萨德·柯伊拉腊为首的七党联盟在新德里举行了秘密会谈，双方于 11 月 22 日达成并签署了著名的《谅解备忘录》（达成了"十二点共识"）并实现停火。"十二点共识"的主要内容是：联手结束独裁的君主制；组建临时政府，举行立宪会议选举，实现充分的民主；积极解决武装冲突，实现持久和平；双方承诺实行多党的竞争制，并对过去的不当行为做自我批评；等等。

"十二点共识"的达成绝不是偶然的。它实际上也是尼泊尔广大人民群众和国际社会强烈要求的结果。据统计，从 1996 年 2 月"人民战争"爆发到 2006 年 4 月全面停火，全国共有 1.3 万人死亡，数十万人流离失所，财产损失难以估计。长达十年的内战证明，无论是政府一方或反政府一方，谁也征服不了对方，顺应民意和国际社会的要求，通过对话实现和解才是正确的道路。

2006 年 4 月，尼共（毛主义者）与七党联盟联合发动声势浩大的群众运动，迫使国王交出权力，恢复政党政府，任命大会党主席吉里贾·普拉萨德·柯伊拉腊为首相，组建七党联盟的临时政府。临时政府成立后，立即同尼共（毛主义者）展开了和谈。

同年 6 月 16 日，尼共（毛主义者）主席普拉昌达与七党联盟政府首相达成"八点协议"。根据这一协议，政府将解散议会，并在其解散后的一个月内与尼共（毛主义者）组成新的联合政府，分享权力；后者则解散其在农村地区与政府对立的机构。但是，由于美国和印度的干涉，双方经过马拉松式的谈判，直到 11 月 8 日，才达成历史性的《全面和平协议》，同意组建有尼共（毛主义者）参加的临时议会和临时政府，并出台临时宪法，为实现国家的持久和平铺平道路。

同年 11 月 21 日，普拉昌达与吉里贾·普拉萨德·柯伊拉腊在比兰德拉国际会议中心签署了《全面和平协议》，正式结束了尼共（毛主义者）自 1996 年开始的长达 10 年的"人民战争"。

同年 12 月 16 日，七党联盟政府与尼共（毛主义者）签署了《临时宪法》。从此，尼共（毛主义者）成为一个合法的政党。

2007 年 4 月 1 日，八党联合政府终于宣告成立。首相由吉里贾·普拉萨德·柯伊拉腊担任，尼共（毛主义者）占有 22 个部门中的 5 个部长职务。

四　尼泊尔联邦民主共和国的诞生及其后的政局发展

2008 年 4 月，尼泊尔举行制宪会议选举，尼泊尔出现了巨大的变化。在制宪会议 601 席（其中 26 席由总理任命）的选举中，尼联共（毛）——由尼共（毛主义者）与一些左翼小党合并改组而成——赢得 220 席，大会党赢得 110 席，尼共（联合马列）赢得 103 席，马德西人民权利论坛赢得 52 席，余下的席位分别由其他一些较小的党派获得。5 月 28 日，尼泊尔制宪会议召开首次会议，于 29 日凌晨以绝对多数票通过了废除君主制的决议，并宣布尼泊尔联邦民主共和国诞生。

制宪会议原定期为两年，主要职责是制定新宪法，同时承担议会的职能。

2008 年 8 月 15 日，议会以 464 票的大多数通过任命尼共（毛主义者）领导人普拉昌达为联邦民主共和国第一任总理。新政府成立后，人们希望长期陷入动乱的尼泊尔会自此从专制走向民主，从动荡走向稳定。但是事情的变化并未如人们所希望的那样发展。

普拉昌达出任总理后，打破历任尼泊尔领导人上任后首先访问印度的惯例，于 8 月下旬到北京参加奥运会闭幕式，并会见了时任中国国家主席胡锦涛和其他领导人。此后，双方高层互访不断，中国国防部长和政协主席先后访尼，尼多名内阁部长在回访中国时，双方签署了一系列经贸合作协定。这引起了印度政府的嫉妒和不满。在国内方面，大会党和尼共（联合马列）由于顾忌尼共（毛主义者）的军事实力，不断敦促加快整合军队。

尼共（毛主义者）主张将"人民解放军"作为一个整体并入政府军，但是，政府军参谋长卡特瓦尔（Ruk Mangat Katwal）反对这样做。他认为只能容许"人民解放军"的少数战士加入政府军，而且以打乱建制的方式被编入政府军，其余的人员则必须复员或从事非战斗性任务。

2009年初，作为尼泊尔联邦民主共和国第一任总理的普拉昌达，为顺利实现军队整编，决定解除卡特瓦尔的参谋长职务，并考虑给他在总理办公室安排一份体面的工作。但是这个决定遭到总统拉姆·巴兰·亚达夫（Ram Baran Yadav）公开反对，原先表示支持这一决定的执政盟友尼共（联合马列）在外界影响下也转变了立场，并以退出政府相要挟。面对这一形势，普拉昌达于5月4日辞去总理职务。

2009年5月23日，尼共（联合马列）领导人马达夫·库玛尔·内帕尔在大会党、马德西人民论坛和其他一些小党的支持下，赢得议会601票中的354票，当选为尼泊尔联邦民主共和国的第二任总理。5月25日，内帕尔宣誓就职并出面组建新一届政府。

鉴于制宪会议原定期为两年，新政府面临的主要任务就是争取在2010年5月28日前推动制宪会议完成新宪法的制定工作。但是，由于主要政党之间在起草新宪法与和平进程问题上分歧严重，新政府感到无能为力，其总理内帕尔随即宣布辞职。

由于此届制宪会议到5月28日期满，是日午夜，尼联共（毛）[1] 主席普拉昌达、大会党代主席苏希尔·柯伊拉腊和尼共（联合马列）主席贾拉·纳什·卡纳尔经过协商，同意将制宪会议延长一年。

内帕尔辞职后，各政党围绕总理的人选问题展开激烈的博弈，尼泊尔政局再次陷入动荡。

自2010年6月至2011年1月，制宪会议先后进行了16轮总理选举，均以失败告终。2011年1月25日，制宪会议通过一项临时宪法修正案，

---

① 2009年1月12日，尼共（毛主义者）与尼共（团结中心）宣布合并，组成尼泊尔联合共产党（毛），简称尼联共（毛）。

采纳各主要政党提出的总理选举新规则：议员在总理选举中不得投弃权票，候选人获得简单多数票者即可成为总理。

2011年2月3日，制宪会议根据上述新规则举行第17轮选举，尼共（联合马列）主席贾拉·纳什·卡纳尔在尼联共（毛）支持下以简单多数票胜出，当选为尼泊尔联邦民主共和国第三任总理。但是，卡纳尔执政不到4个月便面临宪政危机，因为制宪会议到2011年5月28日24时期满。于是，各主要政党不得不再次密集会谈，于5月28日深夜达成"五点共识"，同意将制宪会议在2010年决定的延期一年的基础上再延期三个月，从而避免了宪政危机。

尽管卡纳尔总理在执政期间，一直努力凝聚共识，但各党仍未能就起草新宪法和推进和平进程所涉及的一些棘手问题达成一致。2011年8月13日，卡纳尔向亚达夫总统递交了辞呈。但是，根据《临时宪法》，总统要求他继续担任看守总理，直到产生新一届政府。

2011年8月24日，亚达夫总统致函制宪会议，要求其通过简单多数票选出总理，以尽快组建新一届政府。由于尼共（联合马列）和南部特莱地区的"马德西人民权利论坛"宣布退出新一届政府选举，这次选举主要是在尼联共（毛）和大会党之间展开竞争。

同年8月29日，尼联共（毛）副主席巴布拉姆·巴特拉伊以多数票战胜大会党的领导人德乌帕，当选为尼泊尔联邦民主共和国的第四任总理。

巴特拉伊出任总理并出面组织新政府，这是尼联共（毛）时隔两年半之后的再次执政。为争取大会党和尼共（联合马列）加入联合政府并制定新宪法，巴特拉伊在有关和平进程的几项重大问题上做出了让步：（1）在就职后立即决定交出原"人民解放军"的武器库钥匙；（2）于11月间决定加速军队整合，除约1600余名"人民解放军"战士纳入尼泊尔政府军外，其余大部分人员均予以遣散；（3）决定将在战争期间分给贫苦农民的土地归还地主。此外，巴特拉伊在出访印度时与印度签署了《双边投资保护协议》。也正是在巴特拉伊执政期间，美国宣布给尼联共（毛）摘掉"恐怖主义组织"的帽子。

在巴特拉伊执政期间，制宪会议先后有过两次延期，一次是从 2011 年 8 月 28 日延期至 11 月 27 日，另一次是从 2011 年 11 月 28 日延期至 2012 年 5 月 27 日。在后一次任期届满之际，尼联共（毛）与大会党、尼共（联合马列）和马德西联合民主阵线举行会谈，一致同意向议会提交一项议案，要求将制宪会议再延长 3 个月。但是，尼泊尔最高法院予以拒绝。在这种背景下，巴特拉伊总理于 2012 年 5 月 27 日在内阁会议上宣布本届制宪会议解散，新的制宪会议选举将于 2012 年 11 月 22 日进行。

2012 年 5 月 29 日，尼泊尔总统亚达夫发表声明，要求巴特拉伊以看守总理的身份继续处理政府的日常事务，直到新一届政府的产生。

五　第二次制宪会议的选举及未来走向

尼泊尔制宪会议的第二次选举原定于 2012 年 11 月 22 日举行，但是，由于各主要政党在成立负责这次选举的临时政府问题上陷入僵局，选举无法进行。经过艰难的谈判，尼泊尔的四大政党——尼联共（毛）、大会党、尼共（联合马列）和马德西联合民主阵线最终于 2013 年 3 月 13 日就临时政府的组成达成共识，打破了持续近 10 个月的僵局。

根据达成的共识，2013 年 3 月 13 日成立了由 11 个无党派人士组成的"临时选举委员会"（即临时政府），其主要使命是负责和确保第二届制宪会议的顺利举行。尼泊尔首席大法官基尔·拉吉·雷格米（Khil Raj Regmi）出任该委员会主席，即临时总理，并于 3 月 14 日宣誓就职。

由于种种原因，第二次制宪会议选举未能按原定日期进行，而是延至 2013 年 11 月 19 日举行。官方公布的大选结果是：原先在制宪会议 601 个席位中占 110 席的大会党增至 196 席，跃居第一；尼共（联合马列）从之前的 103 席增至 175 席，跃居第二；尼联共（毛）从之前的 220 席骤减至 80 席，跌至第三位。尼联共（毛）在这次选举中，遭到重创。

2014 年 2 月 10 日，大会党主席苏希尔·柯伊拉腊作为唯一候选人当选新总理，接着，在尼共（联合马列）的支持下组织新一届政府。新政府在成立后宣布在一年之内完成起草新宪法的工作。人们在密切关注其局势的发展。

第六节 著名历史人物

释迦牟尼（**Sakyamuni，约公元前 6 世纪至公元前 5 世纪**） 佛教的创始人。本名乔答摩·悉达多，成道后被尊称为释迦牟尼，意为"释迦族的圣人"。他虽成道在印度，却出生在现今尼泊尔南部蓝毗尼专区的提罗拉科特（Tilaurakot）。尼泊尔人为此感到十分骄傲和自豪。

乔答摩，父名首图驮那（净饭王），是迦毗罗卫国的国王；母名摩雅，是天臂城善觉王的长女。相传摩雅夫人是在返回母家途中于蓝毗尼园生下乔答摩的，蓝毗尼园遗址保存至今。据说，只有总统或其他崇拜佛祖的最为尊贵的客人才能从这里迎取一小块圣土回去长期膜拜。乔答摩 29 岁出家，35 岁成道。此后开始了长达 45 年的传道活动。他最初只是被看作先觉者（佛），后被神话为佛教的法力无边的最高神。

阿姆苏瓦尔马（**Amshuvarma，605 – 640**） 李查维王朝的著名国王。其统治时期是该王朝的黄金时代。碑文上记载，这位国王关心人民，免除了种种赋税，采取了各种办法改善人民生活。他酷爱文学艺术，自己还撰写了一部语法书；是一个虔诚的印度教教徒，但同时也敬仰佛教。此外他还建造了一座名为"凯拉什库特"的大厦，该大厦设计精巧、造型完美，据说其中有一个能容纳近万人的大厅。这说明当时的建筑工艺已达很高水平。

在阿姆苏瓦尔马统治时期，尼中关系发展到空前紧密的程度。约在公元 639 年，他将女儿布丽库蒂（赤真公主）嫁给中国西藏的松赞干布。

关于这位国王，玄奘在《大唐西域记》（卷七）上有如下记载："近代有王，号鸯输伐摩（唐言光胄），硕学聪睿，自制声明论，重学敬德，遐迩著闻。"这里所说的"鸯输伐摩"即阿姆苏瓦尔马。

阿尼哥（**Arniko，1244 – 1306**） 著名尼泊尔工艺家。1244 年出生于加德满都谷地的帕坦城，据说是释迦族的后裔。尼人称他为巴勒布·阿尼哥。他自幼聪颖，善造佛塔和寺庙。他于 1260 年率工艺匠 80 人到西藏建造金塔，得到元世祖总管西藏事务的国师八思巴的赏识，被带到大都（今北京），受到元世祖的接见，并被任命为"人匠总管"，负责建造方面的工作。他在华工作 40 余年，"最其平生所成，凡塔三，大寺九，祠祀二，道宫一。若内外朝之文物、礼殿之神位、官宇之仪器，组织熔范、搏埴丹粉之繁缛者，不与焉"。由此可见其贡献之大。此外，他还为中国培养了许多汉藏两族的能工巧匠，其中河北蓟州宝坻人刘元便是其中突出的一位，他塑造的梵像，"神思妙合"，在当时被称为绝技。阿尼哥为中尼文化交流做出了巨大贡献，被尼泊尔人看作民族英雄。

贾雅斯提提·马拉（Jayasthiti Malla，1382 – 1422） 中世纪马拉王朝最有名的国王。他进行了许多改革：在经济方面实行新的土地丈量法和度量衡制度，在司法方面实行按罪量刑的法制，在宗教方面大力推行印度教。他按照《摩奴法典》制定了有关各种姓的等级地位、工作和服饰守则等，并大力贯彻实施，甚至连一直信奉佛教的尼瓦尔人也被分成若干种姓等级。从此，印度教在尼泊尔扎下了根。

普里特维·纳拉扬·沙阿（Prithvi Narayan Shah，1722 – 1775）
沙阿王朝的一位勇敢善战、坚忍不拔和有雄才大略的国王，在尼泊尔近代史上有着突出的地位。他于 1742 年登上位于加德满都以西一个被称作"廓尔喀王国"的王位，立志要统一尼泊尔。1768 年 9 月，他趁马拉人的内部不和，征服了加德满都，迅速占领了帕坦，并于 1769 年 7 月攻下巴德岗，结束了马拉王朝的统治，将首都迁到加德满都。接着，他为了建立一个统一强大的尼泊尔王国，不断东征西讨，把尼泊尔的疆界东扩到大吉岭，西扩至马尔希扬和哲普河，北到喜马拉雅山，南到莫朗和哈努曼纳加。与此同时，他积极发展民族经济，促进国家进步，并把各地区不同民族中的优秀人才吸收到中央机构中来。

普里特维·纳拉扬·沙阿从一个小小的廓尔喀王国起家，把陷于内战、四分五裂的若干土邦王国统一为独立强大的尼泊尔王国，为尼泊尔以后的发展奠定了基础。所以，尼泊尔人把他看作尼泊尔命运的缔造者和国父。

阿马尔·辛格·塔帕（Amar Singh Thapa，1751 – 1816） 尼泊尔的著名爱国将领。1814 年东印度公司入侵尼泊尔时，他作为主将率军抗击英军，英军大败亏输。在马龙战役中，阿马尔将军以少胜多，多次击败由英军将领奥克特罗尼（Ochterlony）在 6 个月内不断发动的进攻。英军久攻马龙失利，百般无奈，于是，奥克特罗尼便写信给阿马尔将军，企图以高官厚禄收买阿马尔。阿马尔不仅不为所动，还认为这是对他的侮辱。他把来信撕得粉碎，更加勇猛地投入战斗。由于他异常勇猛顽强，被誉为"尼泊尔的活狮子"。他的忠诚和在战争中表现出的英勇刚毅，有力地鼓舞了尼泊尔的将士。但是，由于英方武器先进，尼方被迫于 1816 年与英方签署了不平等的《萨高利条约》（Sugauli Treaty）。对此，阿马尔感到十分愧疚，独自前往格萨孔德湖（Gosaikund lake），在那里了结了自己的余生。

巴拉巴德拉·孔瓦尔（Balabhadra Kunwar，生卒年不详） 尼泊尔著名民族英雄。在 1814 ~ 1815 年抗击英军入侵的卡朗加（Khalanga）战役中，他率领 600 名战士，多次英勇顽强地击退了由吉莱斯皮（Gillespie）率领的 4000 名英军的进攻，并用自己仅有的一门大炮击毙了吉莱斯皮。他们的誓言是，"我们宁愿与来犯者同归于尽，至死也不放弃堡垒"。巴拉巴德拉及其所率的战士们英勇无畏和不屈不挠的精神令英军心生敬畏。战役结束后，英国人为巴拉巴德拉和他率领的战士们竖立了一座纪念碑，碑文上写道："敬献给我们英勇的敌人巴拉巴德拉和他勇敢的廓尔喀朋友们。"

巴克提·塔帕（Bhakti Thapa，生卒年不详） 尼泊尔的著名爱国将领，在 1814 ~ 1815 年抵抗英军入侵的战斗中功绩卓著。在一次战役中，他奉命带领 500 名士兵攻占德乌塔尔（Deu Thal）碉堡。尽管他已年届60，却毫不犹豫地立即与英军展开了激烈战斗。他以"冲锋在前是英雄"的口号鼓舞战士，身先士卒，杀入敌阵。尽管他后来身负重伤，依然手执利剑指挥部队，一直坚持到最后一口气。英军钦佩巴克提·塔帕将军的英勇，用昂贵的布匹将他的尸体裹好送到尼方司令官帐下。巴克提·塔帕以自己的英勇行为，为尼泊尔民族谱写了一曲悲壮的英雄赞歌。

比姆森·塔帕（Bhimsen Thapa，1775－1839） 沙阿王朝的著名首相。1814 年 11 月 1 日，英国驻印总督赫斯廷斯以边界问题为借口向尼泊尔宣战时，他采取了坚决抵抗、保家卫国的鲜明政策。在他的领导下，尼泊尔军民英勇抗击英国侵略者，涌现出无数可歌可泣的民族英雄，谱写了无数动人心弦的战斗篇章。虽然尼泊尔在人力和武器装备上处于劣势，最后在战场上失败，但人民没有屈服。为重振国力，比姆森·塔帕实行了一系列改革：整编军队，加强训练，建立兵工厂和军火库；发展工商业；开荒和废除奴隶制；等等。在对外方面，他积极与中国、缅甸和印度的民主势力联络。其中心目的是要将英帝国主义从尼泊尔和亚洲赶走。因此，英国人对比姆森·塔帕恨之入骨。他们挑拨潘德家族与塔帕家族的矛盾，最后残酷地害死了比姆森·塔帕。尽管如此，比姆森·塔帕的名字却永垂尼泊尔史册，他被誉为反对外国侵略的伟大民族英雄。

巴努巴克塔·阿查里亚（Bhanubhakta Acharya，1814－1869） 19世纪尼泊尔的著名诗人，他在人们尚不太习惯用尼泊尔文进行写作的时候，用尼泊尔文翻译了印度史诗《罗摩衍那》。这实际上是他根据尼泊尔的社会、文化和宗教情况，按照尼泊尔诗词韵律翻译改写的长篇诗歌。它在尼泊尔广为流传，家喻户晓。他对尼泊尔语言文学的发展做出了卓越的贡献，因而被誉为尼泊尔语言文学的奠基人。

毛提拉姆·巴塔（Motiram Bhatta，1866－1896） 对发展尼泊尔语言文学做出巨大贡献的著名文学家。他的《巴努巴克塔传》，通过对巴努巴克塔生平的描述激发起了尼泊尔民族的自豪感，从而将用尼泊尔文进行创作的运动向前推动了一步。

忠格·巴哈杜尔·拉纳（Jung Bahadur Rana，1817－1877） 1846年 9 月 15 日发动政变，通过制造骇人听闻的"科特庭院"惨案，一举杀害潘德家族首相、大臣和其他政敌四百余人，夺取了首相职务和一切军政大权，使国王成为傀儡，自己成为国家的最高主宰。从此拉纳家族开始对尼泊尔实行家族专制统治。

他在主政期间，于 1854 年颁布了一部名为《穆鲁克艾恩》的法典，全面实施种姓制度；先后于 1855 年 4 月和 9 月派兵入侵中国西藏，占领吉隆、宗嘎和固帝，并于 1856 年 3 月迫使西藏签订不平等的《塔帕塔利条约》；在第一次世界大战中为英国提供兵力支持；在印度人民起义时帮助英国殖民者对其进行镇压。由于他执行了亲英政策，尼泊尔在英帝国统治南亚的鼎盛时期仍保持了内政方面的自治和相对独立的地位。

特里布文·比尔·比克拉姆·沙阿（Tribhuwan Bir Bikram Shah 1906 – 1955） 沙阿王朝的第八代国王。为摆脱拉纳家族的控制，曾于 1936 年秘密支持人民党的成立。该党三年后遭到拉纳政权的镇压。1950 年 9 月，拉纳政权企图捏造罪名将新成立的大会党领导人加奈什·曼·辛格（Ganesh Man Singh）等置于死地，特里布文国王拒绝批准杀害这些无辜者。拉纳家族看到国王不再听其摆布，在王宫周围设岗哨，准备与国王摊牌。特里布文意识到危在旦夕，便于 1950 年 11 月 10 日以打猎为名，逃到印度驻尼泊尔大使馆避难。接着，他在印度的帮助下飞往德里，并在印度总理尼赫鲁的支持下与拉纳家族和大会党进行了三方会谈，于 1951 年 2 月 18 日恢复了沙阿王室丧失了 105 年的统治地位。

马亨德拉·比尔·比克拉姆·沙阿（Mahendra Bir Bikram Shah，1920 – 1972） 1955 年继承王位，是沙阿王朝的第九代国王，也是尼泊尔历史上杰出的政治家。他的民族独立意识较强。在他执政期间，尼泊尔改变了单方面与印度交好的政策，于 1955 年 8 月 1 日与中国建立外交关系，1956 年 9 月签订《中尼保持友好关系以及关于中国西藏地方和尼泊尔之间的通商和交通协定》。1957 年 1 月，周恩来总理应邀访尼。除官方关系外，马亨德拉还鼓励和支持中尼之间宗教界和文艺界的交往。

尼泊尔曾于 1959 年实行君主立宪制下的两院议会制。但马亨德拉后来认为它不适合尼国情，解散了议会，禁止党派存在，并于 1962 年改行无党派的评议会制度，将大权集于国王一身。1961 年 10 月 5 日中尼两国在北京签署了《中华人民共和国和尼泊尔王国边界条约》。

马亨德拉国王喜好文学，写诗呼吁人民群众爱国。他主张实行一夫一妻，且以身作则，在公众中受到好评。

B. P. 柯伊拉腊（B. P. Koirala，1914 – 1982） 尼泊尔 20 世纪著名

的政治活动家、作家和思想家。他曾长期生活在印度，在参加印度反对英国殖民主义的斗争中一度被捕入狱。1947 年 1 月 27 日在印度组建尼泊尔大会党。1950 年，该党迁回尼泊尔，并在 1959 年尼泊尔首次举行的大选中赢得众议院 109 个席位中的 74 席。B. P. 柯伊腊拉作为大会党的领导人被任命为首相，从而组成了尼泊尔有史以来的第一个民选内阁。1960 年 3 月，B. P. 柯伊拉腊访问中国，双方在和平共处五项原则的指导下，于 3 月 21 日签订了《中华人民共和国和尼泊尔王国政府关于两国边界问题的协定》。后来，由于他与马亨德拉国王政见不合，在 1960 年 12 月被捕入狱，接着流亡印度。1976 年，他被"宽赦"返尼，但仍以"叛国"罪被审判，再次入狱，1982 年 7 月 21 日逝世。他被认为是尼泊尔民主运动的伟大先行者。

比兰德拉·比尔·比克拉姆·沙阿（Birendra Bir Bikram Shah, 1945 - 2001）　沙阿王朝的第十代国王，1972 年继位。在 1975 年 2 月 25 日举行加冕典礼时，比兰德拉国王即向各国贵宾郑重建议"宣布尼泊尔为和平区"，先后取得印度以外的 116 个国家的支持。

比兰德拉国王的民族独立意识较强，为捍卫尼泊尔的主权和民族独立，他不畏强暴，毕生不懈地进行勇敢的斗争。人民群众由于对王室专政不满，1989 ~ 1990 年举行了声势浩大的抗议和游行示威。在这个关键时期，他宁肯向人民群众让步也不向外部势力屈服，毅然决定放弃已经实行了 28 年的评议会制度，接受人民群众的要求，改行君主立宪制下的多党议会民主制度，因而获得了"人民国王"的美誉。他对华十分友好，积极发展对华友好合作关系，先后 10 次访问中国，会见过毛泽东、周恩来、邓小平、李先念和李鹏等中方领导人。不幸的是，2001 年 6 月 1 日深夜，深受群众尊敬和爱戴的比兰德拉国王，竟然在王室的一次例行聚会上被血腥杀害了。据官方的说法，王储迪潘德拉由于不满父王和母后干涉他的婚事在酒后下此毒手，但是群众深信这是一个经过精心准备和筹划的国际阴谋。

贾南德拉·比尔·比克拉姆·沙阿（Gyanendra Bir Bikran Shah, 1947 - ）　沙阿王朝的最后一位国王，1947 年生，2001 年 6 月 1 日宫廷

惨案后即位。他在位期间，以尼泊尔大会党为首的七党联盟与尼共（毛主义者）进行和谈成功，成立了八党临时政府。2007 年 4 月 1 日，临时议会通过了"废除君主制，建立尼泊尔联邦民主共和国的决议"。2008 年 5 月 29 日，制宪会议正式通过了临时议会关于"废除君主制，建立尼泊尔联邦民主共和国的决议"，自此，统治尼泊尔长达 239 年的沙阿王朝寿终正寝。

吉里贾·普拉萨德·柯伊拉腊（Girija Prasad Koirala，1925 – 2010）

出身于尼泊尔著名政治世家柯伊拉腊家族，尼泊尔大会党的著名领导人之一。1982 年 7 月 B. P. 柯伊拉腊逝世，11 月 30 日，尼泊尔大会党召开"非正式"全国大会，吉里贾·普拉萨德·柯伊拉腊被选为该党主席。他曾先后于 1991 年 5 月至 1994 年 11 月、2000 年 3 月至 2001 年 7 月、2006 年 4 月至 2008 年 6 月三次出任尼泊尔王国首相。在第三次出任首相期间，他主持以大会党为首的"七党联盟"与尼共（毛主义者）武装力量和谈，取得了成功，从而为尼全国的和解做出了突出贡献。

第四章
政治与军事

第一节　国体与政体

1990 年，尼泊尔开始实行君主立宪政体和多党议会民主制。在此之前，尼泊尔是印度教君主国。2008 年 5 月 28 日，尼泊尔制宪会议宣布废除君主制，成立联邦民主共和国。这一体制在尼泊尔的形成，经历了一个漫长的过程。

在沙阿王朝于 1769 年统一尼泊尔前，尼泊尔为数十个土邦王国所统治。这些土邦王国宛如许多政治上的小作坊，各自实行着形形色色的家长式统治。沙阿王朝统一尼泊尔后，逐步建立了前所未有的尼泊尔王国。尼泊尔的版图扩大了，生活在其领土上的人口增多了，但这个王国仍然是一个封建专制的国家，王权是至高无上的，国王的意志即为法律，王位由王室成员世袭。当然，在统治和治理国家方面，国王通常要任命首相和许多大臣来帮他处理各种事务。

1846 年拉纳家族的忠格·巴哈杜尔·拉纳发动政变，攫取了国家的控制权，迫使当时的国王拉金德拉·比克拉姆·沙阿（Rajendra Bikram Shah，1816 - 1847）任命他为首相兼军队总司令等要职，从而掌握了一切军政大权。从此，拉纳家族开始对尼泊尔实行长达 105 年的家族专制统治，沙阿王朝的国王沦为傀儡。拉纳家族为了确保其统治地位，实行王位世袭制，父子相传，但在子嗣年幼的情况下，王位也可以兄弟相传。这个家族在统治期间千方百计地维护和巩固其家族统治，为此不惜残酷镇压异己。统治者尽一切努力，最大限度地搜刮民脂民膏。

1951 年拉纳家族专制统治的结束，使尼泊尔的政治史翻开了新的一页。此后的半个多世纪尼泊尔政局几经变化，尼泊尔的国体与政体也不断发展。

一　试行君主立宪制时期（1951～1962）

1951 年 2 月 12 日，特里布文国王与大会党和拉纳家族在印度的德里会谈并迫使拉纳家族交出政权。2 月 18 日，特里布文国王向全国人民发表演说，宣告拉纳家族专政结束，成立联合政府。3 月 30 日，联合政府颁布了临时宪法。它虽是个临时性的法律，但多少带有君主立宪性质，是尼泊尔建立西方式的君主立宪政体的一次尝试。临时宪法规定：要把尼泊尔建成一个"福利国家"；国家的行政权属于国王和大臣会议，首相和其他大臣由国王任命；高等法院是最高法院，由其做出的判决，国王和首相都不可否决；等等。

临时宪法有许多不完善和不明确之处，无论是国王还是各个政党都十分缺乏经验。由于政党之间为争权夺利互相倾轧，1951～1959 年的 8 年间，内阁更换十分频繁，政局比较动荡和混乱。临时宪法虽然规定国家的行政权属于国王和大臣会议，但是由于历届首相的影响力有限，而他们都是由国王独自根据形势予以任命的，这在无形中使王权逐步得到加强；而在当时，面对动荡和混乱的政局，人民也希望国王能起到稳定局势的作用。在这种背景下，马亨德拉国王于 1959 年 2 月颁布了一部正式的宪法。从该宪法的一些内容看，尼泊尔似乎出现了前所未有的广泛的民主，如尼泊尔要建立一个议会制政府，允许不同政党存在；议会分上下两院，下院通过全国大选产生；给予人民基本权利；等等。但是该宪法的序言中同时宣称，其宗旨是"通过建立反映人民意愿的君主制形式的政府以确保政治稳定"，国王"依据国家的传统和习惯行使尊敬的祖先留给我们的最高权力"。此外，该宪法还赋予了国王任命首席法官和其他法官的权力，以及其他广泛的军事和外交方面的权力。在立法方面，议会虽享有立法权，但国王却享有最后决定权。在行政权方面，该宪法规定，内阁具有对尼泊尔政府实行总的指导和管理的职责，并向下院负责，但同时又规定"国家的行政权属于国王"。从这些规定看，国王不仅是国家元首，也是政府的实际首脑。

1959 年上半年，全国举行了有史以来的第一次大选，尼泊尔大会党获得下院 109 个议席中的 74 席。依照宪法，大会党单独组阁，该党主席 B. P. 柯伊拉腊出任首相。但是，由于他不满足于仅仅"对尼泊尔政府实行总的指导和管理的职责"，在权力方面与王权发生了冲突，导致马亨德拉国王于 1960 年 12 月 15 日停止执行宪法，解散议会和内阁，并宣布一切政党非法，亲自执政。

二　无党派评议会体制时期（1962～1990）

马亨德拉国王认为多党议会制不适合尼泊尔的国情，因为多党议会制不仅会导致政局动荡、腐败丛生，且易引起外国介入尼的内政。马亨德拉国王决心对国家的政治体制进行改革。经过探索，马亨德拉国王发现可以效仿自古以来在尼泊尔农村存在的"五老会"组织。所谓农村的"五老会"组织，即以自然村落为单位，由每个村最年长的五名男子组成的议事机构，它为村民排解纠纷并处理本村的一切公务，具有基层政权形式的雏形。马亨德拉认为这种形式"土生土长"，扎根于人民群众之中，符合尼泊尔国情，是在尼实行民主的最好形式，于是在五老会的基础上创立了无党派的评议会制度，并于 1962 年 12 月 16 日颁布了无党派评议会的新宪法，并立即付诸实施。

1962 年的《宪法》赋予国王以至高无上的地位。它规定，"尼泊尔的主权属于陛下，一切权力，包括行政权、立法权和司法权皆来自陛下"。（见王宏纬编著《高山王国尼泊尔》，中国社会科学出版社，1980，第 261 页）它还规定，"本宪法中'陛下'一词是指现时在位的作为普里特维·纳拉扬·沙阿国王后裔和雅利安文化及印度教信徒的国王陛下"。这在实际上是宣布尼泊尔为印度教君主国。根据这一宪法，尼泊尔实行无党派的评议会制度，禁止一切政党活动，国王独揽国家一切权力，享有立法、司法、行政、修改宪法、宣布实施紧急状态等最高权力。国王之外设两个机构：一个为立法机构，即全国评议会；另一个为咨询机构，即国务会议。评议会分为四级：全国评议会、专区评议会、县评议会和村（镇）评议会。全国评议会虽为最高的立法机构，但它所通过的法案，须得到国王批准后才能生效。评议会采取逐级选举，最后选出全国评议会的办法。全国评议会由 140 名议员组成，其中 28 名由国王直接任命，其余 112 名从全国的 75 个县的县评议员中选举产生，议员任期 5 年。全国评议会一般在尼历的 3～6 月（公历大约是 6～9 月）举行，由国王召集开会和宣布闭会。必要时，国王可提前召集会议，并可向评议会发表演说和送交文告。评议会议长和副议长由评议会推荐，国王批准产生，其任期也为 5 年。

1972 年 1 月马亨德拉国王逝世，比兰德拉国王继位，继续推行无党派的评议会制度。比兰德拉国王曾在英国伊顿公学和美国哈佛大学留学，比较开明，因此人民希望他能恢复民主制度。学生和工人开始上街示威游行，要求改变政治制度，改善他们的社会和经济条件。为顺应这种形势，比兰德拉于 1974 年对评议会制度做了一些改革，例如将它从原来的四级调整为三级，将专区一级撤销，等等。尽管如此，人们对评议会制度，特别是对各级官员贪污腐败的不满并未消除，国内局势继续恶化。

1979 年 4 月，首都加德满都出现了空前规模的学生运动。由于处理不当，学生与警察发生冲突，事态趋于严重。各党派和各种政治势力也趁机积极活动，把矛头指向评议会制度。1979 年 5 月，为适应形势的要求，比兰德拉国王宣布举行公民投票，以决定尼泊尔王国是继续保持无党派的评议会制度，还是建立多党的议会制度。1980 年 5 月 2 日，尼泊尔举行了全体公民投票。5 月 14 日，全国选举委员会公布投票结果：54.4% 的选民赞成继续保持评议会制度。

1980 年 12 月，比兰德拉国王修改宪法，规定：全国评议会由普选产生 140 名成员中的 112 名，候选人应为 25 岁以上的属于农民、工人、学生、青年、妇女和退伍军人六个"阶级组织"之一的成员；首相由全国评议会选举产生，必须得到 60% 以上的选票；内阁向全国评议会负责。根据修改后的宪法，1981 年 5 月 9 日尼泊尔举行了第一次全国评议会直接选举。但是，绝大多数政党的主要领导人由于遭软禁而没能参加选举。

1985 年 5 月，大会党发起了向国王上书的签名运动，随即又在全国范围内发起了不合作运动，目的在于争取开放党禁，建立民主制度。共产党有五个派别发表联合声明，也要求撤销党禁，实行多党制政治，恢复人民的基本民主权利。这一时期，较有影响的尼泊尔教师协会把长期以来争取提高待遇的斗争推向了新的高潮。他们封锁学校，发起"向加德满都进军"和全国性的罢教活动。学生组织也联合起来向政府提出了一些具体的要求，并发动了几次全国性罢课和学潮。政府对学潮进行了大规模镇压，并逮捕了反对党领导人和集会游行的骨干。

1989 年 1 月中下旬，尼泊尔大会党在加德满都举行全国性大会，决定从 1989 年 2 月 18 日（民主日）起，为恢复民主而进行非暴力运动。此后，在尼泊尔大会党和左翼政党的共同号召下，群众运动以极其隐秘的形式迅速向全国发展。由于军警进行镇压，从 1 月下旬至 3 月上旬的 47 天中，有上百人牺牲，上千人被捕，许多人失踪。但这一运动不仅没有被镇压下去，反而不断发展。3 月，印度借口尼印过境条约到期，对尼实行经济封锁，使尼经济陷入困境。由于从石油到食盐等与国计民生相关的基本物资极度匮乏，人民群众更加不满，政治矛盾也随之变得更加尖锐。

1990 年 2 月，尼泊尔大会党同七个共产主义组织组成的联合左翼阵线发起了恢复民主的运动。运动的声势逐渐壮大，到 4 月每天有数万人走上街头，并不断与保安部队发生冲突。印度和美国不断向尼施加压力。在国内外形势的逼迫下，比兰德拉国王接受了人民群众的要求，于 4 月 8 日宣布：解除党禁，结束评议会制度，实行多党的议会制度；成立宪法起草委员会，重新制定宪法。

三 实行君主立宪制时期（1990～2008）

1990 年 11 月 9 日，比兰德拉国王颁布了新宪法。新宪法规定，尼泊尔是印度教君主立宪制国家，国王是国家元首，行政权属于内阁，立法权属于议会，但两院通过的法案，在程序上"须呈送陛下批准"。

1991 年 5 月 12 日，尼泊尔举行了历史上第二次多党民主制选举，有

20 个政党参加。在此次选举中，尼泊尔大会党获得 205 个议席中的 110 席。大会党获得的席位超过法定的半数，故受权组织了 1990 年宪法实施后的第一届内阁。大会党领导人吉里贾·普拉萨德·柯伊拉腊出任新政府首相。

尼泊尔虽然实行了多党民主制，但是由于此时共产党的势力已发展起来，与大会党的力量不相上下，任何一方只要能取得作为第三大党的民族民主党的支持，或与之合作，便可击败对方使自己上台。所以，自 1990 年实行新宪法至 2008 年实现共和，尼内阁 16 次易手，政局持续动荡。

1996 年 2 月，尼共（毛主义者）在农村发起反政府武装斗争，发展到 2002 年声势空前壮大，提出要废除君主立宪制。2001 年 7 月，大会党领导人谢尔·巴哈杜尔·德乌帕任首相后曾与反政府武装进行谈判，但未取得成果。2002 年 10 月 4 日，贾南德拉国王解除德乌帕首相职务，任命洛肯德拉·巴哈杜尔·昌德为首相。2003 年 1 月 29 日，政府与反政府武装突然宣布停火。政府不再称反政府武装为"恐怖主义组织"，双方再次举行和谈。7 月中旬，谈判告一段落，反政府武装领导人再次转入地下。反政府武装的政治要求给现行的国体和政体增加了变数。

2001 年 6 月 1 日，尼泊尔发生王宫惨案，比兰德拉国王全家遭枪击身亡，被指因为婚姻纠纷而开枪杀人并自杀的王储迪彭德拉在继位仅两天后也因伤重不治身亡。比兰德拉国王的弟弟贾南德拉国王即位。2002 年 5 月，贾南德拉在德乌帕政府建议下解散议会，但此后举行新选举的计划一再遭到挫败。2005 年 2 月 1 日，贾南德拉国王废除大会党领导人德乌帕担任首相的政党政府，宣布"亲政"，同时任命两位评议会时代的无党派领导人比斯塔和杜尔西·基里为大臣委员会副主席（即副首相）。此后，贾南德拉政府先后将主要政党的多位领导人拘捕、监禁或软禁，其余领导人则被迫转入地下。贾南德拉国王的专政引起了主流政党的强烈不满和国民的普遍反对。

2005 年 11 月，由主流政治力量组成的"七党联盟"与尼共（毛主义者）领导层在印度首都新德里举行秘密会谈，并达成"十二点共识"。双方共同承诺联手推翻贾南德拉专制政府，恢复民主；同意通过选举成立制宪会议，并制定一部新宪法；尼共（毛主义者）承诺放弃武装斗争，回归主流政治。此次会议在尼泊尔现代史上具有重大意义。

2006 年 4 月 6 日，尼泊尔七党联盟宣布发动全国总罢工，从而掀起了新一轮政治运动。4 月 8 日，政府宣布白天戒严，并切断手机信号。4 月 14 日，贾南德拉国王发表尼历新年讲话，表示谈判大门敞开，承诺尽快举行选举，但拒绝解散其控制的政府。由于不满国王讲话，街头运动从 15 日起再度升级，至 20 日至少 30 万民众上街示威游行。21 日晚，贾南德拉国王发表电视讲话，表示坚持君主立宪和多党民主，愿意恢复政党政府，邀请七党联盟提出首相人选。但主流政党仍然不满，街头运动持续，至 23 日，上街示威游行的民众达百万人。24 日晚，贾南德拉国王再次发表电视讲话，宣布无条件恢复议会，还政于七党联盟。

4 月 25 日，七党联盟推举大会党主席吉里贾·普拉萨德·柯伊拉腊为首相。4 月 30 日吉里贾·普拉萨德·柯伊拉腊宣誓就职。尼共（毛主义者）宣布停火并与政府展开谈判，和平进程开启。2006 年 11 月，尼共（毛主义者）与七党联盟达成《全面和平协定》，共 3.5 万名原反政府武装士兵正式进驻 28 个营地（7 个较大的营地，其余的则较小）。

2007 年 1 月，尼泊尔议会通过《尼泊尔临时宪法》，剥夺了国王的一切实际权力，规定国王地位由制宪会议第一次会议决定。2008 年 4 月 10 日，制宪会议选举在两度推迟后终于举行。尼共（毛主义者）一举夺得 601 个议席中的 239 席，成为第一大党，大会党和尼共（联合马列）分别获得 114 席和 109 席。5 月 28 日，制宪会议第一次会议召开，吉里贾·普拉萨德·柯伊拉腊首相递交的临时宪法修正案得以通过，该修正案废除了君主制，宣布尼泊尔为联邦民主共和国。此外，根据该修正案，尼泊尔不再是印度教国家，而是世俗国家。

四 实行联邦民主共和制时期（2008 年至今）

2008 年 7 月 21 日，大会党领导人拉姆·巴然·亚达夫在制宪会议的总统选举中得到大会党、尼共（联合马列）和一部分马德西政党的支持，以 308 票对 282 票的优势，击败尼共（毛主义者）的候选人拉姆·拉贾·辛格，成为尼泊尔联邦民主共和国首任总统。临时宪法规定总统为礼仪性国家元首，不掌握实际权力。8 月 15 日，制宪会议选举总理，尼共（毛主义者）主席普拉昌达得到 464 名代表支持，以绝对优势击败唯一对手大会党领导人德乌帕。

2009 年 5 月 3 日，普拉昌达总理宣布将时任尼军参谋长卡特瓦尔上将解职。此举引起了朝野的激烈争执，执政联盟中的尼共（联合马列）及在野的大会党等多数政党明确表示反对。在此背景下，亚达夫总统拒绝批准政府的该项决定。普拉昌达总理被迫于 5 月 4 日宣布辞职，随后，尼共（毛主义者）展开了反对亚达夫总统"违宪"的斗争。5 月 23 日，尼共（联合马列）领导人马达夫·库玛尔·内帕尔当选为总理，组成包括大会党、马德西人民权力论坛等在内的联合政府。

2010 年 5 月 1 日，尼联共（毛）宣布发动大规模街头运动，要求内帕尔政府下台。内帕尔总理则表示不会妥协，并称政府致力于团结各政党，制定新宪法。5 月 28 日，各政党在制宪会议期满的最后一刻达成三点协议，尼联共（毛）同意将制宪会议再延期一年，作为交换，内帕尔总理同意尽快辞职。6 月 30 日，内帕尔宣布辞职。

2011 年 2 月 3 日，由于尼联共（毛）在最后一刻放弃提名并支持尼共（联合马列）党主席贾拉·纳什·卡纳尔，使其当选政府总理。但卡纳尔政府遭到其党内同僚和其他政党的共同抵制，最终卡纳尔总理于 8 月 13 日宣布辞职。8 月 28 日，尼联共（毛）副主席巴布拉姆·巴特拉伊当选为总理。

2012 年 5 月 27 日，巴特拉伊总理宣布，因未能在最后期限前完成制宪任务，制宪会议被解散，政府将举行新制宪会议选举。此举遭到大会党、尼共（联合马列）等的激烈反对，巴特拉伊被要求下台。2013 年 3 月 14 日，按照主要政党达成的协议，尼首席大法官雷格米（Khil Raj Regmi）在亚达夫总统的主持下就任临时政府总理，雷格米内阁的主要任务是举行新的制宪会议选举。

2013 年 11 月 19 日，第二次制宪会议举行选举。尼联共（毛）惨败，仅获 80 席，大会党和尼共（联合马列）分获 197 席和 176 席，形成双雄角逐的局面。大会党主席苏希尔·柯伊拉腊于 2014 年 2 月就任总理，与尼共（联合马列）组成联合政府，并承诺于 2015 年完成新宪法的制定。

第二节 国家机构

一 总统

现行的《尼泊尔临时宪法》规定，总统是国家元首，其职责是保护和遵守宪法。总统由制宪会议在政治共识的基础上选举产生；如共识未能达成，得到制宪会议过半代表支持的候选人当选总统。当选总统者若有政党职务，应在任总统期间辞去政党职务。

临时宪法规定，总统的任期至新宪法产生之时为止。总统候选人必须是制宪会议代表，并且年满 35 周岁。在下列三种情况发生时，总统职位将出现空缺：一是总统（向副总统）辞职；二是制宪会议 2/3 以上代表支持罢免总统；三是总统本人死亡。

临时宪法对总统的具体职权没有做出详细规定，但在实践中，总统实际上取代了 1990 年宪法中的国王权力，其权力主要包括：根据制宪会议投票结果任命政府总理，并主持总理就职仪式；根据政府建议，任命最高法院大法官、滥用权力调查委员会主任专员及其他专员、审计长、公务服务委员会主席及其成员、选举委员会专员及其成员；根据制宪会议决议，批准政府财政预算及其他重要议案；在总理推荐下，任命尼泊尔军队参谋长及首席检察官；等等。此外，总统根据政府推荐任命驻外大使，授予公民各种头衔、荣誉和勋章。

二 部长会议

临时宪法规定：国家行政权力属于部长会议（Council of Ministers）。部长会议即内阁，由总理领导。总理必须为制宪会议代表，并且在制宪会议选举中得到过半代表的支持。

部长会议下设内政、财政、外交、新闻通讯、国防、地方发展、总务、劳工、妇女与社会福利、卫生、农业、工业、商业、科技、青年、议会事务、林业与水土保持、住房建设与规划等部。尼泊尔的政府部门经常变更，多时近30个部，少时20个部。

2013年3月，各政党一致同意，并由总统宣布，成立由首席法官雷格米领导的"临时选举委员会"，该委员会以举行制宪会议选举为主要任务，同时行使临时政府职能。2014年2月，大会党主席苏希尔·柯伊拉腊当选总理。

三 其他机构

滥用权力调查委员会（CIAA） 临时宪法第119条规定，滥用权力调查委员会的职责、权力和作用是"基于情报或收到任何人关于担任公职人员的不当或腐化行为所引起的滥用权力的控告，自身进行或授权进行询问和调查"。滥用权力调查委员会的主任专员和其他专员皆由总统在制宪会议委员会的推荐下予以任命，任期六年。

审计长 临时宪法第122条规定，审计长的职责、权力和功能是"根据法律审计最高法院、制宪会议、部长会议、滥用权力调查委员会、审计长公署、公众服务委员会、选举委员会、国家人权委员会、立法机关的办事机构、军队、警察、武警和所有政府办公机构及法院的账目，特别关注节约、恒性、效能和合理性"。审计长应在宪法委员会（由议长及主要政党组成，共7人）的推荐下由总统任命，任期6年。

公众服务委员会 临时宪法第126条规定，公众服务委员会的职责是"负责举行考试，遴选适于被任命为文官职务的候职人员"，其主席和其他委员应在宪法委员会的推荐下由总统任命，任期6年。

选举委员会 临时宪法第128条规定，选举委员会由主任专员和其他最多4位专员组成。其职责是根据宪法和其他法律"执行、监督、指导和掌管制宪会议、全民公决和地方选举"。选举委员会的主任专员和其他专员也在宪法委员会的推荐下由总统任命，任期6年。

首席检察官 临时宪法第134条规定，首席检察官应为政府的首席法律顾问，由总理推荐，总统任命，任期与当任总理一致。他的职责是就宪法和法律事项向政府提供建议或意见。

国家人权委员会　临时宪法第131条规定，国家人权委员会由1位主席和适当成员组成。成员应当有1位退休最高法院首席大法官或法官，以及4位声望较高并且长期从事人权保护或社会服务的人士。

第三节　立法与司法

一　立法

尼泊尔临时宪法规定，立法机构与立宪机构合一，称为制宪会议，不分上下院。制宪会议由601名代表组成，其中240名代表在240个选区由选民直接投票选举产生，335名通过比例选举产生，26名代表由总理在各政党共识基础上任命。按2007年临时宪法，制宪会议应在两年内制定出新宪法，因此其代表任期也为两年，但由于各党分歧造成宪法迟迟未制定，制宪会议在三度被推迟后最终于2012年5月27日被时任总理巴特拉伊宣布解散。此后，主要政党同意于2013年11月19日再度举行制宪会议选举。

临时宪法规定，制宪会议是国家最高权力机构，也是制宪机构。它拥有广泛的权力，包括制定宪法的权力。但是任何对宪法的修改，罢免总统等重大行动，均须得到2/3多数代表支持才能通过。

制宪会议主席（即议长）和副主席（即副议长）由议会党团推荐，得到过半代表投票支持者当选。主席和副主席须来自不同政党。在一般议题付诸讨论时，正副主席不得投票。

临时宪法规定，正常会期以外，如1/4代表联署，制宪会议应举行临时会议。

二　司法

尼泊尔司法机构由三级法院组成：最高法院、受理上诉的法院和县法院。

最高法院由 1 名首席大法官和其他不超过 14 名法官组成。大法官是在立
宪委员会的提名和推荐下，由总统任命的。其他法官在司法委员会的推荐
下由首席大法官任命，任期 6 年。临时宪法规定，如果现有法官无法满足
处理案件的需要，可任命临时法官。受理上诉的法院和县法院的法官也是
在司法委员会的推荐下，由首席大法官任命的。

第四节　政党情况

尼泊尔政党林立，分化组合频繁。从其在基层群众中的影响力来看，
尼泊尔目前主要有大会党、尼共（联合马列）、尼联共（毛）、尼共（毛
主义者）、民族民主党、马德西人民权利论坛、特莱马德西民主党、工人
和农民党、亲善党等党派。

一　尼泊尔共产党（Nepal Communist Party）

尼泊尔共产党是 1949 年 9 月 15 日在印度成立的。1949 年 9 月 27 日至
10 月 2 日，该党在印度共产党的帮助下，召开了一次代表会议，成立了
以甫斯巴·拉尔·斯雷斯塔（Pushpa Lal Shrestha）为书记的临时中央组
织委员会。在该委员会的组织领导下，尼共放手发动群众，开展广泛的群
众运动。1951 年 1 月 15 日，尼共强烈谴责旨在借用印度军队镇压尼泊尔
人民运动的《德里协定》。通过这些活动，尼共先后成立了工会、农会、
全尼学生联合会、妇女协会和全尼和平委员会等群众组织。

1951 年 9 月 21～30 日，尼共在印度的加尔各答召开第一次全国性会
议，中央委员曼·莫汉·阿迪卡里（Man Mohan Adhikari）做了题为《新
民主主义是必由之路》的形势报告。《报告》提出，要采取各种形式的斗
争夺取政权，并强调了武装斗争的重要性。

1954 年 1 月 30 日，尼共召开第一届全国代表大会，通过了党的纲
领、政策和党章。会议要求成立"立宪会议"，强调民主，反对《德里协
定》；要求权力归于由人民选出的议会。会议认为"国家首脑不应有任何
特权"，旨在削弱国王的权力，并间接地支持君主立宪制。会议还提出开

展反封建剥削的斗争，要求地主把土地分给农民。大会一致选举曼·莫汉·阿迪卡里为党的总书记，成立了由他和甫斯巴·拉尔·斯雷斯塔等 5 人组成的政治局，下设由 10 人组成的中央委员会。

1957 年 5 月 28 日至 6 月 3 日，尼共召开第二届全国代表大会，有代表全国 7000 名党员的 142 名代表出席了会议。由于当时阿迪卡里总书记正在国外养病，所以大会选举克·琼·雷马吉（Kesher Jung Raymajhi）为代理总书记，全权代表阿迪卡里履行总书记职责。雷马吉担任代理总书记以后，党内矛盾不断，代表大会没有通过任何决议。

1959 年 2 月 18 日，尼泊尔举行大选，尼共也参加了选举，但仅获得了 4 个议席。1960 年 12 月 15 日，国王马亨德拉取缔一切政党活动，之后尼共一些领导人纷纷被捕入狱，其中也包括刚从国外养病回国的总书记阿迪卡里和次年 1 月从苏联回国的雷马吉。

鉴于国内仍在实行党禁，1961 年 3 月，尼共在印度达班加召开中央扩大会议。来自 28 个县的代表及所有未被捕的中央委员共计 54 人参加了会议。根据大部分党员的要求，力量尚存的五个行政专区委员会于同年 8 月组成了"中部大区统一委员会"，由中央委员图尔西·拉尔·阿玛蒂亚负责协助中央工作。

1962 年 4 月，在中部大区统一委员会的组织安排下，尼共召开了第三届全国代表大会，大会选出了由 51 人组成的全国委员会，17 人组成的中央执行委员会和 7 人书记处。总书记为图尔西·拉尔·阿玛蒂亚。大会以支持 1960 年 12 月中央委员会会议上的"不民主行为"为由开除了雷马吉等人的党籍。大会以"民族民主"为基调，要求根除尼国内的封建主义和外国资本在民族工业中的影响，废除不平等条约，发展同社会主义国家的关系，强调国王的一切权力归于人民，倡议建立一个能履行最高权力的议会机构。

1962 年中苏两党关系的恶化，对尼泊尔的共产主义运动产生了巨大影响。1966 年，尼泊尔共产党完全分裂。当时的几个主要派别是：尼共雷马吉派、尼共甫斯巴派、尼共中央核心、尼共"四大"派和尼共马列派。这些派别后来又分裂出几十个小的派别。

尼泊尔共产主义运动从分裂到再分裂的过程发生在中国"文化大革命"和印度纳萨尔巴里农民武装斗争蓬勃发展的时期。与纳萨尔巴里毗邻的尼泊尔东部贾帕县所受的影响最为突出。尽管当时尼共东部柯西专区委员会仍受以图尔西·拉尔·阿玛蒂亚为总书记的中央领导,但事实上,从20世纪60年代后期开始,该委员会一直独立活动,并热衷于武装夺取政权。1968年,曼·莫汉·阿迪卡里出狱后,该地区对"夺取政权"问题的讨论更趋激烈,不少党员干部坚持要把武装斗争放在议事日程的首位。

二 尼共(联合马列)[Nepal Communist Party (UML)]

20世纪60年代国际共运分歧公开化后,尼泊尔共产党分裂成十多个派别。进入80年代,尼泊尔政府对共产党人进行镇压和分化瓦解,尼共面临严重困难。在这种情况下,尼共决定采取和平方式,以"参加评议会以摧毁评议会制度"为口号参加了1986年的全国评议会选举和1987年的地方评议会选举,结果均获成功。他们利用竞选进行政治宣传,当选的评议员有了合法席位,可以同评议会派进行面对面的斗争。

80年代末,由于尼印关系紧张,印对尼实行经济封锁,尼泊尔经济进一步恶化,人民生活贫困。1990年1月10日,尼共(马列)、尼共(马)、尼共(马南达尔派)、尼共(拉玛派)、尼共(图·拉尔派)、尼共(洛希特派)和尼共(巴尔马派)7个左翼派别共同组成了尼共左翼联合阵线。该阵线的最低纲领是:开展群众运动,废除评议会制度;开放党禁,无条件释放一切政治犯,撤回所有政治案件,停止镇压和逮捕,保护人民基本权利;给予所有部族和不同语言以同等的发展机会;提高工资待遇;为农业工人规定最低工资,废除双重土地所有制,降低农业贷款利率;减免学费;等等。同年2月18日,尼共左翼联合阵线同大会党共同发起人民运动,推翻评议会制度,恢复政党活动,并组建临时联合政府。

1991年1月7日,尼共(马列)与尼共(马)合并成尼共(联合马列)。同年5月12日,尼泊尔举行大选,尼共(联合马列)在下院205个席位中获69席,成为议会中最大的反对党。

1993 年 1 月，该党召开了第五届全国代表大会。大会通过了有关政治、组织、农业革命、国际共运等问题的 8 个决议和新党章。新党章称，科学社会主义和共产主义是其最高奋斗目标。该党还推选了中央领导机构，曼·莫汉·阿迪卡里当选为该党中央主席，马丹·库玛尔·班达里（Madan Kumar Bhandari）当选为总书记。

1993 年 5 月 18 日，总书记班达里和中央常委吉夫·拉杰·阿什里特因车祸遇难。5 月 26 日该党召开中央特别会议，选举马达夫·库玛尔·内帕尔为总书记。1994 年 11 月 15 日，举行中期选举，尼共（联合马列）在下院 205 个议席中获 88 席，虽然未过半数，但因获议席最多而上台执政。1995 年 1 月 21 日，该党召开了五届十八中全会。全会决定增选巴姆·德瓦·高汤姆为党的副总书记，并决定重设中央书记处。1995 年 9 月 10 日，议会以 107 票对 88 票通过了对曼·莫汉·阿迪卡里首相的不信任案，尼共（联合马列）政府解散。

尼共（联合马列）政府下台后，总结经验和教训，统一思想，调整领导机构，再次确立了以"议会斗争为主，街头政治为辅"的斗争方针和策略。1996 年 3 月，尼共（联合马列）以"政府实行错误的经济政策，制造政治动荡，危害和平与安宁"为由提出了对政府的不信任案，但是终因势单力薄，以 90 票对 106 票的劣势而失败。12 月，尼共（联合马列）以同样的理由再次提出了对政府的不信任案，共获 102 票，以 2 票之差失利。之后，尼共（联合马列）继续高举爱国民主大旗，重点打击大会党，同时加强党内政治、思想和组织建设。

1997 年 1 月，尼议会举行 5 个空缺议席的补缺选举，结果尼共（联合马列）获得 3 席，总席位由原来的 87 席增加到 90 席，保住了第一大党的地位；大会党获 2 席，由原来的 86 席上升为 88 席，居第二位；民族民主党则保持原有的 19 席，居第三位。

补缺选举之后，尼共（联合马列）再次利用民族民主党内昌德派与塔帕派的矛盾，同昌德派联合起来于 3 月 3 日推翻以大会党为首的联合政府，并于 3 月 10 日进一步联合工农党和亲善党，组成新的联合政府。在新政府中，昌德出任首相，党的副总书记高汤姆出任副首相。昌德派在联合政府中的阁员职务不变。

1998 年 1 月 27 日至 2 月 1 日，尼共（联合马列）召开了六大，通过了政治报告，党的政策、策略，党章修正案第 41 号决议，选举产生了 27 名中央委员、8 名中央候补委员。曼·莫汉·阿迪卡里再次当选为党的主席，马达夫·库玛尔·内帕尔连任总书记之职。

由于党内在路线和策略问题上的矛盾激化，特别是在对印度的政策上存在分歧，3 月 6 日，以前中央常委巴姆·德瓦·高汤姆（Bam Dev Gautam）为首的 46 名议员登记另立新党，定名为"尼泊尔共产党（马列）"，原中央常委委员萨·普拉丹任主席，高汤姆任总书记。新党宣布走"新民主主义"革命的道路，坚持"最进步的改革"纲领，与尼共（联合马列）的人民的多党民主主义相抗衡。这一分裂导致尼共（联合马列）在 1999 年的大选中失利，尼共（马列）也失去了在议会原有的 4 个议席。2002 年 2 月，两党又决定合并，以争取赢得 2004 年举行的大选，但大选最终被取消。尼共（联合马列）总书记马达夫·库玛尔·内帕尔继续担任联合后的党总书记。

2005 年 2 月贾南德拉国王发动政变之后，尼共（联合马列）与大会党等主要政党一起组成"七党联盟"，坚决反对国王专制。该党还利用高汤姆等与毛主义者的关系，推动七党联盟与毛主义者合作。2006 年 4 月，"七党联盟"与毛主义者携手发动了声势浩大的政治运动，迫使贾南德拉交权。

2008 年 4 月，尼共（联合马列）在制宪会议选举中仅获 108 席，远远落后于尼共（毛主义者）的 240 席，也落后于大会党的 114 席。马达夫·库玛尔·内帕尔引咎辞职，贾拉·纳什·卡纳尔成为党的新总书记。2009 年 2 月，尼共（联合马列）第八届全国大会举行，决定设立党主席职位，党主席为党内最高领导，贾拉·纳什·卡纳尔当选为党主席。2008 年 8 月，尼共（联合马列）作为尼共（毛主义者）的主要盟友参与组阁，成为执政党之一。但 2009 年 4 月，由于在将尼军参谋长免职的问题上产生分歧，时任总理普拉昌达辞职，政府解散。

2011 年 2 月 3 日，在尼共（毛主义者）和大会党候选人连续竞选总理 17 轮未果之后，尼共（毛主义者）突然宣布支持尼共（联合马列）党主席贾拉·纳什·卡纳尔为政府总理，两党联合政府再度成立。但卡纳尔在党内遭到一些高级领导人的掣肘，而在党外也与尼共（毛主义者）就军队整合和制定新宪法等问题产生不少分歧。8 月 29 日，卡纳尔宣布辞职。

尼共（联合马列）声称有"积极党员"（即正式党员）12.5 万多人，"简单党员" 50 万人，其中简单党员不能担任党的职务，也不能作为党的候选人参加直接选举。目前尼共（联合马列）的党主席是卡纳尔，副主席是高汤姆、毕迪亚·班达里，秘书长是伊什瓦·博克锐尔。其他主要领导包括：中央委员会常务委员 12 人，中央委员 85 人，候补委员 30 人。该党在全国 75 个县有严密的基层组织，其属下的各种群众组织约有会员 155 万人。

2013 年 11 月，该党在第二次制宪会议选举中共获得 175 席，仅次于大会党，是议会第二大党。随后，该党与大会党组建联合政府，高汤姆出任副总理兼内政部长。

三 尼联共（毛）［The Unified Communist Party of Nepal（Maoists）］

1990 年 4 个共产主义派别联合召开大会，成立了尼泊尔共产党（团结中心）［Nepal Communist Party（Unity Center）］，并选举普拉昌达（Prachand）为总书记；大会还接受了毛泽东思想，通过了从事武装斗争的有关决议。

1991 年大选时，尼共（团结中心）另外组织了一个由巴布拉姆·巴特拉伊（Baburam Bhattarai）任主席的联合人民阵线（United People's Front），并以该阵线的名义参选，获得下院的 9 个席位。

1994 年尼共（团结中心）内部在讨论进行人民战争的时机是否成熟的问题上发生了分歧，以普拉昌达和巴特拉伊为首的一派认为时机已经成熟，以常委尼尔马勒·拉马（Nirmal Lama）和人民阵线另一位领导人尼伦詹·戈维达·魏德亚（Niranjan Govinda Vaidya）为首的一派不表赞成，于是发生分裂。这时 1994 年大选即将来临，国家选举专员宣布由魏德亚领导的联合人民阵线符合参选条件，却取消了由巴特拉伊领导的联合人民阵线的参选资格。尽管后来最高法院撤销了这一决定，但是由于大选时间已过，尼共（团结中心）事实上被排除在议会政治之外。

1995 年尼共（团结中心）改组为尼共（毛主义者），开始准备武装斗争。1996 年 2 月 4 日，巴特拉伊代表尼共（毛主义者）向当时任首相的德乌帕提出了 40 项要求，对方未予答复。1996 年 2 月 12 日，尼共（毛主义者）正式宣布发动武装起义，目的是要推翻现行的君主立宪政体，建立人民共和国。

反政府武装迅速发展，很快拥有 2000 名骨干和近 1 万名游击队员，并先后在巴迪亚、贾贾科特、鲁孔、萨利亚纳、罗尔帕和皮乌旦等县建立了基层政权，影响波及全国。2001 年 7 月，大会党领导人德乌帕组阁后，政府与毛主义运动的代表展开了谈判，但是经过三轮会谈后，谈判于 11 月间破裂。接着，尼泊尔国王贾南德拉宣布全国进入紧急状态，尼共（毛主义者）为非法。

到 2004 年底，尼共（毛主义者）控制了除加德满都、博卡拉、比腊特纳加等主要城市及各县首府之外的大部分地区，迫使政府军疲于守势。但由于双方在财力、物力和装备上的差距，该党始终无法发动决定性战役，取得武装斗争的最后胜利十分困难。

2005 年 2 月贾南德拉国王的政变使国内政局更加动荡，但也给尼共（毛主义者）提供了调整路线、寻求突破的机会。2005 年 9 月至 10 月，毛派在鲁孔县春邦村举行了著名的春邦会议。会上，普拉昌达有关与议会政党联手反对国王专制、结束内战、回归主流政治的建议得到大多数与会代表的支持，这也结束了此前普拉昌达与巴特拉伊的路线斗争。值得一提的是，当时党的副主席、资深领导人莫汉·柏迪亚（Mohan Baidya，别名吉兰）正在印度的监狱中。当年 11 月，尼共（毛主义者）主席普拉昌达与以吉里贾·普拉萨德·柯伊拉腊为首的七党联盟在新德里举行秘密高层会晤，并签订了《谅解备忘录》，确定推翻贾南德拉政府、举行制宪会议选举等共同目标，尼共（毛主义者）承诺放弃武装斗争，加入和平与制宪进程。这是该党历史上极为重要的一次路线转变。

2008 年 4 月，该党在制宪会议选举中一举拿下 220 席，成为第一大党，成功迈出了转型的第一步。加上由总理任命及兼并其他小党的席位，尼共（毛主义者）实际在 601 席的制宪会议中控制了 240 席。2008 年 8 月，党主席普拉昌达在制宪会议总理选举中以绝对优势当选。但 2009 年 4 月，由于与执政盟友尼共（联合马列）等的严重分歧，普拉昌达辞去总理职务。

2009 年 1 月 12 日，以纳拉扬·卡吉·什瑞斯塔为首的尼共（团结中心 – 火炬）加入尼共（毛主义者），合并后的党改名为尼联共（毛），党主席仍为普拉昌达，什瑞斯塔成为三位副主席之一。

2011 年 9 月，尼联共（毛）副主席巴特拉伊当选总理，但以资深副主席莫汉·柏迪亚为首的强硬派对普拉昌达与巴特拉伊的联手深感不满，双方矛盾不断激化。2012 年 6 月，尼联共（毛）发生分裂，强硬派另成立一个新的党派，并决定沿用原来尼共（毛主义者）的名称，由莫汉·柏迪亚任主席。

2013 年 2 月，尼联共（毛）举行七大。七大通过了党主席普拉昌达的政治报告。报告对内战时期的路线做了较大幅度的修改，做出了放弃武装斗争，回归议会斗争的重大决策。会议决定：回避传统的一党制共产主义目标，改为接受多党民主；不再把美帝国主义、印度扩张主义和中国修正主义作为党的主要敌人；不再坚持土地国有化路线；不再提社会主义革命理论，而是强调在相当长的时间里要先完成"新民主主义革命"即资产阶级革命。这一政治报告得到了西方国家和印度的肯定，并受到中产阶级的支持，但也遭到一些左翼力量的批评，尼共（毛主义者）更是批评尼联共（毛）放弃革命道路，改走修正主义道路。

2013 年 3 月，巴特拉伊总理让位给首席大法官雷格米，后者成为具有临时政府性质的"临时选举委员会"主席，并于当年 11 月 19 日举行了新的制宪会议选举。

2013 年 11 月，尼联共（毛）在第二次制宪会议选举中惨败，在 240

席的直选中仅获 26 席，在 350 席的比例制选举中也仅获 54 席。最终 80 席的表现使该党远远落在大会党和尼共（联合马列）后面，失去对政局的主导权。

尼联共（毛）将党员分为"永久党员"和"普通党员"两种，数量分别为 35 万和 100 万左右。前者要承担党的义务，并享受各种权利，每月缴纳至少 10 卢比党费（有固定工作的每月缴纳一天工资）；后者则不承担权利和义务。该党分别在中央、州（13 个）、县（75 个）和村（3913 个）设立了党的委员会。最高权力机构党的全国代表大会由村、县、州逐级按比例选举产生的约 3500 名代表组成。该大会选举产生 239 名中央委员和候补委员。中央委员会选举产生 51 人的政治局和 25 人的常委会，而最上层是 9 人组成的"党中央"。

四　尼共（毛主义者）

该党创立于 2012 年 6 月，目前党主席莫汉·柏迪亚，副主席嘉久瑞尔，总书记拉姆·巴哈杜尔·塔帕（别名巴德尔），两位书记分别是戴夫·古隆和内特拉·比克拉姆·昌德（别名毕普拉布）。该党成立时间较短，其实力尚不清楚，不过短时间内已在全国所有县成立了基层组织。耐人寻味的是，原毛派春邦会议前的 89 位中央委员中有 41 位加入尼共（毛主义者），而 1996 年武装斗争中生存下来的 15 位中央委员中，有 9 人加入了尼共（毛主义者）。这表明尼共（毛主义者）吸收了较多持激进立场的原毛派领导人。

一般认为，尼共（毛主义者）在意识形态上较尼联共（毛）更"左倾"，保留了原毛派的主要政见，包括要求建立社会主义国家，主张土地革命，坚持反印爱国主张，以及不放弃武装斗争（同时强调当前应坚持和平斗争为主），等等。

该党在成立之后向政府递交了一份有 70 点主张的"最后通牒"，其中包括 1996 年 2 月原毛派举行武装斗争前向德乌帕政府递交的 40 点主张，并在此基础上有所发展。

该党没有参加 2013 年 11 月的第二次制宪会议选举，并以罢工、示威等形式抵制选举。该党也致力于打击尼联共（毛）的竞选，导致后者惨败。

五 尼泊尔大会党（Nepali Congress Party）

尼泊尔大会党于 1947 年 1 月 27 日成立于印度，1950 年迁回尼泊尔。在 1959 年举行的首次大选中，该党获得众议院 109 个席位中的 74 席，从而组成了以该党主席 B. P. 柯伊拉腊为首相的内阁。1960 年 12 月，马亨德拉国王宣布取缔一切政党活动后，该党转入地下，其主要领导人流亡印度。1976 年，B. P. 柯伊拉腊被"宽赦"返尼，但仍以"叛国"罪被审判，再次入狱。1982 年 7 月 21 日，B. P. 柯伊拉腊逝世。同年 11 月 30 日，大会党召开"非正式"全国代表会议，除 5 个边远县外，其余 70 个县共派出 1200 名代表和观察员出席。会议确定戈·曼·辛格为党的最高领袖，选举克·普·巴特拉伊为主席，吉里贾·普拉萨德·柯伊拉腊为总书记，通过了该党奉行的"民族和解"基本政策和工作纲领及加强组织建设的决定。此外，还通过了一系列有关政治、经济问题的决议。

1987 年 4 月 13 日，大会党参加评议会地方选举，在加德满都以多数票取胜，该市的评议会主席和副主席均为大会党人。1988 年 1 月 16 日，包括大会党和尼泊尔共产党在内的 12 个政党在加德满都河谷三市联合发动总罢工，反对卢比贬值、物价上涨。1988 年 9～11 月，大会党改组了从中央到地方各级组织。1989 年 6 月，社会党国际"十八大"吸收该党为社会党国际咨询成员党。1990 年 1 月 18 日，该党公开召开全国代表会议，会议通过一项政治决议，号召全国人民反对没有民主的评议会制度，共同负起责任，在民族团结基础上建立多党民主制。1990 年 2 月 18 日，大会党与尼共等七党左翼联合阵线共同发起和平运动。经过几个月的斗争，终于迫使国王做出让步，宣布解散全国评议会，取消对政党的禁令，同意大会党和尼共左翼联合阵线组建临时联合政府，由大会党主席克·普·巴特拉伊任临时联合政府首相。

1991 年 5 月，尼举行恢复政党活动后的第一次大选。大会党在众议院的 205 个席位中获得 110 席，组成新政府，吉里贾·普拉萨德·柯伊拉腊出任首相。1992年2月13日，大会党召开第八届全国代表大会，戈·曼·辛格再次被确认为最高领袖，克·普·巴特拉伊当选为主席，马·纳·尼迪为总书记。1994年7月，由于该党内讧，吉里贾·普拉萨德·柯伊拉腊首相辞职，政府解散。1994年11月，议会举行中期选举。大会党获83席，成为议会中最大反对党。1995年9月10日，议会下院以107票对88票通过了对尼共（联合马列）政府的不信任案。大会党于9月12日联合民族民主党和亲善党组成三党联合政府，大会党年轻一代领导人谢尔·马哈杜尔·德乌帕出任首相。1997年3月，三党联合政府因未通过信任投票而下台。政府解散后，党的主席吉里贾·普拉萨德·柯伊拉腊被选为该党议会党团领袖。1997年10月3日，该党支持尼泊尔民族民主党塔帕派对昌德领导的三党联合政府提出不信任案，迫使该政府下台，并联合民族民主党塔帕派和亲善党，组成新的三党联合政府，由塔帕出任首相。

1992年2月召开的第八次全国代表大会通过了有关政治、国际、经济和农业问题的四项决议，确定了党的基本路线和方针。该党的政治决议称：该党坚持"民主社会主义"纲领；根据平等原则实现国内不同意识形态的平衡和协调；主张多党议会民主和君主立宪；主张通过选举夺取权力，用人道的方式变革社会。在经济上，该党主张实行"混合经济"制度。在对外政策方面，该党主张以民主和人权为基础，根据不结盟、裁军、世界和平的原则，同一切国家保持友好关系。

1999年5月，尼泊尔举行第三次全国大选。大会党利用尼共（联合马列）和民族民主党分裂的有利形势，赢得下院205个席位中的112席，从而得以单独组阁。克·普·巴特拉伊任首相。2000年初，根据内部协议，改由吉里贾·普拉萨德·柯伊拉腊任首相。2001年，吉里贾·普拉萨德·柯伊拉腊在党内外的不满声中辞职，7月，谢尔·马哈杜尔·德乌帕再次出任首相。

2002年9月，大会党发生分裂，德乌帕自组大会党（民主派）。10月，德乌帕被迫下野。2004年6月，德乌帕在尼共（联合马列）等的支持下再度出任首相。但2005年2月，贾南德拉国王发动政变，德乌帕政府被解散，德乌帕本人遭拘禁。随后大会党牵头成立七党联盟，反对君主专制。2006 年 4 月，大会党等发动的大规模政治运动迫使贾南德拉国王交权。4 月 26 日，大会党主席吉里贾·普拉萨德·柯伊拉腊被推为政府首相。

2007 年 9 月，两党在制宪会议选举即将举行之际合并，吉里贾·普拉萨德·柯伊拉腊继续任大会党主席，德乌帕则成为排名第二的资深领导人。但大会党在 2008 年 4 月的制宪会议选举中远落后于尼共（毛主义者），仅获 115 席，失去了组阁资格。同年 7 月，大会党领导人拉姆·巴然·亚达夫得到尼共（联合马列）等支持，在制宪会议的选举中击败尼共（毛主义者）候选人，成为尼泊尔联合民主共和国第一任总统。

2009 年 5 月，普拉昌达总理辞职，大会党支持尼共（联合马列）资深领导人马达夫·库玛尔·内帕尔为总理，组成多党联合政府。吉里贾·普拉萨德·柯伊拉腊安排自己的女儿苏嘉塔·柯伊拉腊为副总理兼外长，引起了党内争议。2010 年 3 月 20 日，吉里贾·普拉萨德·柯伊拉腊去世。2010 年 9 月，大会党十二大举行，苏希尔·柯伊拉腊当选为党主席，但党内德乌帕等仍挑战其权威。

目前，大会党号称人数有 20 万人左右。该党下属的群众组织有学生联合会、妇女协会、工会代表大会、退伍军人协会和教师协会等。大会党在全国 75 个县都有基层组织。

2013 年 11 月，该党在第二次制宪会议选举中获得 196 席，重新成为第一大党。

六　马德西人民权利论坛（Madhesi People's Rights Forum）

2008 年 4 月，新成立的马德西人民权利论坛在制宪会议选举中一举拿下 53 席，成为第四大党，人们开始对该党刮目相看。

马德西人民权利论坛声称，该党最早成立于 1997 年，但当时实际上是尼共（毛主义者）的下属组织。2007 年 1 月尼南部特莱平原兴起的"马德西运动"让人们初步认识了该党的独立形象。所谓"马德西"，按该运动的说法，指尼南部特莱平原的居民，其中既包括亚达夫等跨尼印边界而居住的雅利安族群，也包括塔鲁等蒙藏人种的原住民。该运动指责尼泊尔长期以来被中部地区的"卡斯族人"（以婆罗门和切特里为主的雅利安人）统治和压迫，并要求整个特莱平原的马德西人联合成为一个统一的"马德西自治州"。后来，由于其他族群的反对，马德西运动实际上在"一个马德西，一个自治州"的立场上后退，可以接受特莱平原被划分为两个以上自治州。后来成为马德西人民权利论坛主席的乌潘德拉·亚达夫就是这场运动的主要领导人之一。

马德西运动最早由尼共（毛主义者）在武装斗争中发起，乌潘德拉·亚达夫是尼共（毛主义者）马德西运动的负责人。但后来亚达夫脱党并自行组织该运动。在这场运动中，特莱平原多个地区出现罢工和关闭运动，亚达夫还领头焚烧临时宪法，以示对该宪法未满足马德西运动的要求的抗议。

2008年4月，马德西人民权利论坛注册为政党，参加了制宪会议选举，一举获得53票，成为第四大党。当年8月，该党与尼共（毛主义者）等联合组建普拉昌达政府，乌潘德拉·亚达夫任副总理兼外交部部长。2009年5月，普拉昌达政府解散。

2009年，马德西人民权利论坛资深领导人毕·克·嘉查达尔宣布脱党，率领27名制宪会议代表成立了马德西人民权利论坛（民主派）。该党加入了尼共（联合马列）与大会党组成的政府，嘉查达尔任副总理。

2011年5月，马德西人民权利论坛发生分裂，J. P. 古普达率领12名代表脱党成立了马德西人民权利论坛（共和派）。古普达后来因腐败案遭拘捕，该党由拉吉·基索·亚达夫任主席。2012年6月，超过10名中央委员会委员从马德西人民权利论坛（民主派）脱离，成立了由前国防部部长萨拉德·辛格·班达里领导的马德西民族社会党。新党带走了7位制宪会议代表。班达里的新党反对马德西政党与尼联共（毛）合作，要求巴特拉伊总理下台。至此，马德西人民权利论坛一分为四。

马德西人民权利论坛是一个以争取实现联邦制，推动马德西人自治为主要党纲的政党。其领导人大多是从其他政党脱离出来的，背景和政见不一致，比如嘉查达尔、古普达和班达里都曾是大会党资深领导人，在意识形态上与原党主席乌潘德拉·亚达夫不一致。此外，在马德西问题及其他政治问题上，该党领导人意见也有分歧。这是导致马德西人民权利论坛多次分裂的原因。

在2013年11月的第二次制宪会议选举中，马德西人民权利论坛、论坛（民主派）和论坛（共和派）分别获得10席、14席和1席，影响力有所下降。

七　尼泊尔民族民主党（Nepal National Democratic Party）

该党成立于1992年1月3日，是由尼泊尔民族民主党的昌德派和塔帕派合并而成，其创党成员有很多是之前的全国评议会人士。1991年5月尼泊尔大选，未联合的两派民族民主党在议会下院共获4席。1992年5月28日，尼泊尔举行地方选举，该党只获9.76%的选票。1993年6月11日，该党在加德满都市召开了第一次全国代表大会，选举了党的领导人，通过了党章（草案）和关于政治、经济、民族、塔纳克普尔水坝和不丹难民等问题的决议。

在1994年11月中期选举中，该党获议会下院205个议席中的20席。1995年9月10日，尼共（联合马列）政府解散后，该党与大会党、亲善党组成联合政府。1997年3月，三党联合政府下台后，民族民主党（昌德派）与尼共（联合马列）等政党组成新政府，昌德出任首相。1997年10月，在尼泊尔大会党的支持下，民族民主党（塔帕派）在不信任案中取代三党联合政府，组成了由塔帕为首相的新的三党联合政府，尼泊尔大会党和亲善党是其主要成员。

1997年11月中旬，尼泊尔民族民主党在比尔根杰召开二大。昌德派拒绝与会，不久另组新党，定名为全国民族民主党，民族民主党正式分裂。1998年两党再度合并，并在1999年的议会选举中夺得205席中的11席。2002年12月，尼泊尔民族民主党举行三大，苏里雅·巴哈杜尔·塔帕按党章规定（任职两个任期共8年）不再担任党主席职务。原总书记拉纳当选为新任主席。会议选举产生了64人中央委员会，其中"中央工作委员会"16人。2004年11月，该党再度分裂，苏里雅·巴哈杜尔·塔帕自立"民族人民党"。但 2005 年 1 月，该党领导人卡麦尔·塔帕等脱党，成立民族民主党（尼泊尔）。2005 年 3 月 13 日，民族人民党正式成立。2008 年 4 月，拉纳领导的民族民主党在制宪会议选举中赢得 8 个席位，苏里雅·巴哈杜尔·塔帕领导的民族人民党在制宪会议选举中获 3 席，卡麦尔·塔帕领导的民族民主党（尼泊尔）则赢得 4 个席位。

2008 年选举之后，民族民主党放弃了君主立宪路线，接受了共和政体。但卡麦尔·塔帕领导的民族民主党（尼泊尔）仍然坚持君主立宪和多党民主制。一些分析家认为，尽管君主制已经被废除，但民族民主党（尼泊尔）仍得到保皇派民众的支持，未来影响可望有所上升。

2013 年 5 月，全国民族民主党和民族人民党重新合并，苏里雅·巴哈杜尔·塔帕被推选为党主席，按规定一年后将职务交由其他人。

全国民族民主党和民族民主党（尼泊尔）分别在 2013 年 11 月的第二次制宪会议选举中获得 13 席和 24 席，影响有所回升。

八 尼泊尔工人和农民党（Nepal Workers & Peasants Party）

尼泊尔工人和农民党（以下简称工农党）成立于 1975 年，现任主席纳拉扬·曼·比久克切（Narayan Man Bijukechhe）是该党的创始人。在尼泊尔的进步人士中，人们习惯于称他为"劳希特同志"（Comrade Rohit）。

1990 年，工农党参加了"联合左翼阵线"，并积极投入 1991 年的第一次民主运动。工农党在 1991 年普选中在众议院赢得 2 个席位。2008 年 4 月，该党在制宪会议选举中取得 5 个席位。

工农党主席比久克切近年来严厉批评部分政治势力推动以种族为基础建立联邦制的努力，称这将导致尼泊尔陷入严重的暴力斗争之中。

该党信奉马列主义和毛泽东思想，相信社会主义和共产主义。提倡无私奉献和为基层人民服务。该党认为尼泊尔的主要敌人是帝国主义和封建主义，尼泊尔目前已沦为印度的半殖民地。该党还认为尼联共（毛）和尼共（联合马列）不是无产阶级的政党。

工农党在尼泊尔不算大党，但它在巴克塔普尔县和巴德岗市有较大影响，目前在巴克塔普尔县和巴德岗市执政，有 1.5 万 ~2 万党员。除巴克塔普尔县外，该党在加德满都及其东西两侧的一些县，诸如帕尔帕、卡皮尔瓦斯图、辛杜帕尔乔克等县里建有基层组织。2013 年 11 月，该党在第二次制宪会议选举中获得 4 席。

九 尼泊尔亲善党（Nepal Sadbhavana Party）

1983 年，在尼泊尔南部特莱平原莫朗、逊沙里、萨普塔里等县定居的一些印裔尼泊尔人建立了一个被称作"亲善委员会"的组织。从 1984 年 1 月起，该委员会开始公开活动。1990 年 4 月，该委员会改组更名为"尼泊尔亲善党"。1990 年 6 月 29 ~30 日，该党在贾纳克普尔召开第一次全国代表大会，加·纳·辛格当选为主席。1991 年 5 月 12 日，该党在大选中获下议院 6 席（现有议席 3 席）。1993 年 4 月 17 ~19 日，该党在比尔根杰召开第二次全国代表大会。1998 年 3 月 25 日，该党召开第三次代表大会。1999 年 5 月，该党在议会选举中获得 205 席中的 5 席。

2002 年 1 月，辛格去世，巴德里·普拉萨德·曼德尔被任命为党的执行主席。2002 年 10 月曼德尔被国王任命为临时政府副首相。2003 年 3 月党的四大上，亲善党一分为二。辛格的遗孀阿南迪·辛格和赫里德什·德维·特里帕蒂脱党另组尼泊尔亲善党（阿南迪德维），原亲善党选举曼德尔为主席。2007 年，曼德尔被开除出亲善党，该党随后于当年 6 月并入亲善党（阿南迪德维）。但在此之前，以拉金德拉·马哈托为首的一些领导人分离出去，另组新的亲善党（马哈托）。

2008 年 4 月，亲善党（马哈托）在制宪会议选举中获得 9 席，而亲善党（阿南迪德维）则获得 3 席。2011 年 7 月，以总书记阿尼尔·贾阿为首的 4 位制宪会议代表宣布退出亲善党（马哈托），成立联邦亲善党。马哈托派此后在选举委员会的注册中获得了亲善党的名字。2012 年 1 月，另有拉姆·纳勒什·亚达夫和高里·马哈托·科伊里两位代表退出亲善党，成立民族亲善党。

尼泊尔亲善党在意识形态上中间偏右，主张特莱地区人民的利益，要求简化向特莱人颁发公民证手续，将印地语作为国语列入宪法，在官方和半官方机构中应有一半是特莱人，允许特莱人集体参军，按人口、地理和文化状况举行选举。该党在对外关系方面亲印。

尼泊尔亲善党在大多数县建有基层组织。早期亲善党以特莱平原为主要活动区域，但目前已经扩展到加德满都甚至北部的辛杜帕尔乔克等地，成为全国性政党。亲善党在2013年11月的第二次制宪会议选举中获得6个席位。

十　特莱马德西民主党（Tarai-Madhesh Democratic Party）

该党成立于2007年12月，党主席是前大会党资深领导人马亨特·塔库。2008年4月，该党在制宪会议选举中获得21席，成为第五大党。

2010年12月31日，以党的总书记马亨德拉·亚达夫为首的9名制宪会议代表宣布脱离塔库领导的特莱马德西民主党，成立特莱马德西民主党（尼泊尔）。亚达夫称塔库的"专制作风"是导致该党分裂的主要原因。

特莱马德西民主党是一支以争取马德西自治为主要党纲的政党，核心领导层多来自大会党。该党在2013年11月的第二次制宪会议选举中获得11席。

第五节　军事

一　概述

（一）建军简史

尼泊尔军队初建于1768年沙阿王朝国王普里特维·纳拉扬·沙阿占领和入主加德满都谷地之时。此后，它不断东征西讨，为沙阿王朝统一尼泊尔立下了不朽的功勋。但在这一过程中，尼军于1789年后多次侵入我国西藏地区，导致1792年尼中之间的小规模战争。这支队伍在1814~1816年，为捍卫自己国家的主权和独立，英勇地抗击过英国的入侵，涌现出许多可歌可泣的英雄人物。拉纳家庭曾在英国的挑唆下，于1856年入侵我国西藏，使尼泊尔在西藏取得了许多特权；1857 年又派出大批军队前往印度，帮助英帝国去镇压印度人民的反英大起义，干出了为虎作伥的事情。拉纳家庭在统治期间，派出近万人到欧洲为英国人服务，参加了帝国主义相互争夺的第一次世界大战。不过，在第二次世界大战期间，尼军也应英国要求，派出数万人的部队，转战缅甸、印度等地，为抗击法西斯日军做出了突出的贡献。

尼军一向以骁勇善战著称，由于在二战中战绩卓著，使"廓尔喀"兵名声远扬，令对手闻风丧胆，临阵脱逃。但在 1951 年前，这样一支骁勇善战的军队没有常备司令部，也不设兵营，官兵平时不发武器，分散居住在各自家中，仅在检阅时或遇到紧急情况时才集合起来。

1951 年特里布文国王恢复了王权后，将军队的正规化提上议事日程。1952 年 2 月，尼泊尔政府同意接受印度由 250 人组成的军事代表团（1958 年改称军事训练顾问组，1963 年更名为军事联络组）来尼帮助整编和训练尼军，使尼泊尔军队从此逐步走向正规。该代表团改组了尼泊尔皇家陆军，将武装警察从军队中分离出来，组建步兵、炮兵、工兵、通信兵和伞兵等兵种，逐步修建了军营，并从印度购置武器和装备，使之逐步成为一支训练有素、装备良好的部队。经过整顿，尼军从原来的 25000 人缩至 6000 人。此后，一批批尼泊尔军官被陆续送到印度接受培训。这种状况一直持续到 1970 年。

在尼方的要求下，印度的"军事顾问"于 1970 年全部撤离。1975 年，比兰德拉国王进一步对尼军的体制结构做了调整，将陆军总司令改称为陆军参谋长，并对尼军进行了扩充。此后，尼军不仅定期派出人员去印度接受训练，而且还与英国、美国、德国、法国和中国等国的军方建立了联系。在多国的支持下，尼泊尔军队日益向现代化的方向发展。

（二）国防体制

2008 年 5 月，尼泊尔废除君主制，实现共和，尼军的领导权从国王手中转到政府。尼泊尔临时宪法规定，尼军名义上的最高领袖为总统，实际上由部长委员会领导，由参谋长（四星上将）任最高指挥官。在新的体制下，国防部由文官组成，其职能是负责行政管理、制订预算、搞好部队编制、接受外国军事援助、训练民兵和采购武器装备等事宜，对军队无指挥权。

尼临时宪法还规定成立国防委员会，负责就尼军的动员、行动及调动向部长委员会提供建议。国防委员会由总理担任负责人，成员有国防部长、内政部长，以及总理在各党共识的基础上指定的其他三位部长。尼军、警察、武警、国家调查局等强力部门向该委员会派驻协调员。其主要职能是就尼军的管理、动员和使用向内阁会议提出建议，制定与国家安全有关的计划，协调与国家安全有关的各强力部门的工作，对国内外安全威胁做出评估。

（三）国防支出

受国家综合国力的限制，尼军在正规化后一直维持较小规模。20 世纪 70 年代后由于国际形势的变化，尼军的规模逐渐扩大。随着对国防建设的重视，尼泊尔的国防预算也逐年增长。1974～1975 年度，尼国防预算仅为 9700 万卢比，到 1994～1995 年度增至 20 亿卢比，上升了近 20 倍，2012～2013 年度进一步上升到 212.8 亿卢比。总的来说，尼国防预算占政府总预算的 10% 以下。

二 军种与兵种

尼泊尔没有海军和空军。国防力量主要是陆军，外加两支准军事部队，即警察和武警。

（一）陆军

陆军总部是尼军最高指挥机构，由常务参谋部、参谋部、作战部、监察部、军务部、军械部和军需部等部门组成。尼军参谋长为上将军衔，是全军最高指挥官，在各职能部门主管的协助下管理和指挥全军，处理军队日常事务。常务参谋部长、参谋部长为中将军衔，其余各部部长为少将军衔。

目前尼军有 6 个师，每个师由一位少将领导，分别布防在尼 5 个发展区和首都加德满都，共约 9.5 万人。每个师一般由若干作战旅、作战支持单位和作战服务单位构成。每个旅由一位准将指挥，一般下设 2～3 个步兵营和最高 6 个独立步兵连。

尼军积极参与国际维和，目前有 5000 名士兵在执行联合国维和任务。此外，尼军有 5000 名士兵从事自然和野生动物保护。另设有军官学校和新兵训练中心。1986 年，尼军在加德满都东北的卡里帕蒂设立军事学院，作为尼军初级军官的培养和训练机构。该校在学术上为尼最高学府特里布文大学的分校，学员毕业后由该大学授予学士学位。1993 年 9 月 5 日，尼军在加德满都北郊的西瓦普里（Shivapuri）还建立了尼军指挥和参谋学院，该学院的定位是高级军事训练和教育机构，主要培养少校以上军官。此外，尼军还设有情报学校、山地作战学校、丛林作战学校、教育训练学校和后勤学校等。

尼泊尔军队的武器装备在 20 世纪 50 年代十分落后，基本上没有重型武器，一般轻武器也多是第二次世界大战遗留下来的。由于尼泊尔没有国防工业，其所需武器装备几乎全靠进口。在五六十年代，尼武器装备的供应主要依靠印度。进入 70 年代后，尼逐步实行武器装备来源的多元化，曾先后向英国、法国、美国、比利时、瑞典、以色列及中国购买一些直升机、火炮、装甲运兵车等重武器装备，以及高射机枪、冲锋枪、地雷、卡车、电台等轻型装备，使军队的战斗力有了很大程度的提升。目前，尼军建有一个配备德国设备的弹药厂（生产步枪子弹）、一个炸药厂和一个手榴弹厂，与中国北方公司的军工合作炸药厂也于 2003 年交付使用。2006年 11 月，尼各主要政党签署《全面和平协定》，据此尼军不得采购或生产杀伤性武器。因此，尼军武器装备已多年没有更新，旧装备型号繁杂，所需零配件没有保障，致使一些装备处于无法使用的状态。2013 年 3 月，尼内阁在各党派协商后一致决定取消相关禁令。目前，尼泊尔军队已装备M16 自动步枪，69 式 40 毫米火箭筒，配备有 AMX – 13 型轻型坦克、3.7英寸口径的驮载式榴弹炮、"涡轮搬运式"运输机、法国产的美洲豹式直升机、俄罗斯产的米格 17 直升机等。

尼泊尔军队的士兵多来自山区，性格强悍，吃苦耐劳，善于山地战和丛林战。

2006 年 11 月，尼共（毛主义者）与政府签订《全面和平协议》，规定部分合格的前反政府武装官兵可以加入尼军。经过 7 年的整合，2013 年 8 月，超过 1400 名原毛派士兵最终通过培训，被编入尼军。其中有 70 名原反政府武装官兵最终成为政府军军官，这些新晋军官接受 3 个月的培训后正式获得军衔。按规定，他们中的 1 人成为上校，2 人成为中校，13 人成为少校，30 人成为上尉，其他 24 人成为中尉。

（二）警察部队

尼泊尔在 1955 年公布了警察条例，开始建立现代化的警察部队。警察部队的主要职责是维护国内社会治安和边境地区的安全，以及警卫国家机关和看守监狱等。尼泊尔警察部队主要由民事警察、秘密警察、交通警察和警卫警察等组成。此外还有少量的"特别警察"，直属内政部领导，负责侦查政府各级官员的贪污案件。在 20 世纪 50 年代，尼泊尔警察部队共有 7000 人左右，80 年代增至 2 万人，目前约有 6.7 万人。按规定，尼警察总监级别相当于尼军中将，附加总监相当于少将，副总监相当于准将。

警察部队属内政部领导，不过按规定，若警察参加军事行动，则归尼军统一指挥。尼泊尔警察的最高领导机构为警察总部，最高领导为警察总监，下设秘书处，负责传达警察总监的指令和总部的日常工作。警察总部下设行动、行政、犯罪调查和人力资源四个部，分别由一名附加总监负责。

尼警察部队在全国 5 个发展区各设立一个大区警察局，在加德满都谷地设立一个谷地警察局，各由一位副总监负责。在发展大区警察局和谷地警察局之下设立了 14 个地区警察局，75 个县警察局，以及若干派出所、片警和警察哨所。

目前，尼警方已形成了一套比较完善的培训体制。从警察总部到各发展区警察局、县警察局，分别建立了多科目的警察学校、不同专业的警校和共同科目的培训中心，共计 39 所（个），并配备了相应的师资力量，加强了领导和管理。1993 年，尼国家警察训练学院成立后，又相继组建了刑事侦查学校和一些警察培训中心，使尼警察有更多的培训机会。目前，许多年轻警察受过英国普通科目、美国谍报科目、马来西亚连队指挥官科目、日本民防科目等方面的培训。

警察部队的开支逐年增加。据尼财政部出版的 1999～2000 年度的《经济概览》，警察部队的开支在 1974～1975 年度为 5470 万卢比，1984～1985 年度增至 2.88 亿卢比；1998～1999 年度增至 28.9 亿卢比。之后，由于反政府武装等因素，警察部队的开支不断增加，至 2012～2013 年度上升至 160 亿卢比。

（三）武警部队

为应对毛派反政府武装造成的国内安全威胁，2001 年 12 月 24 日，尼泊尔政府创立了作为准军事力量的武警部队，时任副警监的克里什纳·莫汉·什瑞斯塔成为第一任武警总警监。按法律，武警可同时执行尼军和警察的职能，其总警监级别与尼军中将相当。武警部队下设 5 个主要部门，分别为行政部、行动部、人力资源部、武警学院和边境安全部，这 5 个部门均由一位副警监领导。

与尼军类似，武警部队在全国设立了 6 个旅，分别在 5 个发展区和加德满都市布防，每个发展区由一位副总警监负责，下辖 4～6 个营。在实际操作中，武警更多地承担了反恐、防暴任务，同时也负责向国内外重要领导人提供安全保护，以及从事国内自然灾难发生后的抢险救灾行动。此外，尼武警部队还向 32 个联合国维和部队派遣了超过 2000 名武警官兵。

尼泊尔武警部队 2012～2013 财年预算为 60 亿卢比。尼泊尔武警部队实行与警察一致的警衔制度。目前武警部队约有 4 万名官兵。

三　军事训练和兵役制度

（一）军事训练

为提高军队素质，尼政府相当重视训练工作。士兵入伍后，要在新兵训练中心集训 9 个月才能分配到各部队。在 20 世纪的 50 年代，曾有不少印度军官来尼帮助训练士兵。

尼泊尔部队的军官多从大中学生中招募。士官生入伍时要经过严格的考核，然后根据其成绩和表现分配到不同的军事院校接受训练，结业后授予其少尉或中尉军衔；中高级军官则被送往印度和英国接受训练。

20 世纪 80 年代后，尼开始寻求以色列、美国和中国等国家帮助其训练特种部队等，每年还派一定数量的中下级军官赴印、美、英、法、中和巴基斯坦等国接受不同专业方面的训练。

尼泊尔警察有自己的培训中心。第一座警察培训中心是 1965 年在加德满都建立的。此后由于形势需要，警察培训中心不断增多。目前，尼全国 5 个发展区都拥有各自的警察培训中心。这些中心的任务主要是为国家培训中下级警察士官。一些高级警官和技术警官则多送往美、印、英、德等国接受训练。

（二）兵役制度

尼泊尔实行志愿兵役制，招收年满 18 岁以上的男性公民服役，服役期限为 17 年。士兵实行薪金制，退伍后可领取相当于原工资 80% 的退休金。

军官的军衔有少尉、中尉、代理上尉、上尉、代理少校、少校、中校、上校、准将、少将、中将和上将 12 级。晋升年限一般为 2～5 年。

四　对外军事关系

近些年来，尼泊尔军事上积极推行多边化政策，在继续与印度维持传统的军事交往的同时，努力发展与其他国家，特别是与西方国家的军事关系。

（一）与印度的军事关系

1950 年 7 月 30 日，印度利用拉纳家族失去英国支持的恐惧心理，迫使其签订了《印度尼泊尔和平友好条约》。该条约第二条规定，"双方政府约定，如与任何邻国发生任何严重摩擦或误会而可能损害双方政府间现有的友好关系时，应相互通知"。更重要的是，在签订条约的同时双方交换了信件，其内容在 1959 年 12 月 3 日尼赫鲁在新德里一次招待会上披露前，一直对外界保密。尼赫鲁在这次招待会上说，"除其他事项外，这些信件中有一段是'两国政府都不容忍外国侵略者对对方安全的威胁。为对付此类威胁，两国政府要彼此磋商并设计有效的反措施'。"［《新兴尼泊尔报》（英文），1981 年 7 月 14 日］由此可以看出，通过这一条约，印度与尼泊尔建立了一种特殊的军事和防务关系，并将其矛头指向中国。对这样一种特殊关系，尼泊尔当局，特别是在马亨德拉国王和比兰德拉国王主政时期，是不会心甘情愿接受的。从 20 世纪 60 年代开始，尼泊尔力图摆脱对印度的军事依赖，双方关系逐渐降温，到 70 年代这种趋势更加明显。但是，由于尼泊尔国力弱小，不能得罪印度，故在表面上仍不得不同印度维持一定的军事关系。1990 年 4 月，无党派评议会制度被废除，大会党掌权后，尼泊尔与印度的军事关系得到改善。同年 6 月，尼首相巴特拉伊访印，尼印就安全问题达成一致，双方同意对其中一方构成威胁的防务问题两国须事先磋商。1991 年，印向尼赠送了两架"猎豹"式直升机。同年 9 月，印派国防学院代表团访尼。1992 年 3 月，印陆军参谋长罗德里格斯上将访尼。双方在军事方面的往来持续不断。

另外，根据 1947 年 11 月 9 日英、尼、印三国政府签订的《关于招募廓尔喀兵的协定》，印度沿袭英国的做法。起初印度每年从尼招募 12 个营的廓尔喀兵，印巴在克什米尔发生冲突后，印度决定从 1948 年起将招募数量增至 23 个营，1962 年中印边界冲突发生后，则增至 39 个营。

（二）　与南亚其他国家的军事关系

尼泊尔每年均送部分军官去巴基斯坦和孟加拉国的军事院校受训和学习。尼孟两国陆军参谋长还于 1989 年进行过互访。尼泊尔与巴孟两国一直保持着友好关系。

（三）　与西方国家的军事关系

尼泊尔与英国的军事关系比较密切，根据 1816 年《萨高利条约》，英国每年招募尼泊尔青年到英军廓尔喀部队服役。20 世纪 80 年代中期，英国曾向尼泊尔提供价值 200 万英镑的装备援助。英国还每年为尼泊尔培训军官，两军高层也保持来往。尼泊尔与美国、法国也有良好的军事关系。近几年，美国、法国除了向尼军提供了一些装备外，还为尼培训军事人员。

2002 年 4 月，美国以反恐的名义，向尼泊尔提供 2200 万美元的援助，供尼向美购买军火和军用物资，并向尼派出军事专家和教练。此外，美国军事专家在对尼进行考察后，还建议尼泊尔扩大军队的规模。

（四）与中国的军事关系

在20世纪70年代，中国曾向尼泊尔提供了少量军事装备。80年代后期，中尼军贸关系发展较快。1987～1989年，尼从中国购买了一定数量的防御性武器和装备，印度对此十分敏感，并向尼泊尔施加压力，甚至进行经济制裁，力图限制尼泊尔同中国发展军事关系。尼泊尔大会党执政后，对与中国发展军事关系态度谨慎，中国对尼军贸受到很大影响，仅向尼军提供了少量军需品和部分零配件。

2006年以来，中尼军事交流与合作逐渐增多。2008年，时任国防部部长、尼共（毛主义者）领导人拉姆·塔帕访问中国。2009年12月，中国军事代表团访尼，并与尼军签署了价值2080万元的非军事援助协议。2011年3月，时任中国人民解放军总参谋长陈炳德上将访问尼泊尔，并与尼军签订了总价值1.3亿元的军事援助协议，包括工程设备和尼军比兰德拉陆军医院医疗设备等。中国军方还多次为尼军提供军事培训，双方人员交流频繁。

第五章

经　济

第一节　概述

尼泊尔是个农业国。20 世纪 50 年代前，由于长期受帝国主义、殖民主义的控制以及拉纳家族的封建统治和剥削，经济发展十分缓慢，基础设施极其薄弱，大部分生活日用品依赖进口。自 1951 年推翻拉纳家族专政以来，尼泊尔政府不懈努力，其经济自给能力有所增强，农业生产和人民生活水平都有了一定程度的提高，现代工业、交通运输、能源、金融和教育卫生等领域的基础设施逐渐完善，社会服务水平有所提高。但是，由于尼泊尔是一个内陆国家，经济发展受地理环境等诸多因素的制约，经济发展滞后，人均国内生产总值在 2013～2014 财政年度前 8 个月①只有 703 美元，尼泊尔仍处于世界上最不发达国家之列。

一　基本经济制度及其演变

为了发展经济和实现国家经济现代化，尼泊尔政府长期以来采取国家直接干预和指导经济发展的方针，实行国营与私营并举的混合经济模式。国营部门的发展由政府负责，通过实施经济发展五年计划制定发展战略和分配发展资金。自 1955～1956 财政年度开始实施第一个五年计划以来，尼泊尔连续执行了十个五年计划（其中第二个五年计划为 3 年）、一个三

---

① 尼泊尔的财政年度从当年的 7 月 16 日起，到次年的 7 月 15 日止；2013～2014 财政年度前 8 个月即 2013 年 7 月 16 日至 2014 年 3 月中旬。

年计划、一个"三年过渡计划"和一个"三年发展计划"(2010～2013)。

1. 发展计划

十个五年计划和一个三年计划的主要成就如下。

农业投资稳步增长 尼泊尔农业为国内 80% 以上的人口提供了就业机会,且对国内生产总值的贡献率高达 35%,因此,政府极为重视农业产业化发展,并不断加大对农业的投资,其投资涉及畜牧业、林业、渔业及茶叶种植业等领域。

大力发展公路建设 尼泊尔政府将发展公路建设放在各项基础设施建设的首位。与此同时,国际援助对尼泊尔公路网的建设和养护也起到了至关重要的作用。

注重区域均衡发展 为了促进区域均衡发展,尼泊尔政府起初将全国划分为东部、中部、西部和远西部 4 个发展区,后来进一步划分为东部、中部、西部、中西部和远西部 5 个发展区。

发展意识明显增强 第一个五年计划到第四个五年计划,尼政府的发展重点基本上是以交通运输业为主,到第五个五年计划才将其发展重点转向生产领域。随后尼政府提出"注意满足人民群众的最低需要",并于第七个五年计划期间明确其行动纲领,从而将发展计划同国民利益紧密联系起来。

2008 年 5 月,尼泊尔结束了近 240 年历史的沙阿王朝的统治,建立了尼泊尔联邦民主共和国。政府随即出台了"三年过渡计划",其目标是为尼泊尔的社会转型打下良好的经济基础,计划总投资为 5113.78 亿卢比①。其主要措施是通过减少贫穷、减少失业,构建持久和平,改善人民生活。其间,政府特别强调发展经济、提供有效的管理和服务、大力发展基础设施建设等。"三年过渡计划"的具体目标是:国内生产总值年均增长 5.5%;贫困人口减少到 24%;公路连接到所有 75 个县的政府所在地;发电能力达到 704 万千瓦;全国识字率提高到 66%;妇女接受妇科服务的比率提高到 35%;婴儿死亡率降至 42‰;获得清洁饮用水和卫生服务

---

① 尼泊尔货币单位,即尼泊尔卢比的简称。

的人口比例分别达到 85% 和 60%；15 岁以上的人口识字率提高到 66%；小学入学率提高到 92%；全国电话使用率达到 20%；土地灌溉面积达到 1263624 公顷。

2009 年，尼泊尔国家计划委员会出台了"三年发展计划"（2010 ~ 2013），其经济发展具体目标是：年均经济增长率从 2009 ~ 2010 年度的 4.4% 提高到 5.5%，其中农业部门从 3.3% 提高到 3.9%，非农业部门从 5.1% 提高到 6.4%；生活在贫困线以下人口从 25.4% 降到 21%；年均就业增长率从 3.0% 提高到 3.6%；节育率从 50% 提高到 56%；15 ~ 49 岁妇女的生育率从 2.9% 降至 2.0%；每 10 万名产妇死亡率从 229 名降至 170 名；新生婴儿死亡率从 20‰降至 16‰；婴儿死亡率从 41‰降至 36‰；儿童死亡率从 50‰降至 40‰；饮用水人口使用率从 80% 提高到 85%；卫生设施人口使用率从 43% 提高到 60%；初级小学净入学率从 93.7% 提高到 98%；公路连接从 71 个县政府所在地提高到所有 75 个县政府所在地；电话（包括手机）使用率从 27% 提高到 55%；发电装机容量从 691 万千瓦提高到 972 万千瓦；用电人口从 56.1% 提高到 65%；土地灌溉面积从 1227000 公顷提高到 1425725 公顷；森林面积覆盖率从 39.6% 提高到 40%；公路总长度（不包括农村公路网）从 19447 公里提高到 20122 公里。

2. 发展战略

尼泊尔的经济发展战略采取长期经济计划的方式，由国家统筹规划每一个五年计划的生产、投资、分配和社会服务等方面要达到的目标，以及实现这些目标所要采取的各项政策措施。1955 年，尼泊尔刚刚开始进行有计划经济建设时组建了计划工作部门，后定名为计划工作委员会。这为尼泊尔制定发展战略提供了组织保障。

实际上，"一五"和"二五"计划是临时拼凑起来的，直到第三个五年计划才开始有了一些长远的考虑，比如当时酝酿着要使尼泊尔的国民收入在 15 年内翻一番的宏伟目标等，这标志着尼泊尔正式拉开了制定经济发展战略的序幕。

农业发展战略 农业是尼泊尔国民经济的基础，只有农业发展了，才能解决人民的温饱以及进一步为工业提供原料与市场，整个国民经济的发展才有希望。因此，尼泊尔为加快农业发展，在不同时期提出了不同的农业发展战略。第一个农业发展战略是在拉纳统治时期提出的，当时由于特莱平原大部分是森林，人口稀少，政府把增加农业生产的重点放在开发特莱平原上。经过政府的不懈努力和合理开发，特莱平原变成了尼泊尔的"粮仓"。

第二个农业发展战略是在推翻拉纳家族的统治后制定的，因此，变革农业生产关系和进行土地改革也就成了政府最紧迫的任务。政府于1964年实施土地改革，旨在使"耕者有其田"。第三个农业发展战略是20世纪60年代后期出台的，旨在推行以采用改良品种、化肥和新耕作技术为内容的绿色革命。第四个农业发展战略始于20世纪70年代初，旨在推动山区农业种植多样化和发展畜牧业，并鼓励农民种植经济作物，以增强尼泊尔农产品的出口能力。第五个农业发展战略是在20世纪80年代出台的，其重点是大力发展水利工程，尽可能扩大农业灌溉面积，以提高农业的产量。第六个农业发展战略始于20世纪90年代初，旨在全面调整农业产业结构，使其从单纯的传统农业向养殖业、高附加值农业过渡。第七个农业发展战略是以就业为导向的农村发展战略，是在21世纪初出台的，旨在鼓励农业人口多渠道就业。第八个农业发展战略是2014年制定的，尼泊尔农业技术委员会正在谋划未来20年农业发展蓝图。目前，农业技术委员会建议在"农业发展战略"中禁止外国资本进入尼泊尔初级农业生产领域，同时不允许其享有土地所有权，并且全面禁止转基因食品、作物和种子。此外，该战略计划将尼泊尔农业年增长率从现在的3%提高到5%，土地生产率从现在的每公顷1600美元提高到每公顷5000美元[1]。

交通运输发展战略 尼泊尔境内河流虽多，但由于落差较大，水流湍急，无航运之利；发展铁路运输困难较大，在短期内不易实现；发展空中交通比较迅速，但费用昂贵，且运输量有限，不能满足需要。相比之下，

---

[1] 尼泊尔《加德满都邮报》2014年4月16日。

发展公路运输则最为可取。所以尼泊尔政府在发展交通运输事业时重点发展公路建设。

尼泊尔发展交通运输的战略步骤主要分五步：第一步是打通与两大近邻即印度和中国的通道。这不仅是开辟尼泊尔与外界联系的国际通道问题，也体现着尼泊尔的独立自主、不结盟和与一切国家友好的外交政策。1952 年 6 月，印度积极派出技术人员到尼泊尔，修建从加德满都到印度的特里布文公路；1963 年 6 月，尼泊尔与中国达成协议，由中国帮助尼泊尔修建连接加德满都与西藏边境口岸城镇聂拉木的阿尼哥公路。第二步是修建横贯特莱平原的东西公路，即马亨德拉公路。在印度、美国、英国和苏联的援助下，横贯东西的马亨德拉公路在 20 世纪 70 年代末已初具规模，从而基本扭转了国内交往要绕道他国的局面。第三步是发展县级公路。经过政府的努力，到 20 世纪 80 年代末，全国绝大多数县实现了互通公路，为实现农业发展战略奠定了基础。20 世纪 90 年代开始，政府在发展县级公路的同时，还特别注重发展农村公路。目前，公路已经通到所有县级政府所在地。第四步是加强公路的维护与保养。2008 年 5 月，尼泊尔联邦民主共和国在其"三年过渡计划"中特别提出了基础设施建设规划，计划总投资 674.7 亿卢比，主要用于新建公路 780 公里、改扩建公路 500 公里、维修公路 1450 公里。第五步是着手修建第一条高速公路。尼泊尔政府在 2012 年 7 月发布公告称，将向国内外公开招标建设第一条高速公路，即加德满都至特莱高速公路①，全长 94 公里，从首都加德满都修建到南部尼印边境地区，现已完成该项目的详细可行性研究以及初步设计。

工业和贸易发展战略　尼泊尔几十年来的工业和贸易发展战略就是力图防止和摆脱南面邻国（印度）的控制。尼泊尔的自然资源比较贫乏，工业基础相当薄弱，发展工业所需的基本物资，如石油、机械设备等至今仍需从国外进口。为此，尼泊尔采取进口替代政策、贸易多边化政策和限制外商投资的政策，以摆脱印度的影响，从而增强了尼泊尔经济的独立

---

① 尼泊尔《加德满都邮报》2012 年 7 月 13 日。

性。20 世纪 60 年代以前,尼泊尔的对外贸易几乎被印度所垄断,到 2013 ~ 2014 年度前 8 个月,尼泊尔同印度的贸易占尼泊尔对外贸易总额的 66%,而同其他国家的贸易总额占外贸总额的 34%。

尼泊尔的工业发展与外贸的关系十分密切,外贸的发展大大促进了尼泊尔民族工业的发展,工业生产年均增长率在 20 世纪 60 年代仅为 5% 左右,到 20 世纪 80 年代上半期年均增长率为 10% 左右。20 世纪 80 年代末,由于受尼印贸易争端影响,工业生产曾一度下滑。20 世纪 90 年代初,尼泊尔大力推行经济自由化战略,工业发展水平得到提高,到1999 ~ 2000 年度,工业增长率实现前所未有的高增长,达到 11.8%;工业产值在国内生产总值中所占的比重也上升到 10% 左右。2000 ~ 2013 年的 13 年,尽管工业增长率年均只有 2.7%,但工业产值占国内生产总值的比重年均达到 8.6%。

满足人民群众基本需求的战略　20 世纪 80 年代后,尼泊尔政府清楚地认识到满足人民群众基本需求才是持续发展的有效途径,因而在 1986 年 12 月拟定了满足人民群众基本需求的战略,其行动纲领是:①在粮食方面,规定每个公民每天摄入食品的热量要达到 2250 卡;②在衣着方面,规定每年为每个公民提供 11 米的布匹和衣料;③在住宅方面,规定每户占有 30 平方米;④在教育方面,要求 6 ~ 10 岁的适龄儿童都能受到初等教育,并进一步加强成人教育,提高全国的识字率;⑤将人口增长率控制在 2% 以下,并将全国人民的平均预期寿命提高到 65 岁;⑥保持国内的和平与安定以及维护国家的独立和主权完整,建立一个充满正义和活力的社会;⑦控制各种社会弊病,建立一种体面的生活方式。

经济自由化战略　尼泊尔重视发挥市场机制的作用。20 世纪 80 年代,尼泊尔大胆地引入市场机制。1987 年,尼泊尔从世界银行获得了第一笔贷款,并获得了国际货币基金组织的援助。20 世纪 90 年代初,尼泊尔取得了"民主运动"的胜利,在经济改革全球化浪潮的推动下开始进行经济改革,于 1992 年正式出台了以经济自由化为中心的系统改革计划。其主要内容包括将国营企业私有化,通过了简化办理许可证手续的"一个窗口"政策，放宽对经济的控制，鼓励私人投资以及吸引外国投资，等等。为了加大对农业发展的投入，政府还建立了农村发展银行。政府在1992年7月进一步出台和公布了新工业政策，不仅为工业企业实行私有化提供了依据，还为工业企业创造了一个开放和竞争的环境。政府于1994年公开进行股票交易，还特许外资参股航空服务业等，以达到吸引外国资本的目的。

金融领域发展战略 尼泊尔政府计划为金融领域制定五年发展战略，这将是尼泊尔金融领域有史以来第一个发展战略，该战略将涉及银行、金融机构、保险公司、小额信贷机构和资本市场。为制定该战略，尼泊尔政府成立了以财政部长为首的高级金融部门协调委员会，下设指导委员会和技术委员会。① 指导委员会监督该战略的整个制定过程，而技术委员会则负责草案的编写，2014年4月完成草案。

3. 环境保护

尼泊尔环境保护意识正在日益提升，政府环境部把环境保护作为其首要任务，并颁布实施环境保护法案和相关政策，力求按国家和国际水准保护环境。针对气候变化的影响，尼泊尔政府特设立"喜马拉雅气候研究中心"，建立自动气象站，扩大水文和气象服务，通过使用最先进技术，将收集的有效信息及时传播给公众。政府环境部还专门设立了旨在保护环境的技术委员会以开展监测活动。尼泊尔政府提交了两个有关环境保护的项目提案，价值1200万美元，除已获得最不发达国家基金的气候适应项目援助外，还获得了联合国工业发展组织和全球环境基金的技术和财政支助。根据承诺，尼泊尔已经开始进行环境系统的气候适应程序，并在加德满都谷地建立了6个空气质量监测站。

近年来，尼泊尔政府十分重视环境保护，并采取了相应的保护措施。

（1）公私合作改善城市环境。在联合国开发计划署的援助下，公私合作改善城市环境计划正在尼泊尔的12个直辖市运行。2009～2010年度，已经在10个直辖市分别完成了1个饮用水配送项目、5个城市的公

---

① 尼泊尔《加德满都邮报》2013年12月18日。

共厕所项目、15 个城市的固体废物管理项目（从家庭收集有机肥料和废物等）、2 个城市的交通合理化管理项目。与此同时，587 人通过训练、研讨会等形式增强了环境管理能力。2010～2011 年度，建成了 3 个城市的环境卫生设施项目、2 个废物处理项目、2 个可再生能源项目。此外，有 951 人通过培训、研讨会等形式增强了环境管理能力。2011～2012 年度前 8 个月，公私合作改善城市环境计划的技术援助又扩展了 4 个直辖市，并开始在比腊特纳加市建立堆肥箱。

（2）固体废物管理计划。该计划于 1999～2000 年度开始实施，其目标是提高人们的环境保护意识和固体废物可持续管理能力，控制空气污染和提高废物利用率，鼓励社区、私人和非政府部门参与废物处理。政府加强对固体废物管理的立法，于尼历 2068 年阿萨德 1 日（相当于 2011 年 4 月 1 日）正式颁布《固体废物管理法案·2011》。为了长期有效地做好加德满都谷地的固体废物管理，政府于 2009～2010 年度收购了位于加德满都西北努瓦科特县和达丁县交界处班查列丹达（Banchare Danda）的土地，总面积达 1600 洛帕尼①，约 3137 公顷，旨在建立一个永久性垃圾填埋场。同时，政府为了增强希斯多尔（Sisdol）垃圾填埋场的能力，对出入该垃圾填埋场的奥卡尔帕乌瓦（Okharpauwa）公路进行了整修，并完善了排水设施。2010～2011 年度，政府开始在 5 个市进行增强固体废物管理容量的试点计划，随即又逐步扩展到了 15 个市。对此，政府还专门组建了一个高级委员会对固体废物进行管理，而加德满都谷地的固体废物则运用公私合营形式进行管理。2011～2012 年度前 8 个月，在联合国人居署的技术支持下，15 个市合作完成了管理固体废物战略计划和行动计划预案。同时，29 个城市开展了培训项目，并以电视广告、交换信息等方式提高民众的环保意识。

（3）强化地方一级环境管理项目。2001～2002 年度，尼泊尔政府在芬兰政府的援助下正式启动地方一级强化环境管理项目，其目的在于加强地方行政机构的环保管理能力。该项目首先在尼泊尔东部地区的 12 个市

---

① 尼泊尔的面积单位，每一个洛帕尼约等于 0.51 公顷。

和 9 个县实施①。2009～2010 年度，尼泊尔政府在地方环境基金和工业环境援助基金的支持下，分别对上述地区进行了环境监测，建立了环境监测实验室及其分支委员会，并对员工进行了培训，同时在乡村进行了环境保护的有关试点。2010～2011 年度，尼泊尔政府又在 4 个县建立了水样本收集中心；进行了 25 次污染控制和环境监管培训、职业健康安全培训和环境方案制定培训，以及 25 次环境和固体废物管理培训；在 1 个市建立了环境部门，还在 1 个市和 2 个乡村分别建立了环境小组委员会；实施了12 个露天排便自由区的推广计划和 6 个环境友好村扩展计划。2011～2012 年度前 8 个月，政府对污染控制和环境监管方面的环保官员进行了 3次培训；政府向 41 个工业企业发放了污染控制证书，在 9 个工业企业进行了职业健康安全培训。

二 经济结构

经过近 60 年的发展，尼泊尔的经济结构发生了明显变化。农业产值占国内生产总值的比重逐年下降，而非农业产值（包括工矿业、制造业、建筑业、水电、贸易、交通运输、通信及社会服务业等行业的产值）占国内生产总值的比重则稳步增加。1956～1957 年度，农业产值占国内生产总值的比重高达 80%，而非农业产值仅占国内生产总值的 20%。2000～2013 年的 13 年，农业产值占国内生产总值的比重年均为 35.5%，而非农业产值占国内生产总值的比重年均为 64.5% 的水平。

1. 产业结构

第一产业 在尼泊尔，第一产业包括农业、畜牧业、林业和渔业等部门。随着制造业、交通运输与通信业及社会服务业的迅猛发展，第一产业占国内生产总值的比重有不断下降的趋势。20 世纪 50 年代初，第一产业的产值约相当于国内生产总值，到 1956～1957 年度，第一产业占国内生

---

① 这 12 个市分别是比腊特纳加、达兰、伊塔哈里（Itahari）、丹库塔、伊纳鲁瓦、达马克（Damak）、巴德拉普尔（Bhadrapur）、梅齐纳加尔（Mechinagar）、伊拉木、拉杰比拉兹、拉汉（Lahan）和锡拉哈市，9 个县分别是潘奇塔尔、孙萨里、莫朗、伊拉木、贾帕、丹库塔、乌代普尔、锡拉哈和萨普塔里县。

产总值的比重降到80%左右。2000～2013年的13年,第一产业占国内生产总值的比重年均为35.4%。

第二产业 尼泊尔的第二产业通常包括采矿业、制造业、建筑业、电力、供水和供气等,其地位也稳步上升,占国内生产总值的比重逐年增加。20世纪50年代,第二产业占国内生产总值的比重几乎为零,到1956～1957年度也不足1%,2012～2013年度增至14.4%。2000～2013年的13年,第二产业占国内生产总值的比重年均为15.9%。

第三产业 在尼泊尔,第三产业包括贸易、交通运输与通信、金融保险与房地产、旅游、文化教育与卫生等行业。作为尼泊尔发展较快的第三产业,其产值占国内生产总值的比重在20世纪50年代中期为20%,2012～2013年度则提升到50.3%,占国内生产总值的一半。2000～2013年的13年,第三产业占国内生产总值的比重年均为48.6%。

2. 职业结构

尼泊尔的职业结构变化十分明显,从事农业的劳动力人口呈不断下降趋势,而从事非农业的劳动力人口则不断上升。1951年,尼泊尔从事农业的劳动力人口占全国总劳动力人口的比例高达95.4%,从事工业和服务行业的劳动力人口仅占全国总劳动力人口的4.6%。2010～2011年度,全国就业劳动力人口约为2000万,从事农业的劳动力人口占76.3%,从事非农业的劳动力人口占23.7%。全国失业率为2.2%,比1996～1997年度下降2.7个百分点,就业率达到97.8%;充分就业的劳动力人口所占比重比1996～1997年度的53%上升了17个百分点,达到70%;处于半失业状态的劳动力人口所占比重则比1996～1997年度的47%下降了17个百分点,为30%。近年来,政府为了扩大就业,源源不断地实施劳务输出,境外就业人数从2002～2003年度的347062增加到2013～2014年度前8个月的2713898人。其中,尼泊尔劳务输出超过10万人的国家有马来西亚(876180人)、卡塔尔(745616人)、沙特(553755人)和阿联酋(351546人)。

3. 分配结构

积累结构 长期以来,尼泊尔由于受经济发展水平的限制,储蓄率偏低。1985～1986 年度，国内储蓄率①为 10.6%。2000～2013 年的 13 年，储蓄率年均为 10.1%，其中最高的是 2010～2011 年度，为 14%；最低的是 2002～2003 年度，为 8.6%。2013～2014 年度前 8 个月，储蓄率为 8.9%。

分配结构 按国际标准计算，尼泊尔仍有近 40% 的人口生活在贫困线以下。如果按尼泊尔生活水平调查（NLSS）②的标准计算，全国整体贫困率为 25.2%，其中贫困率最高的是山区，达 42.3%；丘陵和特莱平原的贫困率分别为 24.3% 和 23.4%。2003 年 7 月中旬，人均国民可支配总收入为 23430 卢比，2014 年 3 月中旬为 96155 卢比，10 年间增长 310.4%。

4. 人口结构

严格地讲，人口结构是经济结构中的重要一环，人口素质直接影响经济发展。联合国人口委员会（UNFBA）发布的《2000 年世界人口状况报告》显示，1995～2000 年，尼泊尔的人口年均增长率为 2.4%，比同期世界人口增长率高一倍。并且，18 岁以下的人口占总人口的比重高达 52%（1997～1998 年度），为 1104.7 万人。根据尼泊尔公布的 2011 年人口普查数据，全国总人口为 2662 万。2001～2011 年，尼泊尔人口年均增长率为 1.4%，人口增长率为过去 40 年来的最低水平。2011 年尼泊尔男、女人口分别为 1292.7 万和 1369.3 万，男女比例为 94.4∶100，而 2001 年人口普查时男女比例为 99.8∶100。③

5. 能源结构

在尼泊尔，电力消耗正以每年 10.3% 的速度递增，但尼泊尔用电人

---

① 储蓄率为国内总储蓄与国内生产总值的比例。

② 根据 2010～2011 年度尼泊尔生活水平调查，以每天摄入食品最低热量 2220 千卡为贫困线标准，其整体贫困线每年可支配收入为 19261 卢比，其中食品"贫困线"为 11929 卢比，非食品类"贫困线"为 7332 卢比。

③ 尼泊尔从 1911 年开始每 10 年进行一次人口普查，最近一次人口普查是 2011 年 6 月，此次人口普查数据显示，全国总人口为 2662 万（大大低于此前预期的 2850 万），其中城市人口约占总人口的 17%，为 452.54 万；农村人口约占总人口的 83%，为 2209.46 万。首都加德满都为 174 万人，成为全国人口最多的地区；西部马朗县只有 6527 人，成为全国人口最少的地区。

口只占总人口的15%，且全国3912个乡村中只有1276个乡村通电，电力消耗在能源消耗结构中所占的比重很小。同时，尼泊尔的人均能源消耗水平与世界其他国家相比是十分低的。尼泊尔是一个缺煤、缺石油的落后农业国家的典型。到2013～2014年度前8个月，传统能源消耗量占能源消耗总量的80.1%（其中木柴占71.5%，农作物废料占3.5%，牛粪占5.1%），商业能源消耗量占能源消耗总量的16.7%（其中煤占3.6%，石油占10.8%，还有少量天然气等），电力占2.2%。从上述数据可以看出，尼泊尔能源消耗结构正在发生变化，传统能源消耗占能源消耗总量的比重开始下降，非传统能源消耗量占能源消耗总量的比重逐步上升。

三 经济发展成就

20世纪50年代初，尼泊尔虽然结束了长达105年的拉纳家族专制统治，但当时的政治经济形势十分严峻。首先，尼泊尔缺乏一套完善的行政管理体制。直到1955年经济发展计划开始前，一个拥有14.14万平方公里土地和800余万人口的国度中，仅有11名工程师，其他专业技术人员则几乎为零。其次，尼泊尔经济落后，基础设施薄弱。尼泊尔经济主要集中在农业，没有现代化的工业，仅拥有几十个中小型工厂，雇佣工人只有2万人，不足全国劳动力的1%；全国仅有一条国内航线和376公里的公路，且公路都是南北走向，南端大多与印度相连，使得尼泊尔的东、西横向往来必须经印度周转，尼泊尔的内地与边远地区联系十分闭塞；全国的电话、电力和邮政等基础设施的服务范围也仅及全国人口的1%。再次，尼泊尔金融机构不发达。全国仅有20余个储蓄网点，且多数集中在首都加德满都。尼泊尔卢比也仅限于在加德满都谷地使用，全国大部分地区的各种交易则是通过印度卢比来进行的。最后，尼泊尔的对外贸易完全被印度垄断。尼泊尔90%以上的贸易都是同印度进行的，这种过分依赖印度的状况必然会阻碍其经济发展，同时也限制了尼泊尔与印度以外国家的贸易。尼泊尔仅有的一点外汇收入主要来自旅游业和在英军中服役的廓尔喀士兵的汇款，而这点外汇收入还得由印度代管，当尼泊尔提出申请时由印度代为划拨。

20 世纪 60 年代以来，尼泊尔经济不断发展，主要表现在如下几个方面。

（1）经济整体上处于增长状态。扣除通货膨胀率按不变价格计算，1960～1970 年，国内生产总值年均增长率为 2.5%；1971～1982 年则微增 0.2 个百分点，为 2.7%；1983～1992 年猛增到 4.3%；1992～2000 年再增 0.6 个百分点，达到 4.9%。21 世纪以来，受到国际经济的影响，尼泊尔国内生产总值年均增长率有所放缓。2001～2013 年，国内生产总值的年均增长率为 3.8%，其中最高的 2007～2008 年度为 5.8%，最低的 2006～2007 年度为 2.8%。2013～2014 年度前 8 个月，国内生产总值增长率为 5.2%。

（2）国内生产总值大幅增长。1964～1965 年度，尼泊尔实际国内生产总值仅为 56.02 亿卢比，2012～2013 年度猛增为 6629 亿卢比，2013～2014 年度前 8 个月为 6968 亿卢比。

（3）人均国民收入有所提高。人均国内生产总值从 1964～1965 年度的 560 卢比增加到 2013～2014 年度前 8 个月的 69919 卢比，人均国民收入从 560 卢比增加到 71305 卢比。如果按美元计算，人均国内生产总值从 28 美元增至 703 美元，增长 24.1 倍；人均国民收入从 28 美元增加到 717 美元，增长 24.6 倍。人均可支配收入则从 2000～2001 年度的 21978 卢比增至 2012～2013 年度前 8 个月的 96155 卢比，增长 3.4 倍。如果按美元计算，人均可支配收入从 298 美元增至 967 美元，增长 2.2 倍。

（4）基础设施大为改善。到 2014 年 3 月中旬，全国公路总里程为 25599 公里，比 1951 年的 376 公里增加 67.1 倍；拥有各类车辆 1687478 辆。航空运输则发展迅速，全国拥有机场 55 个（其中 1 个国际机场和 54 个国内机场），航空公司 69 家，各型飞机 330 余架；同世界上 36 个国家和地区签署了《双边航空运输协定》，其客座能力达到 525.5 万座。邮电通信服务已遍及全国，到 2014 年 3 月中旬，全国共有邮局（所）4591 个，有 41 个城市建立了特快专递邮件业务，与世界上 23 个国家有国际邮件业务联系。全国拥有电话用户 23006799 个，电话密度为 86.8%，能直接与世界上 131 个国家的用户进行电话联系；网络用户 8146910 个，网络密度为 30.7%。

（5）文化教育与医疗水平不断提高。到 2014 年 3 月中旬，毛入学率：基础教育（1~8 年级）为 115.7%（女生 119.6%，男生 111.9%），其中 1~5 年级为 136.8%（女生 142.4%，男生 131.6%），6~8 年级为 84.3%（女生 86.2%，男生 82.4%）；中等教育（9~12 年级）为 50.4%（女生 50.7%，男生 50.1%），其中 9~10 年级为 68.7%（女生 69%，男生 68.3%），11~12 年级为 32%（女生 32.3%，男生 31.7%）。净入学率：基础教育为 86.3%（女生 86.3%，男生 86.4%），其中 1~5 年级为 95.6%（女生 95%，男生 96.2%），6~8 年级为 72.6%（女生 73.5%，男生 71.7%）；中等教育为 33.2%（女生 33.2%，男生 33.3%），其中 9~10 年级为 55%（女生 54.6%，男生 55.1%），11~12 年级为 11%（女生 11.6%，男生 11.6%）。师生比例：基础教育为 1:41，中等教育为 1:31。教师资格证持有率：基础教育为 98.1%，中等教育为 98.7%。识字率：全国人口中，6 岁为 65.9%，15 岁为 56.5%，15 岁到 24 岁为 80%。医疗机构：全国共有医疗机构 4405 所（其中医院 107 所、初级卫生中心包括医疗中心 215 所、卫生站 2175 所、传统医学医院 293 所、初级卫生站 1615 所），医院床位 7550 张，医务人员 83095 人（其中医生 2154 人、护士 9535 人、传统医生 394 人、保健助理 1151 人、卫生工作者 3190 人、基层卫生工作者 2985 人、其他医务工作者 63686 人）。

（6）旅游业迅速发展。旅游业已发展成为尼泊尔的重要产业，它既是政府财政收入和就业日益增长的源泉，又是外汇收入的主要来源之一。尼泊尔接待游客人数从 1975 年底的 92440 人增加到 2013 年 1 月中旬的 803092 人，增长 7.7 倍（乘坐飞机到达的游客为 598258 人，占游客总人数的 74.5%；从陆路到达的游客为 204834 人，占 25.5%），其中印度游客占 20.6%，中国游客占 8.9%，斯里兰卡游客占 7.8%，美国游客占 6.0%，英国游客占 5.0%，德国游客占 3.7%，日本游客占 3.5%，法国游客占 3.4%，澳大利亚游客占 2.8%，西班牙游客占 1.8%，加拿大游客占 1.6%，瑞士游客占 0.9%，奥地利游客占 0.5%，其他国家和地区的游客占 33.5%。游客人数的增加，促进了酒店业的发展。酒店数量从 1979

年12月底的68家增加到2013年1月中旬的853家，增长11.5倍，其中星级酒店从40家增加到107家，增长1.7倍；非星级酒店（旅游类饭店和度假村）则从28家增加到746家，增长25.6倍。酒店床位数从同期的4925张增至31657张，增长5.4倍，其中星级酒店床位数从3775张增至9371张，增长1.5倍；非星级酒店床位数从1150张增至22286张，增长18.4倍。旅游业外汇收入大幅增加，从1974～1975年度的1.71亿卢比猛增到2013～2014年度前9个月的346.588亿卢比，增长201.7倍。旅游业的发展，对解决棘手的失业问题也有很大帮助。到2013年，旅游业直接就业人数达到50.4万人，约占全国就业总人数的3.4%，预计2014年占6.4%。

（7）对外贸易不断扩大。尼泊尔现已同世界上70%的国家建立了贸易联系，外贸总额在1975～1976年度为31.68亿卢比，其中出口11.86亿卢比，占37.4%；进口19.82亿卢比，占62.6%。2012～2013年度猛增到6336.574亿卢比，其中出口769.171亿卢比；进口5567.403亿卢比。2013～2014年度前8个月，外贸总额为6203.063亿卢比，其中出口681.211亿卢比，进口5521.852亿卢比。

（8）外汇储备不断增加。20世纪80年代中期，尼泊尔外汇储备水平曾降至不足支付3个月进口的水平。随后，尼泊尔政府采取了一些紧急措施，使外汇储备在1991年5月恢复到可以支付5个月进口的水平。近年来，由于尼泊尔卢比对美元汇率的贬值和海外汇款的增长，使尼泊尔的外汇储备迅速增加。外汇储备从1974～1975年度的5.65亿卢比增加到2013～2014年度前8个月的6534.19亿卢比，增长1155.5倍，外汇储备额足够支付11.6个月的商品进口以及10.1个月的商品与服务进口。

（9）国际收支状况不断改善。1974～1975年度，尼泊尔往来账户赤字为-1.203亿卢比，1995～1996年度为-215.422亿卢比，创往来账户赤字的最高纪录。1974～2005年，往来账户几乎连年赤字，只有1975～1976年度（0.6亿卢比）、1976～1977年度（2.547亿卢比）、1978～1979年度（0.393亿卢比）和1998～1999年度（2.351亿卢比）略有节余。2005～2006年度之后，国际收支状况得到明显改善，除2009～

2010 年度往来账户为赤字 （-77.103 亿卢比）外，其余都有不同程度的盈余。2011~2012 年度往来账户盈余 1231.337 亿卢比，创尼泊尔有史以来往来账户的最高盈余。2013~2014 年度前 8 个月，因外汇收入显著增加，国际收支状况继续得到改善，尼泊尔往来账户盈余为 1028.1 亿卢比。

　　3. 短期发展目标

　　尼泊尔国家计划委员会于 2010 年制定了到 2015 年的短期发展目标，旨在摆脱贫困。短期发展目标包括收入、婴幼儿成长、教育、性别比例、妇幼健康、疾病预防、饮用水、卫生设施、森林覆盖等方面，具体指标见表 5-1。

表 5-1　尼泊尔短期发展目标

	指标内容	2010	2013	2015
目标Ⅰ	每天收入低于 1 美元的人口(%)	19.7	16.4	17
	生活在贫困线以下的人口(%)	25.4	23.8	21
	就业人口一天收入小于 1 美元(%)	22	—	17
	少于食品最低要求的人口(%)	36.1	15.7	25
	婴幼儿体重不足(6~59 个月)(%)	36.4	28.8	29
	婴幼儿发育不良(6~59 个月)(%)	46.8	40.5	30
目标Ⅱ	小学净升学率(%)	93.7	95.3	100
	五年级学生的入学率和继续就读率(%)	77.9	84.2	100
	男女识字率(15~24 岁)(%)	86.5	88.6	100
目标Ⅲ	小学的男女学生比率	1	1.02	1
	中学的男女学生比率	0.93	0.99	1
	大学的男女学生比率	0.63	—	1
	同龄男女的识字比率(15~49 岁)	0.83	—	1
目标Ⅳ	1 岁以下的儿童接种麻疹疫苗(%)	85.6	—	90
	5 岁以下儿童死亡率(每 1000 人)	50	54	38
	婴儿死亡率(每 1000 人)	41	46	34(32)
目标Ⅴ	专门为孕妇服务的熟练卫生工作者(%)	29	50	60
	产妇死亡率(每 100000 人)	229	217	213(134)

续表

	指标内容	2010	2013	2015
目标Ⅵ	15～49 岁感染艾滋病病毒/艾滋病的比例(%)	0.49	0.12	0.35
	感染疟疾(每 1000 人)	5.7	3.3	3.8
	结核病患病率(每 100000 人)	244	238	210
	结核病死亡率(每 100000 人)	22	21	20
目标Ⅶ	森林覆盖率(%)	39.6	39.6	40
	饮用水覆盖率(%)	94	85	73
	卫生设施覆盖率(%)	43	62	80

资料来源：尼泊尔国家计划委员会。

第二节　农林渔牧业

尼泊尔是个农业国，农业是国民经济的命脉，农业生产在国民经济中占有非常重要的地位。尼泊尔中央统计局 2011 年 9 月公布的人口统计数据显示，农村人口占全国总人口的 86%，约 2262.7 万；81% 的人口从事农业生产，农业产值占国内生产总值的比重为 35.21%，并且农业还为工业提供近 80% 以上的原料。整个农业生产中，粮食作物生产占 37%，其他作物生产占 10%；园艺业生产占 17.5%（其中柑橘生产占 6%、苹果生产占 3%、蔬菜生产占 4%、养蜂业占 0.5%、其他占 4%）；蚕丝生产占 2%；畜牧业生产占 27%（其中牛奶生产占 4%、动物保健占 5%、动物饲料占 5%、奶牛与水牛占 4%、山羊与绵羊占 2%、家禽占 2%、其他占 5%）；渔业生产占 6%；农业研究占 0.5%。

一　农业

1. 土地政策

尼泊尔陆地总面积中，耕地占 27%，森林占 39.6%，草场占 12%。长期以来，由于没有对土地的使用进行适当的管理，未经筹划的居民区持续增加，导致耕地面积逐渐减少。非法占据土地和土地荒芜的现象也在逐年增加，导致农业生产力下降，其结果使粮食安全受到威胁。因此，尼泊尔政府于2012年颁布并实施《国家土地利用政策（2012）》，以期摆脱这些问题。

《国家土地利用政策（2012）》的特点是：土地利用分类中详细说明了土地开发顺序、土地利用性质和土地分类，旨在提高生产力。具体政策如下。（1）土地利用分为七大类，即农业区、居民区、商业区、工业区、森林区、公共区和其他指定的必要区域。（2）组建土地利用委员会，由国家规划委员会副主席主持工作，成员由相关部委负责人和土地利用专家组成。（3）建立永久的土地利用管理部，并重组现有的国家土地永久项目部。在土地改革管理部等部门的规范监控下实施土地利用计划，并为发展基础设施制订土地利用计划等。土地利用管理部的人力资源是来自农业、灌溉、林业、环境、住房、城市规划、土地测量和土地管理等行业的专门人才。（4）全国75个县都设立县级土地利用实施委员会，由县发展委员会主席主持工作，并担任县土地利用实施委员会办公室负责人。市和村负责人分别是市级和村级土地利用实施委员会办公室的负责人。

2. 农业发展措施

尼泊尔政府推行了一系列旨在加速农业发展的措施。

强制推行农业险 为了使广大农户避免各种风险损失，尼泊尔保险委员会开始强制推行农业险，非寿险公司已经开始受理农作物、牲畜和家禽的投保。可见，引入农业险是巨大的进步，对尼泊尔农业生产商业化将起到积极作用。农业部将在政府公布预算后向农业险提供50%的补贴。2011～2012年度，牲畜保险14299头（只），保费为20.052亿卢比。同时，尼泊尔政府也拨款11.7亿卢比为14000头（只）牲畜投保。

提供农业贷款 1974～1975年度，农业贷款仅为1.818亿卢比，2011～2012年度增加到232.58亿卢比，增长126.9倍。但未偿还农业贷款也相应增加，从1975～1976年度的2.25亿卢比增加到2010～2011年度的403.1亿卢比，增长178.2倍。商业银行提供的农业信贷也逐年增加，2009～2010年度为142.941亿卢比，其中农业及农业相关服务为

7.417 亿卢比，茶叶行业为 8.87 亿卢比，畜牧业及畜牧业相关服务为 8.953 亿卢比，林业及渔业为 1.571 亿卢比，其他农业及农业基础服务为 116.13 亿卢比。2013～2014 年度前 8 个月，农业贷款为 470.649 亿卢比，其中农业及农业相关服务为 63.013 亿卢比，茶叶行业为 30.015 亿卢比，畜牧业及畜牧业相关服务为 134.542 亿卢比，林业及渔业为 53.517 亿卢比，其他农业及农业基础服务为 189.562 亿卢比。

扩大灌溉面积　由于受尽了"靠天吃饭"的苦头，尼泊尔政府从 20 世纪 70 年代开始重视扩大土地灌溉面积，并在 20 世纪 80 年代使灌溉面积每年以 1 万～3 万公顷的速度增长。1956 年，全国土地灌溉面积仅有 1.8 万公顷，1998～1999 年度扩大到 73 万公顷，增长 40.6 倍。为了进一步扩大土地灌溉面积，1996～2002 年度政府投资 248.054 亿卢比用于 50 个灌溉工程，2001～2002 年度土地灌溉面积扩大到 81.46 万公顷。目前，尼泊尔耕地面积为 264.1 万公顷，土地灌溉面积为 176.6 万公顷，土地灌溉面积占耕地面积的 66.9%。

推广优良品种　为了提高粮食产量，政府比较注重推广优良品种。1974～1975 年度，良种使用总量仅为 1934 吨（其中良种水稻 328 吨、良种玉米 51 吨、良种小麦 1555 吨），2009～2010 年度达到 4337 吨，比 1974～1975 年度增长 1.2 倍。尽管良种使用总量提高了，但良种水稻的使用量却降低了。2010～2011 年度前 8 个月，良种使用总量为 4193 吨，其中良种水稻 1209 吨，良种玉米 1 吨，良种小麦 2983 吨。2012～2013 年度前 8 个月良种使用总量为 2946 吨，其中良种水稻 68 吨，良种小麦 2878 吨。此外，政府还大力推广新品种。水稻新品种，如"NR/1190 - 24 - 4 - 2 - 2 - 2 - 3"系列、"拉达 - 13"、"旱稻 - 4"、"旱稻 - 5"、"旱稻 - 6"广泛在中部山区、丘陵和特莱地区推荐使用，黄色抗病小麦新品种"BL - 3235"和"BL - 3503"在山区推荐使用，UG99 抗病小麦品种"NL - 1064"和"NL - 1073"正在推荐过程中，而抗病小麦品种"HPS2/6"和"HPS7/6"正在注册中。

增加化肥使用量　1974～1975 年度化肥使用量为 12658 吨，其中氮肥 8923 吨，磷肥 2849 吨，钾肥 886 吨。2011～2012 年度，化肥使用量增加到 145653 吨，比 1974～1975 年度增长 10.5 倍。其中，氮肥 99196 吨，增长 10.1 倍；磷肥 43724 吨，增长 14.3 倍；钾肥 2733 吨，增长 2.1 倍。2012～2013 年度，化肥使用量为 178461.6 吨，较 1974～1975 年度增长 13.1 倍。

拟定农业发展规划　为增加农民收入，尼泊尔政府农业部于 2012 年拟定了总投资达 270 亿卢比的农业发展规划，该规划由四部分构成：①投资 60 亿卢比的食品安全规划，内容包括推广土壤改良、科学施肥、灌溉、资源保护等技术，争取通过 3 年时间增产 50 万吨粮食；②投资 40 亿卢比的国家牛奶发展规划，目的是取代进口奶粉并增加农民收入；③投资 19 亿卢比的农产品增值规划，通过提高柑橘、茶叶等经济作物的品质，获取国际市场份额；④投资 150 亿卢比的粮食品种改良规划，通过扩大杂交水稻、杂交小麦的种植，增加单位面积的粮食产量。

实施特殊农业发展项目　一是农业生产项目。鼓励种植洋葱、玉米、柠檬、鱼和油料作物，力争使这些农产品取代进口。具体计划是，在孙萨里、萨拉希、劳塔哈特、巴拉、卡夫雷帕兰乔克、奇特万、纳瓦尔帕拉西、卢潘德希和当格 9 个县大力种植玉米；在萨普塔里、萨拉希、锡拉哈、达努沙、巴拉、帕尔萨、卢潘德希、班凯和巴迪亚 9 个县推广洋葱种植；在孙萨里、萨普塔里、巴拉、帕尔萨、奇特万、纳瓦尔帕拉西、卢潘德希、班凯和巴迪亚 9 个县则大力推广渔业养殖；在萨拉希、奇特万、拉姆忠、纳瓦尔帕拉西、卡皮尔瓦斯图、皮乌旦、当格、班凯和巴迪亚 9 个县广泛种植油料作物；在特拉图木、丹库塔、博季普尔和马克万普尔 4 个县则种植柠檬。二是合作社经营家禽和猪养殖项目。该项目于 2008～2009 年度开始实施，最初只在 4 个县试点，旨在重点扶持达利特、贾那贾提人（janajatis）、妇女、寮屋居民、边缘化者、保税劳动者和失地农民，现在已扩展到凯拉利、巴迪亚、班凯、当格、萨普塔里、贾帕、马南、萨拉希、乌代普尔、拉梅查普、达丁、辛杜帕尔乔克、西扬加、多拉卡、卡夫雷帕兰乔克、达努沙、巴克塔普尔、纳瓦尔帕拉西、拉姆忠、辛杜利、帕尔萨、马克万普尔和马霍塔里等 25 个县或直辖区。三是"一个村子、一个产品"项目。该项目采取公私合伙的方式，于 2007 年开始实施。2011～2012 年度在贾帕县广泛种植槟榔，在孙萨里县发展姜黄种植，在萨尔亚县和帕尔帕县种植生姜，在拉姆忠县发展乡村农业旅游，在米亚格迪县种植花椒。

3. 农业发展

尼泊尔粮食作物产量在 1961～1962 年度仅为 314.5 万吨，2011～2012 年度增至 945.66 万吨，增长 2 倍，创历史最高纪录；经济作物产量则从同期的 67 万吨增加到 574.762 万吨，增长 7.6 倍。2013～2014 年度，粮食作物产量为 925.858 万吨，经济作物产量为 592.136 万吨[①]。

按当年价格计算，农业产值从 1964～1965 年度的 36.4 亿卢比增加到 2012～2013 年度的 2379 亿卢比，增长 64.4 倍。扣除通货膨胀，1964～1994 年，农业产值年均增长率为 2.1%。2000～2013，农业产值年均增长率为 3.1%，增长幅度最大的 2007～2008 年度为 5.8%，但增长幅度最小的 2006～2007 年度也有 1%，没有出现大幅波动或出现负增长的状况，所以农业产值增长幅度比较平稳。2013～2014 年度，农业产值增长 4.7%。

农业产值占国内生产总值的比重在 2003～2013 年年均达到 36% 的水平，几乎比 20 世纪 90 年代增加 10 个百分点，其中最高的 2004～2005 年度高达 38.8%，最低的 2012～2013 年度为 34.3%。2013～2014 年度，农业产值占国内生产总值的比重为 34.1%。

（1）粮食作物

尼泊尔的主要粮食作物有水稻、玉米、小麦、大麦、小米和荞麦等，其播种面积在 2013～2014 年度为 348.004 万公顷，粮食作物总产量为 925.858 万吨。粮食生产不仅可以自给，还可以大量出口。近两年来，由于大米喜获丰收，国内大米市场供应充足，政府开始考虑将多余的大米出口到周边国家。2012 年 7 月，尼泊尔政府取消了自 2008 年开始的大米出口禁令。

水稻　产地多集中在整个特莱平原，一年可达三熟。20 世纪 80 年代

---

① 参见尼泊尔农业发展部资料和财政部《经济概览 2013/2014 年度》数据。

中后期不断扩大种植面积,许多丘陵与河谷地区也开始大面积种植水稻。

玉米 山区一般在 2、3 月份播种,8、9 月份收获;平原地区则在 3、4 月份播种,6、7 月份收获。产地主要集中在特莱平原和河谷地区。

小麦 主要种植在特莱平原以及山区和丘陵地区,一般在 11、12 月播种,翌年 4、5 月份收获。

大麦 与小麦的播种期相差无几,多集中于山区,其播种面积和产量均无多大变化。

小米 是尼泊尔山区农民的主要粮食,其播种面积和产量都有不同程度的提高。

荞麦 主要种植在喜马拉雅山区的 37 个地区。尼泊尔国家统计局于 2010~2011 年度开始将荞麦作为主要粮食作物列入统计。

尼泊尔主要粮食作物种植面积及产量参见表 5-2。

(2)经济作物

尼泊尔的主要经济作物有甘蔗、烟叶、黄麻、棉花等,油料作物则包括花生、芝麻、油菜和亚麻等。2013~2014 年度,经济作物种植面积为 49.191 万公顷,产量为 57.489 吨。

甘蔗 主要集中在柯西专区和纳拉亚尼专区的南部地区。

油料作物 包括芝麻、油菜、亚麻以及花生等,它是尼泊尔人民榨油的主要原料,主要集中在南部平原、中部山区和河谷地区。

烟草 烟草的种植期为 8、9 月份,收获期则在 12 月和次年 1 月。尽管尼泊尔全国大多数地区都种植烟草,但长期以来发展并不明显。

土豆 全国各地均可种植两季,其播种期为 3、4 月和 9、10 月,生长期为 4 个月左右。

黄麻 播种期为 3、4 月份,收获期则在 7、8 月份。其主要产地集中在尼泊尔东南部地区。由于 20 世纪 80 年代中期黄麻的价格下跌,导致其种植面积大幅度减小。

棉花 1972 年,尼泊尔在蓝毗尼专区的卢潘德希县试种棉花并获得成功,尼泊尔从此开始种植棉花,后来又逐步扩大到东南和西南地区,当格、班凯和巴迪亚等县已经发展成为尼泊尔的棉花主产区。

（3）高附加值农产品

在尼泊尔，高附加值的农业产品主要包括蔬菜、蜂蜜、蚕茧、茶叶和咖啡等。

蔬菜 目前，尼泊尔的蔬菜生产在满足国内需求后还有大量出口。1982～1983 年度，蔬菜的种植面积不到 10 万公顷；2013～2014 年度增加到 24.8 万公顷，增长近 1.5 倍。政府从 1996～1997 年度开始扩大季节性蔬菜、淡季蔬菜以及蔬菜种子的生产，使得蔬菜产量大幅度增长，从 1982～1983 年度的 67.2 万吨增至 2013～2014 年度的 347.206 万吨，增长 4.2 倍。

茶叶 尼泊尔于 1963 年开始在东部伊拉木县种植茶叶，到 2013～2014 年度，茶叶种植面积为 19100 公顷，茶叶产量为 19610 吨，从事茶叶种植的家庭超过 10000 户。

咖啡 咖啡种植集中在蓝毗尼专区的古尔米县、阿尔加坎奇县和帕尔帕县。2001～2002 年度，咖啡种植面积为 444 公顷，2013～2014 年度增至 1765 公顷，增长 297.5%；产量从同期的 110 吨增至 375 吨，增长 240.9%。21 世纪以来，随着咖啡出口大幅增加，农民种植的积极性也大增，咖啡产量稳步增长。2009 年前 10 个月，咖啡出口量超过 2008 年全年出口量，达到 200 吨。日本、美国、德国对尼泊尔有机咖啡的需求也不断增加，尼泊尔有机咖啡被认为是世界上质量最好的咖啡之一，从事有机咖啡种植的有帕尔帕、西扬加、阿尔加坎奇、拉利特普尔、古尔米等 17 个县，其中拉利特普尔和古尔米是尼泊尔有机咖啡生产的主要基地，这两个基地在 2008 年就出口有机咖啡 65 吨[①]。

蚕茧 养蚕业的发展首先要依靠桑树种植面积的扩大，1996～1997 年度，桑树种植面积为 217 公顷，2013～2014 年度增加到 700 公顷；蚕茧产量从 1996～1997 年度的 24.5 吨增至 45 吨，增长 83.7%。

蜂蜜 养蜂业在"八五"计划期间有所发展，蜂蜜产量达到 60 吨，"九五"计划期间增加到 85 吨。2013～2014 年度，蜂房数量为 213200

---

① 尼泊尔《加德满都邮报》2009 年 11 月 2 日。

箱，蜂蜜总产量为2050吨。

（4）水果和豆类

水果 尼泊尔的水果种类繁多，按尼泊尔人的习惯称谓，梨子、桃子、李子、柿子、石榴、柠檬和葡萄是时令性水果；芒果、香蕉、番石榴、番木瓜、榴莲、荔枝和椰子是热带水果；尼泊尔比较特殊，将蘑菇也称之为水果。近年来，尼泊尔把水果生产逐步纳入了农业发展计划，并不断扩大果树种植面积。1996～1997年度，果树种植面积为42344公顷，水果产量为306636吨；2013～2014年度，果树种植面积增至98350公顷，增长132.3%；水果产量增至940371吨，增长206.7%。近年来，尼泊尔每年都向印度等国出口上千吨水果，并于2013年9月开始向中国西藏地区出口柑橘类水果[1]。尼泊尔柑橘盛产地为西扬加和辛杜利等县，从事柑橘生产的人口达2万余人。苹果种植业不仅每年为5200人提供短期就业机会，还为1600人提供常年就业机会。蘑菇产量从2010～2011年度的1100吨增加到2013～2014年度的1900吨，增长72.7%。

豆类 尼泊尔豆类作物品种较多，有黄豆、蚕豆、豌豆、绿豆、三角豆、扁豆、黑绿豆、木豆等，山区和丘陵地区均适宜种植。豆类总产量在1982～1983年度为12.91万吨，2013～2014年度达到29.471万吨，增长128.3%。在尼泊尔的出口商品中，豆类占十分重要的地位。2011～2012年度，扁豆出口33151吨，出口额为26.7亿卢比（合3070万美元）[2]。主要出口到孟加拉国、印度、新加坡、阿联酋和巴林等国。

（5）调味品（亦称香料）

调味品主要包括生姜、大蒜、姜黄、辣椒、胡椒、小豆蔻等；1996～1997年度，调味品的种植面积为11636公顷，产量为87208吨。2012～

---

① 尼泊尔新闻网，2013年9月23日。根据2012年7月在拉萨举行的中国西藏－尼泊尔经贸协调委员会会议达成的协议，尼泊尔政府从2013年开始向西藏出口柑橘类水果，并严格执行有关规定，对出口中国的柑橘类水果的生产过程和品质进行监管。根据该协议，首批140吨柑橘类水果于2013年9月从尼泊尔柑橘盛产地运往中国西藏地区。
② 尼泊尔《加德满都邮报》2013年2月1日。

2013 年度，其种植面积和产量分别为 51685 公顷和 373424 吨，2013 ～ 2014 年分别增至 52464 公顷和 393910 吨。

生姜 尼泊尔是著名的生姜生产国和生姜出口国之一。2012 ～ 2013 年度，生姜出口 62843 吨，出口额为 13.3 亿卢比。2013 ～ 2014 年度，生姜种植面积和产量分别为 19454 公顷和 261175 吨。

2013 ～ 2014 年度，大蒜、姜黄、辣椒、小豆蔻种植面积分别为 6435 公顷、4670 公顷、7046 公顷、14859 公顷，产量分别为 50531 吨、42294 吨、33593 吨、6317 吨。

（6）鲜花

尼泊尔拥有花卉生产基地 6 个，即加德满都、达丁、奇特万、希陶达、贾帕和贾纳克普尔。由于花卉市场对鲜花的需求量不断增加，国内生产的鲜花已供不应求，需要从印度进口。2010 ～ 2011 年度，全国拥有种植花卉的苗圃 600 个，主要集中在加德满都谷地。为推动花卉产业的发展，2012 年 12 月底，政府出台《花卉促销政策暨促进花卉生产商业化规定（2012）》，同时，农业发展部还成立花卉交易协调委员会，旨在协调私营小企业，以促进花卉生产和花卉市场网络的建立。2011 年，花卉市场交易总额为 9.09 亿卢比，花卉出口额为 1.914 亿卢比，花卉进口额为 0.6 亿卢比。

二 林业

林业在尼泊尔国民经济中占有重要地位。森林不仅可以保持水土流失，保护生态环境，还是国民经济收入的一个重要来源，大量的原木和优质木地板及家具的出口，为国家赚取了不少外汇。同时，木材还是尼泊尔人民能源消费的重要原料。因此，尼泊尔政府对森林的保护和发展比较重视。自第一个五年计划以来，国家每年对林业都有一定的投资，并采取了相应的措施：1956 年颁布《森林保护法》；次年实现了私有森林国有化；1959 年制定国家林业政策，将森林分成"保护林"、"生产林"和"区社林"三大类；1989 年出台《林业发展总体规划》；1993 年正式颁布《森林法》。

1. 林业管理策略

林业整体管理策略主要有：保护生物多样性和遗传资源，如森林、植物、昆虫、野生动物等；着重增强土地和湿地保护意识；强化政府对森林进行科学管理；对森林合作企业进行科学检测与管理；成立地方组织或团体，为木材加工工业提供充足的原材料；合理利用森林资源，扩大生态旅游；合理有序地将租赁森林中的野生动物和植物交给相关机构、组织和企业家经营管理；加强森林和植物的研究、监测和评价等；通过扩大租赁林业，为贫困线以下的人口和缺少食物的家庭增加谋生机会；加强林业合作，增强极其贫困者、妇女和贱民的参与意识，提高他们的使用权；通过促进私营部门的投资，加强对高价值非木材林产品（非木制森林制品，如草药等）的管理，促进非木材林产品出口。

同时，林业与水土保持部门除推进脱贫致富、可持续管理林业、保持林业利用率、保护生物多样性和环境保护等工作计划外，着重强调参与性和监管，穷人、贱民、贫民阶层采用分散的工作模式。林业与水土保持部门着力维护和提高环保意识，保护和利用森林资源，推广森林相关产业，扩大草药种植面积，加强水土保持和流域管理，开展野生动物保护、植物和动物研究等工作。

2. 林业管理目标

林业管理工作的主要目标有：科学管理森林，维护和保护生态平衡，保护植被与流域环境，保护生物多样性；确保森林产品供应和可持续增长，确保穷人和受压迫者在森林方面的社会和经济权利；促进林业的基础产业和企业的发展，开发国内市场和促进出口，创造更多就业机会；增加极其贫困者、贱民、土著群体、贾那贾提人、马德西人（特莱居民）、被压迫者、残疾人和其他落后群体的收入水平，并支持社区公平发展，通过森林产品的分配体系达到消除贫困。

3. 林业发展举措

（1）建立国家公园和各类保护区。为了保护环境，保护森林资源以及野生动物，尼泊尔政府建立了多个国家公园和各类保护区。2010～2011

年度，政府再度宣布建立了 2 个保护区和 1 个国家公园①。至 2011 年，全国共建立了 9 个国家公园（占地面积 10288 公顷）、4 个野生动植物保护区（占地面积 2304 公顷）、5 个其他保护区（占地面积 11327 公顷）和 11 个缓冲区（占地面积 5079.67 公顷），占地总面积达 28998.67 公顷。

（2）健全控制森林火灾机制。尼泊尔政府高度重视森林防火与火灾控制，于 2009 年制定了"野火控制策略"，并根据该策略控制 37 个地区的森林火灾。为了提高控制森林火灾的意识，尼泊尔林业部在世界野生动物基金会（WWF）的帮助下，拍摄了以"提高控制森林火灾意识"为主题的宣传片。与此同时，尼泊尔在国际山地综合发展中心（ICIMOD）的支持下建立了森林火灾信息收集机制。该机制有助于提供发生火灾的确切位置、时间等信息，从而有助于及时采取必要的处置措施。

（3）加强与国际社会合作，保护森林资源。尼泊尔不断加强与国际社会的合作，以加强对森林资源的保护。2009～2010 年，尼泊尔与芬兰签署了价值 470 万欧元的协议，旨在对尼泊尔森林资源进行调查研究；与世界银行签署了价值 20 万美元的有关碳贸易的协议；与芬兰政府签署了价值 350 万美元的技术援助协议，旨在促进尼泊尔租赁林业和牧场的发展；与英国国际发展部/瑞士发展合作组织（DFID/SDC）签署了为尼泊尔林业项目提供 1 亿美元援助的协议；与日本政府签署了价值 6 亿日元的协议，旨在减少尼泊尔森林砍伐与退化，保护森林资源。2010 年 6 月 3 日，尼泊尔与中国签署谅解备忘录，旨在保护尼泊尔的生物多样性、控制森林产品生产和野生动物非法贸易等。

（4）打击非法侵占森林土地行为。尼泊尔政府于 2011 年将侵占森林土地的行为定为非法，并于 2011～2012 年度付诸实施。2012 年，萨拉希县的穆尔蒂雅（Murtiya）恢复了侵占的森林土地。2011～2012 年度，已

---

① 新设立的 2 个保护区是：达尔丘拉县的阿皮纳姆帕（Apinampa）保护区，拉梅查普、多拉卡和辛杜帕尔乔克三县交界处的加乌利散卡尔（Gaurishankar）保护区；新设立的 1 个国家公园是班凯（Banke）国家公园。

撤离森林地区的有擅自居住在 166 比喀（Bighas）① 森林土地上的 1700 个家庭。其中主要有：巴拉县卡莱雅（Karaiya）乡村发展委员会擅自居住在 10 比喀森林土地上的 125 个家庭；莫朗县乌尔拉巴利（Urlabari）擅自居住在 6 比喀森林土地上的 75 个家庭；坎昌普尔县拉尔扎底（Laljhadi）擅自居住在 150 比喀森林土地上的 1500 个家庭。

（5）打击森林产品非法走私。近年来，尼泊尔政府采取严厉措施打击非法走私森林产品的行为。2011～2012 年度，政府没收走私木材 1959立方英尺，并采取措施防止犯罪者再次参与这样的非法活动；同时，政府在达丁县和辛杜帕尔乔克县没收走私紫檀 8834 公斤，并申请采用法律手段严惩肇事者；政府还对参与两件（箱）麝香走私的 5 名走私者提起了公诉。

（6）合理分配林业资源。2011 年，政府实施了直接救助计划。在该计划实施过程中，政府通过社区向国家的不同地区提供了 29794 立方英尺的木材和 172 公担（1 公担 = 100 公斤）的木柴。

4. 林业发展状况

20 世纪 50 年代以来，尼泊尔大面积开垦森林土地和大规模砍伐树木，尼泊尔的森林覆盖率从 20 世纪 50 年代的 60% 锐减至 1990 年的 27%左右，这在发展中国家是罕见的。

为保护森林资源，尼泊尔政府一方面加强管理，一方面坚持人工植树造林。根据尼泊尔林业发展计划，政府从 20 世纪 70 年代开始，每年都开展全民植树造林活动。

尼泊尔的社区森林、租赁森林和合伙森林面积呈持续增长的趋势。社区森林面积从 2010～2011 年度的 1350655 公顷增加到 2013～2014 年度的1717763 公顷，增长 27.2%；受益家庭从 1782550 户增加到 2260668 户，增长 26.8%。同期，租赁森林面积从 19990.6 公顷增加到 27407 公顷，增长 37.1%；受益家庭从 38436 户增加到 50678 户，增长 31.9%。同期，全国合伙森林试点县从 5 个（即巴拉、帕尔萨、劳塔哈特、马霍塔里和

---

① 尼泊尔的面积单位，每一个比喀约等于 5 公顷。

萨拉希县）增加到 9 个（即巴拉、帕尔萨、劳塔哈特、马霍塔里、萨拉希、卡皮尔瓦斯图、鲁潘德希、纳瓦尔帕拉西和凯拉利县），增长 80%；合伙森林面积从 22730 公顷增加到 55812 公顷，增长 145.5%；受益家庭从 244386 户增加到 493422 户，增长 101.9%。

三 渔 业

尼泊尔的河流落差大，对渔业有一定的影响，但其众多的河流为淡水养殖提供了充足的水源。渔业产值占整个国内生产总值的比例从 20 世纪 90 年代的 0.4% 提升到 2011～2012 年度的 0.6%，专门从事养鱼的家庭达到 74000 户。渔业产值占农业生产总值的比重为 2%。

尼泊尔政府自 20 世纪 70 年代开始重视渔业。近几年，尼泊尔养殖渔业发展迅速，产值年均增长率达到 6%～9% 的水平。目前，政府通过农业部在 7 个地区实施"渔业使命"项目，尼泊尔农业研究委员会则负责在 11 个地区推动发展虹鳟鱼（别名瀑布鱼、七色鱼）的养殖。另外，政府还在各地推出"农业商业化及贸易"项目，旨在鼓励发展养殖渔业。

近年来，养殖渔业的快速发展得益于政府在特莱地区 9 个县大力推行持续性的养鱼项目。这 9 个县分别是孙萨里、萨普塔里、奇特万、卢潘德希、班凯、巴迪亚、巴拉、帕尔萨和纳瓦尔帕拉西县。到 2011～2012 年度末，全国共成立了 12 个水产养殖研究培训中心（主要以青年科研人员为骨干，旨在培训养鱼专业人才和技术推广人才），建成了许多鱼塘工程、2 个大型商业养鱼场、29270 个商业养殖鱼塘（其中 27558 个位于特莱平原地区，1630 个位于丘陵地带，82 个位于山区）。同时，全国渔业发展中心（FDC）拥有人工孵化鱼苗 122515 尾、小鱼 686.8 万尾，并向女性养鱼者分发了 2.7 万尾小鱼；养殖鱼塘面积达到 32500 公顷（其中池塘 7300 公顷、稻田 100 公顷、网箱 100 公顷、沼泽地 25000 公顷），另外还有 60000 立方米养鱼笼子以及 0.9 公顷用于养殖虹鳟鱼的水沟和池塘。

政府的重视大大地促进了渔业的发展。1975 年，全国鲜鱼总产量仅为 2440 吨，1982～1983 年度增加到 4300 吨，增加了近 1 倍。1990～1991 年度，全国鲜鱼总产量为 14500 吨，2011～2012 年度增为 54360 吨，增加了 2.7 倍。2013～2014 年度前 8 个月，鲜鱼产量达到 65770 吨。近几年，尼泊尔每年大约需进口价值 2270 万美元的水产品。为此，有部分尼泊尔专家认为，政府鼓励养殖渔业可以减少水产品进口。

四 畜牧业

尼泊尔的畜牧业属于尚待开发的一个产业，家禽家畜的饲养尽管在全国随处可见，但多以小集体饲养为主，目前仍未形成大型的商业性饲养场。20 世纪 80 年代，在亚洲开发银行的援助下，尼泊尔对一些牧场进行了改建，扩大了牧场的规模，养殖水平也有所提高。与此同时，尼泊尔农业发展银行也向家禽家畜饲养者提供贷款，这在一定程度上推进了畜牧业的发展。尼泊尔畜牧业发展状况见表 5－2。

1. 家禽家畜

牛 尼泊尔通常所说的牛是指黄牛（不包括水牛和牦牛）。养牛业在20 世纪六七十年代以个人和小集体饲养为主。1970 年，牛的存栏数高达600 万头。20 世纪 80 年代中期牛的存栏数开始有所下降，20 世纪 90 年代中后期受市场供求关系的影响，政府开始重视并给予投资，大力新建饲养场，使得牛的存栏数逐年增加。

水牛 水牛是尼泊尔最主要的肉类食品来源。尼泊尔政府因此比较重视水牛养殖业的发展。1996～2002 年，尼泊尔新建水牛养殖场 2260 个，从而使水牛的存栏数不断增加。2012～2013 年度，奶水牛存栏数占全部水牛存栏总数的 26％，为 1370120 头。

羊 绵羊和山羊的存栏总数在 1970 年为 430 万只，其中绵羊 210 万只，山羊 220 万只。到 2012～2013 年度羊存栏数为 1059.59 万只，其中山羊为 978.64 万只，绵羊 80.95 万只。绵羊的经济价值还在于绵羊毛可以用来加工地毯，但是，尼泊尔羊毛生产能力十分有限，而且还因家庭式的落后生产方式，生产出来的羊毛只有一半具有商业价值。2008～2009 年度，全国羊毛总产量为 583776 公斤，2012～2013 年度为 587850 公斤，仅增长 0.7％。

猪 近年来，尼泊尔的养猪业发展较快。尼泊尔政府通过提供优先贷款和免征所得税等政策，全力支持养猪业。据不完全统计，1989 年，全国猪的存栏数为 50 万头，1993 年增加到 60 万头，1997 年更增为 80 万头，2012 ~ 2013 年度进一步增为 116.03 万头。

鸡 尼泊尔的家禽饲养中，鸡的存栏数最多。1989 年，鸡的存栏数为 1000 万只，1993 年减少到 700 万只。1997 年，尼泊尔政府实施了一项旨在促进养鸡业发展的计划，建立一些养鸡场，从而使得鸡的存栏总数有所增加。2012 ~ 2013 年度鸡的存栏总数为 4795.9 万只，产蛋鸡的存栏数为 823.31 万只。

鸭 近年来，养鸭业得到了迅速发展。2009 ~ 2010 年度，鸭存栏总数为 379553 只，2012 ~ 2013 年度为 375974 只。产蛋鸭存栏数 2009 ~ 2010 年度为 175300 只，2012 ~ 2013 年度为 174718 只。

2. 食用肉及家禽产品

食用肉 1982 ~ 1983 年度，全国食用肉总产量为 11.71 万吨，1992 ~ 1993 年度为 14.99 万吨，2012 ~ 2013 年度增加到 29.55 万吨。从国内食用肉产量占肉类总量的比重看，水牛肉占 59.3%，达到 17.51 万吨；山羊肉占 18.8%，为 5.56 万吨；鸡肉和猪肉，分别占 14.6% 和 6.3%，为 4.31 万吨和 1.87 万吨；绵羊肉和鸭肉，分别只占 0.9% 和 0.1%，约为 0.27 万吨和 0.02 万吨。

牛奶 尼泊尔的牛奶通常包括黄牛（奶牛）和水牛所产的奶，但不含牦牛奶。20 世纪 90 年代中后期受市场供求关系的影响，政府开始重视奶牛的规模化养殖，使牛奶产量逐年增加。从黄牛奶和水牛奶占全部奶产量的比重看，2008 ~ 2009 年度分别占 28.6%（413919 吨）和 71.4%（1031500 吨），2013 ~ 2014 年度前 8 个月分别占 33.1%（562684 吨）和 66.9%（1135076 吨）。全国拥有 76 个私营繁殖场专门从事牛奶生产，并建有 43 个牛奶冷冻中心和 50 万 ~ 60 万个牛奶销售点，在比腊特纳加建有日产 3 吨的奶粉厂，在布特瓦尔（Butwal）建有一座牛奶加工厂，在加德满都还建立了一座容量为 10 万升的牛奶冷藏库，在伊拉木等地建有乳酪厂。

蛋 鸡蛋和鸭蛋产量在 2008 ~ 2009 年度分别为 6.16 亿枚和 1362.8 万枚，在 2013 ~ 2014 年度前 8 个月分别为 7.86 亿枚和 1340.3 万枚。

表 5 – 2　畜牧业发展情况

类别	年度	1970	2008/09	2009/10	2010/11	2011/12	2012/13	2013/14 *
家禽家畜类	黄牛总数（头）	6000000		7199708	7226050	7249173	7274545	7188940
	奶牛（头）	780000		954680	974122	998962	1025667	1020175
	水牛总数（头）			4832654	4995650	5140506	5242288	5142910
	奶水牛（头）			1252770	1291644	1331039	1370120	1304886
	绵羊（只）	2100000		801371	805070	807083	809536	789180
	山羊（只）	2200000		8844172	9186440	9519010	9786354	10179321
	猪（头）			1064858	1108465	1130915	1160250	1225035
	鸡总数（只）			25760373	39530620	44610305	47959239	45719377
	产蛋鸡（只）			7290875	7478645	7897449	8233116	8031616
	鸭总数（只）			379553	378050	376916	375974	390209
	产蛋鸭（只）			175300	175150	174980	174718	17947
奶类	黄牛奶（吨）		413919	429129	447185	468913	492377	562684
	水牛奶（吨）		1031500	1068300	1109325	1153838	1188716	1135076
	小计（吨）		1445419	1497429	1556510	1622751	1681093	1697760
肉类	水牛肉（吨）		156627	162358	167868	172413	175145	173124
	绵羊肉（吨）		2711	2705	2722	2720	2721	2652
	山羊肉（吨）		48472	50315	52809	53956	55583	59050
	猪肉（吨）		16992	17059	17923	18277	18709	19860
	鸡肉（吨）		16662	17551	36085	40346	43113	40690
	鸭肉（吨）		226	225	218	217	216	227
	小计（吨）		241690	250213	277625	287929	295487	295603
禽类	鸡蛋（千枚）		616312	634660	691070	773950	825890	785651
	鸭蛋（千枚）		13628	13440	13065	13060	13050	13403
	小计（千枚）		629940	648100	704135	787010	838940	799054
	羊毛（公斤）		583776	582447	586232	586975	587850	596830

注：＊为年度前 8 个月数据；表中空白处数据缺失。

资料来源：尼泊尔农业发展部。

第三节　工业

尼泊尔的工业基础十分薄弱，在 1950 年拉纳家族结束统治时，全国仅有黄麻厂 2 座，小型制鞋厂和小型卷烟厂以及火柴厂各 1 座，其总产值仅为 3000 万卢比，人民的基本消费品绝大部分需从国外进口。经过数十年的努力，尼泊尔工业发展已经取得了长足的进步，到 2013～2014 年度前 8 个月，尼泊尔拥有各类工业企业 45941 家，就业人数为 716557 人。工业产值占国内生产总值的比重为 14.8。但从整体上看，尼泊尔的工业发展水平还十分落后，正处于工业化的初级阶段，工业企业缺乏竞争力，其产能利用率长期处在较低水平。2011～2012 年度，主要工业企业的产能利用率平均只有 62.4%。其中，香烟企业产能利用率最高，达到 92.9%；制糖企业产能利用率最低，为 13%；其余企业及产能利用率分别为：啤酒企业 52.4%，制鞋企业 74.7%，黄麻企业 67.6%，火柴企业 58.9%，水泥企业 57.7%。

一 工业政策

20 世纪 50 年代以来，尼泊尔一直在有计划地发展工业。1957 年，政府建立了工业发展中心，其任务是承担工业研究、培训以及提供有关建立和运营工业企业的信息。为了适应私营部门的发展和为私营部门提供资金和技术，政府于 1959 年将该中心改为尼泊尔工业发展公司。1961 年 5 月，政府正式颁布了《工业政策法》，其目标是最大限度地扩大生产，创造就业机会，通过增加出口和进口替代改善国际收支状况，实现生活必需品和建筑物资的自给自足。政府还先后于 1961 年、1963 年、1966 年、1974 年、1981 年和 1988 年对上述工业政策进行调整，目的在于刺激私营部门对工业的投资。

20 世纪 90 年代初，尼泊尔政府加快了实施经济自由化的步伐，并于 1992 年 7 月颁布实施新的工业政策，目的在于创造一个健康的投资环境，使私有企业能在国家的工业化进程中发挥主导作用。从 1995 年开始，政府每年都要在布特瓦尔举办工业博览会，以推广全国工业发展所取得的成就，介绍工业产品。政府鼓励投资者建立新的工业企业，为工业企业寻找市场，提高企业的竞争力。1996 年，尼泊尔政府和联合国开发计划署联合在尼泊尔实施了乡村羊毛工业发展计划。乡村羊毛工业的发展促进了纺织业的发展，也促进了当地水资源的开发和电力行业的发展，这对环境保护以及妇女劳动力的解放都产生了积极的影响。

2000 年 5 月，尼泊尔政府首次对 1992 年的工业政策进行了调整，提出实施科技工业政策和吸引外国长期投资的政策，即在引进外国企业及先进技术的同时，依靠外国资金来促进民族工业的发展。同时，政府提出扩大和发展培训中心，力争对国内中型以下企业进行不定期培训。政府于 2000～2001 年度设计完成了为期 20 年的工业远景规划。2000 年 10 月，政府又出台了治理工业污染的政策，采取限期达标和将污染工业迁出大中城市的办法。为改善投资环境，政府首先考虑逐步将一些工厂和企业迁出加德满都谷地。2000 年 11 月初，在尼泊尔工商协会的倡导下，政府出台了《小型工业发展基本政策》，决定为小型企业提供快捷便利的生产原料，并逐步建立产品销售的市场保障体系。

2010 年，政府修订并颁布实施新的工业政策，即《2010 年工业政策》。其宗旨在于通过快速发展工业，带动整个经济和社会领域的积极变化。这一政策不仅有助于提高工业发展水平，创造广泛的就业机会，并最终增加国民的收入水平，确保工业部门成为国民经济发展中的一个主要部门。

《2010 年工业政策》的关键目标是：通过增加就业机会以及提高工业产品的竞争力和生产力，提高国民收入，增加工业产品的出口；通过对当地资源的开发和利用，提高工业部门对国家和地区的贡献；利用可靠的新技术和环保的生产工艺，使工业部门和商业部门可持续发展；通过开发人类工业发展所需的共享资源与发展管理能力，创建坚实的投资基础；保障工业知识产权。

《2010 年工业政策》的突出特点是：①确定投资委员会、工业促进局、工业人力资源发展学院、国家生产力委员会等部门的权利和责任。这一举措旨在有效实施工业政策，提高工业部门的工作效率。②根据工业的性质和商业运作情况，提供收入免税和其他援助。③为以出口为导向的工业企业和基于促进出口的工业企业提供关税、消费税、增值税方面的优惠。④微型企业、家庭手工业和小型企业有权得到已宣布的设施和援助，并享受关税、消费税和增值税优惠。⑤建立一个高级投资委员会，以协商工业投资政策，制定综合政策来保护和帮助投资者。⑥在经济特区，对工业企业实行免征收入税、增值税、关税和地方税等优惠，并提供相关设施和援助。⑦工业部的"一站式服务中心"将在第一时间为工业企业提供基础设施服务和法律援助。⑧保护各领域知识产权和建立"知识产权保护办公室"。⑨如果女性实业家要建立行业内工业区，将赋予她们特殊的优先权，并免除35%的工业注册费以及20%的工业产权专利费、设计费和商标费。

为了推动本国工业发展，尼泊尔政府在2013年2月底下达行政指令，规定政府采购将以本国制造产品代替进口产品。该采购计划涵盖本国产品14大类，包括文具用品、制服、家具、装饰品、药品、饼干、牛奶、印刷类产品和服务、电子产品、变压器、农具、建筑原料等。若此项指令严格执行，政府使用的进口产品将很快被本国制造的产品取代，达到自给自足。

二　主要工业部门

尼泊尔的工业领域通常包括制造业和能源工业，单纯讲工业时多指制造业、家庭手工业和小型工业；而能源工业则包括水力发电、火力发电、太阳能发电和风能发电等。

1. 制造业

制造业通常包括食品加工业、饮料加工业、烟草加工业、纺织业、皮革加工业、制鞋业、木材加工业、造纸业及纸制品加工业、洗涤用品及火柴制造业、橡胶制品加工业、塑料制品加工业、非金属矿产品加工业、餐具及工具（除机械设备）制造业、家用电器及工业机械设备制造业等。2012~2013年度，制造业产值占国内生产总值的比重约为7%。

20世纪80年代中后期以来，主要制造业产品中产量增幅最大的是果汁饮料，产量从1987~1988年度的77.3万升增至2012~2013年度前8个月的4280.6万升；其次是塑料制品，产量从1579吨增至70143吨；其余分别是面条产量从1532吨增至46331吨，洗衣粉产量从184吨增至4435吨，鞋产量从21.4万双增至305.4万双，茶叶产量从1290吨增至17136吨，饼干产量从4674吨增至45537吨，糖产量从30040吨增至

200183 吨, 白酒产量从 211.8 万升增至 1344.8 万升, 肥皂产量从 12303 吨增至 54693 吨, 皮革产量从 627.4 万平方英尺增至 1491.5 万平方英尺, 香烟产量从 60.46 亿支增至 143.12 亿支, 电线与 PVC 电缆产量从 11773 千米增至 18077 千米, 铁产量从 25625 吨增至 35340 吨, 黄麻制品产量从 17198 吨增至 20118 吨, 软饮料产量从 1599.6 万升略增至 1621.5 万升, 水泥产量从 215010 吨降至 86654 吨, 啤酒产量从 527.6 万升降至 404.2 万升。尽管啤酒产量下降, 但 "廓尔卡牌" 啤酒从 2008 年 4 月开始打入欧洲市场, 在比利时、法国、德国以及荷兰等欧洲国家销售①。

尼泊尔主要制造业企业有乳制品发展公司、草药生产与加工有限公司、尼泊尔药品有限公司、贾纳克普尔香烟有限公司、希陶达水泥工业有限公司、乌代普尔水泥工业有限公司和尼泊尔奥安利菱镁矿业有限公司。2012 ~ 2013 年度, 这 7 家制造业的固定资产净值为 36.156 亿卢比, 营业总收入为 57.437 亿卢比, 累计亏损 96.95 亿卢比, 未偿还债务 42.439 亿卢比。雇员总人数为 2609 人。

乳制品发展公司　成立于 1969 年, 其宗旨是处理从奶农购买的牛奶以及提供纯正和健康的乳制品。2011 ~ 2012 年度, 该公司生产牛奶 8480 万升、奶油 1076 吨、酥油 700 吨、奶酪 308 吨、脱脂奶粉 644 吨; 采购本地牛奶 6650 万升、脱脂奶粉 100 吨, 从印度进口生牛奶 1060 万升; 销售牛奶 6100 万升、奶油 280 吨、酥油 700 吨、奶酪 285 吨; 营业收入为 40.366 亿卢比, 总支出为 41.337 亿卢比, 营业利润为 – 0.971 亿卢比, 其他收入为 0.175 亿卢比; 资产总额为 3.026 亿卢比。该公司有雇员 1223 人。

草药生产与加工有限公司　成立于 1981 年, 其宗旨是收集、处理与种植草药, 并帮助私营部门种植和加工草药。2011 ~ 2012 年度, 该公司生产草药 100 吨、纯植物精油 31.55 吨、护理产品 320 万升; 采购瓶子花费 0.1 亿卢比、采购生草药 100 吨、纯植物精油 5.85 吨; 销售纯植

---

① 2008 年 4 月 15 日, 尼泊尔廓尔卡酒业公司正式与比利时签约, 并在比利时市场销售 "廓尔卡牌" 啤酒, 从此, 尼泊尔啤酒开始打入欧洲市场, 还分销到法国、德国以及荷兰等欧洲国家。这是继 "廓尔卡牌" 啤酒出口到亚洲的日本、中国香港和澳门之后的第二个地区。

物精油 0.1 亿卢比、护理产品 0.1 亿卢比；营业收入为 1.081 亿卢比，总支出为 1.049 亿卢比，其他收入为 0.002 亿卢比。该公司有雇员 228 人。

希陶达水泥工业有限公司 成立于 1976 年，其宗旨是生产和销售普通硅酸盐水泥和普通矿渣水泥，年生产能力为 26 万吨。2011～2012 年度，生产普通硅酸盐水泥 10.5 万吨；采购石膏 3700 吨、铁矿石 3500 吨、空水泥袋 200 万条、煤 28500 吨；销售普通硅酸盐水泥 10.5 万吨；营业收入为 11.277 亿卢比，总支出为 10.4 亿卢比，营业利润为 0.877 亿卢比，其他收入为 0.425 亿卢比；资产总额为 3.271 亿卢比。该公司有雇员 552 人。

贾纳克普尔香烟厂有限公司 成立于 1964 年，其宗旨是在香烟供应方面达到自给自足。2011～2012 年度，该公司生产和销售香烟 96.2 万吨；库存 1.2 亿卢比；营业收入为 10.005 亿卢比，总支出为 9.37 亿卢比，营业利润为 0.635 亿卢比，其他收入为 0.08 亿卢比；资产总额为 1.914 亿卢比。该公司有雇员 814 人。

尼泊尔药品有限公司 成立于 1972 年，其宗旨是生产质量安全、有效的药物。2010～2011 年度，该公司营业利润为 8480 万卢比，其他收入为 1080 万卢比；资产总额为 3.271 亿卢比。该公司有雇员 280 人。

乌代普尔水泥工业有限公司 成立于 1987 年，其宗旨是生产和销售高质量的水泥，年生产能力为 27.72 万吨。2011～2012 年度，该公司生产普通硅酸盐水泥 13.86 万吨；采购石膏 0.6 万吨，铁矿石 0.385 万吨，空水泥袋 280 万条；销售普通硅酸盐水泥 13.86 万吨，库存价值 1.133 亿卢比；营业收入为 7.473 亿卢比，总支出为 10.127 亿卢比，营业利润为 -2.654 亿卢比，其他收入为 0.17 亿卢比；资产总额为 28.793 亿卢比。该公司有雇员 525 人。

尼泊尔奥安利菱镁矿业有限公司 成立于 1978 年底，其宗旨是根据哈比森·沃克（Harbison Walker）技术炼制菱镁矿。2011～2012 年度，该公司生产和销售滑石粉分别为 1200 吨和 500 吨；资产总额为 28.793 亿卢比。该公司有雇员 7 人。

2. 采矿业

尼泊尔的采矿业极不发达。1997～1998年度，矿产业产值仅占国内生产总值的0.5%，2011～2012年度上升为4.4%。到2013年3月中旬，尼泊尔已探明的有开采价值的矿产资源主要有石灰石、镁、铜、煤等。石灰石矿主要分布在乌代普尔、丹库塔、马克万普尔、拉利德普尔、达丁、西扬加、阿尔加坎奇、苏尔克特、当格、萨尔亚、拜塔迪和帕尔帕等12个县，镁矿分布于多拉卡县，铁矿分布于拉利德普尔县的普尔确齐（Phulchoki）和拉梅查普县的托色（Thosey），铜矿分布于马克万普尔县的卡利塔尔（Kalitar）和达德都拉县的巴旺加温（Bawangaun），煤矿分布于当格、罗尔帕、帕尔帕和阿尔加坎奇县。全国石油、菱镁、云母、铅、锌、赭石的储量也比较丰富。罗尔帕、拜塔迪、达尔丘拉和巴章等县储藏有金、铜和铅等矿产资源。此外，尼泊尔还探明有宝石、次宝石、白云石、大理石、磷灰石、滑石等矿产资源。

现已大规模开采的矿产资源主要有石灰石、锌、铅和菱镁。石灰石主要用于加工水泥。索木坦（Somutan）锌厂和索木坦铅厂，锌和铅的年产量分别为1.9万吨和2.6万吨。尼泊尔正在同印度合作开发菱镁矿。

目前，尼泊尔生产瓦楞铁的大企业有2家：呼拉斯钢铁公司（Hulas Steel）和拉杰斯金属公司（Rajesh Metals）。另有一家大型锌矿厂，即阿拉提斯特利普（Arati Strips）锌矿厂。该锌矿厂位于尼泊尔莫朗县的坦奇辛瓦利（tankisinwari），由印度布尚（Bhushan）集团援建，耗资50亿卢比，2002年动工兴建，2008年正式投产，87%的产品出口到印度。2009年10月，尼泊尔第二大铁矿（位于尼泊尔西部发展区道拉吉里专区的帕尔巴特县）在关闭了60年后恢复开采。20世纪50年代，尼泊尔政府因为冶炼这些矿石需要砍伐大片森林用作燃料而关闭了这座铁矿，现在因为该地区有了电力供应而恢复开采。该铁矿分布在帕拉姆拉利（Phalamlhani）的24公里长的矿带上，已经探明储量为200万吨，矿砂含铁量在40%～60%[1]。

----

① 尼泊尔《加德满都邮报》2009年10月4日。

为了大力发展采矿业，尼泊尔政府还积极与私人投资者联合开发矿产资源。2009~2010 年度，政府与私人投资者签署联合开发矿山协议 17 个，涉及 15 个石灰石矿和 2 个铁矿①。与此同时，政府正在评估私人投资者开发加德满都谷地天然气田和卡利塔尔（Kalitar）铜矿、马克万普尔金矿、罗尔帕金矿、普尔乔克铁矿、拉利德普尔铜矿、巴旺加温铜矿和达德都拉铜矿的可行性，政府和私人投资者正在联合勘探纳瓦尔帕拉西铁矿以及罗尔帕和萨尔亚石灰石矿。到 2013 年 3 月中旬，尼泊尔政府为吸引私人投资者在石灰石、滑石、大理石、宝石（电气石、石英石）、煤、铁、铜和沙金等中小型矿产方面的生产和勘探工作，分别颁发了矿山勘探许可证 562 个和矿产开采许可证 91 个。

尼泊尔根据地理科学的调查和研究，已经完成了整个楚里亚山和马哈帕腊特山以及部分喜马拉雅高海拔地区第一阶段的地质堪察工作，正在进行第二阶段的地质勘查工作，现已完成了各种比例的地质地图，其中包括 1∶100 万、1∶1 英里以及除喜马拉雅部分高海拔地区和楚里亚山的 1∶25 万的地质地图（包含从中央到远西部地区 19500 平方公里的国土面积）；1∶5 万的滑坡与地质灾害地图（包含从中央到偏远西部地区 6500 平方公里的国土面积）。同时还完成了加德满都谷地以及博卡拉、布特瓦尔（Butwal）、拜拉哈瓦（Bhairahawa）、希陶达、达兰、比腊特纳加、苏尔克特、尼泊尔甘季和贾纳克普尔等城市的发展与废物管理、地质工程、地质环境的勘探和调查工作。

3. 家庭手工业和小型工业

家庭手工业及小型工业在尼泊尔国民经济中占有十分重要的地位。1974~1975 年度，全国家庭手工业及小型工业公司仅有 70 家，固定资本投资也只有 0.096 亿卢比。其中私营有限公司 16 家，固定资本投资 0.042 亿卢比；股份合作公司 54 家，固定资本投资 0.054 亿卢比。2011~2012

---

① 15 个石灰石矿分别是阿尔加坎奇、楚拉杜加尔（Chuladhugar）、吉扬帕图姆卡（Gyampathumka）、哈内塔尔（Haretar）、科尔梅（Kholme）、乌代普尔、里加内（Nigale）、丹库塔、卡杰利（Kajeri）、萨尔亚、乔库列（Chaukune）、苏尔克特、甘达利（Gandari）、当格、拜塔迪石灰石矿；2 个铁矿分别是托色（Thosey）、拉梅查普铁矿。

年度，正式注册的家庭手工业及小型工业企业达到 18008 家，固定资本投资达到 172.74 亿卢比。2013～2014 年度前 8 个月，正式注册的家庭手工业及小型工业企业为 13933 家，固定资本投资为 171.4 亿卢比。

4. 微型企业

微型企业直接或间接地推动了农村地区的发展。尼泊尔政府于 1998 年开始实施"微型企业发展计划"（MEDP），其主要目的在于支持落后与贫穷群体进行自主创业，缓解尼泊尔的贫困状况。该计划分四个阶段进行：第一阶段（1998～2003 年）在拜塔迪、达德都拉、当格、皮乌旦、纳瓦尔帕拉西、帕尔巴特、努瓦科特、达努沙、孙萨里和特拉图木 10 个县实施；第二阶段（2004～2007 年）则扩展了 15 个县，即达尔丘拉、凯拉利、班凯、巴迪亚、米亚格迪、拉梅查普、拉苏瓦、辛杜帕尔乔克、辛杜利、乌代普尔、卡夫雷帕兰乔克、锡拉哈、萨拉希、萨普塔里和卡皮尔瓦斯图；第三阶段（2008～2011 年）又扩展了 11 个县，即巴格隆、多拉卡、苏尔克特、久木拉、卡里科特、代累克、鲁孔、罗尔帕、萨尔亚、劳塔哈特和马霍塔里；第四阶段（2012～2013 年）在 45 个县实施，计划目标是建立微型企业 62162 家。微型企业中，女性实业家占 68%，男性实业家占 32%。

5. 能源工业

尼泊尔政府一直以来比较重视发展能源工业，在发展电力工业的同时，还因地制宜地发展太阳能、风能等替代能源。

（1）电力工业

职能建设　2010～2011 年度，尼泊尔电力工业协会/环保工程协会在法令和政策规定上做了调整和变化，即必须在环境可行性研究实施后才能向从事电力生产及电力传输和配送工程的单位颁发许可证。此外，为解决国家的能源危机，政府除将电力采购比例提高至 20% 外，还将私营部门 1400 万千瓦的电力并入国家电网。

电力用户　到 2014 年，全国电力用户超过 270 万户。全国因社区及农村电气化计划而受益并享受到电力服务的家庭有 317547 个。

电网工程　2011～2012 年度实施的工程项目共计 189 个，其中尼泊尔电力局的研究项目 15 个，执行项目 2 个，在建项目 16 个，132 千伏输电线路扩展项目和其他电压输电线路项目 43 个，配电线路项目 106 个，其他项目 7 个。2012～2013 年度实施的工程项目共计 124 个，其中尼泊尔电力局的研究项目 8 个，执行项目 2 个，在建项目 9 个，132 千伏输电线路扩展项目和其他电压输电线路项目 41 个，配电线路项目 64 个。到 2014 年，输电线路长 1987.36 公里，配电线路长 116066.64 公里。

电力生产 据尼泊尔国家电力局统计，1974～1975 年度，全国总发电量为 12880 万度，其中家庭用电量为 5410 万度，占总发电量的 42%；工业用电占 16.6%，为 2140 万度；商业用电占 6.1%，为 790 万度；出口电力占 3.6%，为 460 万度；其他用电占 3%，为 380 万度；损耗电量占 28.7%，约 3700 万度。2013～2014 年度前 8 个月，全国总发电量增加到 746000 万度，其中家庭用电占 32.7%，工业用电占 27.3%，商业用电占 5.9%，出口电力占 0.3%，其他用电占 8.1%，损耗电量占 25%。

电力进出口 1974～1975 年度，出口电力为 460 万度，进口电力为 430 万度。2012～2013 年度，电力出口和进口分别为 1500 万度和 86200 万度。中国援建的波特柯西水电站于 2001 年建成投产，该水电站的部分电力出口到中国西藏的樟木地区；另一个由中国援建的扎里梅（Jhalime）水电站的部分电力则出口到中国西藏的吉隆地区。由于从中国其他地方输电到樟木和吉隆的距离较远，费用较高，而从波特柯西水电站至樟木只有 40～50 公里，从扎里梅水电站到吉隆大约为 30 公里，距离很近，费用可降低许多。

水力发电 尼泊尔拥有 8300 万千瓦的水力发电潜力，其中卡尔纳利河 3200 万千瓦，柯西河 2200 万千瓦，甘达基河 2100 万千瓦，其他 6000 条小河为 800 万千瓦，占世界水力发电潜力的 2.27%，占整个亚洲和太平洋地区的 1/4，相当于美国和加拿大发电潜力的总和。尼泊尔水电开发需要巨大的财力和物力，因此，尼泊尔开发水电的速度远远不能满足国内工农业发展和人民生活对能源的需求。2012 年 7 月，尼泊尔政府推出旨在使水力发电行业更容易获得外来投资的政策，制定了具体目标，即到 2030 年，水力发电量达到 2500 万千瓦，同时扩大电力传输的基础设施。

2014 年，尼泊尔能源部和尼泊尔电力局与印度电力贸易公司共同建设尼印边界的主输电线路。

2010～2011 年度，尼泊尔电力局实施的与水电项目有关的工程包括马斯扬迪（Marshyangdi）中游水电工程（1 项），塔玛柯西（Tamakoshi）上游水电工程（1 项），达尔克巴尔－维塔莫德（Dhalkebar-Vithamod）400 千伏输电线路（1 项），在建电力工程（4 项），生产、经营和维护工程（9 项），传输和操作系统（1 项），电网发展项目（32 项），工程服务项目（11 项），配送和客户服务项目（92 项，不完全包括灌溉项目），其他服务项目（1 个）。

私营部门投资兴建了乌尼确（Unique）、喜马尔·多拉卡（Himal Dolakha）、利迪·柯拉（Ridi Khola）、迈·柯拉（Mai Khola）、乌普德尔·哈底·柯拉（Uppder Haadi Khola）、洛威尔·皮鲁瓦·柯拉（Lower Piluwa Khola）等水电站，目前已投产。帕蒂·柯拉（Paati Khola）和塞提－Ⅱ（Seti－Ⅱ）水电站已进入工程后期建设阶段。同时，尼泊尔国家电力局还与查拉纳瓦蒂（Charanawati）、果尔马加德（Golmagaad）、拜拉夫·昆达（Bhairav Kunda）、西普林格·柯拉（Sipring Khola）、罗威尔·莫迪－Ⅰ（Lower Modi－Ⅰ）、吉利·柯拉（Jiri Khola）、查克依·柯拉（Chakey Khola）、达普查·诺西（Dapcha Roshi）和普瓦上游－Ⅰ（Puwa－Ⅰ）等水电站签署了电力购买协议。

为了水力发电的可持续发展，政府加大了对水电计划的可行性研究。特利苏里上游－Ⅲ（A）水电工程［Trishuli Ⅲ（A）］已经取得营业执照。

（2）替代能源

尼泊尔的替代能源包括太阳能、风能、沼气等。尼泊尔政府正在制定一个长达 20 年的可再生能源的宏伟计划。

太阳能和风能 尼泊尔拥有太阳能发电潜力 2660 万千瓦。为推进太阳能电站的建设，政府在 1997～1998 年度向 462 个太阳能电站投资了 2372.7 万卢比，1998～1999 年度又向 1266 个太阳能电站投资了 2765.4 万卢比。到 2014 年，尼泊尔拥有家用太阳能发电系统 27913 套。尽管尼泊尔广大地区，尤其是帕尔帕县、拉梅查普县、久木拉县、拉姆切县以及整个特莱平原地区都是高风能地区，但发展风能电站的速度较慢。

沼气 尼泊尔把沼气当作主要的能源之一。1997～1998 年度，政府向 9869 个沼气池工程提供贷款 14613.9 万卢比，农业发展银行也为此提供了 8706.4 万卢比的贷款。1998～1999 年度向 14500 个沼气池工程提供贷款 13775 万卢比。尼泊尔还接受外国政府援助，大力发展沼气工程。2000 年 11 月，尼泊尔与荷兰政府合作建设的沼气池工程竣工。随后，德国政府向尼泊尔提供贷款约 4.9 亿卢比，以帮助尼泊尔发展和扩大沼气池工程。到 2012 年，全国共有沼气池 19478 个。

三 工 业 园 区

尼泊尔政府建立工业园区的目标是支持工业发展。自 1960 年建立第一个工业园区以来，尼泊尔现已建成 11 个工业园区，其中印度援建 4 个，美国援建 2 个，德国（原联邦德国）援建 1 个，荷兰援建 1 个，尼泊尔政府自建 3 个。到 2013 年 3 月中旬，全部工业园区总面积为 5680 洛帕尼，约 11137 公顷；工业区总投资为 3.29 亿卢比，实业家总投资为 162.64 亿卢比；工业园区运营工业企业约 498 家，创造就业机会 13522 个。此外，在建工业园区有孙瓦尔（Sunwal）工业园区、纳瓦尔帕拉西工业园区和卢潘德希工业园区。

巴拉朱工业园区 该工业园区是根据尼泊尔政府与美国国际开发署签署的协议，由尼泊尔工业发展公司在 1960 年建立的。它主要是向私营企业出租土地和建筑。该工业园区总面积为 670 洛帕尼，约 1313 公顷；工业园区投资 0.622 亿卢比，实业家投资 31.2 亿卢比；运营工业企业 97家，创造就业机会 3506 个。

希陶达工业园区 该工业园区也是根据尼泊尔政府与美国国际开发署签署的协议，由尼泊尔工业发展公司在 1964 年建立的。该工业园区总面积为 2829 洛帕尼，约 5547 公顷；工业园区投资 0.533 亿卢比，实业家投资 50.2 亿卢比；运营工业企业 63 家，创造就业机会 2415个。

帕坦工业园区 它是印度 1964 年援建的一个工业园区，其总面积为 293 洛帕尼，约 575 公顷；工业园区投资 0.401 亿卢比，实业家投资 17 亿卢比；运营工业企业 102 家，创造就业机会 1586 个。

尼泊尔甘季工业园区 由印度在 1974 年援建，其总面积为 233 洛帕尼，约 457 公顷；工业园区投资 0.175 亿卢比，实业家投资 19.52 亿卢比；运营工业企业 30 家，创造就业机会 867 个。

达兰工业园区 它是印度 1973 年援建的一个工业园区，其总面积为 202 洛帕尼，约 396 公顷；工业园区投资 0.13 亿卢比，实业家投资 3 亿卢比；运营工业企业 24 家，创造就业机会 706 个。

博卡拉工业园区 该工业园区是尼泊尔政府 1975 年建立的，总面积为 501 洛帕尼，约 982 公顷；工业园区投资 0.282 亿卢比，实业家投资 18.3 亿卢比；运营工业企业 61 家，创造就业机会 1945 个。

布特瓦尔工业园区 由尼泊尔政府在 1976 年建立的，总面积为 434 洛帕尼，约 851 公顷；工业园区投资 0.23 亿卢比，实业家投资 17.01 亿卢比；运营工业企业 62 家，创造就业机会 1480 个。

巴格塔普尔工业园区 该工业园区是原联邦德国在 1979 年援建的，总面积为 71 洛帕尼，约 139 公顷；工业园区投资 0.224 亿卢比，实业家投资 5.9 亿卢比；运营工业企业 35 家，创造就业机会 825 个。

比兰德拉纳加工业园区 该工业园区是荷兰政府在 1982 年援建的，总面积为 90 洛帕尼，约 176 公顷；工业园区总投资 0.154 亿卢比，实业家投资 0.15 亿卢比；运营工业企业 22 家，创造就业机会 163 个。

丹库塔工业园区 该工业园区是尼泊尔政府在 1985 年建成的，总面积为 63 洛帕尼，约 123 公顷；工业园区投资 0.056 亿卢比，实业家投资 0.011 亿卢比。

贾坚德拉·纳拉扬·辛哈（Gajendra Narayan Singh）工业园区 该工业园区是印度在 1988 年援建的，总面积为 294 洛帕尼，约 576 公顷；工业园区投资 0.486 亿卢比，实业家投资 0.35 亿卢比；运营工业企业 2 家，创造就业机会 29 个。

四 经济特区

尼泊尔的经济特区项目始于 2003～2004 年度，政府拟定在全国建立 11 个经济特区，其目的是增加出口商品的生产，提高企业竞争力；扩大出口规模，赚取外汇；创造更多就业机会，引入先进技术；吸引国内外投资，促进出口与进口替代，减少贸易赤字；建立一些潜在的出口型工业网络。

尼泊尔现已开放经济特区有 1 个，即拜拉哈瓦（Bhairahawa）经济特区。该经济特区于 2014 年 2 月正式开放，拥有 68 个区块，可容纳 200 家工业企业。

已建成、尚待开放的经济特区有 1 个，即比尔（Bill）经济特区。该经济特区内设有出口机构、特别贸易机构、旅游机构、银行等，并规定进入该经济特区的企业所制造的所有产品必须达到国际标准且至少 75% 的产品供出口。

正在筹建的经济特区有 9 个，其中喜马拉（Simara，巴拉县）经济特区的土地开发和道路建设工作正在进行；久木拉经济特区、卡皮尔瓦斯图经济特区和比腊特纳加经济特区的可行性研究已经完成，并开始对潘查尔经济特区、廓尔喀经济特区、锡拉哈经济特区、达努沙经济特区和劳塔哈特经济特区进行详细的可行性研究。

第四节 交通运输

交通运输在国民经济发展中起着至关重要的作用。由于尼泊尔没有海岸线，加之内河落差大，几乎无航运之利，而铁路建设又长期未得到发展。因此，尼泊尔的交通运输业主要限于公路和航空两个方面。

一 公路

尼泊尔的公路建设始于朱达·苏姆·谢尔统治时期（1932～1945 年），到 1951 年推翻拉纳家族统治时，全国仅有公路 376 公里，且全是南北走向，南端大多与印度相连，使得尼泊尔的东、西横向往来必须经印度

周转，因此，内地与边远地区的联系十分闭塞。1962 年，前国王马亨德拉决定修建东西公路，并于 1963 年在盖因科特举行了动工仪式，从此，尼泊尔开始了大规模的公路建设。经过半个多世纪的努力，尼泊尔已初步建成了四通八达的公路运输网。到 2013～2014 年度前 8 个月，全国公路总长 25599 公里，其中沥青路面为 10810 公里，占 42.2%；砾石路面为 5925 公里，占 23.2%；季节性公路（泥土路面）为 8864 公里，占 34.6%。

1. 主要公路干线（国家级）

中尼公路 亦称阿尼哥公路，从加德满都至北部边境的科达里，全长 114 公里。它是尼泊尔与中国西藏的主要交通要道。由中国援建，总造价 7000 万卢比，1963 年 6 月动工，1967 年 5 月全线通车。

东西公路 亦称马亨德拉公路，它横贯整个特莱平原，全长 1050 公里，为全天候公路，分 5 段建成：第一段，萨蒂卡特至达克勒巴尔，系最东段，长 256 公里，由印度援建，1971 年完工；第二段，达克勒巴尔至希陶达，长 117 公里，由苏联援建，1972 年完工；第三段，希陶达至纳拉扬加尔，长 87 公里，由美国援建，1962 年建成；第四段，纳拉扬加尔至布特瓦尔，长 122 公里，由英国援建，1973 年建成；第五段，布特瓦尔至马亨德拉纳加，长 480 公里，由联合国机构援建，1974 年建成。

特里布文公路 加德满都至南部边境城市比尔根杰，全长 221 公里，由印度援建 112 公里，美国援建 109 公里，1957 年全线通车，属全天候公路。

普里特维公路 加德满都至博卡拉，又名加博公路，全长 202 公里，1967 年 5 月动工，1973 年 12 月竣工，由中国援建，是一条连接尼泊尔中西部的重要干线。

博卡拉—拜尔瓦公路 全长 202 公里，由印度援建，1971 年竣工，是尼泊尔西部通往印度的主要干线。

尼泊尔甘季—比兰德拉纳加公路 是尼泊尔中西部地区通往印度的主要干线。

沙夫鲁比西—拉苏瓦蒂公路 简称沙拉公路，该公路南起尼泊尔中北部巴格马提专区拉苏瓦县的沙夫鲁比西镇，北端与中国西藏日喀则地区吉隆县吉隆口岸接壤（中尼边境热索桥头南端拉苏瓦蒂），全长 15.723 公里，共 10 座桥梁和 48 个涵洞，设计等级为四级，路面宽 3.5 米。2001 年 5 月，中国和尼泊尔签署无偿援助框架协议并提供 6.5 亿卢比无偿援助。2008 年 9 月正式动工，2012 年 12 月竣工并交付使用。该公路把尼泊尔境内原有的公路网与中国西藏自治区吉隆县的公路连接起来，成为中尼两国间的第二条陆路大通道。

2. 次要公路干线

加德满都—特里苏尔公路，全长 105 公里，1961 动工，1962 年建成，由美国、印度和尼泊尔三国联合修建。

伊拉木—塔普勒琼公路，全长 159 公里，1990 年全线通车。

丹加希—拜塔底公路，全长 230 公里，由美国援建。

加德满都—巴德岗公路，全长 12 公里，1969 年 3 月动工，1971 年 12 月建成，由中国援建。

丹库塔—道拉加特公路，全长 275 公里，由印度援建。

拉莫桑古—吉里公路，长 92 公里，由瑞士援建。

丹加希—丹德都拉公路，全长 145 公里，由美国援建，1973 年建成。

博卡拉—苏尔克特公路，全长 402 公里，由中国援建。

尼泊尔甘季—苏尔克特公路，全长 91 公里，1987 年建成。

比腊特纳加—苏尔克特公路，全长 70 公里。

贾帕—伊拉木公路，全长 70 公里。

苏尔克特—久木拉公路，全长 210 公里，它是尼泊尔修建时间最长的公路，从 20 世纪 60 年代中期开始修建，尼泊尔政府每年要为该公路增加 1 亿卢比的财政预算，而且每年还要向亚洲发展银行贷款 2 亿~3 亿卢比。

3. 高速公路

加德满都—特莱高速公路是尼泊尔计划建设的第一条高速公路项目。该高速公路总长 94 公里，由尼泊尔首都加德满都通往南部尼印边境地区，详细的项目可行性研究、初步设计已经完成。尼泊尔政府于 2012 年 7 月正式邀请国际及国内企业，以公私合营和 BOT 方式建设该高速公路项目①。

4. 地方公路网

尼泊尔各级地方政府都十分重视当地公路的建设，通过改善农村公路和分权项目、农村公路重建和恢复发展项目、县级公路扶持项目、农村社区基础设施发展项目、农村公路项目、地方运输和基础设施项目、地方自治和社区发展项目等，大力发展地方公路网。2011～2012年度，新建地方公路2859公里（其中沥青路面322公里，砾石路面1051公里，泥土路面650公里，常年通车公路231公里，季节性公路66公里，农村公路539公里），修缮和维护公路4914公里。

5. 运输工具

经过半个多世纪的发展，尼泊尔的运输车辆大幅度增加。据尼泊尔运输管理部统计，到2014年3月中旬，全国注册车辆达1687478辆，其中公共汽车31594辆，起重机、推土机、挖掘机、卡车51874辆，小型公共汽车、迷你车14023辆，轿车、吉普车、厢式货车146124辆，皮卡车21943辆，中型客车2709辆，摩托车1316172辆，拖拉机、耕耘机89031辆，三轮车7515辆，其他车辆6493辆。为了加强对运输车辆的管理，尼泊尔政府于1999年底决定，今后实行统一进口U-1型交通工具。同时，为了解决日益严重的环境问题，政府还于2011年决定，在加德满都谷地，20年以上的车辆禁止上路。

二 航空运输

尼泊尔的民用航空服务始于1953年，当时使用印属公司3架DC-3客机。直到1958年7月，尼泊尔才正式注册并成立了自己的航空公司，即尼泊尔皇家航空公司。1960年，尼泊尔皇家航空公司正式接管国际运营权。1964年，政府对尼泊尔皇家航空公司进行了首次改革，随后又于1969年和1978年两度进行调整，并建立了尼泊尔航空训练中心，培养了

---

① 尼泊尔《加德满都邮报》2012年7月13日。BOT是一种以私人资本参与基础设施建设，向社会提供公共服务的一种特殊的投资方式。

一批技术人员，实现了航空训练和技术人才的自给。1992 年尼泊尔开始实行航空开放政策，从此，私有企业开始涉足民用航空领域。从 2011 ~ 2012 年度开始全面推进公私合作，以满足民用航空业发展所需的巨大财政投资。民用航空管理局还拟定了民航业投资政策，从而为民航业的发展指明了方向。2014 年 5 月，尼政府透露，计划优先筹建 3 个新的国际机场，并对现有的特里布文国际机场进行升级改造。拟筹建的 3 个新国际机场是白热瓦国际机场、博卡拉地区国际机场和尼伽德国际机场。

国内与国际航线 20 世纪 50 年代中期，尼泊尔相继在博卡拉、久木拉、拜拉瓦和比腊特纳加开展了航运业务，随后又建立了加德满都至拜尔瓦、贾纳克普尔、廓尔喀、希姆拉、丹加希、马亨德拉纳加、尼泊尔甘季、苏尔克特、比腊特纳加、达兰、拉杰比拉兹、蓝毗尼等 89 条国内航线。尼泊尔 1951 年开通了第一条国际航线即从加德满都至印度巴特拉的航线，到 2013 年 3 月中旬，尼泊尔已同中国、印度、巴基斯坦、孟加拉国、斯里兰卡、马尔代夫、不丹、奥地利、巴林、文莱、克罗地亚、埃及、法国、德国、以色列、日本、意大利、科威特、卢森堡、马来西亚、缅甸、阿曼、约旦、菲律宾、卡塔尔、俄罗斯、韩国、沙特阿拉伯、新加坡、荷兰、泰国、阿拉伯联合酋长国、英国、土耳其等国签订了《双边航空运输协定》，每周客座能力为 91264 席，年客座能力为 5255000 席。在尼泊尔运营的国际航空公司 26 家，每周航班为 221 班次①。

民航飞机数量 2011 年，尼泊尔拥有各型民用航空飞机 300 多架，其中 6 架 A - 319、5 架 A - 320、1 架 A - 330、19 架 AS - 350、4 架 AS - 350B（PAX）、1 架 AS - 350B2、2 架 AS - 350B3、1 架 ATR - 3、8 架 ATR - 42、3 架 ATR - 72、6 架 B - 1900、5 架 B - 1900C、6 架 B - 206、3 架 B - 737、2 架 B - 750XL、4 架 B - 757、2 架 B - 800、2 架 BAE - 146、2 架 BB - 42Z、2 架 BB - 45、4 架 BE - 1900D、1 架 Bell - 206（B）、4 架

---

① 其中中国国际航空公司每周 4 班、中国南方航空公司每周 3 班、中国香港港龙航空公司每周 6 班。

BK－117、8 架 C－208、2 架 Cessna Caravan、16 架 DHC－6、29 架 DO－228、2 架 E－206、4 架 F－100、11 架 J－41、2 架 J－61、4 架 HS－748、6 架 PC－6、3 架 PAC－750XL、3 架 PC－12、4 架 R－22、6 架 R－44、2 架 Y－12、4 架 SAAB－340、85 架 TP、2 架 UXT－582、1 架 ULA－22、17 架 MI－17、2 架 MI－172、4 架 MI－17（C）、2 架 MI－17（PAX）、4 架 MI－8、4 架 MI－8AMT、10 架 MI－8MTV[①]。尼政府还透露，为促进旅游业发展，将在 2020 年前为尼泊尔航空公司采购 7 架大型客机用于国际航线服务，采购 15 架中小型飞机用于国内航线服务。

1. 民用机场

尼泊尔现有 1 个国际机场和 54 个国内机场，其中全天候机场 19 个，运营机场 35 个。近年来，政府加大对机场的扩展和升级改造。2011～2012 年度，塔普勒琼机场跑道的扩展和升级改造已进入最后阶段；卡尼丹达（Khani Danda）机场、汤姆卡尔卡（Thamkharka，科塘县）机场和坎加勒丹达（Kangale Danda，索卢昆布县）机场的航站楼和塔台建筑也在加紧建设施工；菊法尔（Jufal，多尔帕县）机场和拉纳（Rara，穆古县）机场的跑道扩展和升级施工正在进行；比腊特纳加机场平行滑行道的建设工作已经完成；图姆凌塔尔（Tumlingtar）机场的跑道和停机坪正在铺设沥青；锡米科特机场跑道和停机坪铺设沥青的施工已进入最后阶段；苏尔克特机场跑道延长 200 米的工作正在进行后续收购土地工作。此外，政府正在着手筹建博卡拉国际机场[②]。

特里布文国际机场 位于尼泊尔首都加德满都，距离市区约 6 公里，平均海拔 1338 米，沥青跑道。机场设施比较完善，除装备了现代化的雷达系统外，还有严密的安全监控系统。其现代化的雷达系统由日本政府援建，1998 年 1 月进行测试，1998 年 9 月建成投入使用。日本政府于 1999

---

① 尼泊尔民用航空管理局《民航报告：2011～2012 年》。

② 博卡拉国际机场，即博卡拉的齐列丹塔（Chhinne Danda）机场，早在 1975 年就征用了 3106 洛帕尼的土地，目前已相继完成机场建设工程的测量工作和规划蓝图，并于 2011～2012 年度开始平整机场跑道。为了建成高标准的国际机场，还额外征用了 400 洛帕尼的土地。

年 5 月 25 日正式将上述雷达系统移交给尼泊尔特里布文国际机场。到 2011 ~ 2012 年度末，特里布文国际机场总共安装有 175 部视频监控仪，负责机场安全监控。特里布文国际机场还增设了一个能容纳 350 人的安检客运大厅以及旅客到达通道，其候机厅旅客容量增加到 1150 人。特里布文国际机场拥有 9 个喷气式飞机停机位。

丹增 – 希拉里机场（Tenzing – Hillary） 亦称鲁克拉机场（Lukla），平均海拔 2845 米，沥青跑道。2011 年，起降飞机 15408 架次，乘客流量 93292 人次，货物吞吐量 2973816 公斤。

比腊特纳加机场 首航服务时间为 1958 年 7 月 6 日，平均海拔 71 米，沥青跑道。2011 年，起降飞机 11954 架次，乘客流量 372045 人次，货物吞吐量 670794 公斤。

博卡拉机场 平均海拔 822 米，沥青跑道。2011 年，起降飞机 28260 架次，乘客流量 370493 人次，货物吞吐量 160108 公斤。

乔达摩·佛陀机场（Gautam Buddha） 首航服务时间为 1958 年 7 月 4 日，平均海拔 105 米，沥青跑道。2011 年，起降飞机 4926 架次，乘客流量 119508 人次，货物吞吐量 86328 公斤。

尼泊尔甘季机场 首航服务时间为 1961 年 3 月 15 日，平均海拔 158 米，沥青跑道，停机坪可容纳 2 架 HS – 748 飞机和 2 架 DHC – 6 飞机。2011 年，起降飞机 8152 架次，乘客流量 142869 人次，货物吞吐量 1056851 公斤。

巴拉特普尔（Bharatpur）机场 首航服务时间为 1961 年 3 月 5 日，平均海拔 207 米，沥青跑道。2011 年，起降飞机 1759 架次，乘客流量 51126 人次。

喜马拉（Simara）机场 首航服务时间为 1958 年 7 月 4 日，平均海拔 136 米，沥青跑道。2011 年，起降飞机 5380 架次，乘客流量 70745 人次。

贾纳克普尔机场 首航服务时间为 1979 年 10 月，平均海拔 71 米，沥青跑道。2011 年，起降飞机 3272 架次，乘客流量 62113 人次，货物吞吐量 105268 公斤。

昌德拉加地机场（Chandragadi） 首航服务时间为 1963 年 11 月，平均海拔 95 米，沥青跑道。2011 年，起降飞机 5348 架次，乘客流量 154882 人次，货物吞吐量 230322 公斤。

丹加迪机场（Dhangadhi） 首航服务时间为 1964 年 12 月 26 日，平均海拔 176 米，沥青跑道。2011 年，起降飞机 1426 架次，乘客流量 37726 人次。

乔姆松机场（Jomsom） 首航服务时间为 1976 年 3 月，平均海拔 2736 米，沥青跑道。2011 年，起降飞机 4696 架次，乘客流量 65527 人次，货物吞吐量 12277 公斤。

久木拉机场 首航服务时间为 1972 年 10 月 1 日，平均海拔 2374 米，沥青跑道。2011 年，起降飞机 2106 架次，乘客流量 27651 人次，货物吞吐量 188704 公斤。

苏尔克特机场 首航服务时间为 1966 年 10 月，平均海拔 687 米，沥青跑道。2011 年，起降飞机 1444 架次，乘客流量 3700 人次，货物吞吐量 676339 公斤。

锡米科特机场 首航服务时间为 1977 年 3 月 18 日，平均海拔 2970 米，沥青跑道。2011 年，起降飞机 5528 架次，乘客流量 17732 人次，货物吞吐量 2603528 公斤。

2. 航空公司

尼泊尔现有航空公司 39 家（运营的 34 家，有效但未运营的 5 家）。另有直升机运营商（公司）8 家和固定翼运营商（公司）8 家。尼泊尔主要航空公司如下。

尼泊尔航空公司 旧称尼泊尔皇家航空公司，"皇家"一词于 2006 年被删除。该公司成立于 1958 年 7 月，当时仅有 96 名员工，使用 DC－3 客机，起初服务仅限于国内加德满都至喜马拉（Simara）、博卡拉、比腊特纳加以及印度的德里、巴特那、加尔各答等城市。总部设在加德满都，是一家国营航空公司，主要基地是加德满都特里布文国际机场。到 2011 年末，该公司拥有 B－757 飞机 3 个机队、DHC－6 飞机 7 个机队和 HS－748 飞机 2 个机队，运营国内所有航线以及到上海、香港、新德里、孟买、加尔各答、班加罗尔、曼谷、迪拜、新加坡、大阪、伦敦、巴黎、法兰克福和吉隆坡 14 条国际航线的定期航班。

佛陀航空公司　成立于 1997 年 10 月，总部设在尼泊尔首都加德满都，主要基地在特里布文国际机场和博卡拉机场，现拥有 3 架 ATR – 42、2 架 ATR – 72、3 架 A – 320、5 架 BE – 1900D、2 架 B – 1900C 等客机。主要运营加德满都、巴德拉普尔（Bhadrapur）、拜尔瓦、比腊特纳加、巴拉特普尔、丹加希、博卡拉、喜马拉（Simara）、尼泊尔甘季、贾纳克普尔、图姆凌塔尔（Tumlingtar）、苏尔克特等国内城市往返的定期航班。

塔拉航空公司　成立于 1998 年，总部设在尼泊尔首都加德满都，现已发展成为尼泊尔较大的航空公司之一，从成立之初只有 1 架 DHC – 6/300 双水獭飞机发展到拥有 14 架飞机。该航空公司航班几乎覆盖尼泊尔的主要城市以及从山区和丘陵到特莱地区，已经成为尼泊尔偏远山区人们提供连接外界的唯一交通工具。

希塔航空公司　成立于 2000 年，总部设在尼泊尔首都加德满都，主要基地是特里布文国际机场以及博卡拉机场和尼泊尔甘季机场，拥有 4 架 DO – 228 型飞机。主要经营国内航班。

阿格尼航空公司　成立于 2006 年 3 月，总部设在尼泊尔首都加德满都，主要基地设在特里布文国际机场，拥有 2 架 DO – 228 客机，运营国内比腊特纳加、图姆林塔尔、巴德拉普尔、帕普鲁（Phaplu）、巴拉特普尔、久姆索姆（Jomsom）、鲁克拉（Lukla）和博卡拉的定期航班以及包机业务。

雪人航空公司　成立于 1998 年 5 月，并于 1998 年 8 月 17 日获得运营证书，拥有 11 架飞机，运营国内 8 个目的地的定期航班，是国内较大的航空公司之一。

3. 航运能力

随着航空业的发展以及机场的增加和机场设施的不断完善，其客运和货运能力也大幅度提高。1958 ~ 1959 年度，航运旅客仅 3.2 万人次，货物只有 900 吨。2010 ~ 2011 年度，航运旅客数量增加到 428.3 万人次（其中国内旅客 158.3 万人次，国外旅客 270.0 万人次）。

2011 年，飞行航班达到 102052 架次（到港 51024 架次，出港 51028

架次），比 2001 年增长 61.6%，其中国内航班 79260 架次（到港 39626 架次，出港 39634 架次），增长 43.7%；国际航班 22792 架次（到港 11398 架次，出港 11394 架次），增长 185.1%。2011 年，航运运送旅客达 4283872 人次（到港 2089507 人次，出港 2194365 人次），比 2001 年增长 131.6%，其中国内航线运送旅客达 1583845 人次（到港 796992 人次，出港 786853 人次），增长 81.7%；国际航线运送旅客 2700027 人次（到港 1292515 人次，出港 1407512 人次），增长 176.1%。2011 年，航运运输货物 17885695.9 千克（到港 7938068.8 千克，出港 9947627.1 千克），比 2001 年增长 15.6%，其中国内航线运输货物达 4399398 千克（到港 701164 千克，出港 3698234 千克），增长 130%；国际航线运输货物 13486297.9 千克（到港 7236904.8 千克，出港 6249393.1 千克），下降 0.6%。2011 年，航运运送邮件 200351.3 千克（进港 126504.6 千克，出港 73846.7 千克），比 2001 年下降 94.6%，其中国内航线运送邮件 391 千克（到港 391 千克），下降 3037.6%；国际航线运送邮件 199960.3 千克（到港 126113.6 千克，出港 73846.7 千克），下降 88.8%。

2012 年第一季度，国内航班为 16852 架次，其中到港 8428 架次，出港 8424 架次；运送旅客 396086 人次，其中到港 200873 人次，出港 195213 人次；运输货物 650588 千克，其中到港 533674 千克，出港 116914 千克；运送邮件 16 千克，全为到港邮件。国际航班达到 5693 架次（不包括过境航班 50 架次），其中到港航班 2846 架次，出港航班 2847 架次；运送旅客 717182 人次，其中到港 368934 人次，出港 348248 人次；运输货物 5235441 千克，其中到港 3695785 千克，出港 1539656 千克；运送邮件 38690.5 千克，其中到港 17104.5 千克，出港 21586 千克[①]。

三　铁路与水运

1. 铁路

尼泊尔的铁路建设始建于 1927 年，在 1940 年以后至今的 60 多年里

---

① 尼泊尔民用航空管理局：《民航报告：2011～2012 年》。

发展不大。尼泊尔的铁路长度是联合国亚洲及远东经济委员会（ECAFE）国家中铁路里程最短的国家。

尼泊尔当前共有 3 条铁路，其中 2 条是窄轨铁路和 1 条是宽轨铁路。两条窄轨铁路共长 102.18 公里，轨距为 0.762 米。其中尼泊尔的阿姆莱干则经比尔根杰到印度的拉克索尔铁路，长 48 公里，建于 1927 年，现已废置不用；另一条从尼泊尔的贾纳克普尔到印度的贾亚纳加尔铁路，建于 1934 年，长 54 公里，仍在运营。宽轨铁路为印度的拉克索尔至尼泊尔比尔根杰的锡尔锡亚（Sirsiya）铁路，全长 5.4 公里，工程总投资约为 2.75 亿卢比，2000 年 7 月 11 日动工，同年 11 月底建成，由印度援建。这条铁路通车后，极大地缓解了尼泊尔货物出口的压力，不仅尼泊尔 70% 的出口商品可通过这条铁路输出，同时还缩短了加尔各答港与尼泊尔工业城市比尔根杰之间货物运输的周期。

（1）铁路发展规划。为大力发展铁路交通，尼泊尔政府于 2010～2011 年度成立了铁道部，并将东西铁路、电气化铁路以及加德满都谷地地铁项目作为铁路发展的重点，印度政府通过铁路和地铁开发项目向尼泊尔提供援助。这些项目对促进公共运输、创造就业机会、增强经济活动、提高国民经济的发展具有重要作用。

东西铁路 尼泊尔政府制订了修建一条横贯特莱平原的东西铁路（东起比腊特纳加，经比尔根杰和拜尔瓦，西至尼泊尔甘季）以及比尔根杰至加德满都铁路的计划，并于 1990 年同印度政府草签了协议，由印度承建上述铁路。目前正在筹建。

电气化铁路 尼泊尔政府于 2010～2011 年度成立铁道部后，随即任命专门顾问对梅奇—马哈卡利（Mechi-Mahakali）电气化铁路以及加德满都谷地地铁项目进行可行性研究。该电气化铁路线连接东部梅奇专区的卡卡尔维塔（Kakarvhitta）和西部马哈卡利专区的加达乔基（Gaddachowki），途经伊塔哈里（Itahari）、巴尔底巴斯（Bardibas）、昌德拉尼加普尔（Chandaranigapur）、喜马拉（Simara）、布特瓦尔（Butwal）、拉玛希（Lamahi）、科哈尔普尔（Kohalpur）、阿塔利雅（Attariya）和马亨德拉纳加（Mahendranagar）等主要城市，铁路线总长 945.244 公里，共设 106 个车站，设计最高时速为 160 公里，工程造价 7038.7 亿卢比（2010 年价格）。2010～2011 年度，尼泊尔与印度联合完成了梅奇—马哈卡利电气化铁路线路的可行性研究，2012 年 1 月正式启动该铁路线的详细勘察设计工作，2012～2013 年度完成详细研究报告。尼泊尔铁道部同时完成了梅奇—马哈卡利电气化铁路项目中的喜马拉—巴尔底巴斯和喜马拉—比尔根杰（135 公里）段项目的详细研究报告以及加德满都谷地地铁项目（77.28 公里）的可行性研究，正在进行梅奇—马哈卡利电气化铁路项目中的喜马拉—布特瓦尔（179 公里）、布特瓦尔—拜拉瓦（即蓝毗尼，44 公里）以及布特瓦尔—加达乔基（421 公里）段项目的详细研究报告。

（2）跨境铁路项目。尼泊尔政府加强与周边国家的合作，推动和支持发展跨境铁路项目，如尼藏铁路、南亚铁路和尼孟跨境铁路等，前者正在建设，后两者正在筹建。

尼藏铁路 即尼泊尔到中国西藏地区的铁路。2008 年 4 月，时任尼泊尔首相吉里贾·普拉萨德·柯伊拉腊的外交顾问巴拉尔称，中国正在建设一条连接西藏自治区首府拉萨和尼边境城镇卡萨的铁路线，计划 5 年内建成。[①] 这条铁路是 2006 年 7 月开通的青藏铁路的延长线，经日喀则，原计划终点位于尼泊尔首都加德满都以北约 80 公里处的卡萨，后因地形问题，中国政府将通达地改至尼泊尔拉苏瓦县，2014 年拉萨至日喀则段已通车。

南亚铁路 2009 年 7 月底，在科伦坡召开的南盟国家运输部长会议上，印度提出修建包括尼泊尔、巴基斯坦、孟加拉国等国在内的南亚铁路网计划。[②] 会议还要求南盟国家宣布下个 10 年（2011～2020）为"加强南盟区域内联系的 10 年"。同时，印度也考虑在与尼泊尔接壤的 6 个地点修建铁路。

尼孟跨境铁路 2009 年 11 月，印度同意孟加拉国修建连接尼泊尔的铁路，加强尼孟两国间货物运输，这既满足了孟加拉国修建连接尼泊尔铁

---

① 法新社 2008 年 4 月 27 日报道。
② 尼泊尔《加德满都邮报》2009 年 8 月 5 日。

路的愿望，又方便了尼泊尔利用吉大港和孟加拉港进行对外贸易。[①] 印度和孟加拉国领导人于同年 12 月正式签署了修建连接尼泊尔铁路的协议。

2. 水运

尽管尼泊尔水资源丰富，但尼泊尔山脉众多，河流落差较大，不利于发展水运。唯有特莱平原地区的水流较缓，在柯西河、甘达基河以及卡尔纳利河下游，可以通行船舶，但运输能力有限。近年来，一些主要河流，如迦利甘达基河、柯西玛哈卡利河被开发，开始有渡轮运送人员和货物，柯西河、特利苏里河则被用于开展旅游漂流活动。

四 架空索道与无轨电车

架空索道 尼泊尔的第一条架空索道建于 1927 年，全长 22.4 公里，连接加德满都的马塔蒂尔塔和杜尔辛，为单轨索道。原运输能力为每小时 8 吨，现基本无运输能力。第二条架空索道建于 1964 年 4 月，连接加德满都和希陶达，全长 42 公里，由美国援建，是一条双轨索道。该索道有 301 座铁塔，6 个转换站，2 个终点站和 1 个零件库，其最高铁塔约 65 米。该索道计划使用年限为 30 年，使用电力控制，运输能力为每小时 37.5 吨，其中从加德满都至希陶达为每小时 25 吨，从希陶达至加德满都为 12.5 吨。全程运行时间为 4.25 小时。每天按 8 小时计算，全年运输能力为 10 万吨。20 世纪 80 年代末，法国政府提供援助，对这条索道进行了维修，使其保持良好的运输状态。

无轨电车 尼泊尔第一条无轨电车线是 1975 年 12 月建成的，从加德满都的特里普什瓦尔到巴克塔普尔的苏尔亚比纳雅克，全程 12.95 公里。其主要结构包括 1 座保养厂，22 辆电车（SK541 型），以及架空线和直流馈线等。最大运输能力为每天 1.5 万人次。20 世纪 80 年代后期，政府对该线路进行了改造，使全程达到 13 公里，并增添了电车等设备，扩大了旅客运输能力。21 世纪初，尼泊尔计划修建 4 条无轨电车线路，以缓解城市旅客流动的压力，但无实质性进展。计划修建的 4 条无轨电车线路

① 尼泊尔《加德满都邮报》2009 年 11 月 17 日。

是：①帕坦—巴尔乔克；②特里普什瓦尔—特里布文大学；③觉格瓦里—比腊特纳加—达兰；④苏罗里—拜尔瓦—布特瓦尔。

第五节　邮电通信

一　邮电

尼泊尔的公用邮电事业始于 1879 年，1881 年设立邮局并开始发行邮票。直到 1956 年，全国只有 107 个邮局，即平均每 8.5 万人和 325 平方公里才拥有 1 个邮局。1960 年，尼泊尔加入万国邮政联盟，并在世界上发行尼泊尔邮票；同年又开设了航空邮件业务。从此，邮电事业飞速发展。1965 年 10 月 19 日，尼泊尔和中国在中尼边界友谊桥第一次直接交换邮件，标志着两国正式开始直接通邮。目前，邮政除了传统的信件和包裹邮递业务外，还有发行邮票、邮政储蓄银行、电子汇兑、特快专递和邮政电子商务等业务。

据尼泊尔邮政部的资料，"一五"计划期间，全国建立了 285 个邮局，其中 54 个分局，37 个普通邮局和 194 个合作邮局。"二五"计划重点组建全国邮电系统，建立了 4 个市局、9 个中心局、10 个交换局、22 个支局和分属 7 个管理局控制的 153 个邮电所。1985 年，全国邮政局（所）发展到 1838 个，到 2013~2014 年度前 8 个月，全国有邮政总局 1 个，专区邮政局 5 个，县邮政局 70 个，邮政分局 842 个（其中山区 170 个、丘陵地区 372 个、特莱平原地区 300 个），邮政所 3074 个（其中山区 492 个、丘陵地区 1541 个、特莱平原地区 1041 个），电报中心 401 个，邮政储蓄银行（所）117 个，从事邮政汇票服务的邮政局（所）79 个。此外，全国还有 41 个城市开展了特快专递业务，与世界上 23 个国家有邮件业务联系。

二　通信

尼泊尔的电信业创建于 1816 年，但直到 1951 年，全国只有一条加德满都与印度拉克索尔之间 110 公里的国际长途电话线路和一条加德满都与丹库塔之间 518 公里的国内长途电话线路。

通过政府的不懈努力，目前电话服务已经遍及全国。据尼泊尔信息产业部统计，2012 年，全国运营电话线为 15617704 对，其中尼泊尔电信（NT）为 7435929 对，尼泊尔斯皮斯私人有限公司（SNPL）为 7178808 对，联合电信有限公司（UTL）为 604568 对，斯坦姆电信散查尔私人有限公司（STMTSPL）为 5336 对，斯玛特电信（ST）为 250926 对，尼泊尔卫星（NS）为 140395 对，其他运营商为 1742 对。2013 ~ 2014 年度前 8 个月，全国电话用户达到 23006799 个（部），电话密度为 86.8%。2013 ~ 2014 年度前 8 个月，尼泊尔互联网用户 8146910 个，网络密度为 30.7%。

2013 ~ 2014 年度，尼泊尔电信提供的电信服务有 277 项，其中基础电话服务 3 项、全球移动通信系统服务 2 项、网络服务 8 项、VISAT 服务 3 项、互联网服务 46 项、全球个人移动通信服务 3 项、农村电信服务 2 项、限量移动服务 108 项、国际干线电话服务 3 项、农村 VISAT 服务 13 项、农村互联网服务 6 项，其他服务 80 项。

第六节　财政

近年来，财政部对国家预算（即财政预算）的分类进行了调整，分为收入、支出、财政赤字或现金节余等，其中收入包括税收、非税收、赠款；支出分为经常性支出和发展建设支出两部分。若有财政赤字则需发行公债弥补。

一　国家预算

1. 预算收入

1974 ~ 1975 年度，政府预算总收入为 12.912 亿卢比，其中政府税收为 10.084 亿卢比，占政府预算总收入的 78.1%；外国赠款为 2.828 亿卢比，占政府预算总收入的 21.9%。2014 ~ 2015 年度政府预算总收入增加到 5148.212 亿卢比，其中政府税收增至 3747.06 亿卢比，外国赠款增至 733.859 亿卢比，其他赠款为 455.353 亿卢比，非税收为 481.94 亿卢比。

尼泊尔现行的财政预算中，财政收入包括税收、非税收和赠款三大类。

税收 尼泊尔现行财政预算中，税收包括收入、利润和资本利得税（包括个体营业税、公司与企业营业税、投资收益税）、工资与人力资源税、财产税（包括不动产税、金融与资本交易税）、商品与服务税（包括增值税、消费税、货物税、特定服务税、使用特许商品税）、国际贸易与交易税（包括关税、出口税、国际贸易与交易的其他税收）、其他税收（包括注册费、挂号费、更名费以及所有权证书费用）等。

1972～1973 年度，税收总额为 5.211 亿卢比，其中关税为 2.382 亿卢比，占 45.7%；其他税为 2.829 亿卢比，占 54.3%。2014～2015 年度预算税收总额增加到 3747.06 亿卢比，其中收入、利润和资本利得税为 910.184 亿卢比（其中个体营业税 238.767 亿卢比、公司与企业营业税 509.081 亿卢比、投资收益税 162.336 亿卢比），占税收总额的 24.3%；工资与人力资源税为 29.991 亿卢比，占 0.7%；财产税为 54.225 亿卢比（其中不动产税 0.537 亿卢比、金融与资本交易税 53.688 亿卢比），占 1.4%；商品与服务税为 1920.282 亿卢比（其中增值税 1217.307 亿卢比、消费税 553.312 亿卢比、特定服务税 10.114 亿万卢比、特许商品使用税 139.549 亿卢比），占 51.2%；国际贸易与交易税为 806.693 亿卢比（其中关税 766.195 亿卢比、出口税 8.786 亿卢比、其他国际贸易与交易税 31.712 亿卢比），占 21.5%；其他税收为 25.687 亿卢比（其中注册费 10.01 亿卢比、所有权证书费用 15.678 亿卢比），占 0.7%。

非税收 尼泊尔现行财政预算中，非税收收入主要涵盖财产所得税（包括利息税、红利税、租赁税与版权税）、销售商品和服务税（包括商品销售税、行政事业收费）、处罚罚款与没收费、捐赠税等。

2014～2015 年度预算中，非税收收入总额为 481.94 亿卢比，比 1974～1975 年度增长 288.1 倍。其中财产所得税为 230.496 亿卢比（利息税 6.913 亿卢比、红利税 141.711 亿卢比、租赁税与版权税 81.872 亿卢比），约占 47.8%；销售商品与服务税为 147.233 亿卢比（商品销售税 70.285 亿卢比、行政事业收费 76.948 亿卢比），约占 30.6%；处罚罚款与没收费用为 4.434 亿卢比，约占 0.9%；捐赠税为 0.024 亿卢比，约占

0.005%；杂项收入为 99.753 亿卢比（管理费用——移民和旅游 88.792 亿卢比、其他收益 10.895 亿卢比、资本收益 0.066 亿卢比），约占 20.7%。

赠款 尼泊尔现行财政预算中，赠款主要包括外国政府赠款、国际组织赠款和其他组织赠款。2014～2015 年度预算中，赠款总额为 733.859 亿卢比，其中外国政府赠款占 42.8%，为 314.101 亿卢比（经常性赠款 194.718 卢比、发展建设赠款 119.383 亿卢比）；国际组织赠款占 42.6%，为 312.747 亿卢比（经常性赠款 168.028 亿卢比、发展建设赠款 144.719 卢比）；其他组织赠款占 14.6%，为 107.011 亿卢比（经常性赠款 96.063 亿卢比、发展建设赠款 10.948 亿卢比）。

2. 预算支出

1974～1975 年度，政府预算总支出为 15.092 亿卢比，其中经常支出为 5.465 亿卢比，发展支出为 9.627 亿卢比。2014～2015 年度，政府预算总支出增加到 5157.062 亿卢比，其中经常性支出增加到 3989.512 亿卢比，发展建设支出增加到 1167.55 亿卢比。从经常性支出和发展建设支出占预算总支出的比例来看，1974～1975 年度分别占 36.1% 和 63.9%，2014～2015 年度则分别占 77.4% 和 22.6%。

3. 预算赤字

2012～2013 年度尼泊尔政府财政预算赤字为 311.18 亿卢比，2014～2015 年度预算盈余为 8.85 亿卢比。20 世纪 80 年代，财政赤字占国内生产总值的比重高达 9% 左右，2012～2013 年度降至 1.5% 的水平。

4. 公债

尼泊尔财政预算连年赤字，政府除增加各种税收以及实行通货膨胀政策外，主要依靠公债来弥补。公债由内债和外债两部分组成，内债为国内贷款，分长期和短期贷款（债券），包括短期国债、发展债券、公民储蓄券、特别债券等；外债则包括长期贷款、短期贷款和国际货币基金组织的贷款。

2012～2013 年度，尼泊尔公债累计达到 5537.89 亿卢比，其中内债 2203.47 亿卢比，占 39.8%，外债 3334.42 亿卢比，占 60.2%；还本 351.3 亿卢比，其中内债 209.4 亿卢比，外债 141.9 亿卢比；付息 137.37

亿卢比，其中内债 107.34 亿卢比，外债 30.03 亿卢比。公债总额占国内生产总值的 32.7%，债务总支出占政府支出的 13.6%。

二 地方财政

尼泊尔的地方机构分为三级，即县、市和乡村发展委员会，一般简称为县、市和乡村。地方财政也就是县、市和乡村财政的统称，地方财政接受尼泊尔政府的监管。根据《地方自治法案·1998》、《地方自治规章·1999》和《地方机构财政管理规章·2007》，地方政府机构获得了在所属领域和地区内征收各种税费的权力，并通过这些费用投入和运作地方项目，以满足当地人民的需要和需求。

地方财政收入 2012～2013 年度，地方政府收入总额增为 205.424 亿卢比，其中县级政府收入总额为 27.56 亿卢比（内部收入，即税收 13.694 亿卢比，从中央政府分摊收入 13.866 亿卢比），占 13.4%；市级政府收入总额为 76.498 亿卢比（内部收入即税收 33.656 亿卢比，从中央政府分摊收入 42.842 亿卢比），占 37.2%；乡级政府收入总额为 101.366 亿卢比（内部收入 11.713 亿卢比，从中央政府分摊收入 89.653 亿卢比），占 49.4%。

地方财政支出 2012～2013 年度，地方政府总支出 380.169 亿卢比，其中县级政府 235.991 亿卢比，占 62.1%；市级政府 67.687 亿卢比，占 17.8%；乡级政府 76.491 亿卢比，占 20.1%。

中央政府给地方政府的拨款支出 2013～2014 年度，拨款总支出 126.8 亿卢比，其中县级政府 33.2 亿卢比（经常性拨款 13.7 亿卢比，发展拨款 19.5 亿卢比），占 26.2%；市级政府 11.5 亿卢比（全部为发展拨款），占 9.1%；乡级政府 82.1 亿卢比（经常性拨款 15.66 亿卢比，发展拨款 66.44 亿卢比），占 64.7%。

地方发展基金 2011～2012 年度，从地方发展基金中为市级政府拨专项款 23 亿卢比，其中市级政府花费 14.7 亿卢比，分配给储备基金项目 8.3 亿卢比。同时，通过审批的项目为 5.485 亿卢比，共实施基础设施项目 232 个，完成项目 171 个。2012～2013 年度，通过该基金为市级政府拨款 16.3 亿卢比，其中 9.8003 亿卢比为市级政府直接支配，6.5 亿卢比用于储备基金项目。当年共审批项目 242 个，分配资金 1.442 亿卢比。按照规定，从发展预算分配拨款中为乡级政府拨款 300 万卢比。拨款额度根据乡村的人口基数、费用和区域相关指标。2012～2013 年度，尼泊尔政府为全国 3915 个乡村各提供 150 万卢比的财政支持。此外，根据相关指标，还为其中的 3407 个乡村安排了外国赠款，用于农业、农村道路、灌溉、农村电气化、饮用水、卫生设施、社区建设等项目。

第七节　金融

一　金融制度

近年来，尼泊尔政府加大了金融体制改革的力度，并逐步结束了由国家银行和财政部双重控制的银行体制。在金融政策上，注重风险投资。1991 年 11 月开始，商业银行将其信贷的 12% 用于重点行业的投资，包括指定的农业、乡镇企业和其他发展项目，从而加大了银行的风险投资。1992 年，尼泊尔政府又取消了"尼泊尔公民只能动用其 70% 的外汇存款，且只能用于个人消费"的规定，所有的外汇账户持有者可以动用全部外汇投资公益事业；对原来只能存入美元和英镑的规定也做了修改，允许开设瑞士法郎、德国马克和日元等外汇账户，并按国际市场比率支付免税利息；鼓励和保护合资银行，为外资银行提供更大的便利，还允许私人开设银行。1992 年，第一家私人银行——喜姆达雅姆银行正式开业，这标志着尼泊尔金融改革步入正轨。这家银行是采用股份制方式成立的，拥有实收资金 3 亿卢比，发行资金 7 亿卢比，核准资金 12 亿卢比。其中作为发起者的 8 位股东拥有 51% 的股权，政府占 15% 的股权。

为了解决偏远地区银行和金融机构极度匮乏的问题，尼泊尔国家银行于 2010 年出台新规，即商业银行、发展银行在 22 个偏远县每开设一个自己的分支机构，即可分别获得 500 万卢比、1000 万卢比的无息贷款；金融机构在指定的 9 个偏远地区每开设一个分支机构，即可获得 150 万卢比的无息贷款。根据这一规定，尼泊尔国家银行在 2010～2011 年度安排了此类贷款 1.5 亿卢比，银行和金融机构在指定地区新开设了 11 家分支机构获得了 6650 万卢比的无息贷款,其中 5 家商业银行新开设 7 个分支机构,获得 3500 万卢比;2 家发展银行新开设 3 个分支机构,获得 3000 万卢比;1 家小额信贷公司新开设 1 个分支机构,获得 150 万卢比。

尼泊尔根据 2004 年加入 WTO 的承诺,从 2010 年 1 月 1 日起对外资银行开放批发银行业务。尼泊尔国家银行规定,外资银行在尼泊尔取得执照的最低资本是 3000 万美元,外资银行设立分支机构至少需要投资 500 万美元。尼泊尔国家银行将批发银行业务定义为:存款在 1 亿卢比以上或者借贷在 3 亿卢比以上,此措施旨在确保尼泊尔国内银行免受外资银行的竞争冲击。进入尼泊尔国内市场的外资银行信用等级必须达到 B 级以上,而且得到所在国金融管理机构的批准,服从尼泊尔国家银行的管理规定,所得利润在完税后,经尼泊尔国家银行批准方可汇出。

1990 年,在尼泊尔国家银行的倡议下,以股份公司形式正式成立征信所(尼泊尔国家银行拥有股份 10%,商业银行拥有股份 65%,发展银行和金融机构分别拥有股份 10% 和 15%),旨在收集偿还贷款信息,并将信贷违约者列入黑名单和准确地将黑名单提供给银行和金融机构。2010 ~ 2011 年度,征信所开始提供个人征信在线信息业务,从而使个人信用信息增加了 45%。根据尼泊尔国家银行的政策规定,注册借款人中超过 100 万卢比的借款者被列入征信之列。2011 ~ 2012 年度,征信所登记注册的借款人有 72651 人,被银行和金融机构列入信贷违约者黑名单的有 4032 人。2013 ~ 2014 年度前 8 个月,被银行和金融机构列入信贷违约者黑名单的有 3126 人。

二 金融组织

1. 发展概况

尼泊尔的金融组织分为银行和金融机构两大部分。到 2014 年 4 月中旬,全国共有银行和金融机构 402 家,其中"A"类商业银行 30 家,"B"类发展银行 87 家,"C"类金融公司 58 家,"D"类小额信贷机构 35 家,经尼泊尔国家银行授权的合作社和非政府组织分别为 16 家和 31 家,保险公司 25 家,雇员储备基金、公民投资信托和邮政储蓄银行各 1 家,邮政储蓄银行分支机构 117 家(见表 5 - 3)。此外,全国还有小额信贷机构 550 家。

表 5－3　近年来银行与金融机构发展情况

银行与金融机构		2008年7月	2009年7月	2010年7月	2011年7月	2012年7月	2013年7月	2014年4月*
商业银行（"A"类）		25	26	27	31	32	31	30
发展银行（"B"类）		58	63	71	88	88	86	87
金融公司（"C"类）		78	77	79	80	70	59	58
微型金融机构（小额信贷机构，"D"类）		12	15	18	21	24	31	35
合作社（尼泊尔国家银行授权开展有限金融业务）		16	16	15	16	16	16	16
非政府组织（尼泊尔国家银行授权开展小额信贷）		46	45	45	38	36	31	31
保险公司		25	25	25	25	25	25	25
雇员储备基金		1	1	1	1	1	1	1
公民投资信托		1	1	1	1	1	1	1
邮政储蓄银行		1	1	1	1	1	1	1
邮政储蓄银行分支机构（家）		117	117	117	117	117	117	117
小计（家）		380	387	400	419	411	399	402
银行与金融机构资产总额（亿卢比）		6045.0	8335.0	9961.0	11583.2	13808.0	15849	17490
存款	存款总额（亿卢比）	5057	6760	7953	8719.1	10765.7	12715	13989
	存款总额占国内生产总值的比重（%）	62.0	68.4	67.9	64	68.8	75.1	72.5
	商业银行（"A"类）存款额（亿卢比）	4328.8	4623.8	6314.7	6879.37	8679.31	10210.15	11191.20
	占存款总额的比重（%）	85.6	83.4	79.4	78.9	80.62	80.30	80.00

续表

银行与金融机构		2008年7月	2009年7月	2010年7月	2011年7月	2012年7月	2013年7月	2014年4月*
存款	发展银行（"B"类）存款（亿卢比）	257.9	486.7	771.4	967.82	1273.58	1602.09	1804.58
	占存款总额的比重（%）	5.1	7.2	9.7	11.1	11.83	12.60	12.90
	金融公司（"C"类）存款（亿卢比）	429.8	567.8	795.3	854.47	761.13	686.61	741.42
	占存款总额的比重（%）	8.5	8.4	10.0	9.8	7.07	5.40	5.30
	其他金融机构存款（亿卢比）	45.5	60.8	71.6	17.44	51.68	216.16	251.80
	占存款总额的比重（%）	0.9	0.9	0.9	0.2	0.48	1.70	1.80
	贷款总额（亿卢比）	3581	4952	6226	7130.9	8044.6	9838	10954
	贷款总额占国内生产总值的比重（%）	43.9	50.1	53.1	52.0	50.7	58.1	56.8
贷款	商业银行（"A"类）贷款额（亿卢比）	2814.7	3803.1	4619.7	5276.86	6225.72	7486.72	8292.18
	占贷款总额的比重（%）	78.6	76.8	74.2	74.0	77.39	76.10	75.70
	发展银行（"B"类）贷款额（亿卢比）	236.3	430.8	660.0	891.36	1004.77	1308.45	1489.74
	占贷款总额的比重（%）	6.6	8.7	10.6	12.5	12.49	13.30	13.60
	金融公司（"C"类）贷款额（亿卢比）	433.3	599.2	796.9	869.97	666.9	659.15	679.15
	占贷款总额的比重（%）	12.1	12.1	12.8	12.2	8.29	6.70	6.20
	其他金融机构贷款额（亿卢比）	96.7	118.8	149.4	92.70	147.22	383.68	492.93
	占贷款总额的比重（%）	2.7	2.4	2.4	1.3	1.83	3.90	4.50

* 当月中旬。

资料来源：本表根据尼泊尔国家银行资料和财政部《经济概览：2013/14年度》整理而成。

到 2014 年 4 月中旬，银行与金融机构资产总额为 17490 亿卢比，存款总额为 13989 亿卢比，存款总额占国内生产总值的 72.5%，其中商业银行存款为 11191.2 亿卢比，占存款总额的 80%；发展银行存款为 1804.58 亿卢比，占存款总额的 12.9%；金融公司存款为 741.42 亿卢比，占存款总额的 5.3%；其他金融机构存款为 251.8 亿卢比，占存款总额的 1.8%。银行和金融机构贷款总额为 10954 亿卢比，贷款总额占国内生产总值的比重为 56.8%，其中商业银行贷款为 8292.18 亿卢比，占贷款总额的 75.7%；发展银行贷款为 1489.74 亿卢比，占贷款总额的 13.6%；金融公司贷款为 679.15 亿卢比，占贷款总额的 6.2%；其他金融机构贷款为 492.93 亿卢比，占贷款总额的 4.5%。

到 2014 年 4 月中旬，银行和金融机构及它们的分支机构共计 2568 家，其中东部发展区占 16.2%，为 415 家（商业银行分支机构 278 家、发展银行分支机构 110 家和金融公司分支机构 27 家），中部发展地区占 46.9%，为 1205 家（商业银行分支机构 746 家、发展银行分支机构 315 家和金融公司分支机构 144 家），西部发展地区占 24%，为 617 家（商业银行分支机构 262 家、发展银行分支机构 287 家和金融公司分支机构 68 家），中西部发展地区占 8.4%，为 216 家（商业银行分支机构 132 家、发展银行分支机构 75 家和金融公司分支机构 9 家），远西部发展地区占 4.5%，为 115 家（商业银行分支机构 89 家、发展银行分支机构 24 家和金融公司分支机构 2 家）。

2. 主要金融组织简介

在尼泊尔，银行主要包括尼泊尔国家银行（即中央银行）、商业银行、发展银行、邮政储蓄银行、农业发展银行和农村发展银行等。金融机构主要包括雇员储备基金、公民投资信托、农村自力更生基金、小额信贷机构以及经尼泊尔国家银行授权开展有限金融业务的合作社和非政府组织。

尼泊尔国家银行（NRB）　创建于 1956 年，1966 年起将所有商业性业务全部交给商业银行经营管理，从而使尼泊尔国家银行真正成为国家的金融管理和代理机构。尼泊尔国家银行是亚洲清算联盟的成员之一，主要负责制定和执行国家的货币政策,经办政府各项收入与支出,代理发行公债、控制和管理其他银行,维持卢比兑换率,出版发行经济统计资料;同时负责监管尼泊尔的商业银行,检查外汇汇率和国家外汇储备。尼泊尔国家银行还通过其官方网站及时公布货币政策以及尼泊尔的金融市场信息等,语言为英语。尼泊尔国家银行现设有 7 个办事处,即比腊特纳加、贾纳克普尔、比尔根杰、博卡拉、辛达尔塔纳加尔(Siddharthanagar)、尼泊尔甘季和丹加希办事处。

商业银行("A"类金融机构) 成立于 1966 年,发挥纯商业银行的职能,负责全国的商业信贷业务。到 2014 年 4 月中旬,全国共有商业银行 30 家[①],商业银行分支机构 1514 家。

发展银行("B"类金融机构) 到 2014 年 4 月中旬,全国拥有发展银行 87 家和发展银行分支机构 811 家(其中加德满都谷地 114 家,特莱地区 393 家,山区 304 家)。

金融公司("C"类金融机构) 到 2014 年 4 月中旬,全国拥有金融公司 58 家,金融公司分支机构 250 家,其中加德满都谷地 105 家,特莱地区 84 家,山区 61 家。

小额信贷机构("D"类金融机构,亦称微型金融机构 MFIS) 小额信贷机构对于缺乏金融服务的地区和群体起着举足轻重的作用。到 2014 年 4 月中旬,全国拥有小额信贷机构 35 家,小额信贷机构的资产总额为 428.179 亿卢比。其资金利用构成是:流动资金 53.771 亿卢比,投资 32.311 亿卢比,信贷与借款 304.198 亿卢比,其他 36.882 亿卢比,损益账户 1.017 亿卢比。

雇员储备基金(EPF) 该基金是根据《雇员储备基金·1964 法案》于 1964 年 9 月 4 日正式成立,其主要职责是管理雇员储备基金以及收集公务员、军队和警察人员、教师、公共企业的工作人员和其他一些私人部

---

① 这些商业银行包括:国家商业银行、尼泊尔有限银行、农业发展有限银行、纳比尔(Nabil)有限银行、尼泊尔投资银行、渣打银行、喜马拉雅有限银行、尼泊尔—印度国家有限银行、尼泊尔—孟加拉国有限银行、珠穆朗玛有限银行、加德满都银行、尼泊尔商业与信贷银行、蓝毗尼银行、尼泊尔工商银行等。

门雇员的公积金。该基金除了为储户提供借贷外，还投资房地产、工业和水电工程项目。到 2014 年 4 月中旬，雇员储备基金拥有账户 483000 个，资产总额为 1603.2 亿卢比，公积金总额为 1546.1 亿卢比。

农业发展银行（ADB） 成立于 1967 年，自 1984 年以来，农业发展银行也提供商业银行业务，其覆盖范围已经超过尼泊尔全国人口的 67%。到 2012 年 10 月中旬，资产总额为 736.757 亿卢比，存款总额为 45.983 亿卢比，贷款总额为 39.78 亿卢比。

农村发展银行（RDB） 创建于 1992 年，现已在全国的 5 个发展区都建立了分支机构，拥有 20 个地区支行，140 个分行，3157 个中心。其中东部农村发展银行在东部发展区建有 7 个地区支行，38 个分行，1104 个中心；中部农村发展银行在中部发展区建有 4 个地区支行，27 个分行，439 个中心；西部农村发展银行在西部发展区建有 4 个地区支行，33 个分行，640 个中心；中西部农村发展银行在中西部发展区建有 2 个地区支行，21 个分行，481 个中心；远西部农村发展银行在远西部发展区建有 3 个地区支行，21 个分行，493 个中心。

小农户发展银行有限公司（SFDBL） 自 2001 年 7 月 6 日成立以来，长期为农业发展提供信贷，对于提升小农户的经济和社会地位以及提高贫困群体的生活水平起着非常重要作用。到 2013 年 4 月中旬，小农户发展银行有限公司在 49 个县建立了 343 个分支机构，拥有 36040 个团体和 266667 名会员，国内存款总额为 50.811 亿卢比，批准贷款总额为 20.981 亿卢比，信贷投资为 19.624 亿卢比，回收贷款为 14.578 亿卢比，投资总额为 31.808 亿卢比。

公民投资信托（CIT） 根据《公民投资信托法案·1990》于 1991 年 3 月 18 日正式成立，主要收集与动员个人和机构存款，提供借款和贷款，同时还提供股票发行与销售管理服务。公民投资信托主要包括雇员储备计划（ESS），亦称批准退休基金（ARF，占 63.9%）、公民统一计划（CUP，占 2.0%）、抚恤基金计划（GFS，占 17.6%）、投资者账户计划（IAS，占 4.3%）以及保险基金计划（包括公务员保险计划 CSIS 和教师保险计划 TIS，占 12.2%）。到 2014 年 4 月中旬，其资产总额为 486.2 亿卢比，存款总额为460.2亿卢比。从该信托基金投资组合的结构上看，定期存款、政府债券、股票、期货和参与借贷/房屋贷款分别占53.5%、5.8%、7.1%、22.5%和11.1%。

尼泊尔工业发展公司（NIDC） 始建于1959年，在较长的时间里起着开发银行的作用，专门为工业发展提供发展资金。目前，其职能已经发生了转变，业务范围涉及定性的、可靠的银行业务以及金融中介服务和金融业务，目的是为经济发展服务。2011~2012年度，尼泊尔工业发展公司在尼泊尔甘季和丹加希设立了办事处，从而使其办事处增加到4个（另2个是比腊特纳加办事处和博卡拉办事处）。2009~2010年度，尼泊尔工业发展公司的信贷总额为1.247亿卢比，2010~2011年度前6个月为1.471亿卢比。

邮政储蓄银行（PSB） 1974年，尼泊尔邮政部设立并开始运营邮政储蓄银行，现已发展到拥有邮政储蓄银行分支机构117家。尽管这117家邮政储蓄分支机构都有权收集存款，但只有68家从事银行服务（其中县邮政储蓄银行60家，专区邮政储蓄银行8家）。到2014年4月中旬，邮政储蓄银行的储蓄账户总数达到62562个，存款总额为15.3亿卢比。

存款与信贷担保公司（DCGC） 成立于1974年9月20日，实收资本为15.4亿卢比，其中尼泊尔政府占股份87.9%，尼泊尔国家银行占股份10%，其余2.1%的股份由尼泊尔有限银行和国家商业银行拥有。其目的是鼓励商业银行在重点领域投资，并为中小型企业、弱势群体优先提供贷款和信贷，重点投资畜牧业、蔬菜种植业等。到2014年4月中旬，其担保信贷总额为5.409亿卢比。

农村自力更生基金（RSRF） 该基金成立于1991年，实收资本总额为4.434亿卢比，其中尼泊尔政府资本为1.9亿卢比，占42.9%；国家银行为2.534亿卢比，占57.1%。其目的是提供大规模信贷以及政府和非政府组织的小额融资活动。到2014年4月中旬，该基金向66个县的879个团体或机构（包括合作社和非政府组织）提供信贷137.5亿卢比，受益家庭达43508个。

合作社银行交易有限公司（CLBT） 该公司是按照1991年合作社

法案和尼泊尔国家银行许可成立的，到 2014 年 4 月中旬有 16 家分支机构（其中从事银行交易合作社 15 家，国家合作开发银行 1 家），资产总额为 164.4 亿卢比，存款总额为 120.8 亿卢比，信贷和贷款总额为 110.2 亿卢比，投资政府债券、定期存款账户和其他为 13.4 亿卢比。在尼泊尔国家银行登记注册并从事储蓄和信贷业务的合作社为 30080 家，拥有成员 4396444 个，股本总额为 350.68 亿卢比，储蓄总额为 1597.33 亿卢比，投资总额为 1351.53 亿卢比。

3. 金融部门改革计划（FSRP）

1999 年 9 月 8 日，尼泊尔国家银行宣布，国家商业银行（RBB）和尼泊尔银行有限公司（NBL，通常称为尼泊尔有限银行）因被骗走贷款 80 亿卢比（约 1.1 亿美元）以及自 1965 年以来拖欠利息 96.7 亿卢比（约 1.35 亿美元）面临破产，并于 2000 年 12 月 11 日停止了所有的营业活动。起初尼泊尔政府计划将其交给外国经营，随后在世界银行、英国国际开发署（DFID）的援助下，尼泊尔政府实施了一项长达 9 年的金融部门改革计划（2003 年 4 月 30 日至 2011 年 12 月 31 日）。该计划的核心内容是：改组尼泊尔国家银行；重组尼泊尔有限银行和国家商业银行；增强整个金融系统的能力。

尼泊尔有限银行和国家商业银行经过重组后得到了全方位的提升。首先，经营状况得到了明显改善。尼泊尔有限银行一直亏损，2000 年 7 月中旬依然净亏损 2.5 亿卢比。重组后的 2003～2004 年度开始赢利，到 2010 年 7 月中旬，税前利润达到 3.3 亿卢比。国家商业银行在 2000 年 7 月中旬净亏损 4.84 亿卢比，2003～2004 年度开始赢利，到 2010 年 7 月中旬利润达 20.1 亿卢比。其次，负资产净值逐年减少。尼泊尔有限银行和国家商业银行的负资产净值分别从 2003 年 7 月中旬的 98 亿卢比和 223.9 亿卢比降至 2014 年 1 月中旬的 0 和 13.9 亿卢比。再次，不良资产率（逾期未偿还贷款占贷款总额的比重）大幅度下降。2003 年 7 月中旬，尼泊尔有限银行和国家商业银行的不良资产率分别高达 60.47% 和 60.15%，2014 年 1 月中旬分别减至 5.64% 和 4.92%。最后，员工大幅度减少。尼泊尔有限银行从改革前的 5652 名员工减少到 2342 名员工，裁员幅度为

141.3%；国家商业银行则从 5522 名员工减少到 2555 名，裁员幅度为 116.1%。

三　证券

尼泊尔证券市场的历史始于 1937 年，当时的比腊特纳加黄麻厂股份有限公司和尼泊尔银行有限公司发行了证券。1964 年根据公司法，尼泊尔第一次发行政府债券和建立证券交易中心有限公司（SECL），1976 年又发展了其他有关的重要资本市场。1981 年，尼泊尔国家证券交易中心（SEC）正式成立。1993 年，尼泊尔政府对资本市场进行了改革，将证券交易中心正式组建成为尼泊尔证券交易有限公司（NEPSE），简称为尼泊尔证交所，股东由尼泊尔政府、尼泊尔国家银行、尼泊尔工业发展公司及其成员组成。1994 年 1 月 13 日，尼泊尔证交所正式开设交易大厅，从此，各公司开始在该交易所发行股票并挂牌上市交易。尼泊尔证交所指数（NEPSEI，即尼泊尔指数），以 1993 年为基数（即 1993 = 100），2014 年 8 月 14 日达到 1034.39 点，银行业指数 937.73 点，商业指数 188.42 点，酒店业指数 1977.52 点，发展银行指数 749.43 点，水电业指数 2842.9 点，金融业指数 530.95 点，保险业指数 4344.4 点。

（一）尼泊尔证券委员会（SEBON）

证券法规　尼泊尔证券委员会一方面完善证券法规，一方面加强对投资者的风险教育。近年来，尼泊尔证券委员会对《证券交易法案·2006》进行了修订，并完成了《证券注册规定·2008》第一次修正案。2010 年又相继颁布实施了《共同投资基金法·2010》、《派发红股指南·2010》和《投资管理指导方针》（2010 年 12 月 1 日颁布实施）。

资本市场总体规划　2007 年，尼泊尔证券委员会拟定了"五年资本市场总体规划"，概述了尼泊尔资本市场发展的总体规划，并指出了尼泊尔资本市场发展中存在的问题、面临的挑战和机遇。2010 年 10 月 25 日，世界银行为此提供了价值 152500 美元的技术援助。拟定的总体规划指导委员会由六个建议组构成，即监管自治和问责制建议组，账户和行使审计建议组，国债市场建议组，证券发行、上市及交易建议组，法律和强化法律建议组，投资教育和基础设施发展建议组。

共同基金计划（MFP）　为了加强对基金的监督和管理，尼泊尔证券委员会于 2010 年颁布实施了《共同投资基金法·2010》，旨在动员中、小投资者和机构投资者投资共同基金。该法案对基金发起人、基金主管、基金经理和托管做了严格规定。2010 年 9 月 27 日，尼泊尔证券委员会出台实施共同基金规定，严格规定了注册和运营共同基金计划。同时，尼泊尔国家银行也颁布实施了基金管理政策，目标是鼓励建立共同基金。2012 年 3 月中旬，悉达多（Siddhartha）共同基金公司和纳比尔（Nabil）共同基金公司正式注册生效，并通过二级市场发行了总额为 5 亿卢比的"悉达多投资增强计划 – Ⅰ"基金，每个基金单位为 10 卢比，期限为 5 年，到 2014 年 2 月中旬，基金单位净值达 16.22 卢比。同时发行的还有"纳比尔共同基金 – Ⅰ"基金，总额为 7.5 亿卢比，每个基金单位为 10 卢比，到 2014 年 2 月中旬，基金单位净值为 14.4 卢比。

（二）中央存托系统及结算有限公司（CDSCL）

2010 年 12 月 22 日，经尼泊尔证券委员会批准成立了中央存托系统及结算有限公司。该公司是由尼泊尔证交所注资 5 亿卢比成立的一个独资公司，目的是通过维护股票交易、清算和结算系统的电子文档，确保组织良好的证券交易，促进国家资本市场的发展。其主要职能是负责股票、政府债券、企业债券和其他证券的管理，确保证券交易便利化、无纸化，维护证券所有权转让的最新电子交易记录。

中央存托系统及结算有限公司的硬件基础设施和管理比较完美，并且还开发了一套中央存托会计软件（CDAS）。同时，为了给二级市场证券交易的清算与结算提供服务，也开发了一套独立的清算与结算软件（CnS）。中央存托系统及结算有限公司严格根据《证券交易法案·2006》、《中央存托证券存款规则·2010》和《中央存托服务规则·2011》进行操作和管理中央存托证券。

（三）尼泊尔证交所

尼泊尔证交所可供交易的证券有：股票（包括普通股和优先股）、政府债券、公司债券和共同基金等。尼泊尔证交所为了方便投资者使用证券交易系统，拟增设证券交易所，并在对比腊特纳加、比尔根杰、布特瓦尔、博卡拉和纳拉扬加特（Narayanghat）等城市设立证券交易所进行必要的监测和研究。2007 年 8 月 24 日，尼泊尔证交所引入全屏自动化交易系统，该交易系统被称之为"尼泊尔证交所自动交易系统"（NATS）。从此，证券交易地点既可以在尼泊尔证交所交易大厅进行，也可在经纪人的营业处，通过远程交易设施进行证券交易。到 2014 年 3 月中旬，尼泊尔证交所向 14 家商业银行（MB）、1 家中央存托公司、14 家托管公司、1家信用评级公司和 50 个股票经纪人发放了许可证。

证券交易时间　除周六和节假日外，尼泊尔证交所都进行证券交易，交易时间为每天 12 时至 15 时①；周五只有零星交易，交易时间为 12 时至 13 时。

证券涨跌幅限制　2007 年 9 月 21 日，尼泊尔证交所开始实施指数涨跌幅限制条款，对个别证券也采用价格区间法。指数涨跌幅限制分为三种情况：即 3%、4% 和 5%。达到 3% 涨跌幅限制的股票，如果发生在第一个小时的交易时间内，即 13 时前，将暂停交易 15 分钟，若发生在 13 时后则不停止交易；达到 4% 涨跌幅限制的股票，如果发生在 14 时前，将暂停交易半个小时，若发生在 14 时后则不停止交易；达到 5% 涨跌幅限制的股票，将立即停止剩余的全天交易。价格区间法只适用于个别证券，无论哪种情况，只要其价格涨跌幅达到 10% 就立即停止交易。

证券结算　证券结算采取"T＋3"结算体系。在"T"日和"T＋1"日交易完成后，客户或购买经纪人必须提交银行券确认结算；在"T＋2"日，销售经纪人必须提交股份证书；在"T＋3"日，尼泊尔证交所将账单提交到银行进行结算。一旦结算完成，购买经纪人和客户必须决定其购买的股票，如果要使其记录作为"空白转移凭证"（BT），必须在"T＋5"日完成。"空白转移凭证"是尼泊尔证交所为投资者提供获得市场好处的机会，不过，购买经纪人必须在"T＋5"日完成"空白转移凭证"相关过程，否则"空白转移凭证"就无效。

证券交易商　到 2012～2013 年度末，尼泊尔证交所共有 11 个销售和

---

①　本节中的时间均为尼泊尔时间。

发行经理，2 个经销商（二级市场）。尼泊尔证交所拥有 60 个经纪人，其中加德满都 49 个，博卡拉 4 个，比腊特纳加 3 个，布特瓦尔 1 个，比尔根杰 1 个，拉利特普尔 1 个，纳拉扬贾特 1 个。在尼泊尔，只有尼泊尔证交所成员（会员）才允许作为中间人（即经纪人）购买与出售政府债券和上市公司证券。经纪人根据证券的种类和交易的金额收取相应比例的佣金。

（四）一级市场

尼泊尔证券委员会公布的数据显示，1993～1994 年度，16 家单位通过一级市场公开发行证券，动员资金 2.444 亿卢比。2012～2013 年度，15 家单位发行证券，动员资本总额为 54.23 亿卢比，其中普通股 27.364 亿卢比，配股 1.480 亿卢比，公司债券 8 亿卢比，"公民统一计划"基金 4.886 亿卢比，共同基金 12.5 亿卢比。2013～2014 年度前 8 个月，32 家单位通过一级市场发行证券，动员资本总额为 50.989 亿卢比，其中普通股 13.69 亿卢比，配股 37.299 亿卢比。

（五）二级市场

1993～1994 年度，尼泊尔证交所挂牌交易的上市公司仅为 66 家。2013～2014 年度的前 8 个月上市公司有 235 家，增长 2.56 倍。上市公司中，金融机构占 86.4%，有 203 家（商业银行 29 家，发展银行 89 家，金融公司 63 家，保险公司 22 家）；制造业和加工业占 7.7%，有 18 家；酒店业占 1.7%，有 4 家；商贸企业占 1.7%，有 4 家；水电企业占 1.7%，有 4 家；其他行业约占 0.9%，有 2 家。

（六）商品市场（CM）

2007 年，尼泊尔成立了第一家大宗商品交易公司，即大宗商品与金属交易所尼泊尔有限公司（CMENL）。尼泊尔现已拥有 6 家商品交易公司，其中大宗商品与金属交易所尼泊尔有限公司、商品交易所尼泊尔有限公司（MENL）、尼泊尔衍生品交易所有限公司（NDEL）、尼泊尔现货交易所有限公司（NSEL）和商品期货交易所有限公司（CFEL）已经成为公共有限公司，而财富交易所经纪有限公司（WEPL）已经成为一家私营公司。上述商品交易公司中，有 4 家为期货交易公司，2 家为现货交易公司。大宗商品市场在很短的时间里明显扩大，6 家商品交易公司在尼泊尔分别开展业务，每个公司都有自己的方针政策以及结算和软件系统，为了市场健康和平衡发展，需要成立一个独立的监管机构。于是，政府在2012年成立了包括尼泊尔证券委员会在内的商品市场研究委员会，对商品市场进行监管。

2010~2011年度，大宗商品与金属交易所尼泊尔有限公司、商品交易所尼泊尔有限公司、尼泊尔衍生品交易所有限公司和尼泊尔现货交易所有限公司等4家商品交易公司已经着手登记为股份有限公司的工作。2011~2012年度，商品交易所尼泊尔有限公司拥有股票份额为334894股（份），市值为4918.2亿卢比。

四 货币

（一）币制

尼泊尔货币的基本单位是卢比，辅助单位是拜沙，1卢比等于100拜沙。第二次世界大战前，尼泊尔使用硬币，1945年开始发行纸币。

现行货币有：1卢比、2卢比、5卢比、10卢比、20卢比、50卢比、100卢比、500卢比、1000卢比面额的纸币，1拜沙、2拜沙、5拜沙、10拜沙、20拜沙、25拜沙的铸币和1卢比的铸币。

（二）货币政策

尼泊尔财政和货币政策的目标是实现更高的经济增长和就业以及经济稳定性。财政政策的制定和实施由人民直接选举产生的政府负责，而货币政策的落实，属于中央银行或货币当局管辖，但必须远离政府的直接干预。自2002~2003年度以来，尼泊尔国家银行每年根据《尼泊尔国家银行·2002法案》公开发布货币政策和中期回顾。其货币政策涵盖信贷、外汇、银行和金融机构的监管等方面。及时公布货币政策，有助于实现货币政策的目标。

2013年7月21日，尼泊尔国家银行正式发布了《2013~2014年度货币政策》，其具体目标是：通过提供足够的信贷和抑制通货膨胀，使通胀控制在8%的水平，经济增长达到5.5%，外汇储备至少满足8个月的商品进口和服务进口；广义货币增长保持在16%左右；国内信贷增长

17.1%，政府和私营部门的信贷分别增长 12.3% 和 18%；银行利率维持在 8% 的水平不变；为了增加经济的流动性，关于银行和金融机构的存款准备金率调整为"A"类 5%、"B"类 4.5%、"C"类 4.0%；关于银行和金融机构的法定流动比率（SLR），商业银行保持 12% 的水平，发展银行和金融公司分别保持在 9% 和 8% 的水平，"D"类金融机构保持在 4%；考虑银行和金融机构的流动性状况，回购和逆回购从 28 天减少至 21 天；农业、水电、农牧渔业和其他指定生产部门的一般再融资率从 6.0% 降至 5.0%，但银行和金融公司可以收取高达 9.0% 的利息；微型企业、家庭手工业、出口型企业、女性企业家、外国雇员团体和小型企业的特殊再融资利率从 1.5% 降至 1.0%，而银行和金融公司可以收取 4.5% 的利息。同时，尼泊尔国家银行还要求银行和金融机构提交具体行动计划：一是要求商业银行提交至 2015 年 7 月中旬的行动计划，明确规定必须将信贷总额的 20% 投向生产部门，商业银行必须保持至少 12.0% 的信贷流向农业和能源领域；二是要求发展银行和金融公司在 2014 年 1 月提交未来 3 年内的行动计划，并规定必须向生产部门提供一定比例的信贷。

（三）银行利率和再融资利率

近年来，尼泊尔国家银行对银行利率做了小幅调整，从 2006 ~ 2007 年度的 6.25% 上调至 2013 ~ 2014 年度的 8%；法定存款准备金率则一直保持在 5% 的水平。再融资利率方面，出口信贷（本币）从 3.5% 下调至 1.5%；出口信贷（外币）执行伦敦银行同业拆借利率 + 0.25% 的标准；家庭手工业贷款利率从 3.5% 下调至 1.5%；生产部门（包括农业、农牧渔业、水电和其他指定的生产部门）贷款利率从 7.5% 下调至 6.5%；而小微企业贷款利率长期保持在 1.5% 的水平。政府债券方面，28 天短期国债加权平均折现率从 2010 年 7 月中旬的 8.7% 下调至 2013 年 7 月中旬的 0.55%；91 天短期国债加权平均折现率则从同期的 8.13% 下调至 1.19%；182 天短期国债加权平均折现率从 8.28% 下调至 1.6%；364 天短期国债加权平均折现率从 7.28% 下调至 2.71%；发展债券加权平均折现率从 5.0 ~ 9.0% 上调至 5.0 ~ 9.5%，国家和公民储蓄债券从 6.0 ~ 9.5% 上调至 6.0 ~ 10.0%（见表 5 - 4）。

表 5 - 4 银行利率、再融资利率和存款准备金率情况

单位：年利率%

类别	时间	2003 年 7 月	2004 年 7 月	2005 年 7 月	2006 年 7 月	2007 年 7 月	2008 年 7 月	2009 年 7 月	2010 年 7 月	2011 年 7 月	2012 年 7 月	2013 年 7 月	2014 年 4 月
政策利率	银行利率	6.0	6.0	5.0	5.0	5.0	5.0	5.5	5.5	5.5	5.0	6.0	5.0
	商业银行	6.0	6.0	5.0	5.0	5.0	5.0	5.5	5.5	5.5	5.0	5.5	4.5
	发展银行	6.0	6.0	5.0	5.0	5.0	5.0	5.5	5.5	5.5	5.0	5.0	4.0
	金融机构	5.5	5.5	5.5	6.3	6.3	6.3	6.5	6.5	7.0	7.0	8.0	8.0
再融资利率	小微企业	3.0	2.0	1.5	1.5	1.5	1.5	1.5	1.5	1.5	1.5	1.5	1.0
	农村发展银行	4.5	4.5	3.0	3.5	3.5	3.5	2.0	2.0	1.5	1.5	1.5	1.0
	出口信贷（本币）	4.5	4.5	3.0	3.5	3.5	2.5	3.5	3.5	1.5	1.5	1.5	1.0
	出口信贷（外币）	2.0	2.0	2.0	3.3	3.3	3.3	+0.25*	+0.25*	+0.25*	+0.25*	+0.25*	+0.25*
政府债券	28 天短期国债#	—	1.82	—	2.40	2.13	5.16	4.94	8.70	8.08	0.10	0.55	0.02
	91 天短期国债#	2.98	1.47	3.94	3.25	2.77	5.13	6.80	8.13	8.52	1.15	1.19	0.06
	182 天短期国债#	—	—	4.42	3.96	3.51	5.16	5.91	8.28	8.59	1.96	1.60	0.26
	364 天短期国债#	4.93	3.81	4.79	4.04	4.00	6.47	6.55	7.28	8.61	2.72	2.71	0.68
	发展债券	3.0 ~ 8.0	3.0 ~ 8.0	3.0 ~ 8.0	3.0 ~ 6.75	3.0 ~ 6.75	5.0 ~ 8.0	5.0 ~ 9.0	5.0 ~ 9.0	5.0 ~ 9.0	5.0 ~ 9.5	5.0 ~ 9.5	3.25 ~ 9.5
	国家公民储蓄债券	7.0 ~ 13.0	6.5 ~ 13.0	6.5 ~ 13.0	6.0 ~ 8.5	6.0 ~ 8.5	6.0 ~ 7.75	6.0 ~ 8.0	6.0 ~ 10.0	6.0 ~ 10.0	6.0 ~ 10.0	6.0 ~ 10.0	6.0 ~ 9.0
商业银行同业折借利率		4.50	0.71	4.71	2.13	3.03	3.61	3.66	6.57	8.22	0.86	0.86	0.19

注：＊伦敦银行同业拆借利率＋0.25%；#加权平均现率。

资料来源：根据尼泊尔国家银行《季度经济报告：2013/14 年度第 3 季度》资料汇编。

（四）货币供应

尼泊尔政府规定卢比以黄金为保证金，以外汇为后盾，其货币供应都控制在一定范围内。在尼泊尔，狭义货币（M1）通常包含流通货币和活期存款两个部分，而广义货币（M2）则包含 M1、定期和储蓄存款。1975年 7 月中旬，狭义货币（M1）供应量为 13.285 亿卢比，其中流通货币9.165 亿卢比，活期存款 4.12 亿卢比。广义货币（M2）供应量为 20.644亿卢比，其中 M1 为 13.377 亿卢比，定期和储蓄存款 7.267 亿卢比。2014年 4 月中旬，狭义货币（M1）供应量猛增到 3031.56 亿卢比，广义货币（M2）供应量增加到 14215.43 亿卢比。

五 汇率与外汇管理

（一）汇率

根据尼泊尔政府和印度政府签订的协议，1965 年以前，尼泊尔卢比与印度卢比使用固定汇率，即 1 印度卢比 = 1.6 尼泊尔卢比。1965 年以后，尼泊尔卢比同其他外币的汇率是尼泊尔国家银行根据国际货币市场情况制定的。长期以来，尼泊尔对外贸易中使用美元和印度卢比，这束缚着尼泊尔对外经济关系的发展。尼泊尔政府从 1983 年开始，努力使尼泊尔卢比成为可兑换货币。1993 年 3 月 12 日，尼泊尔卢比在往来账户中开始成为可兑换货币。接着，尼泊尔又宣布尼泊尔卢比在资本账户中成为可兑换货币。

近年来，尼泊尔卢比逐渐贬值。1987 年 7 月中旬，21.8 卢比兑换 1美元；2014 年 8 月 31 日，97.1 卢比兑换 1 美元。1987 年 7 月中旬，35.08 卢比兑换 1 英镑；2014 后 8 月 31 日，161.07 卢比兑换 1 英镑。

2014 年 8 月 31 日，尼泊尔卢比兑换其他主要货币的情况为：160.15 卢比兑换 100 印度卢比，128.02 卢比兑换 1 欧元，106.15 卢比兑换 1 瑞士法郎，90.68 卢比兑换 1 澳大利亚元，89.54 卢比兑换 1 加拿大元，77.78 卢比兑换 1 新加坡元，9.34 卢比兑换 10 日元，15.81 卢比兑换 1 元人民币①。

---

① 尼泊尔国家银行。

（二）外汇管理

尼泊尔是外汇管制国家，对开设外汇账户有严格规定。

（1）外国政府、驻尼外国使领馆、外国政府或联合国办事处可在尼泊尔国家银行或其他银行开设外币账户，并可以从其外币账户中自由提取外币。经尼泊尔国家银行授权的其他银行批准，可以从其卢比账户中兑换外币。

（2）下列人员或机构可开设外币账户，但不得从账户中提取外币现金，其现金存入外币账户需收取1%的手续费：①在国际机构、办事处或使领馆工作而取得可兑换外汇收入的尼泊尔人；②在国外经商或提供劳务而取得可兑换外汇的尼泊尔人；③尼泊尔政府规定的国内或国外公民、代表处或机构。

（3）在尼泊尔商业银行或其他银行可开设的外币账户有：英镑、美元、德国马克、瑞士法郎、澳大利亚元、新加坡元、法国法郎、加拿大元、荷兰盾等十类账户。

（4）除尼泊尔政府规定外，因下列原因，尼泊尔银行在其外汇预算内可提供不超过固定限额的外币兑换：①以自费或奖学金的形式到国外留学；②到国外进行治疗；③订购国外的图书或杂志，但必须用于私人使用，不允许出售；④付国外科技研究机构会员费；⑤出国经商；⑥任何形式的文化交流代表团国外费用；⑦到国外旅行；⑧进口重要的和基本的医疗器械；⑨国家银行规定的其他原因。

（5）尼泊尔和印度的硬币、现钞和银行票据可在两国间自由进出，尼泊尔的金币、银币及银合金除外。尼泊尔货币不能带到除印度以外的其他国家，但以下情况除外。①以合法的行式兑取的外汇可汇出或带出尼泊尔；②外国公民可汇出或带走外币，但不得超出其带入尼泊尔时向海关或移民局申报的外币数额；③国外机构、使领馆、办事处和外国旅游者在尼泊尔银行将外币兑换成当地币，在离境时可凭换币时银行开出的特别凭据将凭据限额内的当地币按当日牌价兑换成外币带出尼泊尔；④在尼泊尔银行设有外币账户的人可将外币汇往境外，但印度和不丹除外。

（6）进口商进口尼泊尔政府工业局颁发的许可证项下的商品，经过尼泊尔财政部的批准，凭许可证以及相关文件可以在银行以当地币兑换美元用于进口。

（7）尼泊尔国家银行决定，从 2012 年 7 月开始，允许尼泊尔公民从国外的个人、亲属、组织和机构获得贷款，数额可高达 20 万美元，从而结束了尼泊尔禁止个人获得境外信贷的历史。不过，尼泊尔公民要从国外获得贷款，必须首先获得尼泊尔国家银行的许可。

（三）尼泊尔卢比实现了在全球平台上与主要国际货币交易

2013 年 3 月 21 日，尼泊尔国家银行宣布，尼泊尔国内 21 家重要银行签约采用汤森路透交易平台进行交易。该交易平台的启动标志着尼泊尔外汇储备管理自动化的开始，同时还标志着尼泊尔卢比首次在全球平台上与主要国际货币进行交易[①]。

六 保 险 业

尼泊尔保险委员会是一个调节机构，成立于 1969 年 5 月 14 日，主要是对保险业进行系统化管理，规范其发展。1992 年，尼泊尔颁布了保险法案。

保险机构 到 2014 年 3 月中旬，尼泊尔共有保险公司 25 家，其中人寿保险公司 7 家，非人寿保险公司 17 家，两全保险公司 1 家。从股权结构角度看，尼泊尔政府拥有保险公司 1 家，为两全保险公司；私营保险公司 18 家，其中非人寿保险公司 13 家，人寿保险公司 5 家；全外资保险公司 3 家，其中非人寿保险公司 2 家，人寿保险公司 1 家；合资保险公司 3 家，其中非人寿保险公司 2 家，人寿保险公司 1 家。

保费收入 随着保险机构的扩大，保费收入也随之增加。2000～2001 年度，保险费收入总额为 21.56 亿卢比，其中人寿保险费为 5.59 亿卢比，占 25.9%；非人寿保险费为 15.97 亿卢比，占 74.1%。2012～2013

---

① 全球已有 120 个国家、超过 5000 个组织的 18000 多位贸易专业人士在使用汤森路透交易平台。通过汤森路透交易平台，用户可利用高度安全可靠的网络快速有效地联系他们的贸易同行，并可清晰地了解外汇市场的走向。

年度增至 242.305 亿卢比，增长 10.2 倍；其中人寿保险费占 65.6%，为 158.847 亿卢比，大幅增长 27.4 倍；非人寿保险费占 34.4%，为 83.458 亿卢比，增长 4.2 倍。2013～2014 年度前 8 个月，保费收入总额为 186.1 亿卢比，其中人寿保险费 117.541 亿卢比，非人寿保险费 68.559 亿卢比。

资本总额 2008～2009 年度，保险公司净资本总额为 370.143 亿卢比（人寿保险公司为 296.377 亿卢比、非人寿保险公司为 73.766 亿卢比），其中实收资本为 29.177 亿卢比（人寿保险公司 16.473 亿卢比、非人寿保险公司 12.704 亿卢比），储备基金为 288.091 亿卢比（人寿保险公司 264.254 亿卢比、非人寿保险公司 23.837 亿卢比），其他资产为 52.875 亿卢比（人寿保险公司 15.65 亿卢比、非人寿保险公司 37.225 亿卢比）。2013～2014 年度前 8 个月，保险公司净资本总额增至 939.797 亿卢比（人寿保险公司为 757.7 亿卢比、非人寿保险公司为 182.097 亿卢比），其中实收资本为 61.297 亿卢比（人寿保险公司为 36.3 亿卢比、非人寿保险公司为 24.997 亿卢比），储备基金为 759.8 亿卢比（人寿保险公司为 669.9 亿卢比、非人寿保险公司为 89.9 亿卢比），其他资产为 116.7 亿卢比（人寿保险公司为 49.5 亿卢比、非人寿保险公司为 67.2 亿卢比）。

资金利用 从利用资金构成来看，使用资金总额与净资本总额始终保持平衡状态。2008～2009 年度，保险公司使用资金总额为 370.143 亿卢比，其中现金（包括银行和手中现金）为 17.374 亿卢比（人寿保险公司为 10.799 亿卢比、非人寿保险公司为 6.575 亿卢比），投资为 310.298 亿卢比（人寿保险公司为 260.629 亿卢比、非人寿保险公司为 49.669 亿卢比），固定资产为 10.885 亿卢比（人寿保险公司为 5.662 亿卢比、非人寿保险公司为 5.223 亿卢比），其他资产为 31.586 亿卢比（人寿保险公司为 19.287 亿卢比、非人寿保险公司为 12.299 亿卢比）。2013～2014 年度前 8 个月，保险公司使用资金总额为 939.797 亿卢比，其中现金 29.269 亿卢比（人寿保险公司 17.7 亿卢比，非人寿保险公司 11.569 亿卢比），投资 797.499 亿卢比（人寿保险公司 678 亿卢比，非人寿保险公司 119.499

亿卢比),固定资产 30.3 卢比(人寿保险公司 18.5 亿卢比,非人寿保险公司为 11.8 亿卢比),其他资产为 82.729 亿卢比(人寿保险公司为 43.5 亿卢比,非人寿保险公司为 39.229 亿卢比)。

保费收入占国内生产总值的比重 2004~2005 年度,保费收入总额占国内生产总值的比重为 0.96%。2011~2012 年度,保费收入占国内生产总值的比重提高到 1.41%,增加近 0.5 个百分点。保费收入占国内生产总值的比重整体上处于增长的态势,2006~2012 年依次是 1.01%、1.08%、1.14%、1.11%、1.3%、1.31% 和 1.41%。

第八节　对外经济关系

一　对外贸易

(一)对外贸易政策

20 世纪 90 年代以前,尼泊尔政府实行贸易多边化政策,在积极开展同世界各国贸易的同时,推行关税保护和限制进口的政策,旨在保护民族工业的发展。20 世纪 90 年代初,尼泊尔大举实施经济自由化,鼓励私人和外国投资者发展出口型产品的生产,并给予政策优惠。1992 年,政府根据国际国内形势,及时调整了对外贸易政策,力图跟上世界贸易形势,提高在世界贸易中的地位。其贸易政策的主要目标是:通过推动私营企业参与国内和国际贸易,加强对外贸易在国民经济中的作用;通过贸易的多样化,开创新型可出口产品,使出口贸易具有竞争力;通过扩大贸易规模,逐渐减少贸易逆差;通过增进贸易同各行业的合作扩大就业能力。

基本政策 (1)通过弱化国有企业的力度,扩大私营企业在贸易中的作用。一个自由的和灵活的贸易政策有助于促进出口创汇、改进收支平衡,同时也能满足国内需求。(2)通过有效、合理地利用经济资源,提高产品的质量和产量,一方面用于国内消费,另一方面用于出口创汇。重点开发边远地区,促进产品多样化。(3)大力推行自由化进程,鼓励工贸结合，促进出口，同时提高国内产品的产量，满足国内需求。重点是现代化的管理和技术水平的提高，开发市场，吸引外资，目的是在支持和开发新产品的同时，提高传统产品的数量和质量。（4）国营贸易公司逐渐实行私有化，发展成效率较高的私营企业。

出口政策　提高出口产品的质量，以增加其在国际市场的竞争力；努力增加出口产品的种类和服务，以增加外汇收入；提高传统产品和新产品的产量和质量以促进出口，同时将重点放在开发效益好的制成品市场方面；努力开发新的出口产品并提高其产量，创造更多的外汇收入和就业机会；促进服务贸易的发展以增加外汇收入；鼓励水电出口；有效利用人力资源，组织和促进服务领域技术人员的劳务出口。

进口政策　通过进口发展经济和促进出口，提高工业和贸易的竞争能力，鼓励利用现有资源满足国内需求，鼓励国内产品与进口商品竞争，以进口带动出口。

（二）对外贸易管理体制

尼泊尔对外贸易管理主要包括进出口商品许可证管理、关税管理、银行管理、原产地证管理等。

许可证管理　尼泊尔政府于1992年制定了一部分禁止进出口的商品目录及部分限量出口的商品，并对限量出口的商品实行许可证管理。这部分商品主要包括本地原材料和进口的原材料，具体品种根据市场的供需情况，由政府不定期地在"政府公报"上公布。目前政府正在积极减少这部分商品的数量，以达到自由贸易的目标。除政府规定禁止进出口的商品及限量出口的商品外，其余的商品允许所有尼泊尔商人自由经营。

（1）禁止出口的商品：具有文物价值的本国和外国的古币；神像，棕榈叶和植物叶，碑铭；重要的历史书画；野生动物；胆汁和野生动物的任何部分；麝香，蛇皮，蜥蜴皮；大麻、鸦片及大麻制剂；爆炸物、雷管及其原材料；用于生产武器和弹药的材料；天然兽皮和生皮；天然毛；所有进口的原材料、零件和生产资料；原木和木材。

（2）限量出口的产品主要是本地原材料，包括大米、玉米、小麦、鹰嘴豆、小扁豆、黑豆、芥末、油菜籽、黄芥末籽、生丝、罂粟种。还有些产品需根据市场的供需情况，由政府不定期在"政府公报"上公布。

（3）禁止进口的产品：麻醉剂，如鸦片和吗啡等；超过 60 度的酒；用于制造武器和弹药的材料；武器弹药，爆炸物（政府颁发许可证的除外）；枪和子弹；通信器材，无线步话机等音频设备（政府颁发许可证的除外）；贵重金属和珠宝（旅客允许随身和行李携带的除外）；牛肉和牛肉制品；其他在尼泊尔"政府公报"上公布的产品。

关税管理 尼泊尔海关总署前身是市场管理办公室。政府于 1963 年成立海关税务局，1967 年正式组建海关总署，一直延续至今。海关总署由四个部门组成：关税部、检验部、估价部和行政管理部。尼泊尔是内陆国，无海上通道。海关总署辖 30 个分局，下设 143 个办事处；其中在首都加德满都国际机场设有一个办事处。

迄今为止，政府对 1962 年颁布的《尼泊尔海关法》做过七次修改和补充，共 45 条。1970 年政府制定《海关规则》，先后做过两次修改和补充，共 18 条。这两部法规对于尼泊尔海关的组织、任务和职权，进出国境货运、过境和转运货物的监管，进出口货物的检验、征税、保管和放行，国际邮递物品的监管、检验、征税和放行，进出国境人员及其行李物品的放行，走私和违章案件及其处理等，都做了具体规定。政府每年对关税税率进行一次调整，总的水平呈下降趋势。

政府规定，除了少部分初级产品（共 23 种）外，大部分出口商品免除关税，只收 0.5% 的服务费，这是政府鼓励出口的一项措施。出口商品以离岸价格为基础，加上货物运至目的国海关所在地的运费价格，以外汇形式估算税额。同时，政府通过保税方式免除用于生产出口产品的原材料进口环节的一切税收；对于生产环节的一切税赋，政府将在该产品出口时予以退还。

进口商品的关税包括三个部分：基本关税、消费税和平衡税。基本关税是尼泊尔海关关税表中规定的税率。关于进口关税的现行海关税则（2000～2001 基本海关关税总汇）共分 21 章 97 条，进口商品税率分为 8 个档次，分别为 0、5%、10%、15%、25%、40%、80% 和 130%。尼泊尔征收进口关税的商品多达 5000 余种。2004 年加入世贸组织后，尼泊尔进口商品税率改为 0、5%、10%、15%、25%、35%、40% 和 80% 这 8 个档次。

基本关税一般按货价计征，即进口到尼泊尔的商品以到岸价格为基础，加上货物运至尼海关所在地的运费及保险费价格，以外汇形式估价上税；消费税一律是 1.5%；平衡税则是尼泊尔贸易保护的一种主要手段，由尼泊尔海关根据进口商品与本地同类商品的交税情况和差价而确定，税率不固定，人为因素较大。另外，尼泊尔海关还根据进口商品的价值代征 10% 的增值税，进口商品国内销售后，进口商根据其销售价格到尼泊尔国税局办理多退少补手续。

银行管理　出口商外汇收入的 35% 按官方汇率卖给政府，65% 可以按市场汇率出售给商业银行，而且出口商的出口创汇收入全部免征所得税。

进口商使用外汇，只能从商业银行进行换汇，由商业银行开具汇票和信用证。政府在 2000 年 7 月发布相关规定：除某些特定进口商品外，从印度进口货值 16000 卢比（约 225 美元）及以上的其他商品一律经过商业银行换汇、电汇、开具汇票和信用证；除与中国西藏自治区传统易货贸易商品外，经中国樟木口岸总额 16000 卢比及以上的其他进口商品一律经商业银行换汇、电汇、开具汇票和信用证；总额低于 3000 美元的商品，尼泊尔商人可以用美元现金支付，总额高于 3000 美元（含 3000 美元）而低于 30000 美元的商品，尼泊尔商人可通过汇票、电汇、信用证支付，总额高于 30000 美元（含 30000 美元）的商品尼泊尔商人只能通过信用证支付。

原产地证管理　从国外进口的商品在报关时必须附带有原产地证明，一是证明商品的原产地，防止鱼目混珠；二是根据商品产地的不同给予不同的关税税率优惠。

对于出口商品，尼泊尔政府规定的原产地证有三种，即对印度出口的原产地证、对南亚各国出口的原产地证及对其他国家出口的原产地证。这些国家将对产自尼泊尔的商品给予免配额、减免关税等优惠。

在出口方面，政府采取促进出口的政策，大力发展出口产品的生产，并通过扩大国际市场和使出口市场多样化，不断增加出口。力求以此促进国内工业生产，增加就业，赚取更多的外汇，实现国际收支平衡。

在进口方面，政府实行的是限制进口的进口替代政策，规定所进口的商品必须是国内的必需品，在政府签发许可证的前提下，限制进口品种与数量。每年政府（主要是进出口发展理事会和贸易促进中心）都要公布优先进口商品的目录，同时还详细列出禁止、限制和准许进口的商品目录。

印度在 1988 年拒绝与尼泊尔续签《贸易与过境运输协定》，关闭了两国间的贸易口岸，尼泊尔提出了加入世界贸易组织的申请。从 1995 年开始，尼泊尔就一直以观察员的身份参加世贸组织的各种会议。2004 年 4 月 23 日，尼泊尔正式加入世界贸易组织，成为该组织的第 147 个成员。同时，尼泊尔也是世贸组织正式接纳的第一个最不发达国家成员。尼泊尔自 1995 年以来被列为世界上最不发达的 10 个国家之一。此外，尼泊尔签署加入世界贸易组织的协定后，也成为南亚自由贸易区和孟加拉湾多层次经济技术合作机制的成员。

2009 年 4 月初，尼泊尔政府出台了旨在推动经济发展的新贸易政策，即 "2009 贸易政策"，以取代 1992 年君主制时期制定的贸易政策。[①] 新贸易政策通过提供可靠的商业信息、调整关税、在运输和标准认证方面给予协助，帮助提高私营部门参与国际贸易的能力。为促进出口，政府成立了专门的贸易促进机构，由商业和供应部部长出任领导，成员包括该部秘书、国家银行行长、私营出口商和专家。这一政策符合国际贸易惯例，有助于减少尼泊尔的贸易逆差，还有助于促进就业、发掘有比较优势的出口产品、整合内外市场。

（三）进出口商品结构

出口商品结构　目前，手工羊毛地毯、皮革、成衣、手工艺品等非传统的工业品已取代了稻谷、黄麻及黄麻制品等传统产品，逐渐成为尼泊尔的主要出口商品。其中，成衣出口增长迅猛，出口额从 1974～1975 年度

---

① 《新兴尼泊尔报》2009 年 4 月 8 日。

的 0.013 亿卢比猛增到 2011~2012 年度的 40.063 亿卢比；同期，手工羊毛地毯出口额从 0.079 亿卢比增加到 69.38 亿卢比；皮革出口额从 0.06 亿卢比增加到 7.235 亿卢比；手工艺品出口从 0.175 亿卢比增加到 5.101 亿卢比。2012~2013 年度前 8 个月，手工羊毛地毯、皮革、成衣、手工艺品的出口分别为 46.016 亿卢比、4.297 亿卢比、30.645 亿卢比和 3.092 亿卢比。近年来，披肩和纺织品的出口也有一定程度的增长，其中披肩出口在 2001~2002 年度为 12.45 亿卢比，2011~2012 年度增为 32.719 亿卢比，增长 1.6 倍；纺织品出口从 8.782 亿卢比增为 51.303 亿卢比，增长近 5 倍。

进口商品结构 尼泊尔进口商品已由 20 世纪 90 年代以前的纺织品、石油制品、建筑材料、机器设备以及药品和生活必需品转变为目前的黄金、石油产品、交通工具（主要是汽车）、电器、机械设备、不锈钢钢坯、电子产品、电信辅助部件等。近年来，黄金、石油产品、交通工具位居进口商品的前三甲，其中黄金进口从 2001~2002 年度的 6.187 亿卢比增至 2011~2012 年度的 257.704 亿卢比，增长 40.7 倍；石油产品进口从同期的 143.083 亿卢比增加到 939.377 亿卢比，增长 5.6 倍；交通工具进口则从 42.591 亿卢比增加到 199.103 亿卢比，增长 3.7 倍。

出口潜力商品 日内瓦国际贸易中心的研究表明，尼泊尔出口商品中，豆蔻、小扁豆、茶、方便面、草药、植物油为最具出口潜力商品；服务业中，旅游、劳务输出具备发展优势，且劳务输出已经成为尼泊尔最大的出口项目；姜、蜂蜜、银首饰、羊绒、羊毛制品、信息技术以及服务外包、工程服务具有中等出口潜力；手工纸、医疗、教育项目出口潜力较低。日内瓦国际贸易中心建议尼泊尔减少豆蔻、姜、小扁豆、茶等商品对印度市场的高度依赖并加强品牌建设。对于离岸业务，尼泊尔也具有一定的发展潜力，印度将来可以将一些工作外包给尼泊尔。①

---

① 尼泊尔《加德满都邮报》2010 年 3 月 9 日。出口潜力的认定是基于目前出口水平、世界市场容量、市场准入以及国内供应能力。日内瓦国际贸易中心在报告中同时指出，尼泊尔的水电项目虽具有很大潜力，但是开发难度很大。

（四）对外贸易发展状况

尼泊尔对外贸易通常分为两部分，即对印度的贸易和对第三国的贸易。尼泊尔同印度的贸易历史最长，同其他国家的贸易历史则相对较短。20世纪50年代以前，尼泊尔90%以上贸易都是同印度进行的。通过半个多世纪的努力，尼泊尔对外贸易状况取得了显著改善，已同世界上70%的国家建立了贸易联系。

尼泊尔对外贸易额逐年增加。1960～1961年度，外贸总额仅为6亿卢比，其中出口占33.7%，为2.02亿卢比；进口占66.3%，为3.98亿卢比。2011～2012年度，外贸总额占国内生产总值的33.5%，其中出口占国内生产总值的4.6%，进口占国内生产总值的28.9%。2012～2013年度，外贸总额猛增到6336.574亿卢比，其中出口占12.1%，为769.171亿卢比，进口占87.9%，为5567.403亿卢比。2013～2014年度前9个月，外贸总额为6203.063亿卢比，其中出口681.211亿卢比，进口5521.852亿卢比。

尼泊尔外贸赤字增幅较大。1960～1961年度，外贸赤字的绝对数额仅为1.957亿卢比，2012～2013年度增为4798.232亿卢比。2013～2014年度前9个月，外贸赤字的绝对数额达到4540.641亿卢比。

尼泊尔对印度的贸易占贸易总额的比重非常大。1974～1975年度，对印贸易占贸易总额的82.2%，对其他国家的贸易仅占17.8%。其中，对印出口占出口总额的83.9%，对其他国家出口占16.1%；从印度进口占进口总额的81.3%，从其他国家进口占18.7%；同印度的贸易赤字占贸易赤字总额的78.8%，同其他国家的贸易赤字占21.2%。近年来，尼泊尔加强与印度以外国家的贸易，但与印度的贸易占贸易总额的比重仍很大。2013～2014年度前9个月，对印贸易占贸易总额的63.5%，对其他国家的贸易占36.5%。其中对印出口占出口总额的66.6%，对其他国家出口占33.4%；从印进口占进口总额的63.1%，从其他国家进口占36.9%；同印度的贸易赤字占贸易赤字总额的66.8%，同其他国家的贸易赤字占33.2%。

表 5 - 5　对外贸易发展情况

单位：亿卢比

项目 \ 年度	1974/75	1980/81	1984/85	1990/91	1994/95	2000/01	2004/05	2010/11	2011/12	2012/13	2013/14*
贸易总额	27.042	60.369	104.827	306.140	813.187	1713.413	2081.793	4605.140	5359.287	6336.574	6203.063
印度	22.224	31.716	54.975	88.753	227.402	712.412	1275.924	3052.856	3490.059	4180.311	3940.415
占总额的比重（%）	82.2	52.5	52.4	29.0	28.0	41.6	61.3	66.3	65.1	66.0	63.5
其他国家	4.818	28.653	49.852	217.380	585.785	1001.001	805.869	1552.284	1869.228	2156.263	2262.612
占总额的比重（%）	17.8	47.5	47.6	71.0	72.0	58.4	38.7	33.7	34.9	34.0	36.5
出口总额	8.896	16.087	27.406	73.875	176.392	556.541	587.057	643.385	742.610	769.171	681.211
印度	7.467	9.924	16.017	15.522	31.243	260.302	389.169	433.604	496.163	509.998	453.403
占出口的比重（%）	83.9	61.7	58.4	21.0	17.7	46.8	66.3	65.8	67.4	66.3	66.6
其他国家	1.429	6.163	11.389	58.353	145.149	296.239	197.888	209.781	246.447	259.173	227.808
占出口的比重（%）	16.1	38.3	41.6	79.0	82.3	53.2	33.7	34.2	32.6	33.7	33.4
进口总额	18.146	44.282	77.421	232.265	636.795	1156.872	1494.736	3961.755	4616.677	5567.403	5521.852
印度	14.757	21.792	38.958	73.231	196.159	452.110	886.755	2619.252	2993.896	3670.313	3487.048
占进口的比重（%）	81.3	49.2	50.3	31.5	30.8	39.1	59.3	58.0	66.1	65.9	63.1
其他国家	3.389	22.490	38.463	159.034	440.636	704.762	607.981	1342.503	1622.781	1897.090	1734.804
占进口的比重（%）	18.7	50.8	49.7	68.5	69.2	60.9	40.7	42.0	33.9	34.1	36.9
贸易赤字（-）	9.250	28.195	50.015	158.390	460.403	600.331	907.679	3318.370	3874.067	4798.232	4540.641
印度（-）	7.290	11.866	22.941	57.709	164.916	191.808	497.586	2185.648	2497.733	3160.315	3033.645
占赤字的比重（%）	78.8	42.1	45.9	36.4	35.8	32.0	54.8	56.5	65.9	65.9	66.8
其他国家（-）	1.960	16.329	27.074	100.681	295.487	408.523	410.093	1132.722	1376.334	1637.917	1506.996
占赤字的比重（%）	21.2	57.9	54.1	63.6	64.2	68.0	45.2	43.5	34.1	34.1	33.2

* 为年度前 9 个月数据。

资料来源：根据尼泊尔财政部《经济概览：2013/14 年度》和国家银行《货币政策：2013/14 年度》整理。

二 外来投资

早在 1998 年，印度就提出与尼泊尔的"双边投资促进和保护协定"的正式谈判方案，但直到 2003 年 9 月，两国才在印度新德里举行"双边投资促进和保护协定"第一轮谈判。2011 年 10 月，尼印两国最终签署了"双边投资促进和保护协定"和"避免双重征税协定"。2012 年初，尼泊尔政府发布的《经济繁荣发展行动计划》中，计划与中国和卡塔尔等 5 个国家签署"双边投资促进和保护协定"，这是尼泊尔政府首次主动提出与其他国家签订该协议。此前，尽管尼泊尔已与印度、英国、法国、德国、毛里求斯、芬兰六国签订了该协议，但除印度外，与上述国家的双边投资额都较小。根据《经济繁荣发展行动计划》，尼泊尔政府认为本国经济发展缓慢的主要原因之一是未能在水利、基础设施建设等领域成功地吸引外资，因此希望能与中国和卡塔尔等 5 个国家签署"双边投资促进和保护协定"①。目前，中国与尼泊尔正在商谈"双边投资促进和保护协定"文本。

2012 年 11 月 12 日，中国与尼泊尔签署了关于向尼泊尔提供 95% 输华产品零关税待遇的换文。为了吸引外国在工业部门投资，尼泊尔政府制定了投资友好政策。至 2012 年底，在尼泊尔经营的外国投资企业中，印度最多，为 501 家；紧随其后的是中国，为 401 家；美国居第三位，为174 家。

许可境外投资 2011 ~ 2012 年度，尼泊尔许可境外投资企业共计4831 家，其中生产导向企业 2207 家，服务导向企业 1356 家，旅游企业855 家，建筑企业 40 家，能源导向企业 114 家，农业基础企业 217 家，采矿企业 42 家。项目总成本为 4996.391 亿卢比，其中生产导向企业1678.714 亿卢比，服务导向企业 885.15 亿卢比，旅游企业 386.436 亿卢比，建筑企业 62.19 亿卢比，能源导向企业 1831.991 亿卢比，农业基础企业 114.472 亿卢比，采矿企业 37.438 亿卢比。固定资本总额为

---

① 尼泊尔《加德满都邮报》2012 年 2 月 15 日。

4148.543 亿卢比，其中生产导向企业 1216.338 亿卢比，服务导向企业 639.805 亿卢比，旅游企业 342.69 亿卢比，建筑企业 58.75 亿卢比，能源导向企业 1761.127 亿卢比，农业基础企业 96.793 亿卢比，采矿企业 33.04 亿卢比。就业总人数为 429773 人，其中生产导向企业 256933 人，服务导向企业 89562 人，旅游企业 34830 人，建筑企业 2718 人，能源导向企业 14157 人，农业基础企业 26949 人，采矿企业 4624 人。

到位境外投资 2010～2011 年度，尼泊尔到位境外投资企业 4552 家，其中生产导向企业为 2148 家（占 47.2%），服务导向企业 1251 家（占 27.5%），旅游企业 794 家（占 17.4%），建筑企业 38 家（占 0.8%），能源导向企业 81 家（占 1.8%），农业基础企业 205 家（占 4.5%），采矿企业 35 家（占 0.8%）。到位项目总成本 4151.917 亿卢比，其中生产导向企业 1506.816 亿卢比（占 36.3%），服务导向企业 789.183 亿卢比（占 19%），旅游企业 368.328 亿卢比（占 8.9%），建筑企业 57.29 亿卢比（占 1.4%），能源导向企业 1281.842 亿卢比（占 30.9%），农业基础企业 112.66 亿卢比（占 2.7%），采矿企业 35.798 亿卢比（占 0.9%）。净固定资本 3354.924 亿卢比，其中生产导向企业 1068.53 亿卢比（占 31.8%），服务导向企业 550.398 亿卢比（占 16.4%），旅游企业 326.201 亿卢比（占 9.7%），建筑企业 54.19 亿卢比（占 1.6%），能源导向企业 1228.491 亿卢比（占 36.6%），农业基础企业 95.366 亿卢比（占 2.8%），采矿企业 31.748 亿卢比（占 1%）。到位境外投资企业创造就业人数 412813 人，其中生产导向企业 250406 人（占 60.7%），服务导向企业 84032 人（占 20.4%），旅游企业 32922 人（占 8%），建筑企业 2542 人（占 0.6%），能源导向企业 12341 人（占 3%），农业基础企业 26553 人（占 6.4%），采矿企业 4017 人（占 1%）。

三 外国援助

尼泊尔正式获得外国援助始于 20 世纪 50 年代。1952 年，美国首先向尼泊尔提供了 3000 美元的无偿援助，接着印度也开始向尼泊尔提供援助。1956 年，中国开始向尼泊尔提供经济援助。从此，印度、美国和中国成为向尼泊尔提供经济援助的三个主要国家。到 20 世纪 50 年代末期，苏联也向尼泊尔提供经济援助。最初，各国对尼泊尔的援助都是无偿援助，从 1963 年起，外国除提供无偿援助外，开始向尼泊尔提供有偿贷款援助。1976 年，援尼财团正式成立，使得尼泊尔获得的双边援助朝着多边化方向发展。目前，援尼财团主要包括澳大利亚、加拿大、法国、德国、日本、瑞士、英国、美国、亚洲开发银行、国际开发协会、国际货币基金组织和联合国开发计划署等。援尼财团所提供的援助占对尼承诺援助总额的 90% 以上。

（一）外援来源

承诺外援　尼泊尔政府每年都把外援作为"收入"的重要来源之一，外国对尼承诺外援逐年增加。到 2011~2012 年度，外援总额增至 981.787 亿卢比，其中赠款占外援总额的 59.4%，为 583.368 亿卢比；贷款占外援总额的 40.6%，为 398.419 亿卢比。

2012~2013 年度前 8 个月，外国对尼承诺外援总额为 637.58 亿卢比，其中赠款为 306.965 亿卢比（双边赠款 164.1 亿卢比，多边赠款 142.865 亿卢比），贷款为 330.62 亿卢比（双边贷款 152.1 亿卢比，多边贷款 178.52 亿卢比）。

外援总规模　尼泊尔获得的外援总规模非常庞大，在发展中国家十分少见。1955~1956 年度到 2011~2012 年度，外国援助绝对数额累计达到 8637.781 亿卢比，年均外援为 154.246 亿卢比，其中 1955~1956 年度到 1964~1965 年度的外援总额为 7.885 亿卢比，年均为 0.789 亿卢比；1965~1966 年度到 1974~1975 年度的外援总额为 25.691 亿卢比，年均为 2.569 亿卢比；1975~1976 年度到 1984~1985 年度的外援总额为 285.599 亿卢比，年均为 28.56 亿卢比；1985~1986 年度到 1994~1995 年度的外援总额为 1242.396 亿卢比，年均为 124.24 亿卢比；1995~1996 年度到 2004~2005 年度的外援总额为 2966.106 亿卢比，年均为 296.611 亿卢比；2005~2006 年度到 2011~2012 年度的外援总额达到 4559.969 亿卢比，年均为 759.995 亿卢比。2012~2013 年度前 8 个月接受外国援助为 637.585 亿卢比，至此，从 1955 年 7 月中旬到 2013 年 3 月中旬，尼泊尔接受外援数额累计达到 9275.366 亿卢比。

表5－6　近年来外援收入及支出情况

单位：亿卢比

类别	年度	2000/01	2001/02	2002/03	2003/04	2004/05	2005/06	2006/07	2007/08	2008/09	2009/10	2010/11	2011/12
收入	双边援助	174.959	184.387	153.124	82.236	212.254	147.555	177.061	131.064	271.965	369.000	318.240	529.130
	赠款	140.460	172.922	151.831	82.236	212.254	147.555	177.061	56.209	236.550	369.000	248.240	314.600
	贷款	34.499	11.465	1.293	0.000	0.00	0.00	0.00	74.855	35.415	0.00	70.000	214.530
	多边援助	137.910	147.890	278.903	155.144	169.269	61.687	193.168	360.798	207.788	597.090	742.767	452.657
	赠款	2.430	60.480	121.745	7.334	41.673	35.088	131.541	354.433	194.408	333.578	399.138	268.768
	贷款	135.480	87.410	157.158	147.810	127.596	26.599	61.627	6.365	13.380	263.512	343.629	183.889
	外援总额	312.869	332.277	432.027	237.380	381.523	209.242	370.229	491.862	479.752	966.090	1061.007	981.787
	赠款总额	142.890	233.402	273.576	89.570	253.927	182.643	308.602	410.642	430.957	702.578	647.378	583.368
	贷款总额	169.979	98.875	158.451	147.810	127.596	26.599	61.627	81.220	48.795	263.512	413.629	398.419
支出	双边援助	27.712	46.753	100.444	90.132	92.308	76.584	164.064	102.077	93.331	229.015	258.504	320.877
	赠款	21.845	45.883	93.872	89.472	91.043	76.178	74.018	95.756	87.202	183.509	217.380	288.333
	贷款	5.867	0.870	6.572	0.660	1.265	0.406	90.046	6.321	6.129	45.506	41.124	32.544
	多边援助	160.262	97.095	58.411	98.992	144.265	143.834	94.479	190.929	270.186	268.679	321.473	198.057
	赠款	45.689	20.979	19.519	23.362	52.869	62.097	83.990	107.451	176.626	201.951	241.841	119.770
	贷款	114.573	76.116	38.892	75.630	91.396	81.737	10.489	83.478	93.560	66.728	79.632	78.287
	外援总额	187.974	143.848	158.855	189.124	236.573	220.418	258.544	293.006	363.517	497.694	579.978	518.934
	赠款总额	67.534	66.862	113.391	112.834	143.912	138.275	158.008	203.207	263.828	385.460	459.222	408.103
	贷款总额	120.440	76.986	45.464	76.29	92.661	82.143	100.535	89.799	99.689	112.234	120.756	110.831

资料来源：根据尼泊尔财政部《经济概览：2012/13年度》和尼泊尔国家银行资料整理。

（二）外援使用

尼泊尔政府于 2014 年 5 月重新颁布《使用外援指导原则》，主要内容包括：（1）取消相关机构利用外援资金派遣人员赴国外参观学习、访问和接受培训的规定，废除由外援项目承包商或咨询商依据合同或咨询服务协议提供的国外参观学习和培训的规定。尼政府决定不派遣任何人在外援项目费用项下赴国外参观学习或接受培训，但由政府委派并由内阁决定批准的人员除外。（2）除非项目绝对需要或为取得项目预期结果所急需，禁止使用外援资金购买贵重和豪华汽车、机器、设备、计算机、复印机、传真机和家具。（3）所有相关机构不得在项目执行期间通过事先批准和签订协议的形式将所有授权委托给项目经理。（4）要求项目执行期间所聘用的国内或国外咨询公司根据所确定的项目工期、成本和质量履行其应承担的责任和工作。（5）各政府部门在管理有关项目期间要重视提高官员的管理水平和技能，要确保项目管理机构和人员的长久性和持续性。外援承诺行业及实际利用情况见表 5－7。

2010～2011 年度，农业、灌溉及林业实际利用外援 29.417 亿卢比（赠款 22.191 亿卢比，贷款 7.226 亿卢比），占实际利用外援总额的 5.07%，其中农业 11.431 亿卢比，灌溉 15.155 亿卢比，林业 2.832 亿卢比；交通、电力、通信实际利用外援 148.323 亿卢比，占实际利用外援总额的 25.57%，其中交通运输 75.702 亿卢比，电力 72.487 亿卢比，通信 0.134 亿卢比；社会服务业实际利用外援 364.029 亿卢比，占实际利用外援总额的 62.77%，其中教育 107.623 亿卢比，卫生 62.669 亿卢比，饮水 17.934 亿卢比，地方发展供应和其他社会服务等 175.803 亿卢比；其他部门实际利用外援 38.21 亿卢比，占实际利用外援总额的 6.59%。

（三）外国技术援助

尼泊尔财政部公布的数据显示，2012～2013 年度，外国技术援助项目（包括双边或多边）409 项，总金额为 80342304830 卢比，其中技术援助 155 项，金额为 54221935420 卢比；其他技术援助 95 项，金额为 21229095410 卢比；非政府组织技术援助 159 项，金额为 4891274000 卢比。2013～2014 年度，拟定外国技术援助项目（包括双边或多边）311 项，

尼泊尔

表 5 - 7　外援承诺行业及实际利用情况

单位：亿卢比

项目		年度	2000/01	2001/02	2002/03	2003/04	2004/05	2005/06	2006/07	2007/08	2008/09	2009/10	2010/11
外援承诺行业	总额	总额	312.870	332.279	432.027	237.380	381.523	209.242	370.229	491.862	479.752	966.095	1061.007
		农业、灌溉及林业	32.903	7.483	39.761	20.831	16.010	31.958	14.508	43.355	17.270	48.313	58.059
		交通运输与通信	9.246	53.612	44.102	0.443	31.205	0	52.257	33.537	60.003	3.499	114.498
		电力	11.587	7.585	62.821	18.664	0	12.303	17.286	27.250	35.415	128.245	169.245
		工业与矿业	0	0	0.257	0	0	0.489	0	0	0.286	80.059	0
		农村发展	33.991	21.489	23.185	4.846	31.022	39.371	19.485	67.191	125.118	180.479	53.915
		供水与污水处理	154.184	62.058	32.012	30.072	18.884	6.913	0	0	26.732	58.282	0
		教育	5.402	20.074	92.080	8.998	109.459	3.724	62.434	42.964	13.082	262.951	141.443
		卫生	0.096	48.956	6.427	1.766	124.373	12.196	34.189	0	39.073	2.923	188.033
		其他	65.460	111.022	131.382	151.760	50.570	102.288	170.070	277.565	162.774	201.344	335.814
利用外援情况	总额	赠款	67.534	66.862	113.391	112.834	143.912	138.875	158.008	203.207	263.828	385.460	459.222
		贷款	120.440	76.986	45.464	76.290	92.661	82.144	100.535	89.799	99.689	112.234	120.756
		总计	187.974	143.848	158.855	189.124	236.573	221.019	258.543	293.005	363.517	497.694	579.978
	农业、灌溉及林业	农业 赠款	0.275	2.895	1.413	1.938	4.577	4.603	6.335	5.682	3.621	4.922	9.084
		农业 贷款	7.788	6.072	4.332	4.811	2.943	3.655	14.198	20.397	3.621	4.607	2.346
		农业 小计	8.063	8.967	5.745	7.520	7.520	8.258	20.533	26.079	7.242	9.529	11.431
		灌溉 赠款	3.471	1.835	2.451	4.091	4.898	7.950	5.468	6.769	9.625	14.610	11.003
		灌溉 贷款	24.368	18.959	9.964	9.931	8.958	5.758	1.851	1.986	3.223	5.558	4.152
		灌溉 小计	27.839	20.794	12.415	14.022	13.856	13.708	7.319	8.755	12.848	20.168	15.155

续表

项目			年度	2000/01	2001/02	2002/03	2003/04	2004/05	2005/06	2006/07	2007/08	2008/09	2009/10	2010/11
利用外援情况	农业、灌溉及林业	林业	赠款	0.967	2.270	3.026	3.059	4.335	1.291	0.545	1.183	2.170	0.344	2.104
			贷款	0.264	0	0.188	0.107	0.246	0.306	0.426	0.546	0.652	0.768	0.728
			小计	1.231	2.270	3.214	3.166	4.581	1.597	0.971	1.729	2.822	1.112	2.832
		土改*	赠款	0.615	0.250	0	0.303	0	0.400	8.299	1.375	0	0	0
			贷款	0	0.577	0.405	0.056	0	0	0.093	0.655	0	0	0
			小计	0.615	0.827	0.405	0.359	0	0.400	8.392	2.030	0	0	0
		合计	赠款	5.328	7.250	6.890	9.391	13.810	14.244	20.647	15.009	15.416	19.876	22.191
			贷款	32.420	25.608	14.889	14.905	12.147	9.719	16.568	23.584	7.496	10.933	7.226
			小计	37.748	32.858	21.779	24.296	25.957	23.963	37.215	38.592	22.912	30.809	29.417
	交通运输	交通	赠款	20.688	16.874	22.140	18.467	9.785	10.993	16.915	15.867	23.952	41.106	70.924
			贷款	12.925	8.013	3.845	11.177	22.530	16.093	16.648	9.628	12.395	18.273	4.778
			小计	33.613	24.887	25.985	29.644	32.315	27.086	33.563	25.495	36.347	59.379	75.702
		电力	赠款	11.204	5.783	30.745	37.886	56.492	33.737	12.297	31.167	17.403	41.504	21.984
			贷款	46.268	27.631	4.725	4.498	5.100	8.662	19.810	8.683	8.332	17.008	50.503
			小计	57.472	33.414	35.470	42.384	61.592	42.399	32.107	39.850	25.735	58.512	72.487
		通信	赠款	0.333	0.467	14.051	0.922	3.955	0	0	0	0	0.033	0.134
			贷款	0.933	0.289	2.235	2.758	0.738	1.940	0.949	1.750	0.895	0.008	0
			小计	1.266	0.756	16.286	3.680	4.693	1.940	0.949	1.175	0.895	0.041	0.134
		合计	赠款	32.225	23.124	66.936	57.275	70.232	44.730	29.212	47.034	41.355	82.643	93.042
			贷款	60.126	35.933	10.805	18.433	28.368	26.695	37.407	20.061	21.622	35.289	55.281
			小计	92.351	59.057	77.741	75.708	98.600	71.425	66.619	67.095	62.977	117.932	148.323
	工商业		赠款	0.199	3.192	3.729	1.468	1.238	1.053	1.168	0.787	1.607	3.800	0
			贷款	0	0.495	0.283	0	0.001	0	0	0	0	0	0
			小计	0.199	3.687	4.012	1.468	1.239	1.053	1.168	0.787	1.607	3.800	0

续表

项目			2000/01	2001/02	2002/03	2003/04	2004/05	2005/06	2006/07	2007/08	2008/09	2009/10	2010/11
利用外援情况	社会服务业	教育 赠款	13.677	16.013	15.092	15.762	28.052	30.839	29.319	51.031	63.088	87.308	103.300
		教育 贷款	5.620	2.785	5.194	8.504	18.514	15.405	21.151	17.849	24.428	27.529	4.322
		教育 小计	19.297	18.798	20.286	24.266	46.566	46.244	50.470	68.880	87.516	114.837	107.622
		卫生 赠款	4.910	3.793	6.119	5.073	9.392	19.469	32.819	43.436	49.992	66.035	55.896
		卫生 贷款	1.450	0	0.360	0.100	1.563	0	0	0	3.605	2.658	6.773
		卫生 小计	6.360	3.793	6.479	5.173	10.955	19.469	32.819	43.436	53.597	68.693	62.669
		饮水 赠款	5.231	3.982	6.114	13.290	2.140	1.968	5.649	0.473	1.124	8.975	8.914
		饮水 贷款	7.826	5.754	5.628	3.407	8.456	10.937	14.982	18.854	27.087	19.041	9.019
		饮水 小计	13.057	9.736	11.742	16.697	10.596	12.905	20.631	19.327	28.211	28.016	17.934
		其他@ 赠款	5.883	8.120	8.501	10.300	15.759	20.332	37.463	40.837	62.461	101.905	148.823
		其他@ 贷款	12.998	6.411	6.202	30.865	23.592	12.672	10.427	9.451	15.172	16.784	26.980
		其他@ 小计	18.881	14.531	14.703	41.165	39.351	33.004	47.890	50.288	77.633	118.689	175.803
		合计 赠款	29.701	31.908	35.826	44.425	55.343	72.608	105.250	135.777	176.665	264.241	316.933
		合计 贷款	27.894	14.950	17.384	42.876	52.125	39.014	46.560	46.154	70.292	66.012	47.095
		合计 小计	57.595	46.858	53.210	87.301	107.468	111.622	151.810	181.931	246.957	330.253	364.029
	其他#	赠款	0.081	1.388	0.010	0.275	3.289	6.240	1.731	4.600	28.785	14.900	27.056
		贷款	0	0	2.103	0.076	0.020	6.716	0	0	0.279	0	11.154
		小计	0.081	1.388	2.113	0.351	3.309	12.956	1.731	4.600	29.064	14.900	38.210

注：* 包括土地和土地改革；@ 包括地方发展供应和其他社会服务、劳动、水文、气象等；# 包括统计、行政改革、计划等。

资料来源：根据尼泊尔财政部《经济概览：2012/13 年度》整理。或因四舍五入等原因数据有细微出入。

总金额为 72226984000 卢比，其中技术援助 144 项，金额为 47498525000 卢比；其他技术援助 40 项，金额为 17447659000 卢比；国际非政府组织技术援助 127 项，金额为 7280800000 卢比。

2013～2014 年度，尼泊尔各部门获得的技术援助 144 项中，其中国家计划委员会 4 项，国家人权委员会 3 项，财政部 9 项，劳动与就业部 2 项，工业部 8 项，能源部 2 项，商业与供应部 3 项，农业发展部 13 项，基础设施建设与运输部 3 项，城市发展部 2 项，科学、技术与环保部 9 项，土地改革与管理部 1 项，妇女、儿童与社会福利部 5 项，森林与土壤保护部 10 项，和平与重建部 3 项，信息与通信部 1 项，教育部 12 项，联邦事务与地方发展部 7 项，卫生与人口部 31 项，内政部 7 项，综合管理部 2 项，灌溉部 1 项，水利与能源委员会 3 项，尼泊尔最高法院 1 项，政府采购监督办公室 1 项，法律、司法、制宪会议和议会事务部 1 项。

从技术援助数量上看，援助最多的是美国，多达 36 项；其次是欧盟，为 20 项；随后是英国，为 19 项；之后依次是日本国际协力机构 14 项，德国国际合作机构 9 项，德国 8 项，法国 8 项，亚洲开发银行 8 项，联合国人口活动基金会 8 项，意大利 8 项，瑞士标准化协会 8 项，美国国际开发署 7 项，世界卫生组织 7 项，日本 7 项，联合国开发计划署 6 项，瑞士 6 项，丹麦 6 项，芬兰 6 项，荷兰 6 项，澳大利亚 5 项，英国国际发展署 5 项，澳大利亚国际开发署 5 项，联合国教科文组织 5 项，挪威 4 项，联合国粮食与农业组织 4 项，韩国国际协力团 3 项，世界银行 3 项，救助儿童会 3 项，印度 3 项，中国 3 项，世界野生动物基金 3 项，比利时 3 项，加拿大 3 项，韩国国际协力团 3 项，瑞典 2 项，英国 2 项，西班牙 2 项，欧洲投资基金 2 项，联合国环境规划署 2 项，全球环境基金 2 项，英国国际发展署 2 项，国际劳工组织 2 项，巴西 2 项，世界贸易组织 1 项，联合国亚太经社会 1 项，联合国粮食计划署 1 项，联合国毒品和犯罪问题办公室 1 项，国际山地综合发展中心 1 项，国际原子能组织 1 项，加拿大国际开发署 1 项，苏格兰 1 项，卢森堡 1 项，韩国 1 项，百慕大群岛 1 项。

四 与其他国家或国际组织的经贸关系

二战以前，尼泊尔一般从英国、日本、缅甸、新加坡等国进口所需的货物。战后至 20 世纪 50 年代初，其对外贸易主要受印度控制，因而与印度以外国家的贸易额很少。尼泊尔自 1956 年开始进行有计划的经济发展以来，积极谋求对外贸易和经济关系的多边化，与印度以外国家的贸易联系不断扩大，迄今已与世界上 70% 的国家建立了贸易联系。

尼泊尔与其他国家的贸易额迅速增加。1974～1975 年度，尼泊尔与其他国家的贸易总额仅为 4.818 亿卢比，2012～2013 年度增为 2156.263 亿卢比，2013～2014 年度前 9 个月达到 2262.612 亿卢比。

（一）其他国家和国际组织向尼泊尔提供经济援助

日本在尼泊尔的援助目标是减少贫困和向穷人提供支持，主要集中在帮助满足人民基本生活需要；对人力资源发展和社会经济基础设施发展提供支持；对环境保护提供支持，以减轻由于污染和经济发展所带来的日益增加的环境负担。主要援助方式为无偿援助、贷款援助和技术合作。美国的援助比较多地投放在意识形态方面，如以加强尼泊尔"民主化建设"和"培养行政管理能力"等为援助项目，其主要目标是"帮助尼泊尔进一步提高民主化程度和政府管理能力"。欧盟的做法和美国类似，对上层侧重意识形态援助，欧盟于 2010 年为尼泊尔提供了大量的"和平进程"基金，同时注重对尼泊尔村社的援助。2013 年 5 月，亚洲开发银行宣布，将尼泊尔贷款援助额从 2.5 亿美元增加至 3 亿美元，以此期望尼泊尔增加境内开发项目投资、重视质量，寻求包容性经济增长。① 6 月，亚洲开发银行向尼泊尔政府提供 2000 万美元援助，以帮助尼泊尔政府实现其 2012 年制定的职业教育及训练制度规划，提高和改善 10 所国家职业教育学院的教学质量以及向失业和未充分就业的年轻人提供工作技能培训。该项目

---

① 尼泊尔《加德满都邮报》2013 年 5 月 7 日。亚洲开发银行于 2013 年 5 月 4 日至 5 日在印度新德里举行第 46 届年会，亚洲开发银行在年会中宣布，将尼泊尔贷款援助额从 2.5 亿美元增加至 3 亿美元。

计划培训 4.5 万人次，其中女性占 40%。① 与此同时，国际货币基金组织
也与尼泊尔达成一致，向尼泊尔金融改革继续提供援助，首批 7 亿卢比的
援助资金已于 6 月全额到位，主要用于助推尼泊尔银行业改革。2013 年 7
月，世界银行与尼泊尔签订协议，世界银行向尼泊尔提供 86.724 亿卢比
（9900 万美元）的援助，其中 23.652 亿卢比为援助拨款，63.72 亿卢比为
政府贷款②，主要用于尼泊尔—印度区域贸易交通规划的实施运行，该规
划旨在促进尼印两国双边贸易，降低商贸运输时间与成本。2013 年 10
月，世界银行与国际货币基金组织在华盛顿举行年会，世界银行通过了对
尼泊尔的援助计划，为期 5 年，旨在帮助尼泊尔解决贫困、促进可持续发
展。尼泊尔财政部表示，世界银行现在对尼援助主要以脱贫为主，希望世
行将具体援助项目从原来的健康、教育、食品等公共服务行业向能源、基
础设施建设等领域转移。

（二）尼泊尔为创建南亚自由贸易区不懈努力

尼泊尔是南亚区域合作联盟（SAARC，简称南盟）的创始国。自
1985 年 12 月成立南盟以来，其成员发展到 8 个（孟加拉国、不丹、印
度、马尔代夫、尼泊尔、巴基斯坦、斯里兰卡、阿富汗③），观察员有中
国、日本、韩国、缅甸、美国、欧盟、澳大利亚、伊朗和毛里求斯 9 个国
家或组织，迄今已经举行了 18 届峰会。近年来，南盟内部合作和对外开
放的步伐逐渐加快。2004 年，第 12 届南盟峰会通过《南亚自由贸易区框
架协定》，规定各成员方从 2006 年 1 月 1 日起开始分阶段削减关税和使用
共同货币，并在 10 年内建成南亚自贸区，各成员方承诺在 2016 年前达到
相同的关税水平。2005 年第 13 届峰会就发展区域经济、消除贫困、打击
恐怖主义、应对自然灾害等方面加强合作制定了 50 多条措施，宣布
2006～2015 年为南盟"减贫 10 年"。2007 年第 14 届峰会决定加强基础设

---

① 尼泊尔《加德满都邮报》2013 年 6 月 27 日。据亚洲开发银行驻尼泊尔代表 Kenichi
  Yokoyama 表示，尼泊尔需要提高就业率以带动经济发展，技工及高级技术人员的缺乏是
  限制经济发展的瓶颈，此项援助把重点放在建筑、制造及服务业人员的培训上。
② 尼泊尔《公民报》2013 年 7 月 12 日。
③ 阿富汗于 2005 年 11 月加入南盟，成为第 8 个成员。

施、能源和经贸等领域合作，设立南亚大学、地区粮食银行和南盟发展基金。印度宣布从 2008 年 1 月起，对尼泊尔、孟加拉国、阿富汗、马尔代夫和不丹的进口商品实行"零关税"政策。2008 年第 15 届峰会签署了《南盟发展基金宪章》《南亚地区标准组织协议》《司法互助公约》《阿富汗加入南亚自贸区议定书》。2010 年 4 月，第 16 届峰会在不丹首都廷布举行，签署了《关于气候变化的廷布声明》《南盟环境合作公约》《南盟服务贸易协定》等文件，宣布在廷布设立南盟发展基金秘书处。2011 年 11 月，第 17 届峰会在马尔代夫举行，签署了《阿杜宣言》，各国一致同意加快南亚区域一体化进程，努力实现区域贸易、交通和投资便利化；加强区域内安全合作，打击恐怖主义和海盗活动；提高再生能源使用比例以应对全球气候变化，以及进一步保障妇女儿童权益；建立农业良种库，共同预防自然灾害等。第 18 届南盟峰会于 2014 年 11 月 26～27 日在尼泊尔举行，会议通过了以"深化和平与繁荣"为主题的 36 点《加德满都宣言》，并签署了《南盟能源（电力）合作框架协议》，旨在应对南亚地区日益扩大的能源需求。此外，各成员方已达成共识，落实《南盟机动车协议》以及《南盟区域铁路协议》。

尼泊尔于 2004 年 2 月加入了"孟印缅斯泰经济合作组织"（BIMST-EC)①，该组织承诺从 2006 年 7 月开始，在为期 10 年的过渡期内，逐步实施商品自由贸易计划；从 2007 年 7 月开始，逐步实施服务和投资自由贸易计划。2011 年 11 月底，尼泊尔在加德满都举行第九届手工业贸易博览会，主要是南盟成员国商业代表参加。该博览会每两年举办一次，旨在发展尼泊尔手工业和促进出口。此次博览会展位超过 200 席，展会期间约有 10 多万人参展，洽谈贸易额超过 5000 万卢比。尼泊尔手工制品如手工纸、唐卡、各种羊毛制品、银制品等，在世界上久负盛名。据统计，2010～2011 年度，尼泊尔的手工业出口额高达 31.1 亿卢比，其就业

---

① 亦称"环孟加拉湾经济合作组织"、"孟加拉湾多边经济技术合作体"或"南亚和东南亚经合组织"，于 1997 年成立，最初只有孟加拉国、印度、缅甸、斯里兰卡和泰国 5 个环孟加拉湾成员国，尼泊尔和不丹随后加入。该组织目前合作的领域包括科技、贸易、投资、运输、通信、能源、旅游和渔业等。

人数为 110 万人。①

（三）尼泊尔与其他南亚国家的经贸关系

尼泊尔与孟加拉国的贸易始于 1976 年，当时双方签署了贸易与支付协定、运输协定，并作为双方开展贸易的基本原则。为加强两国在经济、贸易、文化、农业、科技领域的合作，双方于 1986 年成立了联合经贸委员会。20 世纪 90 年代以来，尼泊尔和孟加拉国为推动两国的贸易关系而不懈努力。1996 年 8 月中旬，第 10 次尼孟部长级会谈在加德满都举行，并签署孟为尼提供港口便利的协定，规定从是年 9 月 1 日开始向尼泊尔提供孟加拉国的第二大港口库马尔县的蒙戈拉港口。自 1997 年 8 月尼孟贸易通道正式开通后，尼泊尔的农产品迅速打入孟加拉国市场。1998～1999 年度，尼泊尔经该通道向孟加拉国出口了 18 吨农产品；1999～2000 年度前 6 个月，出口到孟加拉国的农产品达到 47 吨。2000 年 10 月，孟加拉国对尼泊尔商品开始实行免税通行证制度。2000 年 11 月，尼孟两国又签订了促进贸易及工业、农业和旅游业发展的意向书。根据该意向书，双方除巩固和扩大两国在贸易领域的投资以及加强在工业领域的合作外，双方还达成了两国企业家和商人之间互通信息，加强友好往来的意向。2005 年 9 月，尼泊尔与孟加拉国举行会议，讨论两国联合推动与美国的贸易以及两国成衣服装零关税进入美国市场的游说战略。

（四）尼泊尔与斯里兰卡的贸易关系

尼泊尔向斯里兰卡出口的产品有绿豆、棉布、地毯和棉线以及稻米和白糖；从斯里兰卡进口的产品有橡胶制品、椰子、椰子油、纱线和肥皂等。1999 年 7 月，两国签署了《废除双重税率体制协定》，为扩大两国在贸易、工业和投资领域的联系，还筹建了尼斯工商协会的专门委员会。2009 年，尼泊尔对斯里兰卡的出口额为 567.5 万美元，2011 年尼泊尔对斯里兰卡的出口额为 30.9 万美元。

（五）尼泊尔与巴基斯坦的贸易关系

1994 年 5 月，巴时任总理贝·布托访尼，旨在拓展两国的贸易关系，

---

① 尼泊尔《廓尔喀日报》2011 年 12 月 1 日。

这也是巴基斯坦总理首次对尼泊尔进行访问。2010 年 10 月，两国联合经济委员会在伊斯兰堡举行，并签署自由贸易协定，以进一步加强两国经济合作和贸易往来，尼泊尔成为继斯里兰卡之后第二个与巴基斯坦签署自由贸易协定的南亚国家。1993 年，尼巴贸易总额仅为 100 万美元，1995 年跃增至 150 万美元。2009 ~ 2010 年度，尼巴两国双边贸易额达到 479. 7 万美元，其中对巴出口 316. 6 万美元，从巴进口 163. 1 万美元。

第六章

社　会

　　尼泊尔通过发展社会事业和完善政府社会管理及公共服务职能，使经济和社会协调发展，保障社会民主和维系社会公平、稳定。社会学家认为，一个国家的经济增长尽管非常重要，但最根本的还是要为人民提供"更加长寿、更加健康、更富有创造性生活的机会"。联合国开发计划署为此还根据"预期寿命、教育水准和生活质量"三项基础变量，按照一定计算方法，得出人类发展综合指数（HDI），并在当年的人类发展报告中发布。《2010 年人类发展报告》对过去 40 年（1970～2010）人类发展趋势进行了系统评价，在拥有完备数据的 135 个经济体中，筛选了 10 个人类发展综合指数进步最快的国家，尼泊尔就是其中之一。① 近年来尼泊尔的国民生活、社会管理以及医疗卫生等领域得到了进一步发展。

第一节　国民生活

一　国民收入

　　经过近几十年的发展，尼泊尔人民的整体生活水平有了一定程度的改善。尼泊尔的国内生产总值（GDP）、国民总收入（GNI）和国民可支配

---

① 这 10 个国家分别是：阿曼、中国、尼泊尔、印度尼西亚、沙特阿拉伯、老挝、突尼斯、韩国、阿尔及利亚和摩洛哥。参见 http：//www. un. org/zh/development/hdr/2010/pdf/PR 5 - HDR10 - RegRBA - China. pdf。

收入（GNDI）① 都在持续增长。1964～1965 年度②，尼泊尔人均国民收入只有 560 卢比，1994～1995 年度增至 3623 卢比，2000～2001 年度进一步增至 18677 卢比③，2012～2013 年度达到 62797 卢比。④ 表 6 - 1 是近年来尼泊尔人均国民收入增长情况。

表 6 - 1　近年来尼泊尔人均国民收入增长情况

单位：尼泊尔卢比

项目＼年度	2005/06	2006/07	2007/08	2008/09	2009/10	2010/11	2011/12	2012/13
人口（百万）	25.18	25.87	25.53	25.89	26.25	26.49	26.85	27.21
人均 GDP	25297	28905	31946	38172	45435	51594	57202	62510
人均 GNI	25417	29200	32257	38626	45782	51879	57753	62797
人均 GNDI	30346	34323	39147	48262	56549	63499	73497	80685
人均 GNI 年增长率	9.05	14.88	10.47	19.74	18.53	13.32	11.32	8.73

资料来源：National Account Statistics of Nepal（2012/13），P.43，http：//cbs.gov.np/wp - content/uploads/2013/08/National - Account - Statistics - of - Nepal - 2013_ 14. pdf。

从表 6 - 1 看，尼泊尔自 2005～2006 年度以来，人均国民收入年增长率不低于 8%，有的年份甚至近 20%。与此同时，尼泊尔人均国民可支配总收入也快速增长，2012～2013 年度，尼泊尔人均国民可支配收入已达 80685 卢比。

一个国家的人均国民收入与其社会、经济和环境指标密切相关。例

---

① 国民可支配收入（GNDI）是指本国在一定时期内获得的原始收入的基础上，经过与国外的经济转移收支之后可最终用于消费和投资的收入。国民可支配收入是在国民总收入基础上，加减国外的经常转移收支流量而形成的。

② 尼泊尔财政年度起于公历每年的 7 月 16 日，止于下年的 7 月 15 日。

③ 尼泊尔中央统计局（NCSO）公布的数据，参见《尼泊尔时报》（英文），2001 年 5 月 16 日。

④ 2005～2006 年度美元对尼泊尔卢比的汇率为 1∶72.32，2006～2007 年度为 1∶70.49，2007～2008 年度为 1∶65.02，2008～2009 年度为 1∶76.88，2009～2010 年度为 1∶74.54，2010～2011 年度为 1∶72.27，2011～2012 年度为 1∶81.02，2012～2013 年度为 1∶87.13。

如，人均国民收入较高的国家人均寿命、识字率更高，更容易获得安全饮用水，婴儿死亡率更低。尽管这些年来尼泊尔人均国民收入有所增长，但按照世界银行的划分标准，尼泊尔仍是全球35个低收入国家之一。尼泊尔的社会经济发展水平还很低。

在人均国民收入普遍较低的同时，尼泊尔贫富悬殊，两极分化现象也十分严重。据统计，2011年全国收入最高的10%的上层家庭拥有国民总收入的47%，而收入最低的20%的贫穷家庭仅拥有国民总收入的4.6%。2011年，尼泊尔约25%的人口生活在贫困线以下。[①]

二 劳动就业

1. 尼泊尔就业情况

多年来，尼泊尔的主要收入来源依靠农业、旅游业和外汇。由于社会动荡、支柱产业的缺失以及政府的频繁更迭，政府每年能够提供的就业岗位很少，就业一直是尼泊尔面临的严峻问题。

根据尼泊尔中央统计局发布的数据，2008年全国15岁以上的人口总数为1442.4万，其中除去丧失劳动能力的257.7万，劳动力总人口约为1184.7万。在劳动力总人口中，已经就业的人数约为1155.1万，其中大部分从事农业劳动，约占64%，与1991年的91.4%相比，锐减了27.4个百分点。近年来，从事农业劳动的人口占总人口的比重逐年减小。[②] 这说明农村劳动力过剩，愿意从事农业劳动的人数正在减少。尼泊尔的失业率一直较高，据尼泊尔官方公布的数字，2008年的失业率为6.7%。[③]

为解决日益突出的就业问题，政府正努力解决农村剩余劳动力的转移问题，并试图制定以就业为导向的农村发展战略。与此同时，政府还制定了"扩大出国就业"的具体措施，对剩余劳动力进行培训，以便能够提供参与国际竞争的劳动力，最大限度地向国外输送剩余劳动力，以解决就

---

① http：//cbs. gov. np/wp – content/uploads/2012/Surveys/CBS% 20view% 20on% 20poverty% 20in% 20Nepal. pdf.

② Central Bureau of Statistics of Nepal, *2011 Statistical Year Book*, Nepal, p. 74.

③ http：//cbs. gov. np/wp – content/uploads/2012/02/NLFS – 2008% 20Report. pdf.

业问题。

根据世界银行 2011 年报告，尼泊尔出国务工人员的外汇收入占其 GDP 的 20% 左右。[①] 由于国内就业机会有限，出国务工成为尼泊尔民众增收减贫的主要途径。2011 年尼泊尔有 220 万人在外务工，主要在中东和东南亚地区，其中近 90% 在沙特阿拉伯、卡塔尔、阿联酋、马来西亚和科威特等国。尼泊尔劳动力价格低廉。由于 80% 左右的出国务工人员年龄介于 20 至 30 岁之间，他们大部分高中未毕业即出国谋生，因此绝大多数从事非技术类的低收入工种，仅有 2% 从事技术性工作。

从地区和国家来看，尼泊尔劳务输出最多的国家是中东地区的沙特阿拉伯，其次是卡塔尔，阿联酋是尼泊尔的第三大劳务输出国，马来西亚是尼泊尔的第四大劳务输出国。此外，科威特、古巴、韩国、马尔代夫、阿曼、日本、美国、澳大利亚、荷兰、乌干达、英国、爱尔兰、芬兰、中国也是尼泊尔的劳务输出国。

尼泊尔从事外派劳务管理的政府部门主要有劳动和运输管理部、外派劳务事务局、外派劳务促进委员会、外派劳务法院等。其中，劳动和运输管理部制定相关行业政策和规定，外派劳务事务局负责市场监管，外派劳务促进委员会负责促进行业发展和维护工人福利，外派劳务法院负责解决争端。

在出国务工人员快速增长的背景下，为了保护工人权益、惩处违法行为，尼泊尔相关政府部门公布了外派劳务政策法规，主要内容有：（1）消除性别歧视，推动外出务工男女平等；（2）建立福利基金保障外出务工人员社会福利和安全；（3）在加德满都以外其他主要城市设立出国劳务法院；（4）制定出国劳务人员强制保险措施；（5）通过国有或私人中介机构向他国派出务工人员；（6）通过向用工机构和中介机构收取保证金等方式保障工人利益；等等。

2. 童工问题

尼泊尔使用童工的现象比较普遍。虽然尼泊尔宪法规定禁止雇用未成

[①]　http：//np. mofcom. gov. cn/article/ztdy/jiaoyu/201202/20120207957848. shtml.

年儿童，但在宾馆、旅店、商店、工厂、企业、三轮车行业以及一些非政府部门，却不同程度地存在雇用童工的现象。据尼泊尔中央统计局数据，2008 年全国 5～14 岁的儿童为 622.9 万人，其中童工大约有 146.7 万人，占儿童总数的 23.5%。童工中包括女童 80.8 万，男童 65.9 万。① 这些童工皆为生活所迫，大都失去了上学的机会。据尼泊尔总工会对东部的贾帕和伊拉姆两县的私人茶场进行的调查，在 509 个茶场中 15 岁以下的童工占全部私人茶场工人的 55.07%，其中女孩占全部童工人数的 49.3%，男孩占 50.7%，这些儿童中仅有 2.5% 能够上学。

3. 尼泊尔就业困难的主要原因

（1）人口快速增长导致就业压力加大

2011 年尼泊尔进行了每十年一次的全国性人口普查，结果显示全国总人口为 26494504 人。② 与 2001 年人口普查相比，10 年间增加了约 345 万，年均增长率为 1.4%。而在 1991～2001 年，人口增长更多更快，大约增长了 466 万，年均增长率为 2.25%。再往前，1981～1991 年年均人口增长率为 2.62%，从 1849 万增加到 2315 万。③ 近年来，虽然人口增长率较过去有所降低，但仍保持较高增长率，因此对于资源贫乏、工业落后的尼泊尔来说，快速增长的人口给就业带来了很大压力。

（2）城市化的影响

根据尼泊尔中央统计局的统计数据，尼泊尔城市人口约占总人口的 17.07%，其中首都加德满都是全国最大的城市，人口约 174 万。④ 根据尼泊尔选举委员会 2013 年的报告，在对 2001 年及 2011 年两次人口普查的对比分析以及 2013 年选民登记情况分析中可以看出，10 年间人口城市化率由 2001 年的 13.9% 增至 2011 年的 17.07%，尼泊尔全国 75 个县中的 27 个县的人口不增反减，大量人口流入城市。首都加德满都的人口增

---

① http：//cbs. gov. np/wp－content/uploads/2012/02/NLFS－2008%20Report. pdf.

② Central Bureau of Statistics of Nepal, *National Population and Housing Census 2011.*
http：//cbs. gov. np/wp－content/uploads/2012/11/VDC_ Municipality. pdf.

③ Central Bureau of Statistics of Nepal, *2011 Statistical Year Book*, Nepal, p. 100.

④ Central Bureau of Statistics of Nepal, *2011 Statistical Year Book*, Nepal, p. 100.

长最快，10 年间增长了 66.2 万人，增长率为 61.23%。[①]

这些数据显示了尼泊尔人口的流动与增长情况，间接显示了尼泊尔城市化进程以及经济发展趋势。首都加德满都经济较为发达，就业机会、社会资源也相对较多，但大量农村人口涌入，必然会导致城市人口的大规模增长，就业问题凸显。尼泊尔南部平原属于尼泊尔传统农业区，人口密度大，人口增长较快，于是一部分人从农业逐渐转入旅游业、服务业等第三产业，同时由于南部平原地区与印度接壤，外出务工也成为解决就业的途径之一。

三 工资与物价

1. 工资水平与福利

尼泊尔为了提高工资水平，从 20 世纪 50 年代起，多次对工资进行调整，其中调整幅度较大的有三次。第一次大调整是在 20 世纪 70 年代末，着重提高了专业技术人员的工资水平。第二次大调整是在 2000 年 5 月，调整的范围更广，幅度更大，不仅增加了公务员的基本工资和福利待遇，还提高了军队、警察、教师的工资水平，同时拟定国家工作人员每年晋升一天的工资；年满 50 岁或工龄满 20 年的公务员，可发给 7 年退休金准予退休；在艰苦地区工作一定时间的工作人员享受地差补贴（法律规定的特殊情况除外），之前实行的写作津贴、特殊津贴、教育津贴和超期津贴等在新的工资制度实施以后自行废除。第三次大调整是在 2006 年，尼泊尔政府宣布将非技能工人月最低工资标准提高 29%，从之前的 2556 卢比提高到 3300 卢比；半熟练技能工人的月最低工资增加 28%，从之前的 2610 卢比提高到 3350 卢比；具有熟练技能和高级技能的工人的月最低工资分别提高 27% 和 25%，从之前的 2720 卢比和 2910 卢比分别提高到 3460 卢比和 3650 卢比。这次调整是根据国家劳工咨询委员会的提议做出的决定，该委员会由政府、工会和雇员的代表组成。

---

① 朱梅：《从尼泊尔选民统计看人口流动与社会发展》，http：//gb.cri.cn/42071/2013~09~06/7211s4245126.html。

尼泊尔政府几乎每隔两三年都要调整一次最低工资标准,但是,工会总是声称最低工资标准太低,而资方总是声称太高。工会认为最低工资标准是工资的基本成分,而尼泊尔的雇主总是把最低工资标准作为雇员的法定工资标准,按照这个标准支付。这样一来,平均工资水平总是接近最低工资水平。例如,1992 年的月最低工资标准为 1150 卢比,而平均工资为 1333 卢比。同样,2000 年的月最低工资为 2116 卢比,而平均工资为 2143 卢比。2006 年月最低工资提高到 3300 卢比,平均工资为 3440 卢比。

尼泊尔的薪酬结构不尽合理,高级职员和低级职员的工资差距较大。尼泊尔央行正考虑要缩小银行等金融业不同级别员工的工资待遇差距。据尼泊尔《共和报》报道,2013 年尼泊尔国家银行首席执行官的月均工资为 100 万卢比(约合 11500 美元)[①],银行基层员工月均工资却只有 1.5 万卢比(约合 172.5 美元)。尼泊尔央行表示,这种薪酬结构是不合理的,将逐渐推行按股权配比薪酬,更重视基层员工权益。

尼泊尔政府为提高全民的福利待遇,组建了非政府工作人员退休基金会。同时,还提高了军人家庭、退伍军人及其家庭的福利待遇,使他们享受教育、卫生、住房等多种福利。据尼泊尔退伍军人协会透露,曾在英军中服役的廓尔喀退伍军人及其家庭还可以享受福利津贴。

2013 年以来,尼泊尔当局采取一系列反腐措施,包括接受网络举报、查处电力公司贪腐案等。总部位于德国的"透明国际组织"发布的"2013 年全球清廉指数"显示,尼泊尔在 177 个国家中位列第 116 位,比 2012 年的第 139 位上升 23 位。

2. 物价水平

尼泊尔的总体物价水平不太稳定,物价指数涨幅较大。20 世纪八九十年代,尼泊尔物价快速上涨,消费品价格指数(CPI)以 1983~1984 年度为基数(100),1998~1999 年度已上升至 412.1,其中食品和饮料价格指数更是飙升到 634.0,非食品价格指数则升至 377.0。

---

① http://www.cnisyi.com/yazhou/364393.html.

进入 21 世纪，尼泊尔物价指数涨幅放缓。根据尼泊尔国家银行 2012 年统计数据，全国消费品价格指数（CPI）以 2005～2006 年度为基数（100），至 2011～2012 年度只增长了 61.9%。2011～2012 年度，食品和饮料，蔬菜，水果价格指数较高，服装、家具、健康、交通、文化、教育等价格指数较低，通信价格指数呈现负增长。详情见表 6-2。

表 6-2　近年来尼泊尔消费品价格指数（CPI）统计表

项目 \ 年度	2006/07	2007/08	2008/09	2009/10	2010/11	2011/12
食品和饮料	107.0	117.0	137.3	158.1	181.3	193.8
杂粮及制成品	106.3	121.7	139.6	153.7	175.1	175.9
豆类	117.3	133.2	165.7	208.8	193.0	188.3
蔬菜	111.5	119.9	133.4	160.7	217.0	289.5
肉和鱼	106.6	115.0	141.8	171.5	186.3	193.0
牛奶和蛋	107.7	116.1	133.1	149.0	170.7	186.4
酥油和食用油	106.5	128.8	150.0	143.1	146.7	156.9
水果	106.1	110.6	128.4	154.7	184.7	223.1
糖类	92.8	83.5	122.2	177.6	212.3	220.3
香料	117.8	122.6	137.4	175.1	215.7	202.3
软饮料	103.7	107.8	128.6	152.6	168.5	171.9
硬饮料	104.6	136.8	119.1	133.5	142.1	142.6
烟草产品	106.7	116.1	135.2	152.1	172.7	181.8
饭店和酒店	103.3	110.6	136.5	164.2	189.7	203.5
非食品类	104.9	109.2	119.0	124.8	131.5	138.6
服装和鞋类	103.5	107.0	116.0	124.8	141.4	153.1
房屋和公共设施	105.6	111.7	121.0	224.9	134.1	138.2
家具和家用设备	106.7	112.9	127.8	135.7	143.4	155.1
健康	102.8	108.6	114.0	117.8	122.7	124.6
交通	108.7	111.2	129.7	123.6	136.1	148.9
通信	100.0	100.0	100.1	100.0	89.5	83.4
娱乐和文化	102.8	107.2	114.6	123.0	120.1	125.0
教育	107.0	112.1	121.5	135.3	142.7	155.0
杂项	101.7	103.6	116.0	124.7	132.1	141.2
总　体	105.9	113.0	127.2	139.4	152.7	161.9

注：以 2005～2006 年度为基数（100）

资料来源：Central Bureau of Statistics of Nepal, *2011 Statistical Year Book*, Nepal, p. 425。

从地区看，加德满都谷地 2006～2007 年度消费品价格指数为 106.5，2011～2012 年度为 166.6，略高于全国水平；特莱平原地区 2006～2007 年度消费品价格指数为 105.6，2011～2012 年度为 156.9，略低于全国水平；山区地带 2006～2007 年度消费品价格指数为 105.7，2011～2012 年度为 164.8，略高于全国水平。

尼泊尔的通货膨胀率一直较高，2009～2010 财政年度的通货膨胀率为 10.4%，2010～2011 财政年度为 9.6%，2011～2012 财政年度通货膨胀率有所下降，维持在 8% 的水平，2012～2013 财政年度进一步下降至 7%，2013～2014 财政年度的通货膨胀率大约 8%。[①]

3. 消费水平

尼泊尔的消费水平不高，根据 2011 年 11 月尼泊尔中央统计局发布的数据，2010～2011 年度，尼泊尔人均年消费为 34829 卢比，其中，20% 的穷人人均年消费只有 13168 卢比，其年消费额只占全国总消费的 7.6%；而 20% 的富人人均年消费为 78504 卢比，其年消费额占全国总消费的 45.1%。参见表 6－3。

表 6－3　尼泊尔人均年消费水平统计表

年度 群体／项目	1995/96		2003/04		2010/11	
	人均年消费 （卢比）	占全国总消费 的比例（%）	人均年消费 （卢比）	占全国总消费 的比例（%）	人均年消费 （卢比）	占全国总消费 的比例（%）
20% 的穷人	2517	7.6	4913	6.2	13168	7.6
20% 的富人	15243	44.9	42236	53.3	78504	45.1
尼泊尔全国	6802	100	15848	100	34829	100

资料来源：Central Bureau of Statistics of Nepal，*Nepal Living Standards Survey 2010/11*，Vol. 2，第 33 页，http：//cbs. gov. np/wp－content/uploads/2012/02/Statistical_ Report_ Vol2. pdf。

在尼泊尔家庭消费中，主要耐用消费品近几年呈现快速增长态势，根据 2011 年人口普查统计数据，电视机的普及率在全国家庭中已达到 36.45%，较

---

① 《喜马拉雅消息报》2013 年 10 月 29 日报道，http：//www. himalkhabar. com/？p=43734。

2001 年的 22.5% 增长了近 14 个百分点；拥有手机的家庭占全国家庭的 64.63%，电脑、有线电视用户也在逐年增加。具体情况见表 6 - 4。

表 6 - 4　2011 年尼泊尔家庭消费中耐用消费品的普及率

单位：%

消费项目＼家庭类别	总体	城市家庭	农村家庭
收音机	50. 82	53. 56	50. 17
电视机	36. 45	60. 67	30. 66
有线电视	19. 33	53. 80	11. 10
电脑	7. 28	23. 66	3. 37
因特网	3. 33	12. 11	1. 24
电话	7. 37	22. 66	3. 72
手机	64. 63	84. 07	59. 98
汽车	1. 57	4. 03	0. 98
摩托车	9. 58	23. 62	6. 23
自行车	32. 38	29. 95	32. 96
其他车辆	0. 68	0. 65	0. 69
电冰箱	7. 16	23. 21	3. 33

资料来源：尼泊尔中央统计局 2011 年人口普查数据，http：//cbs. gov. np/wp - content/ uploads/2012/11/Summary - Nepali. pdf。

第二节　社会管理

一　社会制度与社会结构

1. 种姓制度

种姓制度在历史上曾是南亚地区普遍存在的最重要的社会制度。进入现代社会，种姓制度虽然在法律上已被南亚各国所废除，但它却是"废而不止"，仍然对南亚地区的社会文化产生巨大影响，尼泊尔也不例外。

种姓制度起源于古代印度。雅利安人侵入印度后，为了把自己较白的肤色同土著居民较黑的肤色区别开来，开始使用"瓦尔那"（即"颜色、品质")一词。最初,雅利安人自称"雅利安瓦尔那"("雅利安"含有"高贵"之意),而称当地居民为"达萨瓦尔那"。随着雅利安人内部社会的分化,逐渐产生了平民与贵族的区别。到了后期吠陀时代,四个"瓦尔那"(婆罗门、刹帝利、吠舍和首陀罗)的种姓制度开始形成。

婆罗门是祭司贵族,掌握神权,从事文化教育和祭祀活动。婆罗门占卜祸福,报道农时季节,有的也参与政事,在社会中地位最高。刹帝利是雅利安人的军事贵族,是掌握除神权之外的一切军政大权的武士阶层,包括王公、武士、贵族等。婆罗门和刹帝利这两个高级种姓,占有古代印度社会中的大部分财富,依靠剥削为生,是社会中的统治阶级。吠舍是古代印度社会中的普通劳动者,属中下阶层,包括农民、手工业者和商人,他们必须向国家缴纳赋税。首陀罗是指那些失去土地的自由民和被征服的达罗毗荼人,或是那些从事在当时被认为是低贱职业和服务行业的人,他们实际上处于被奴役的地位。

随着社会劳动分工的发展,在吠舍和首陀罗中又衍生出许多从事不同职业的小集团。这些小的职业集团逐渐脱离原来的"瓦尔那"而成为单独的"阇提"(jati)。阇提内部职业是世袭的,阇提之间相互隔绝,互不通婚。阇提的这种"排他性",目的是为了通过血缘和姻亲关系将社会分工和职业固定下来。后来,四大种姓内部都分化出许多阇提,阇提的数目愈来愈多,四个瓦尔那已具体化为不同的阇提集团。因此,"阇提"实际上成为"种姓"的另一个代名词。在阇提(即种姓)内部,又依据所居住的地区划分成许多"次种姓",往下再细分为不同的氏族。

职业世袭和种姓内婚制是种姓制度的基本特征。按照《摩奴法典》规定,高级种姓由于"穷困"可以从事低级种姓的职业;相反,低级种姓却不能从事高级种姓的职业。在婚姻上,各种姓实行严格的内婚制。《摩奴法典》规定,高级种姓之男子因"贪欲"可以娶低级种姓之女;低级种姓之男不得娶高级种姓之女。前者称"顺婚",后者称"逆婚"。不同种姓的人还不能同坐、同饮食。此外,各种姓在宗教社会生活和法权方面都有严格的界限和区分。婆罗门、刹帝利、吠舍有权参加雅利安人的宗教生活,称为"再生人";首陀罗则无权参与,也不得学习吠陀经典,不能获得第二次生命（宗教生命），故称为"非再生人"。法律关于"再生人"与"非再生人"刑事犯罪，以及债务和继承等民事纠纷都有不同的规定。

实际上，除以上四种姓之外，还有一种地位更低的"贱民"，即"不可接触者"，他们通常只能做制革、清扫、浆洗、屠宰和收尸等工作。在高级种姓的人看来，"贱民"在肉体上和精神上都是不洁的、有罪孽的、不可接触的，接触了会被污染，因而"贱民"一直以来作为社会最底层而受到深重的压迫。

尼泊尔的种姓制度源于印度。随着李查维人进入加德满都谷地并建立王朝，种姓制度在尼泊尔开始萌芽。马拉王朝时期，贾亚斯提迪·马拉国王（1380~1420年在位）实施宗教和社会改革，在尼泊尔正式确立了种姓制度。此次改革一方面整饬原有的种姓，另一方面也将加德满都谷地的尼瓦尔人纳入了种姓制度，制定了"尼瓦尔种姓法"，对尼瓦尔人的职业、服饰、婚姻、道德、宗教礼仪等方面进行了严格的规定。

19世纪下半叶，忠格·巴哈杜尔将军攫取政权后颁布国家法令，对尼泊尔的种姓予以重新划定，并推及全国。此次种姓制度改革主要把全国的种姓（包括非印度教社会的各民族）分为两大集团：一个是洁净的种姓集团（pani chalne），另一个是不洁的种姓集团（pani nachalne）。在洁净的种姓集团内部又分为两类：一类是佩戴圣线的种姓（tagadhari），包括山区的婆罗门和切特里、平原地区的上层种姓和尼瓦尔人的上层种姓等；另一类是饮酒种姓（matawali），这一类又分为两个部分：一部分是不可以为奴的种姓，另一部分是可以为奴的种姓。

在不洁的种姓集团内部，又分为可接触的种姓和不可接触的种姓两类。可接触的不洁种姓，是指那些从事各种所谓"轻度不洁"职业的人，如从事洗衣、理发、打铁、榨油等职业的人；不可接触的不洁种姓是指从事"重度不洁"职业的人，如皮匠、屠夫、裁缝兼吹鼓手、清道夫、洁厕工、运尸工等。"不可接触者"，现在被称为"达利特"（dalit），意即"被压迫的人"。具体种姓划分见表6-5。

表 6 - 5　忠格·巴哈杜尔的种姓制度改革

种姓等级		种姓	居住地	宗教信仰
洁净的种姓集团	1. 戴圣线的种姓	山区高级种姓（婆罗门、杰西婆罗门、塔库里、切特里等）	中部山区	印度教
		马德西（平原人）高级种姓	特莱平原	印度教
		尼瓦尔高级种姓	加德满都谷地	印度教
	2. 饮酒的种姓	不可以为奴的种姓：古隆、马嘉、拉伊、林布、孙瓦尔、塔卡利等	中部山区	萨满教
		尼瓦尔平民	加德满都谷地	佛教
		可以为奴的种姓：婆特、塔芒、切旁、加尔蒂、哈尤等	北部和中部山区	佛教
		塔鲁、库马尔等	内平原	万物有灵
不洁的种姓集团	1. 可接触的不洁种姓（轻度不洁）	多比（洗衣人），卡米（铁匠）等	加德满都谷地	佛教
		穆斯林	中部山区和平原	伊斯兰教
		莫勒查（外国人）	—	—
	2. 不可接触的不洁种姓（重度不洁）	达迈（裁缝兼吹鼓手）、萨尔基（皮匠）等	山区	印度教
		波德（尼瓦尔清洁工）等	加德满都谷地	佛教

资料来源：*Nepal Human Development Report* 2009：*State Transformation and Human Development*, Published by United Nations Development Programme, Kathmandu, Nepal, p. 132。

种姓制度作为一种社会等级制度，把人按照血统和出身高低划分成不同的等级，并规定各自的职业、行为规范和社会地位，这从本质上说是不公正的，是极其荒谬的。1962 年，马亨德拉国王颁布评议会宪法，正式废除了种姓制度。但尼泊尔是一个印度教徒占绝对多数（80% 以上）的国家，即使在法律上已经废除了种姓制度，但种姓观念仍然植根于社会文化之中，尤其是在比较保守的印度教徒家庭以及经济和文化相对落后的农村。随着社会进步，种姓制度所规定的各种社交礼仪、生活禁忌等方面有一定的松动，比如在农忙时节，高级种姓的人也会接受低级种姓的人递过来的水，但是在通婚方面，许多人仍坚守着这块堡垒，不肯跨种姓通婚。

种姓制度作为一种基本的社会制度，同时也是一种分层的社会结构。

如果把四大种姓制度（瓦尔那制度）看作阶级制度的话，那么"阇提"则可看作一种阶层的划分。尼泊尔在历次人口普查时一贯把种姓（阇提）和民族放在一起统计。根据 2011 年尼泊尔人口普查数据，全国共有 125个种姓/民族。其中，人口最多的种姓（阇提）是切特里，约 440 万，占全国人口的 16.6%，其次是山区婆罗门，约 323 万，占比 12.2%。这两大种姓占全国人口的 28.8%，除这两大种姓外，人口较多的种姓还有卡米（126 万）、达迈（47 万）、塔库里（43 万）、萨尔基（37 万）、特利（37 万）。卡米（铁匠）、达迈（裁缝兼吹鼓手）、萨尔基（皮匠）是尼泊尔主要的"不可接触者"，约占全国人口的 8%。①

目前，尼泊尔仍有 1/4 的人遭到种姓名义下的歧视。尼泊尔历史上曾经沿袭了几百年的哈里亚制度，使得许多低种姓（主要是贱民）和落后民族的人沦为"哈里亚"（债务佃农，农奴），他们为还清祖上欠下的债务或迫于生计（绝大部分无地无生产工具），到高级种姓地主家干活，饱受剥削和压迫。2008 年尼共（毛主义者）政府上台后，废除了哈里亚制度，解放了 10 万农奴。政府免除了他们的债务，并禁止高级种姓地主雇用低级种姓的哈里亚，违者将被处以 10 年的监禁。但是，由于土地改革没有跟上，被解放的农奴仍然缺少土地和居所。因此，要彻底解放农奴和改善低级种姓群体的地位，还需要通过立法，在土地使用、教育等各个方面给予低级种姓明确的保障。近年来，尼泊尔政府规定土地拥有的上限，把多余土地分给穷人，为妇女和受压迫的种姓或落后民族（部落）在立法机构、教育和就业方面提供特别的保护，这在一定程度上保护了弱势群体的利益。

从总的情况看，种姓制度在宗教方面的含义已大为淡化，但在政治和社会方面的影响依然存在。② 应当指出的是，近些年来，权力已从宗教地位和教育程度较高的种姓向在经济和政治上居主导地位的种姓转移，改革

---

① Central Bureau of Statistics of Nepal, *2011 Census*, *Summary – Nepali*, pp. 36 – 38, http：// cbs. gov. np/wp – content/uploads/2012/11/Summary – Nepali. pdf.

② 王宏纬：《废而不止，印度教社会的种姓制度》，《中国民族报》2003 年 2 月 18 日。

和新秩序的受益者已不再是婆罗门。一方面，国家为促进社会平等所采取的特别措施，使低级种姓和落后民族在立法机构中获得了保留席位，在政府部门中得到了官职；另一方面，由于不愿意放弃这些特权，低级种姓群体对种姓制度的改革也开始采取保留态度。这说明了种姓制度的复杂性和曲折性，要在现实社会中彻底废除种姓制度，还需要相当长的时期。

2. 村社制度

村社制度与种姓制度构成了尼泊尔社会的两大支柱。村社制度，也叫潘查亚特制度，是管理农村的一种制度。"潘查亚特"字面意义为"五人长老会"或"五老会"。潘查亚特制度在南亚地区有悠久的历史，传统上，潘查亚特由五个属于高级种姓的村社长组成，所以称"五老会"，职位往往为世袭，或通过定期举行的乡村辩论会竞争产生。"五老会"拥有行政、立法、司法权，几乎控制了村社生活的各个方面，决定问题的方式是成员间的相互讨论和协商。

潘查亚特制度是一种地方自治制度。古代印度的潘查亚特制度是同印度的农村公社制度紧密联系在一起的。农村公社是印度古代农村社会的核心。村社既是行政单位，又是经济单位，有高度的自主权。国王同村社直接发生关系，村社只要向国王缴纳规定的田赋，国王就不干涉村社事务。到了中世纪，随着封建采邑制度的实行，在国王和村社之间出现了封建领主阶层，但从总体上看，除税赋以外，村社事务不受干涉。

1962 年马亨德拉国王仿照传统的潘查亚特制度建立了评议会制度，在全国实行并被写入宪法。评议会制度源自尼泊尔的传统村社制度，结合了基层选举和自治并带有古印度社会特征。①

尼泊尔的评议会体制由村（镇）、县、区和国家（中央）等各级评议会组成。全国评议会是国家唯一的一院制立法机构，国王从中指定首相和内阁大臣。此外，1962 年宪法还明确规定评议会制度所要取得的主要目标，即通过阶级合作与协调，结束弥漫于全国的各种形式的政治、经济和

---

① 王艳芬：《论尼泊尔"潘查亚特"体制实行的历史背景》，《世界历史》2008 年第 6 期。

社会剥削；通过分权化谋求民众最大限度地参与各级行政及社会发展。①

马亨德拉国王之所以要建立评议会制度，是因为他认为，要想在民众广泛一致的基础上进行国家管理，实现真正民主的目标，只能借助于深深扎根于本民族土壤中并且能够在本国特定气候中成长和发展的潘查亚特制度。评议会制度在1990年上半年遭到尼泊尔知识界的激烈反对，继而引发全国性的抗议，国王不得不废除评议会制度，再度恢复议会民主制。评议会制度在尼泊尔实行了近30年。

评议会制度废除后，尼泊尔的村级行政机构变为"村发展委员会"。村发展委员会由每村的选民直接选举产生，另有为妇女和弱势群体专门保留的席位。村发展委员会的首脑是村发展委员会主席、副主席，下设有5个分委员会，每个分委员会主管一个关系农村发展的事务，每年召开一次会议，根据选民的要求制订年度行动计划。村发展委员会实际上是传统的潘查亚特制度的延续，其主要职能是处理各种公务，如兴建学校和医院、筑池修路，以及裁决小的诉讼、协商解决村民纠纷等。

二 社会问题

1. 贫困问题

贫困问题是困扰尼泊尔的最大问题。尼泊尔为农业国，经济落后，20世纪90年代初，尼泊尔开始实行以市场为导向的自由经济政策，但由于政局多变和基础设施薄弱，收效甚微，经济增长率一直处于较低水平，贫困问题难以解决。

据统计，2012~2013年度，尼泊尔每天收入低于1.25美元的贫困人口占总人口的55.1%，每天收入高于1.25美元（含1.25美元）低于2美元的占30.9%，两项合计高达86%，位居南盟国家中的倒数第一位。②另据尼泊尔中央统计局数据，尼泊尔2009~2010年度划定的贫困线为人均年收入19261卢比。按照这一标准，尼泊尔的贫困率为25.16%，其中

---

① 王艳芬：《论尼泊尔潘查亚特体制的历史影响》，《史学集刊》2008年第5期。
② 陈利君：《南亚报告2012~2013》，云南大学出版社，2013年7月，第102页。

城市人口的贫困率为 15.46%，农村人口的贫困率为 27.43%。全国贫困差距指数为 5.43%，贫困差距平方指数为 1.81%。见表 6-6。

表 6-6 尼泊尔的贫困指数

	贫困率(%)	贫困差距指数(%)	贫困差距平方指数(%)
尼泊尔	25.16	5.43	1.81
城市地区	15.46	3.19	1.01
农村地区	27.43	5.96	2.00

资料来源：Central Bureau of Statistics of Nepal, *CBS View on Poverty in Nepal*（2010 - 2011），http：//cbs. gov. np/wp - content/uploads/2012/Surveys/CBS% 20view% 20on% 20poverty% 20in% 20Nepal. pdf。

从地区分布看，尼泊尔北部高山区的贫困率最高，为 42.27%，中部山区的贫困率为 24.32%，南部特莱平原的贫困率为 23.44%。从全国五大行政区域来看，远西部地区贫困率最高，为 45.61%；中西部地区次之，为 31.68%；接下来是西部地区 22.25%、中部地区 21.69% 和东部地区 21.44%。

从民族和种姓来看，尼泊尔达利特种姓贫困率最高，山区达利特和特莱平原达利特的贫困率分别为 43.63% 和 38.16%，山区婆罗门和尼瓦尔族的贫困率最低，分别为 10.34% 和 10.25%，见表 6-7。

表 6-7 尼泊尔不同民族和种姓的贫困率

民族/种姓	贫困率（%）	贫困差距指数（%）	贫困差距平方指数%（贫困深度）	人口占全国比例（%）
山区婆罗门	10.34	1.73	0.48	12.7
山区切特里	23.40	5.55	1.86	17.8
特莱平原婆罗门	18.61	1.75	0.19	0.5
特莱平原中间种姓	28.69	5.36	1.47	15.4
山区达利特	43.63	10.89	4.22	8.7
特莱平原达利特	38.16	8.09	2.24	4.6
尼瓦尔族	10.25	2.07	0.70	6.2
山区原住民族	28.25	6.64	2.49	21.8

续表

民族/种姓	贫困率 （%）	贫困差距 指数（%）	贫困差距平方 指数%（贫困深度）	人口占全国 比例（%）
特莱平原原住民族	25.93	4.48	1.25	7.1
穆斯林	20.18	3.38	0.58	4.3
其他	12.34	3.58	1.13	0.9
尼泊尔	25.16	5.43	1.81	100

资料来源：Central Bureau of Statistics of Nepal，*CBS View on Poverty in Nepal*（2010 - 2011）。

统计数据还表明，家庭人口数量越多，贫困率越高。一家之主的文化层次越高，贫困率越低。在尼泊尔，家长为接受过 10 年级以上教育的家庭，贫困率最低，仅为 7.1%，而文盲家长的家庭贫困率最高，为33.5%。

从消费水平看，尼泊尔最贫困的 10% 的人平均年消费 11093 卢比，其年消费总额只占全国消费总额的 3.2%，而最富的 10% 的人平均年消费102772 卢比，其年消费总额占全国消费总额的 29.5%。[①]

尼泊尔贫富差距大。根据 2009～2010 年度尼泊尔第三次全国生活水平调查，尼泊尔人均年收入为 41659 卢比，其中占总人口 20% 的富裕阶层的年收入占全国收入的 56%，剩余 80% 的人口只占全国收入的 44%。尼泊尔基尼系数一度到达 0.41，超过警戒值。

尼泊尔的贫困状况虽然比较严重，但也逐步在改善。1995～1996 年度，尼泊尔的贫困率为 41.76%，2003～2004 年度下降为 30.85%，2010～2011 年度进一步下降至 25.16%。15 年间下降了 16.6 个百分点。

尽管如此，尼泊尔的贫困问题仍然是一个长期而艰巨的难题。尼泊尔政府曾实施了一系列消除贫困的计划，建立了扶贫基金会。为达到消除贫困的目的，政府帮助穷人制订了消除贫困计划。例如，通过外国的技术援助和非政府机构的帮助为乡村地区提供设备和服务，彻底解除靠租地为生

---

① *CBS View on Poverty in Nepal*（2010 - 2011），p. 11，http：//cbs. gov. np/wp - content/uploads/2012/Surveys/CBS% 20view% 20on% 20poverty% 20in% 20Nepal. pdf。

的农民的债务；进行医疗体制改革，逐步实现针对老弱病残的免费医疗；在各县实施养虎、养鸡、养蚕、种菜等消除贫穷计划；等等。但总的看来，收效不大，贫困状况未得到根本性改善。

尼泊尔的贫困问题与少数民族问题、宗教问题等交织在一起，使问题变得更加复杂。近年来，尼泊尔人口增长过快，加之农村人口不断向城市涌入，特别是向首都加德满都涌入，使得城市的压力增大，城市的贫困问题反而加剧，住房、教育、安全、饮水等问题相伴而生。

2. 拐卖妇女问题

拐卖妇女问题也是尼泊尔较为严重的社会问题之一。随着社会的进步，尼泊尔妇女的地位在不断提升，但是尼泊尔仍然是一个以传统农业为主的国家，加上印度教种姓因素的影响，尼泊尔妇女的社会地位仍十分低下，特别是将妇女作为商品交易的犯罪行为屡屡发生。大多数被拐卖的妇女被迫从事色情行业，不但滋生了犯罪行为，也使得艾滋病的防治难度加大。据悉，每年都有 1 万～1.5 万名尼泊尔妇女被拐卖到印度从事色情行业。拐卖妇女现象的存在和蔓延，不仅使尼泊尔妇女身心受到极大伤害，也给尼泊尔带来了极其恶劣的影响。如何消除拐卖妇女的问题，从根本上保障妇女的合法权利，仍然是尼泊尔政府面临的重要工作。

每年的 9 月 5 日是尼泊尔规定的全国"反贩卖人口日"。在尼泊尔政府妇女儿童及社会福利部的带领下，相关政府组织及非政府组织在全国各地开展宣传活动，普及有关妇女权利及反对贩卖人口的观念。

第三节 医药卫生

一 医药卫生概况

尼泊尔的医疗卫生事业欠发达，医疗保健条件较差。医疗卫生服务分为公共医疗和私人医疗两部分。长期以来，政府大力发展医疗保健事业，尽可能多地增加医院和病床的数量，以便使更多的病人能得到治疗。与此同时，政府还尽可能多地培养医护人员，并争取在每个村庄建立起兼有预防和初步治疗功能的医疗保健点。

（一）基础设施

经过近几十年的发展，尼泊尔医疗设施有所改善，医护人员的数量有所增长。目前，全国平均每4000人有1名医生，比10年前的情况有所改善，但医务人员仍嫌不足，特别是由于医务人员不愿到农村和边远地区工作，医疗保健服务主要集中在城市（特别是加德满都谷地的城市），农村的医疗条件很差。2010~2011年度，全国农村人口可近地就医（徒步30分钟以内）的占59%，城市人口可近地就医的占86%。在全国所有医疗点中，公立医疗点要少于私立医疗点，城市的医疗保障要高于农村。① 医疗保健的基层单位是村发展委员会的卫生所或卫生站。

根据尼泊尔官方数据，2010年底全国共有公立医院102所，1176个医疗站，2617个次级（村级）医疗站，207个初级保健中心，291所传统医院，114家私立医院。全国所有医院拥有病床共计6944张。在公立医院工作的医生为1798名，在护士委员会登记注册的护士为11637名，保健工作者3190人，助理保健员7491人，乡村保健工作者3985人和其他卫生保健工作者（经过培训的接生员和妇女保健志愿人员）63326人。另外还有传统医生（印医）360人，传统药剂师394人。②

尼泊尔最大的医院是加德满都的比尔医院，建于1997年，是一家私立医院，有病床700多张，设备较先进，为国家级医院。20世纪80年代后期在日本的援助下建立的特里布文大学教学医院，也是一家较好的医院，有良好的设备和师资力量。帕坦医院在西方人中知名度较高。专科医院有坎蒂儿童医院、妇产医院、肿瘤医院、心脏病治疗中心、军事医院、

---

① Central Bureau of Statistics of Nepal, *Nepal Living Standards Survey 2010 ~ 2011*, Vol. 2, p. 55. http：//cbs. gov. np/wp – content/uploads/2012/02/Statistical_ Report_ Vol2. pdf.

② Central Bureau of Statistics of Nepal, *2011 Statistical Year Book*, Nepal, p. 245.

警察医院等。私人诊所设备和服务较好，但医疗费较贵。全国医疗机构的分配十分不均，大部分知名医院都集中在加德满都谷地，远西部的卡尔纳利专区只有 1 所医院。

尼泊尔现有公立和私立医学院 8 所，已能培养医学硕士，更高级的人才则需要到国外深造。B. P. 柯伊拉腊医学科学院旨在培养医学科技人才，能够培养学士、高级护士和硕士研究生。全国只有中小制药厂 22 家，主要药物需要进口。

（二）主要保健指标

据世界卫生组织统计，2010 年尼泊尔全国医疗总支出占 GDP 的 5.8%，人均医疗健康支出 69.0 美元。虽然医疗支出较低，但通过近几十年的发展，尼泊尔在主要保健指标方面还是取得了一定的进步。具体表现在以下几个方面。

1. 人均寿命

20 世纪 50 年代初尼泊尔人均寿命仅为 27.6 岁，1998 年增至 56.1 岁，2010 年进一步增至 65.8 岁，2012 年达到 68.7 岁，高于南亚国家印度（65.4 岁）和巴基斯坦（65.4 岁），在世界 186 个国家中排名第 121 位。

2. 婴儿死亡率

1 岁以下的婴儿死亡率从 1990 年的 85‰下降到 2011 年的 34‰。虽然婴儿死亡率有所下降，但以国际标准衡量仍然偏高。

3. 5 岁以下儿童死亡率

尼泊尔 5 岁以下儿童死亡率从 1990 年的 162‰下降到 2011 年的 50‰。

4. 儿童营养不良率

尼泊尔儿童营养不良率从 2001 年的 72%下降到 2009 年的 38.8%。

二　疾病防治

由于收入较低和缺医少药，长期以来疾病在尼泊尔流行，尤其是在农村。主要的疾病有腹泻、肠胃疾病、甲状腺肿大、肠道寄生虫、肺结核、

麻风病、麻疹、疟疾等，加之全国有 40% 左右的人营养不良，尼泊尔人的健康状况令人担忧。对此，尼泊尔政府制订了多种计划，采取了多项措施，努力制止和消除各种传染病，提高人民健康水平，取得了一定成效。例如：政府为消灭脊髓灰质炎症，为 5 岁以下儿童口服预防脊髓灰质炎的滴剂；为减少 5 岁以下儿童因腹泻的死亡率，政府实施了控制腹泻计划，在群众中散发预防药物；为改善营养状况，政府制订了治疗贫血、肠道寄生虫疾病计划，发放维生素 A 胶丸等药物，推行食用碘盐计划；为控制疟疾和脑炎病的发作，政府计划在 64 个疟疾高发县和 11 个脑炎多发县对可疑病人进行诊治、采集血样、喷洒灭蚊剂、研究灭蚊剂功效和培训医务人员。

从 1965 年起，尼泊尔政府即在全国 75 个县普遍开展了控制肺结核计划。为治疗此疾病，尼泊尔实施监控治疗体制，麻风病控制较有成效，现已将病患者人数控制在人口的 1‰ 以内。

尼泊尔自 1988 年发现第一例艾滋病以来，艾滋病患者人数逐年增加。截至 2011 年，尼泊尔艾滋病病毒感染者达到 50200 例，15～49 岁的人群为艾滋病高发群体。为控制此种疾病传播，防止酿成灾祸，政府实施了全国性的艾滋病防治计划，建立县一级的监督体制。2011 年，尼泊尔政府出台了《2011～2016 年国家防治艾滋病病毒和艾滋病的对策》，进一步加大人力和物力投入，确保防范措施的覆盖率和有效性。政府积极培训采集血样化验人员和防治人员，并组织非政府机构参与。

三 计划生育

尼泊尔人口增长较快，20 世纪七八十年代人口增长率一直保持在 2%以上，最高达到 2.66%，呈现迅猛增长势头。此后，尼泊尔政府采取了计划生育措施，使这一势头得到扼制，2001 年之后人口增长率明显回落，2011 年人口普查时已降至 1.4%。

尼泊尔妇女在育龄期平均生育子女数（总和生育率，TFR）2011 年为 3.43 个，其中农村妇女为 3.70 个，城市妇女为 2.39 个。在 45～49 岁年龄组，妇女平均生育子女数为 4.2 个，虽然这一数字比 1995 年的 5.3

个有所减少，但还是一个比较高的数值。①

鉴于人口增长过快，尼泊尔政府向育龄夫妇提供多种计划生育服务。尼泊尔的计划生育政策开始于 1958 年，1965 年开始提供计划生育服务。1968 年，尼泊尔成立计划生育和妇女儿童卫生健康局。1991 年，尼泊尔强调通过各种卫生设施向人民提供计划生育优质服务。近年来，计划生育意识逐渐深入人心，越来越多的人采用避孕措施，妇女平均生育子女数量已从 1996 年的 4.6 个下降至目前的 3.1 个。农村 4～5 个孩子的家庭还是很多，但城市 2 个孩子的家庭已经比较普遍。

尼泊尔妇女结婚较早，结婚年龄一般在 16～17 岁。根据 2011 年人口普查结果，尼泊尔妇女第一次结婚的年龄小于 10 岁的有 11.5 万人，10～14 岁的有 110 万人，15～19 岁的有 434 万人，20～24 岁的有 155 万人，25～29 岁的有 26.6 万人，30～35 岁的有 5.4 万人。其中，农村妇女第一次结婚的年龄更早，10～14 岁结婚的有 95 万人，15～19 岁结婚的 371 万人。② 文化程度低的妇女生育率要高于文化程度较高者，穆斯林和达利特群体的妇女生育率要高于其他群体。

尼泊尔政府提倡节制生育工作取得积极成效，近年来人口增长率有下降趋势，但尼泊尔人口基数较大，控制人口过快增长仍是当前尼泊尔政府的主要工作之一。

四　传统医药

为满足广大农村的医疗需要，尼泊尔政府十分注意发挥传统医学的作用。尼泊尔传统医学属南亚生命吠陀的古老体系，以草药为主，兼用一些金属矿物。尼泊尔自古以来便以生产草药闻名。全国草药资源丰富，据说仅久木拉县一地就有 500 多种。尼泊尔政府成立了药用植物局，开展对全国药用植物的普查、保护、培植、利用和研究工作。到目前为止，已采集

① Central Bureau of Statistics of Nepal, *Nepal Living Standards Survey 2010～2011*, Vol. 1, p. 121.

② Central Bureau of Statistics of Nepal, *2011 Census*, *Summary – Nepali*, p. 28.

并制成药用植物标本 10 万余件。为了有计划地培植药用植物和加工生产成药，尼泊尔在全国不同纬度的地区设置了多个草药种植场；还在全国建立了近百个传统草药供应站，它们可以满足全国所需草药的 90%，部分草药还可供出口。

尼泊尔的草药价格低廉，疗效良好，所以深受欢迎。距离加德满都50 公里处的梯斯本草药种植场出产一种狐尾草，用它提炼的成药对治疗心绞痛和其他心脏病很有疗效；还有一种带菌的裸麦，用它制成药可治妇女病。尼泊尔还出产一种叫作"皮勒斯拉姆"的植物，其花呈黄色，放置室中，可驱蚊蝇。用草药制成的"西拉吉特"（Hilajit）成药，可治高血压，畅销国内外。据统计，尼泊尔全国对传统草药和传统成药的使用量，占全国用药总量的一半以上。

尼泊尔目前共有传统医院 291 所，此外还有一些传统医药药房、草药制作中心等。纳尔德维生命吠陀医院是尼泊尔传统医学的中心医院。加德满都狮宫传统医药所是研制生产传统药物的最大企业。卫生保健委员会和科技部负责规划协调传统医学方面的卫生保健和科研工作。

五　清洁饮用水的供应

清洁饮用水的供应是人民生活的基本需要之一。清洁饮用水与人民的健康有直接关系。尼泊尔流行病，特别是腹泻等疾病得不到有效控制，一个重要原因就是民众所需的清洁饮用水得不到保证。此外，污水处理不当造成污染，以及人们对公众保健和污水处理重要性认识不足，使问题更加尖锐。一般来说，尼泊尔山区浅表层地下水不宜饮用，直接取自山涧溪流的水也不宜饮用。为了向民众提供清洁饮用水，政府除开发清洁水源外，还在努力完善城镇排污管道设备。

为推动这一领域的工作，尼泊尔政府早在 20 世纪 70 年代就成立了饮水供应和环卫局，并在各县成立了相应机构。政府还鼓励地方机构和民间组织积极参与，多打水井，铺设管道，并注意保护水源不受污染。但是由于资金缺乏、管理不善以及民众缺乏饮用清洁水的意识，由水污染引发的疾病，如痢疾、霍乱、蛔虫病、麦地那龙线虫病、十二指肠病、沙眼结膜炎等在尼泊尔十分普遍，每年都有上万名 5 周岁以下儿童死于腹泻。因此，清洁饮用水的供应问题被认为是尼泊尔亟待解决的问题。尼泊尔妇女每天都要花费数小时扛着沉重的容器（一般为 15 公斤重）到很远的地方去打水，因此承受着巨大的生活压力。

1998 年 9 月，在尼泊尔首都加德满都召开了第二届"国际妇女与水研讨会"，由美国麻省理工学院主持的尼泊尔清洁饮用水项目在这次会议上得以启动。麻省理工学院的研究人员在 1999 ~ 2001 年前往尼泊尔实地调查，研究当地家庭饮用水的处理方法，并且进行水质观测，掌握了实用的家庭饮用水处理技术，制定了社会可接受的家庭清洁饮用水处理方案。

尼泊尔 80% 以上的疾病源于不卫生的饮用水和卫生设施的缺乏。2008 年以来，尼泊尔政府每年在治疗水传播疾病方面的花费超过 30 亿卢比。

第七章

文　化

第一节　教育

一　教育简史

尼泊尔教育的发端可以追溯到遥远的古代。距今约3000年前，尼泊尔南部的贾纳克普尔就已成为当时重要的教育中心。尼泊尔有梵文教学的传统，由掌握知识的婆罗门讲授印度古老的吠陀经典以及各种往世书、占星术、医学典籍等，讲授地点一般在寺庙、佛塔、王宫或家庭。到李查维时代，教育有了进一步的发展，并出现了由政府划归给婆罗门用以传授知识的专门场所，类似于学校。从李查维时代遗留下来的石刻和碑铭中所使用的梵文的纯正度来看，当时的教育已达到了较高水平。马拉王朝时期，著名国王贾亚斯提迪·马拉推行全面社会改革，极大地促进了文化和教育的发展。他组织学者抄录、翻译和整理了大量的印度古代文献，特别是佛教和密宗经典，并用梵语和尼瓦尔语两种文字编成了尼泊尔历史上第一部史书——《戈帕尔王朝编年史》。马拉王朝分裂后，加德满都谷地各王国对教育仍然很重视，加德满都国王还从北印度请来婆罗门讲学，并拨出专款兴办学堂。由于马拉王朝诸王对教育的重视，中世纪尼泊尔的文学和艺术空前繁荣。

17世纪始，西方基督教传教士进入尼泊尔。他们以宣传宗教为由在尼泊尔兴学办教，但进行得并不顺利。在帕坦，希迪纳尔·辛格·马拉国王得知此事后，下令将传教士驱逐出境。1769年普里特维·纳拉扬·沙阿国王统一尼泊尔后，虽然实行了对在统一战争中牺牲的战士子女发给一定数量的抚恤金并派选出国学习的规定，但传统的教育模式并没有改变。在他去世后的较长时间里，由于连续幼王执政，王室衰微，王后和大臣专权，政局混乱，教育几乎没有什么发展。

尼泊尔的西式教育始于拉纳家族统治时期。1850年，拉纳家族第一任首相忠格·巴哈杜尔·拉纳访问英国，回国后有感于西方先进的教育模式，于1853年在自己的塔帕塔里宫（Thapathali Darwar）开设了第一所英式学校。学校里设有英语、梵语、印地语、历史、地理、逻辑学、算术等多门课程，除梵语和印地语外，其他课程都用英语讲授。后来，学校又增设了孟加拉语、波斯语课程，甚至还开设了汉语课程。1877年，忠格·巴哈杜尔·拉纳去世后，学校迁往王后湖附近。1919年，昌德拉·苏姆谢尔（Chandra Shamsher）首相建立了尼泊尔历史上第一所学院——特里昌德拉学院（Trichandra College）。该学院隶属于印度加尔各答大学，设有两年制的数学、历史、逻辑学等专科课程。至1933年，尼泊尔国内已经有1所学院、40所中学、108所小学以及9所梵语学校和1所医学学校。但是，由于拉纳家族实行独裁统治，害怕教育会使人民觉醒，直接威胁自己的统治，故从一开始就执行愚民政策，并对知识分子和进步人士实施迫害。

1951年，在印度的支持下，尼泊尔大会党联合特里布文国王迫使拉纳家族末代首相莫汗·苏姆谢尔交出政权。拉纳家族长达104年的统治宣告结束，国王重新掌握大权。这一年，尼泊尔组建教育部，教育开始走上快速发展道路。1959年，特里布文大学建立。此外，一些农、林、工程技术学院也相继建立。1962年实行评议会制度以后，尼泊尔成立了国家教育委员会，实施教育体制改革，各学院统一并入特里布文大学，并逐渐增加教育经费，教育经费达到政府财政支出的10%。1971年尼泊尔实施第一个教育发展五年计划，学校数量与入学人数迅速增长。1990年尼泊尔恢复多党制以后，成立了新的由16名委员组成的国家教育委员会，开始鼓励私人办学。

二 教育体制

尼泊尔现行教育体制分为初等、中等和高等三级教育体制。初等教育为5年（小学，1~5年级）；中等教育为7年，包括初级中等教育3年（初中，6~8年级）、中级中等教育2年（9~10年级）和高级中等教育2年（11~12年级，也称10+2或大学预科）；高等教育为8年，包括本科3年，硕士2年，博士3年。除此之外，还有学前教育（6岁以前）、学龄儿童校外教育（为6~14岁未入学儿童提供的教育）、职业教育、成人教育、女童教育、特殊教育、远程教育和开放教育等多种教育形式。

尼泊尔实行10年免费教育制，1~10年级的学费全免，书本费和其他费用在低年级也可减免。

高级中等教育（10+2或大学预科）是1989年以后尼泊尔教育体制改革的结果，旨在借鉴印度12年中小学教育一贯制，并与南亚其他国家学制同步。在此之前，尼泊尔中小学实行的是"5+3+2"共10年的教育模式，即小学5年、初中3年、高中2年。体制改革之后，中小学全程教育成为"5+3+2+2"模式，即小学5年、中学7年，共12年。原来属于大学的两年预科教育，归入中等教育系列。但由于历史原因，10年级以后的全国统一毕业认定考试（School Leaving Certificate，SLC）[①] 仍然保留。学生10年级毕业后须参加全国统一毕业认定考试，成绩合格的学生可进入10+2阶段或专科学校学习。要想获得大学本科以上学历，必须首先进入10+2阶段学习。10+2的课程安排和教学模式与原来属于高等教育的大学预科基本相同，由大学下设的各个学院执行，行政上未与大学剥离。

---

① 尼泊尔的SLC考试既是10年级之后全国性的毕业认定考试，又是大学入学资格的选拔考试。以2012年的SLC考试为例，当年参加考试的学生约22.5万人，合格者约10.5万人。合格者中又分优秀等级4000人，第一等级4.2万人，第二等级5.4万人，第三等级5000人。没有进入优秀等级或第一等级的学生，不能到培养工程师、医生、飞行员等理工院校学习；第二和第三等级的学生可以进入培养律师、实业家、公务员、教师等文科院校学习。

尼泊尔政府教育部负责主管全国教育工作。教育部设部长 1 名，国务部长（或副部长）1 名，秘书 1 名（相当于常务副部长），联合秘书 1 名。其中，部长和国务部长由每届政府总理任命；秘书属国家公务员的最高等级，不受政府变更的影响；秘书以下是联秘，相当于局级或司级官员；再往下为下秘（或副秘），相当于处级；其余为一般官员。教育部下设的主要机构有行政司、教育司、计划司，此外还设有联合国教科文组织尼泊尔委员会、课程开发中心、考试办公室、开放教育办公室、远程教育办公室、教育研究中心、高级中等教育（10 + 2 或大学预科）委员会、职业及技术培训委员会、基础教育计划署和特殊教育委员会等。

三　教育概况

近年来，随着尼泊尔政府对教育的重视和投入力度的加大，尼泊尔各级学校的数量和在校学生人数较过去有明显增长。根据尼泊尔中央统计局 2011 年公布的数据，2000 年和 2010 年尼泊尔全国中小学 1～10 年级的基本情况见表 7 – 1。

表 7 – 1　尼泊尔 1～10 年级各级学校基本情况统计

学校级别	学校（所）		学生人数（人）		教师人数（人）	
	2000 年	2010 年	2000 年	2010 年	2000 年	2010 年
小学（1～5 年级）	26226	31618	3946426	4986805	100426	153536
初级中学（6～8 年级）	7273	11456	927034	1612892	23536	40259
中级中学（9～10 年级）	3939	6813	420143	778905	20643	29109

资料来源：Central Bureau of Statistics of Nepal, *2011 Statistical Year Book*, *Nepal*, pp. 255 – 301。

尼泊尔生活水平调查显示，按照适龄标准（小学为 6～10 岁、初级中学为 11～13 岁、中级中学为 14～15 岁、高级中学为 16～17 岁）来计算，尼泊尔 2010～2011 年度中小学各级学校的毛入学率分别为：小学（1～5 年级）120.5%，初级中学（6～8 年级）87.3%，中级中学（9～10 年级）73.6%，高级中学（10 + 2）75.7%。详情见表 7 – 2。

表7-2　2010～2011年度尼泊尔中小学毛入学率

单位：%

项目	男生	女生	总计
小学毛入学率	121.7	119.4	120.5
初级中学毛入学率	85.2	89.6	87.3
中级中学毛入学率	81.0	67.1	73.6
高级中学毛入学率	76.8	74.8	75.7

资料来源：Central Bureau of Statistics of Nepal, *Nepal Living Standards Survey 2010～2011*, Vol. 1, p. 96。

　　与此同时，尼泊尔2010～2011年度小学、初级中学、中级中学的净入学率分别为：68.8%、26.7%、15.0%。虽然这一组数字并不高，但与1995～1996年度相比，有一定程度的增长。另外，2010～2011年度尼泊尔6岁以上人口的识字率为60.9%，成人识字率和平均受教育年限均有所提高（见表7-3）。

表7-3　尼泊尔教育指标

教育指标　　　　　年份	1995～1996年度	2003～2004年度	2010～2011年度
6岁以上人口识字率(%)	37.8	50.6	60.9
成人识字率(15岁以上)(%)	35.6	48.0	56.5
成人受教育率(15岁以上)(%)	33.9	45.8	54.6
平均受教育年限(年)	7.0	7.5	8.1
小学净入学率(%)	57	72	68.8
初级中学净入学率(%)	19.0	29.0	26.7
中级中学净入学率(%)	9.0	15.1	15.0
私立学校入学率(%)	7.5	16.7	26.8

资料来源：Central Bureau of Statistics of Nepal, *Nepal Living Standards Survey 2010～2011*, Vol. 1, p. 84。

（一）初等教育

　　尼泊尔的初等教育为5年，儿童一般从五六岁开始入学，至10岁左右小学毕业。学校分公立和私立两种，公立学校免收学费，1~3年级的课本由政府免费提供，4~5年级的女生和边远地区的男生也同样享受免费课本，私立学校费用自理。初级教育近年来发展很快，1990年小学数量仅为17892所，2001年增至26386所，2010年再增至31618所，20年间净增13726所。学生数量也由1990年的2789000人增至2010年的4986805人，净增约220万人。全国3万多所小学中，教师人数共有153536人。由于尼泊尔鼓励教育私有化，私立小学发展较快，尤其是在城市。目前私立小学占全国小学的20%，学生人数占全国小学生的15%。

尼泊尔小学在校学生中女生比例为50.4%，略高于男生。但由于男女人口比例中女性较多，故仍有许多适龄女童未能入学，全国60万未入学儿童中有2/3以上是女童。

师资不足是尼泊尔初等教育的一个严重问题。全国平均每所小学只有5名教师，教师与学生的比例是1:39，而且许多教师没有受过正规培训。不仅如此，师资的缺乏还表现在地区差异以及女教师的不足上，公立学校的小学女教师占比38.6%，甚至有5000所小学没有女教师。

尼泊尔初等教育中的另一个问题是学生的升学率偏低，辍学率高。统计显示，只有37%的学生能在13岁以前从小学顺利毕业，其余的学生要么中途辍学，要么留级复读。引发这一问题的主要原因是贫困、学生家庭负担重、学校太远、学校管理混乱以及校内存在对少数民族语言的歧视等。

（二）中等教育

近年来，尼泊尔中等教育层次中的初级中等教育发展较快，初级中学的数量和在校学生人数均有大幅增长。1971年，全国初级中学仅有677所，1995年增至5041所，1999年增至7273所。2010年初级中学进一步增至11456所，在校学生1612892人，教师40259人。不仅在城市，农村的初级中学也有较快增长。目前在尼泊尔人口比较稠密的乡村，步行1小时之内基本上都有一所初级中学。

中级中等教育近年来也有长足的发展。1971年，全国中级中学仅有

494 所，1995 年增至 2654 所，1999 年进一步增至 3939 所，2010 年已达到 6813 所，学生人数也大幅增长。中级中学的学生年龄一般在 14～16 岁，处在这个年龄段的青少年由于各种原因入学率已经下降。他们要承担家务，或外出做小工挣钱，或辍学在家种地。在传统观念的束缚下，女孩受教育的机会更少。在学校里，女生所占比例仅为 1/3。女生升入高一级学校的比率更低，大约只有不到 24% 的中学女生能通过全国统一毕业认定考试（SLC）。

高级中等教育（10＋2）目前仍处在探索和试行阶段。按照政府设想，这一模式应包括五大类型：普通型、职业型、技术型、政治型和文化型。但现在只有一种类型——普通型得以实施。教育部下属的高级中等教育委员会负责对 10＋2 学校进行资格审定和监管。每年在 SLC 考试中获得通过的学生，根据志愿或是进入 10＋2 学校，或是进入专科学校学习。选择进入 10＋2 学校的学生经 2 年学习后，通过考试升入大学，再经过 3 年本科教育后获得学士学位；选择专科学校的学生毕业后不能升入大学，但可获得能力等级证书（Proficiency Certificate Level，PCL），在社会上谋取职业。目前，10＋2 学校还没有完全形成自己的教学体系，教材和课程设置基本上沿用原来的 IA 级（大学预科）模式。

10＋2 学校大部分是私人开办，费用较高，很多学生家庭无力承受。尼泊尔社会各界对 10＋2 教育也反应不一。反对意见主要来自左翼政党和中下层社会，因为中下层阶级无力支付 10＋2 学校高昂的学费；如果他们选择了收费较低的专科学校，则意味着他们不可能获得大学本科以上的学历。

（三）高等教育

尼泊尔目前共有 10 所大学，它们是：特里布文大学（Tribhuvan University）、加德满都大学（Kathmandu University）、博卡拉大学（Pokhara University）、东部大学（Purbanchal University）、尼泊尔梵文大学（Nepal Sanskrit University）、B. P. 柯伊拉腊健康科技大学（B. P. Koirala Institute of Health Sciences）、蓝毗尼佛教大学（Lumbini Buddhist University）、中西部大学（Mid-western University）、远西部大学（Far-western University）、农业和林业大学（Agriculture and Forestry University）。

特里布文大学始建于 1959 年。1973 年尼泊尔实施教育改革后，全国所有高等院校统一归特里布文大学管理。该校不属当时的教育部管辖，由国王亲任校长，下设商业管理学院、教育学院、法学院、农学院、工程技术学院、医学院、梵文学院、美术学院等，校址本部设在首都的基尔提普尔。2008 年尼泊尔民主共和国建立后，国家总理为该校校长，教育部部长为校监，另有一名副校长为执行副校长，实际总管全校事务。经过长期发展，目前特里布文大学共有 60 所公立学院和 413 所私立学院。2011 年，公立学院在校学生 18 万多人，私立学院在校学生 9 万多人，教职员工 1.5 万人左右。

加德满都大学建立于 1992 年，由私人投资兴办，位于加德满都以东 30 公里的杜利凯尔（Dhulikhel）。该校设有科学院、工程学院、管理学院、教育学院、艺术学院、医学院 6 个分院和一些独立学院。

博卡拉大学位于西部重要城市博卡拉，1997 年由私人投资兴办。该校设有科学技术学院、管理学院、教育学院与艺术学院等几个分院和一些独立学院。

东部大学建立于 1993 年，也是一所私立大学，校址位于东南部重镇比腊特纳加。目前该大学有人文学院、管理学院、科学技术学院 3 个分院和一些独立学院。

尼泊尔梵文大学建立于 1986 年，原名"马亨德拉梵文学院"，2006 年尼泊尔王权衰落后改现名。它是尼泊尔第二所国立大学，目的是保护和传承古老的梵文。目前它有 12 所分院和 1 所私立的独立学院。该校中央总部设在尼泊尔西部地区当格县的贝尔琼迪（Beljhundi）。

B. P. 柯伊拉腊健康科技大学建立于 1993 年，以尼泊尔前首相 B. P. 柯伊拉腊的名字命名，位于尼泊尔东部山区城市达兰（Dharan）。该校是一所私立大学，其下除教学学院外，还拥有一家 700 张床位的教学医院。

蓝毗尼佛教大学创建于 2004 年，是一所国立的保护和研究佛教的大学，校长由国家总理担任，校址位于佛祖诞生地蓝毗尼。1998 年第一次世界佛教大会在尼泊尔召开时提议建立一所国际佛教大学，2004 年第二次世界佛教大会之后建立了该校。

中西部大学建立于 2010 年，是一所综合性的公立大学，位于中西部地区苏尔克特县的比兰德拉纳加市（Birendranagar）。

远西部大学创建于2010年，也是一所综合性的公立大学，位于远西部地区的坎昌普尔县的马亨德拉纳加市（Mahendranagar）。该校有管理学院、教育学院等4所分院。

农业和林业大学创立于2010年，由原来特里布文大学下属的2所学院（兰普尔农业学院和黑陶达林业学院）合并而成，大学总部位于奇特万县的兰普尔（Rampur）。

尼泊尔高等教育主要培养人文社会科学方面的人才，也培养部分理工科和医学方面的人才。根据尼泊尔中央统计局2010年的数据，当年尼泊尔6所大学（蓝毗尼佛教大学及另3所刚成立的大学未作统计）共有54519名本科层次及以上学生毕业，其中特里布文大学48576名，加德满都大学1571名，博卡拉大学1053名，东部大学2164名，尼泊尔梵文大学979名，B. P. 柯伊拉腊健康科技大学176名。详情见表7-4。

表7-4 2010年尼泊尔大学本科及以上毕业生人数

单位：人

学校\学科	特里布文大学	加德满都大学	博卡拉大学	东部大学	尼泊尔梵文大学	B. P. 柯伊拉腊健康科技大学	总计
科学和技术	2553	147	489	173	—	—	3362
管理学	11723	315	533	1089	—	—	13660
人文社科*	10822	156	31	177	—	—	11186
教育学	13355	48	—	114	385	—	13902
法学	288	—	—	54	—	—	342
工程学	9189	113	—	—	—	—	9302
药学	346	792	—	557	4	176	1875
林学	104	—	—	—	—	—	104
农业和动物科学	196	—	—	—	—	—	196
传统医学	—	—	—	—	590	—	590
梵文	—	—	—	—	—	—	0
总 计	48576	1571	1053	2164	979	176	54519

*此处指狭义的人文社会科学，即文史哲。

资料来源：Central Bureau of Statistics of Nepal, *2011 Statistical Year Book*, *Nepal*, p. 300。

在2010年所有毕业学生中，获得本科学士学位的有44966人，硕士学位的有9497人，博士学位的有56人。另外，还有20501名学生获得能力等级证书（PCL，相当于以前的IA，即专科文凭）。详情见表7-5。

表7-5　2010年尼泊尔大学各级学位获得者人数

单位：人

学校 学位	特里布文 大学	加德满都 大学	博卡拉 大学	东部 大学	尼泊尔 梵文大学	B. P. 柯伊拉腊 健康科技大学	总计
学士学位	40119	1221	782	1863	859	122	44966
硕士学位	8408	346	271	301	117	54	9497
博士学位	49	4	—	—	3	—	56
能力等级证书(PCL)	19753	—	—	—	707	41	20501
总　计	68329	1571	1053	2164	1686	217	75020

资料来源：Central Bureau of Statistics of Nepal, *2011 Statistical Year Book*, *Nepal*, p. 303。

尼泊尔高等教育受国力限制，在学校数量和培养规模上都还跟不上社会发展的需要，接受过本科以上教育的人数占比很小，而且性别比例极不均衡，男性明显多于女性，大学中女生只占18%。

多年来，尼泊尔政府利用国际机构和友好国家提供的各种奖学金选派学生前往国外大学学习，自费出国的留学生也不断增加。留学的国家主要有印度、美国、英国、中国等，主要学习工科和医科。

（四）非正规教育

除学校正规教育外，尼泊尔教育体制还包括成人教育、职业教育、学龄儿童校外教育、特殊教育、远程教育和女童教育等多种形式。

尼泊尔的成人教育主要依靠政府和外国组织的援助来开展。不仅是成人教育，整个尼泊尔教育经费中的25%也来自外国政府和援助机构。从总的情况看，成人教育的力度还很不够。由于各外援组织之间缺乏沟通和协调，国家有关机构领导不力，加之缺乏专家的指导，成人教育在尼泊尔的开展十分有限。一个现实的问题是，一些已经脱盲的人由于缺乏运用和实践，在经过一段时间以后重新又成为文盲。

成立于 1979 年的尼泊尔职业及技术培训委员会是专门负责开展职业教育的机构。目前在尼泊尔的初级中学和中级中学里，都开设有职业教育方面的课程。职业及技术培训委员会在全国 9 个地点设立了 9 个职业技术学校。此外，一些政府部门也举办各种非正式的职业培训班；特里布文大学下属的科学和技术研究组织及国内的其他组织不定期地开展培训活动，国际非政府组织对尼泊尔的援助项目中也包括对一部分初级人才的培训。

对 6～14 岁未入学的学龄儿童的校外教育始于 1992 年，是尼泊尔政府针对农村儿童入学率低而采取的措施之一。在尼泊尔乡村，特别是在最落后的广大西部地区，办学条件极差，教师奇缺，儿童入学率和辍学率极高。组织和实施这一活动的一般是国际或尼泊尔国内的非政府组织，它们定期或不定期地举行活动，开设补习班帮助文盲儿童脱盲，使已经辍学的儿童至少达到小学 3 年级的水平。由于缺乏统计，目前尚不知道这一校外教育形式使多少儿童脱盲，但可以肯定，已经有一大部分儿童因之受益。

此外，特殊教育、女童教育和远程教育也有一定程度的开展，但力度还很不够。

四　教育私有化与市场化

1951 年以前，尼泊尔的学校主要由个人或集体捐赠兴办，政府直接开办的学校极少。1951 年拉纳家族政权被推翻后，政府办学的力度有所加大，加之有一些外国机构和个人的援助和捐赠，学校数量迅速增多。1971 年尼泊尔实行新的教育发展计划，国家在对教育继续投入的同时，也积极鼓励私人和社会办学。这样，国家对教育不再完全包揽，而是要地方政府和社会力量分担责任。

20 世纪七八十年代，尼泊尔政府曾请美国人及英国人开办男子中学、女子中学，由英、美、印教师执教。这些学校都是加德满都的"贵族学校"，王室子女也就读于此。1990 年以后，任何一个层次的教育领域都有个人参与办学，而且增长的速度很快。以 1984 年为例，当年私立与公立的初级中学和中级中学的比例分别是 1：30 和1：5；而 1994 年这一比例则急剧增至 1：1.1 和1：0.94。这说明公立学校与私立学校基本持平，甚至私立学校还多于公立学校。私立学校在初期主要集中在城市，后来向农村发展。私立学校一般集中在学前教育和中级教育两个层次上，公立学校则主要分布在基础教育阶段（小学）。例如在 1997 年，私立小学的数量仅占小学总数的 14.3%，学生人数更少，仅占 7.7%，而在中学阶段，公立和私立学校的数量基本相当。根据尼泊尔优先发展和保护基础教育的战略，未来教育私有化的重点仍然在学前教育和中等教育两个领域，学前教育和 10＋2 将进一步私有化和市场化。

私立学校在办学条件、师资、学生管理以及教学质量和升学率方面都比公立学校有明显的优势，但它的收费较贵，普通人家的子女难以进入。据统计，私立小学的费用一般是公立小学的 13 倍，私立中等学校（不包括 10＋2）的费用是公立学校的 7 倍。尽管如此，由于私立学校良好的办学条件，很多人仍愿意送子女去私立学校，私人办学的数量和规模呈现快速增长势头。在全国近 5 万所学校中，私立学校占将近 1/3。

在私立学校蓬勃兴起的同时，公立学校面临的挑战是显而易见的。由于缺乏政府有力的财政保障，绝大部分公立学校校舍破旧不堪，办学条件差，有 50% 的学校亟须修缮，有经验的师资大量外流，教学质量大幅滑坡，生源越来越得不到保障。一些政府官员、政党领袖以及富商大贾都把自己的子女送往私立学校或干脆送到国外的学校，公立学校前途黯淡。在尼泊尔，一个中产阶级家庭支付几个子女同时上学是一件非常不容易的事情，更何况收入较低的家庭。在公立学校，每年都有大量学生不能通过全国统一毕业认定考试（SLC）。尼泊尔教育部的数据显示，私立学校的学生 SLC 的通过率为 82%，而公立学校的学生只有 36%，两者相差很大。

总的来看，尼泊尔的教育自 1951 年推翻拉纳家族以后，经过半个世纪的发展，已建立了自己的体系，初、中等教育基本完善，高等教育特别是理工科也有一定的发展。近年来，政府对教育的投入和改革力度逐年加大，各级学校的数量和学生入学率呈快速增长趋势。但是，由于尼泊尔是世界上最不发达的国家之一,国家财力十分有限,教育的总体水平仍相当落后。在一个大约 2700 万人口的欠发达国家,教育的真正普及和发展并非易事。

第二节 科学技术

一 自然科学

1957 年尼泊尔成立了皇家学院,之后又成立了皇家科学技术学院,负责管理尼泊尔的科学技术和研究事业。1992 年为了加强和协调各研究机构,政府内部又增设了科学技术部,负责制订和贯彻科学技术发展的长远规划。由于国力所限,尼泊尔的科学技术目前还处在起步阶段。

近年来,尼泊尔将科技工作重点放在发展替代能源、农业技术、传统手工艺改造、植物资源的研究、环境保护、无线通信和高原科技等方面。开发和利用替代能源(小水电、沼气、太阳能、风力发电等)一直是尼泊尔政府的目标,但由于资金、技术、设备等原因,远未完成预期目标。

尼泊尔的科学研究单位和一些与科研有关的主要机构如下。

特里布文大学应用科技研究中心 从事颜料染色、太阳能应用、食品、廉价房技术的研究,并开始了石油替代品的研究,以减少对外国的过分依赖。

尼泊尔农业研究委员会 领导和组织尼泊尔农业发展项目的研究,经常得到国际机构的援助和捐献。目前,该委员会正在吸收具有高学历的农业技术人员,并与国外大学建立学术关系,以加快重要农作物产品的研发。加德满都大学、特里布文大学农业和动物科学学院、农业和林业大学等是该委员会以及它的下属机构共同合作培训中高级人才的基地。

药品研究实验室 自 1962 年建立以来,已对尼泊尔 700 多种药用植物和香料植物中的 300 多种进行了分析研究。草药制作、新香料植物的发掘和植物保护等也是该实验室研究的项目。另外,纳尔德维传统医学中心医院以及各县建立的传统医院也都从事各种药用植物的种植、研究和开发工作。加德满都狮宫传统医药所已发展成为研制传统医药的大型企业。尼泊尔正在由单纯的草药出口国向草药制剂和香料出口国转变。

小型工业局 从事农村和传统技艺、手工艺设计、皮革技艺、陶瓷生产技术等方面的研究和培训，但是由于投资不足，传统技术未取得明显发展。

水利能源委员会 负责水资源利用的研究和考察，已完成了对一些河流、地下水和冰川面积的考察。

勘探局 负责勘探方面的研究和工作，已在外国的技术支持和经济援助下完成了天文、地形图测绘、全区定位系统和空中摄影等项目。在地质矿产方面进行了一定的地质勘探、石油地质抽样和地震网测定等工作。

国际山地综合开发中心 建于1983年，是由尼泊尔与联合国教科文组织、德国及瑞士共同发起成立的，总部设在帕坦。该中心旨在研究、保护和共同开发兴都库什—喜马拉雅山地的资源，改善山地居民的生活条件。尼泊尔、印度、巴基斯坦、孟加拉国、不丹、缅甸、阿富汗和中国都是参加国。尼泊尔全国计划委员会、特里布文大学、各有关部委和研究机构等都积极参与。尼泊尔全国计划委员会与国际山地综合开发中心在建立地质图像信息体系等有关山地开发和社会发展的一系列项目中开展合作。由于积极参与国际科技合作，尼泊尔受益颇多。

二 人文社会科学

尼泊尔是一个具有丰富历史文化底蕴的国度。尽管人力资源开发水平较低，文盲率较高，但是自从1951年对外开放以来，尼泊尔大力发展经济和教育文化事业，同时逐步建立起了自己的人文社会科学研究机构。

尼泊尔的人文社会科学的教学和研究力量，主要集中在特里布文大学。该校除设有理科、工程、医学和农林等学科外，还设有法律、政治、经济、人口、管理、语言、教育、梵文等人文社会科学学科，每年为国家培养大量人文社会科学人才。该校既是教学机构，也是研究机构。20世纪90年代以来，特里布文大学每年新入校学生有数万人，其中半数以上学习人文社会科学。尼泊尔的人文社会科学研究与外界有较多联系，得到国际组织和发达国家在经费和技术上的资助。

为加强人文社会科学研究，1966 年特里布文大学建立了一个尼泊尔学研究所，以促进对尼泊尔历史、文化、艺术、宗教、语言、文学等方面的研究。1968 年，尼泊尔学研究所被重新定名为"尼泊尔研究所"。该所管理委员会主任由特里布文大学副校长兼任，同时还成立了各分委会，负责历史、文化、语言、文学和梵文等方面的研究。

1972 年 7 月 16 日，尼泊尔研究所改组为"尼泊尔－亚洲研究学院"，成立了院委会，增设了社会学和人类学等学科委员会，并建立了自己的文献资料中心。该学院出版研究报告、文献书目、专著和有关尼泊尔的书籍，还编辑出版《尼泊尔研究文稿》（每半年一期）和定期发布信息公报。

1977 年 9 月 8 日，"尼泊尔－亚洲研究学院"又重组为"尼泊尔与亚洲研究中心"（Center for Nepal and Asia Studies，CNAS），不再承担教学任务，集中从事研究工作。该中心的研究咨询委员会由 11 名委员组成。执行主任和其他两名委员为中心的专职人员，3 名应聘委员来自特里布文大学人文和社会科学院，其他委员则由政府相关部门的高官充任，从财政和行政上给予支持和配合。该中心研究的范围包括哲学、社会学、历史学、语言学、考古学、人类学、政治学、国际关系学等人文社会科学的多个学科，侧重尼泊尔的文化和传统、社会变革和发展、喜马拉雅地区研究、尼泊尔政治、南亚和东亚研究等。

"尼泊尔与亚洲研究中心"旨在通过人文社会科学的各个学科的研究，进一步确立尼泊尔的独特个性，在学术上建立尼泊尔学。在历史上，尼泊尔位于南亚和中亚文化汇合点，形成了自己独特的文化。因此，中心着重开展这方面的研究。自中心成立以来，研究工作取得了很大进展，并与世界各国从事尼泊尔研究的学者和机构建立了联系，与中国的有关学术机构和学者也开展了一些有成效的交流。

此外，在特里布文大学属下，还有一个较为知名的社会科学研究机构，即经济发展和行政管理中心，从事经济和行政管理方面的研究。

第三节 文学艺术

一 文学

尼泊尔的古代文学大多是用梵文写的有关宗教祭祀的作品或爱情故事，到中世纪马拉王朝时代，尽管尼泊尔语、尼瓦尔语、梅蒂利语和博杰普里语取得了合法地位，但在文学创作方面，梵文仍处于主宰地位。1769年沙阿王朝统一尼泊尔后，这种情况并未明显改变。

沙阿王朝建国初期，尽管梵文仍在文学领域处于主宰地位，但已开始出现了一些用尼泊尔语创作的文学作品。这时，统一战争尚未结束，文学作品多以歌颂国王和战斗英雄为题材，有诗歌、散文和短篇小说等，代表作有长诗《普里特维·纳拉扬》《希望之河》，散文集《幽默树》，短篇小说《坏鼻子的故事》，等等。乌达亚南德·阿尔亚尔（Udayananda Aryal）和夏克提·巴拉波（Shakti Ballabh）是这个时期最早用尼泊尔语进行写作的作家。在他们的带动和影响下，用尼泊尔语写作的作家日渐增多。

到19世纪，特别是在1816年尼英战争结束后，尼泊尔语文学进入中期发展阶段。由于战争动荡的时期已经过去，人们在思想上倾向于虔诚的宗教崇拜，在文学创作中便出现了以赞美神明为主的虔诚派诗歌文学。在这个时期，由于国家的提倡和民族意识的觉醒，人们对发展和繁荣尼泊尔语文学更加重视。当时的知识界流行着"要我们自己的语言、自己的国家、自己的国王和自己的服装"这一口号。它推动着大批知识界的精英大力推广尼泊尔语，并努力用尼泊尔语创作，使尼泊尔语在文学创作中的地位逐渐得到巩固。应当指出，巴努巴克塔·阿查里亚（Bhanubhakta Acharya，1814－1868）是这一时期最重要的作家，他对发展尼泊尔语文学做出了卓越的贡献。《罗摩衍那》是他按照尼泊尔诗词韵律翻译改写的长篇诗歌。这一巨著在尼泊尔家喻户晓，人们虔诚地诵读它，巴努巴克塔·阿查里亚也因此被誉为尼泊尔语文学的奠基人。另一位著名的作家是贾南德拉·达斯（Jyanandra Das），他是一位修道士，创作了许多赞美诗，以歌颂梵天，其代表作《乐潮》是尼泊尔语文学史上的经典作品。

这一时期除有关宗教的虔诚派作品外，还出现了其他内容的叙事诗和散文，如《西藏战争》《健康斋戒》《忠格·巴哈杜尔的英国之行》，另外还有剧本《罗刹的印章》等。这一时期的其他少数民族文学特别是尼瓦尔语文学也得到显著发展。

拉纳家族统治时期可以说是尼泊尔近代文学发展的后期。在这一时期，由于拉纳家族实行愚民政策，压制言论自由，扼杀文化，禁写历史，文学创作不仅得不到鼓励，反而遭到摧残。他们还禁止使用尼泊尔语以外的其他民族语言进行文学创作。尼瓦尔语的著名作家如法特赫·巴哈杜尔、西迪·查兰和吉塔达尔·赫里达亚仅仅因为用自己民族的语言创作，便被投入监狱，法特赫·巴哈杜尔还被折磨致死。在这种强大压力下，许多较小民族的作家被迫改用尼泊尔语从事文学创作。尽管在这一时期，尼泊尔语文学也取得了一些成果，但在当时统治者骄奢淫逸作风的影响下，出现了相当一批风花雪月的艳情作品。其代表人物是毛提拉姆·巴塔（Motiram Bhatta）。他善于将乌尔都语情诗的写作技巧融入尼泊尔语诗歌中，除写爱情诗之外，他还翻译了《沙恭达罗》，撰写了《巴努巴克塔传》等尼泊尔语文学作品。他的《巴努巴克塔传》描写拉纳政权下一个贫苦婆罗门的一生，对尼泊尔语文学的创作起了有力的推动作用。

拉纳家族被推翻后，尼泊尔语文学进入了现代发展时期。在尼泊尔政府和国王的赞助和支持下，尼泊尔文学界于20世纪五六十年代召开过多次全国代表大会，调动了全国文学艺术创作者的积极性，并成立了尼泊尔文学协会等全国性组织。

这一时期的重要作家有列克纳特·包德尔（Lekhnat Podel）、巴尔·克里希纳·萨马（Bal Krishna Sama）、拉克希米·普拉萨德·德夫科塔（Lakshmi Prasad Devkota）等。列克纳特·包德尔的诗篇《笼中鹦鹉》《季节之思》《年轻的苦行僧》被誉为尼泊尔语文坛上的明珠。1951年，他被授予"桂冠诗人"的称号。巴尔·克里希纳·萨马是自由体诗歌的开路人，在梵文和散文诗方面造诣很高。他善于以诗歌形式记述历史，用戏剧形式反映社会重大事件，其代表作有《我心中的祈祷》等。他被誉为尼泊尔的文豪，是普里特维皇家学院奖的第一位获奖者。另一位诗人拉克希米·普拉萨德·德夫科塔开创了浪漫主义的写作风格，赢得了"天才诗人"的称号。其代表作《穆娜与马丹》被誉为尼泊尔语诗歌的典范。这是一部叙事诗，通过描写一对青年的忠贞爱情，反映尼泊尔劳动人民对幸福生活的向往（此书于2012年被翻译为中文，由作家出版社出版）。

尼泊尔人民十分喜爱诗歌，所以诗歌创作比较多。诗人们除出版诗集外，每逢集会，多争先恐后地登台献诗。20世纪下半叶以来，尼泊尔还涌现出许多颇有才华的青年诗人，如伊斯瓦尔·巴拉波（Iswar Bhalabh）、比马尔·尼瓦（Bimal Neeva）、班德·拉纳（Bund Rana）、戈帕尔·帕拉朱利（Gopal Parajuli）和曼朱尔（Manjul）等。其中，伊斯瓦尔·巴拉波获得尼泊尔国家文学奖，他的诗歌被认为是尼泊尔当代诗歌的里程碑。

除诗歌外，尼泊尔小说也逐渐发展起来。较早时期的著名小说家有赖恩·辛格·班格达尔（Lain Singh Bangdel）等，新一代的小说家有贾格迪什·吉米里（Jagdish Ghimire）、拉加布（Rajab）和瓦尼拉·吉里（Vaneera Giri）等；短篇小说家有马努·布拉加克（Manu Brajaki）和帕德马瓦提·辛格（Padmawati Singh）等。

尼泊尔散文也有一定的发展，主要散文家有恰斯扬·马斯特（Chasyang Master）等。

尼泊尔的文学创作组织在20世纪70年代进行了调整，原来文学协会的工作由尼泊尔科学院（原来的皇家学院）的文学部取代。

尼泊尔当前发行的文学刊物主要有《大地》（Dhrti）、《进步》（Pragti）和《东方》（Praci）等。

二 戏剧和电影

1. 戏剧

尼泊尔戏剧根据印度古代流行的《舞论》，将音乐、舞蹈、戏剧三者紧密相连。戏剧的传统亦可追溯到公元前的克拉底王朝和公元后的李查维王朝。公元 7 世纪李查维宫廷演出过四幕舞剧《罗摩衍那》。马拉王朝时代，加德满都谷地三个分立的宫廷都热衷戏剧创作。帕坦国王希提纳尔·辛格创作过《七月之舞》，巴德岗国王普巴金德拉·马拉创作了《英雄之举》。一些国王喜作诗词，又是戏剧爱好者，创作并演出戏剧。梵文剧虽然相当流行，但人们也用尼瓦尔语创作。据记载，公元 1643～1900 年加德满都谷地地区的戏剧创作者共创作了 54 部尼瓦尔语戏剧，虽题材大多取自往世书，但内容更多接近当时的世俗生活。加德满都谷地居民聚集区都建有方形露天舞台，供节日期间演出戏剧。可见戏剧在当时十分盛行。马拉王朝排演过的一些节日舞剧，至今仍然流传。

沙阿王朝初期对音乐、舞蹈不太重视，因此没有什么发展。拉金德拉·比克拉姆·沙阿国王写过一个佛教故事剧本。拉纳首相为了娱乐，引进波斯剧、英国剧和歌剧，在宫廷演出。1900 年拉纳统治者曾派人去加尔各答学习当时流行的波斯和英国风格的舞台艺术，这些人回来后成立了皇家剧院，上演梵文剧、波斯剧，改编印地文、乌尔都文的故事剧，为现代剧的发展创造了条件。后来巴塔翻译了《沙恭达罗》，一些人也将梵文、印地文、波斯文剧本译为尼泊尔文剧本，为尼泊尔现代戏剧的诞生准备了条件。

尼泊尔近现代剧作家颇多，比较著名的有以下几位。

巴尔·克里希纳·萨马（Bal Krishna Sama，1903－1981） 尼泊尔现代戏剧之父，生于拉纳家族，祖父曾去加尔各答学习戏剧。萨马在尼泊尔文化的基础上，融合东西方文化，共创作了 17 部剧本，其中有悲剧，也有喜剧和历史剧。他还写出了许多独幕剧。他的儿子和夫人都参加戏剧演出，可谓戏剧之家。萨马以现代生活中的人和事为题材，表现了家庭和社会问题。历史剧则以战士为主人公，使戏剧摆脱了仅仅反映神话或异国历史的状况。他的主要剧作有《北极》《满足》《心病》《我》等。《冰冷的炉灶》一剧反映了种姓高低不同的男女主人公敢于打破不能通婚的传统观念，自由恋爱，追求光明和进步。萨马还是一位著名诗人和画家。1979 年获特里布文奖和普里特维奖。

比姆尼迪·蒂瓦里（Bhimnidhi Tiwari，1911 – 1973） 尼泊尔著名剧作家，共创作了十余部反映一般群众生活的剧本。他追求社会平等，个性解放，主张提高妇女地位，代表作有《为何当大臣》等。

戈帕尔·普拉萨德·里马尔（Gopal Prasad Rimal，1918 – 1973） 尼泊尔著名剧作家兼诗人，创作了多部剧本和几十本诗集，还是散文诗的奠基人。他的两部名作《火葬场》和《这是爱情》旨在提高妇女地位，他因在诗歌和戏剧方面做出新贡献而获得"银匾奖"。

比贾亚·马拉（Vijaya Malla，1925 – ） 尼泊尔当代剧作家的主要代表。他突破悲喜剧界限，着重人物内心矛盾的心理分析。其主要作品有《生活及死亡》《为什么被惯坏》。他的独幕剧在学生中很受欢迎。

尼泊尔现代戏剧艺术虽不及诗歌和小说发达，但有着古老的传统，它仍是群众喜闻乐见的一种艺术形式，不少学校校园和业余剧团经常创作和演出新旧剧目。尽管受到电影的冲击，但戏剧这一形式仍能保持长盛不衰。

2. 电影

电影是尼泊尔最受大众欢迎的娱乐形式之一。1944 年第一部尼泊尔电影《哈里钱德拉》问世。它是由印裔尼泊尔人与印度人合拍的。1966 年又摄制了《娘家》。为了满足群众的需要，尼泊尔于 1965 ~ 1970 年摄制了《母亲》《昨天、今天和明天》《变化》三部故事片。

为了更快发展自己的电影产业，尼泊尔政府于 1977 年成立了尼泊尔皇家电影公司，隶属信息和通信部。公司设有电影剧本部、电影摄影技术部、冲洗部等部门。当时公司只拥有几个不完备的胶片冲洗室，摄制的胶片仍需送到印度、泰国或巴基斯坦冲洗印制，后来逐渐建立了现代化的胶片冲印车间和现代化的摄影棚。

尼泊尔皇家电影公司 1973 年开始制作影片，1974 年制作了黑白故事片《心的堤坝》。1975 年制作了第一部彩色故事片《童女神》。1979 年制作的《朱砂情》讲述的是寡妇的不幸命运，中国电影公司曾购买其发行权，并译为中文对白，公映后受到好评。在拍摄故事片的同时，尼泊尔皇家电影公司还负责纪录片和新闻短片拍摄工作，记录尼泊尔重大历史事件，还特别拍摄了一些反映尼泊尔名胜古迹的文化片。

为了提高电影制作水平，特别是技术水平，皇家电影公司经常派遣人员到国外参加研讨会、培训班，与国际同行切磋技艺，并积极参加一些国际电影节。

1992～1993 年，尼泊尔终于建立起自己的胶片洗印车间。尼泊尔皇家电影公司也按照私有化政策改组，51％的股份出售给私人，并改名为尼泊尔电影发展公司。20 世纪 90 年代以来，影片数量增长较快。近年来每年生产故事片 25～30 部。除供给影院放映外，电视台每周六下午放映一部国产影片。因需求量大，由尼泊尔自己生产的故事片仍感不足，不得不以印度制作的印地语电影为补充。

三 音乐和舞蹈

尼泊尔音乐舞蹈源远流长。根据宗教传说，湿婆大神创立音乐舞蹈，其妻波罗伐蒂、其子象头人身神伽奈什都善舞。这可见证于众多的古老石刻雕像。佛教观世音也被视为舞神。释迦牟尼出家前，在迦毗罗卫王国宫廷中有舞女跳舞供其观赏。李查维王朝时音乐舞蹈相当发达。马拉国王阿马尔·马拉（Amar Malla，1530～1538 在位）编排有《拜拉瓦》《巴德拉时母》等舞剧。尼泊尔尽管有悠久的音乐舞蹈传统，但文字材料不足。

尼泊尔是个多民族国家，各民族都有自己的民族舞蹈，它们相互交流，相互吸收和融合，不断发展，形成今天多姿多彩的现代舞蹈。在尼泊尔，无论是在节庆、宗教活动或日常生活中，人们不时可以听到鼓乐之声，见到唱歌跳舞的人群。尼泊尔的音乐舞蹈既吸收了南亚北部地区印度斯坦音乐舞蹈的成分，也吸取了中亚地区音乐舞蹈的一些成分，形成自己的独特风格。

1. 音乐

尼泊尔沿用南亚次大陆的拉格（Raga）曲调和副曲调（Ragini）理论，曲调一般分为三种。一为泽利亚（Chariya）曲调，是佛教金刚乘密宗的祭司们在祭祀时所唱的古老曲调。二为达巴（Dapa）曲调，即马拉国王所创作的中世纪敬神曲，多为尼瓦尔族所演唱。一般认为，这是马拉国王在引进北印度的印度斯坦音乐时，将其与当时尼泊尔民间音乐结合起来创作而成的。三为北印度的"印度斯坦音乐"曲调。拉纳家族统治者崇尚北印度莫卧儿王朝的音乐及卡塔克舞蹈，因而约在150年前将其引入尼泊尔。塔布拉手鼓、西塔尔琴及印度斯坦音乐理论也随之一并传入。

尼泊尔各民族的乐器种类极多，近百种。但通常人们所说的"五乐器"最具尼泊尔特色。这五种乐器是由鼓、一种号、一种唢呐、一种喇叭和一种吹管组成的。值得一提的是，在尼泊尔音乐中类似我国的镲钹应用很广泛。塔布拉手鼓、西塔尔琴等印度斯坦乐器和小提琴等西方乐器也被用于尼泊尔音乐中。

尼泊尔的音乐有古典、民族与现代音乐之分。古典音乐通常指马拉王朝的音乐，又指佛教金刚乘祭司的泽利亚曲调。一般认为泽利亚曲调更为古老，其中一种叫作卡卡（Caca）的歌曲，由佛教祭司领唱，伴以手势和身段，并由10人伴唱，是泽利亚曲调中的纯宗教歌曲。泽利亚音乐是典型的宗教音乐，印度教的敬神曲及马拉王朝时代所创作的音乐和歌曲也因与神话有关而属于宗教音乐。

民族音乐和民间音乐是尼泊尔音乐最为丰富的部分。各民族都有自己的乐器和歌曲，抒情歌曲、独唱、对唱、合唱等十分丰富，这是尼泊尔音乐的主体。在加德满都谷地一些庙宇的旁边修有厅堂，是供群众唱敬神曲和休闲娱乐的场所。

尼泊尔的现代音乐是在古典、传统和民间音乐的基础上，融合西方音乐的和声和多声部的旋律创作而成的，有独奏和合奏曲调。

2. 舞蹈

拉纳家族统治被推翻后，尼泊尔民族舞蹈才被重视。尼泊尔的舞蹈大体可归纳为以下几种类型。

古典舞蹈 泽利亚舞蹈原为金刚乘佛教密宗祭司在祭祀时所跳的舞蹈，世代秘密相传，从不外露。尼泊尔的舞蹈工作者从20世纪40年代开始整理，50年代向外公开，终于使泽利亚舞蹈从庙宇走出来，并在尼泊尔举行的佛教大会上演出。现已整理出的泽利亚舞蹈有《文殊师利》《金刚瑜伽女》等。这种舞蹈有歌曲伴唱，节奏平缓、舞姿优美。

传统节日舞蹈　多系马拉王朝时期留传下来的，故被称为传统节日舞蹈，或被称为敬神舞。这些舞蹈都是在一定节日期间，由地方社团或寺庙组织演出的。演员们穿上特定的服装，戴上首饰、面具，要搭台连演数日，有的还要在街头巡回演出。如庆祝因陀罗节时，在加德满都演出《拉凯》和《时母》，在帕坦演出《八圣母》和《白时母》，在巴德岗演出《新难近母》和《拉达·克里希纳》，等等。这些舞蹈音乐强劲有力，动作沉重，表现的是女神战胜恶魔的故事。

民族民间舞蹈　经过几十年的整理加工，尼泊尔的舞蹈工作者把各民族有代表性的民间舞蹈提高到一个新水平，有的节目在亚洲民间舞蹈节上曾获过头奖。这些舞蹈充满了生活气息，节奏明快，动作敏捷，反映了尼泊尔民族纯朴、豪迈、乐观、欢快的精神，具有鲜明的民族特色。代表性的舞蹈有：古隆、马嘉族的娇丽舞，尼瓦尔族的迪迈鼓、肯塔迈舞，塔芒族的塔芒舞，西部平原的德哈蒂舞，拉伊族的桑吉舞，中部山区的索罗蒂舞，特莱平原塔鲁族的莫地亚舞和谢尔巴族的夏布隆舞，等等。

四　建筑、雕塑、绘画及其他

1. 建筑

尼泊尔古代曾有过辉煌的建筑。唐代出使南亚的王玄策在其关于尼泊尔的记述中盛赞"凯拉什库特"七层大厦的雄伟。据说该大厦的大厅可容纳万人，由此可见当时建筑工艺所达到的水平，可惜这座大厦今日已荡然无存。

加德满都谷地典型民居一般是3～5层的砖体楼房，木制大门、门廊、窗户、檐柱宽大突出，注重雕刻，一层或多层屋顶探出在外。在此基础上，发展出一种以砖木结构为主体的多层宏大建筑，上覆向四面伸出的多重檐大屋顶，被称作塔式建筑，是尼泊尔特有的建筑形式。

这种构造广泛应用于巨大的宫殿和庙宇，十分壮观。建筑可成方形或长方形。每层伸出的屋顶四角和中间顶檐都与下边墙体以扁形柱头相连；木窗可直接镶在墙壁上；也可将木窗向前移到柱头之间，再用透雕的木格栏把它们连为一体，形成一个向前斜欠或方形直立凸出墙外的大阳台，远观像是一个垂悬于顶檐之下的大围屏。

扁形柱头上边布满彩绘花卉及鸟兽、神像木雕，四角的柱头一般以镇角兽为装饰。每个窗户几乎都是一件精雕细刻的艺术品；巴得岗的布加利僧舍墙上的孔雀窗和巴得岗王宫的 55 扇窗，都是这方面的代表作。建筑的大门也十分考究，门扇、门框、门楣上的半圆形拱券和廊柱，一般多以黑色粗大木材建成，上面刻有花鸟人兽、蛇龙爬虫和几何图形，生动优美，栩栩如生。房顶和屋脊上，则多镶以铜制塔顶和华盖，檐边缀以铜铃。

大型建筑的屋顶及门窗和一部分墙面，常用镏金铜板建造或装饰。建于公元 8 世纪初的帕舒帕底纳特庙（兽主庙）就是一个代表作。该庙主体建筑是两层屋顶的大殿堂，其上的大屋顶、联为一体的檐头、格子窗棂和柱头上的神像，全部是镏金结构，屋顶冠以镏金宝顶等饰物，使整个建筑金光闪烁，耀眼夺目。帕坦的大金庙和巴德岗的金门，也是镏金铜雕建筑艺术的杰作。塔式建筑遍布尼泊尔各地，重要的有加德满都的塔莱珠女神庙、巴德岗的五层塔神庙、廓尔喀的巴桑塔普尔宫殿和努瓦科特九层宫殿，以及其他一些著名城堡。最早的当属加德满都谷地建于公元 4 世纪的昌古·纳拉扬寺。

尼泊尔也有印度式的舍卡拉（Shikhara）印度教神庙，但其体积小，数量少，构造简单，只限于次要的一些印度教神庙。

尼泊尔对窣堵波佛塔建筑技术进行了改进。佛塔初始时只是一个半圆形古冢形式。在尼泊尔，覆钵形白色塔基（Kumba）以上塔刹部分得到了充分的发展。如斯瓦扬布纳特佛塔，在覆钵半圆中央竖起一个四方柱体（Harmika），可绘上佛眼，加上拱券，装以佛龛。上面再起十三重圆形相轮，塔刹顶部覆以伞盖、华幔、铜铃，并以顶端同形小塔作为极顶。因塔刹全部为铜制镏金结构，并建在一座小山顶上，在太阳的照射下，全塔闪出特别耀眼的金光。加德满都东部的"佛主塔"，塔基三层 12 个角，按坛城图形建造，布满佛塔佛龛，佛塔上下部分均得到充分发展。

加德满都、帕坦、巴德岗三地以王宫广场为中心，将宫殿、庙宇、神龛、神像、帝王雕像、神兽、神鸟、魔怪、祭坛、石柱、灯台和钟鼓楼阁集中于一体，形成今天综错有序、高低悬殊、图案奇妙、形态各异的建筑群体，充分展示了尼泊尔建筑艺术的风格和尼泊尔人民的艺术才华。

令人感兴趣的是，尼泊尔建筑前大多立有门狮雕塑，龙、凤雕塑也时有出现。

近一个多世纪以来，尼泊尔也修建了一些仿欧宫殿建筑。除政府大厦"狮宫"外，还有清凉宫等几座宏大的建筑，虽已有些破旧，但仍可看出昔日的辉煌。

近年来，加德满都兴起了许多现代化建筑。在不少现代派作品中，也吸收融合了尼泊尔的传统风格和形式，如塔式屋顶、仿古门窗的形式装饰等，表现出民族特色。加德满都的比兰德拉国际会议中心和贾纳克普尔的罗摩悉达成婚庙，都采用了大屋顶的塔式建筑形式。

2. 雕塑

尼泊尔是个笃信宗教的国度，宗教建筑数不胜数。在这些建筑中，人们可以看到各种各样尼泊尔独有的木石雕刻、金属造像和丰富多彩的手工艺品，它们是国家的重要文化遗产。

石雕艺术　石雕是尼泊尔最古老的一种重要艺术形式。从近些年加德满都谷地考古发现的公元 1 世纪的女神像、菩萨像和一个半身罗刹石像看，尼泊尔的石雕艺术不是外来的，而是具有鲜明的尼泊尔本土特色的艺术，尽管它后来受到了印度贵霜、笈多和波罗王朝艺术风格的影响。

公元前 249 年印度阿育王来蓝毗尼朝拜佛祖出生地时，留下一根著名的阿育王记事石柱。公元 1 世纪以前的石雕在加德满都谷地尚待考古发现。5 ~ 9 世纪李查维时期制作的石雕已经具有很高的水平，出现了许多经典之作，为以后的尼泊尔石雕艺术发展奠定了基础。加德满都以北 8 公里处布达尼勒甘塔神庙（Budhanilkantha）的池塘内，守护神毗湿奴仰卧在九条巨蟒盘绕的蛇榻之上，双目视天，两足相叠，手持飞轮、叉镖、海螺、莲子的大石雕，是 8 世纪的作品，无论从雕刻技艺和造型艺术来说，都是一件稀世杰作。尼泊尔国家博物馆收藏的 6 世纪的《马拉的诱惑》《摩耶夫人》《湿婆和波罗伐蒂》，昌古·纳拉扬寺内 8 世纪的《毗湿奴三界现身》《毗湿奴世界》等神话浮雕，以及斯瓦扬布纳特佛塔旁 9 世纪的《释迦牟尼立像浮雕》等都是精品。帕舒帕底纳特庙内中世纪制作的《湿婆"林伽"》石雕，是印度教最神圣的作品。李查维时代的雕刻线条简洁有力，马拉王朝时期的作品则更为细腻，更重装饰性。马拉王朝时期建造的克里希纳神庙和庙内精美的印度《摩诃婆罗多》和《罗摩衍那》两大史诗中的神话故事石雕，也是尼泊尔石雕艺术的杰作。帕坦马拉王宫的浴池周边墙上遍布的数百个神像和鸟兽像，精细优美，栩栩如生。宫殿庙宇广场前的守卫石狮、石象、石神更是多姿多彩。马拉王朝末期，巴德岗尼亚塔波拉神庙的五层塔基台阶上，耸立着两排对称的女神、狮鹫、大象、雄狮和力士石雕像，造型生动有趣，可算是古代尼泊尔石雕艺术的完美代表。

木雕艺术　尼泊尔的木雕有着十分悠久的传统，被认为是尼泊尔艺术的骄傲。在古代，木材大量应用于建筑，这就为木雕艺术的发展提供了广阔的空间。加德满都谷地主要民宅几乎没有一座木制门窗是不经过雕琢的。宫殿和众多庙宇更是集中了木雕的精华。巴德岗布加利僧舍墙上的一幅孔雀开屏的立体透雕作品集中反映了尼泊尔木雕艺术构思的巧妙和工艺的精美。巴德岗王宫 55 扇通体窗棂更是集木雕工艺之大成。房檐四角柱头上色彩斑斓的半羊半马镇角兽，中间檐柱上伫立的神像和花卉人物、大扇的格子窗棂、大门及门上拱券重重叠叠的雕刻、墙面装饰性的蛇形木线或图形，都显示了木雕工艺的精巧。

人们还用木雕制作神像、人像、花木、鸟兽、浮雕风景和日常的装饰品。木雕不像石雕那样与宗教息息相关，比较世俗化，常用于现实生活。尼瓦尔的能工巧匠撰写有木工技艺专著，论述琢凿和榫接技艺。巴德岗有一座木雕博物馆，其中藏有一些远至 13 世纪的精美作品。

金属造像　公元 2 世纪开始的李查维时代造像技术已有很高的水平。传说 7 世纪的国王纳伦德拉·德瓦（Narendra Deva）腰间佩戴的金佛像十分精美。12～13 世纪由于印度佛难，大批佛教僧侣及学者逃至尼泊尔，使加德满都谷地造像艺术迅速发展，走向兴盛。这时，尼泊尔出现了有关铸造艺法的专著。阿尼哥应邀到西藏修建佛塔和佛像并非偶然，据说他曾写过《造像比例法则》一文。马拉王朝时代金属造像艺术走向鼎盛，不仅神像铸造得更为精美动人，对各种鸟兽树木和花草，以及对各种装饰物的铸造也几乎无所不能，大有代替石雕艺术之势。17 世纪，密宗和藏传佛教神像复杂的面孔、躯体、双身的造像风格兴起，尼泊尔的工艺匠不仅能制作，而且还取得了很高的成就。大型造像则采取中空、分造、组合的方式，集铸造、镶嵌与彩绘于一身，十分精美，大多具有较高的艺术价值。14 世纪以前的作品难以找到，中世纪的一些精品也流失国外。波士顿博物馆收藏的一件尼泊尔中世纪"金刚持菩萨"造像，曾引起了世界对尼泊尔金属造像艺术的兴趣。

加德满都谷地仍不乏精品。在尼泊尔国家博物馆收藏的 14 世纪的《不空成就佛》和 15 世纪的《持莲菩萨》，极具古典风范；18 世纪的《大威德明王》则完全是藏传佛教神灵的风格。加德满都谷地的三个王宫广场中间石柱上三个国王的坐像、帕坦王宫院内的恒河女神和朱木拿河女神像、斯瓦扬布纳特佛塔的度母、释迦牟尼立像都十分优美。

世代相传的古老的"蜡模浇铸法"工艺传承至今。此类作坊多集中于帕坦市，尼瓦尔人中的释迦族擅长此种工艺。模内浇铸后形成的铜毛坯，要经过刨光打磨、宝石镶嵌、镀金镀银和彩绘等多道程序，一切均靠手工操作。没有高超的技艺，是很难呈现那些面部表情生动、身态婀娜多姿、服饰华丽的各种人物形象的。尼泊尔的金属佛像享誉国外，是尼泊尔一项极受欢迎的出口产品。

金属工艺除了铸像外，也广泛应用于制作礼仪用的各种立式大小灯台、铜铃、金刚杵等法器和日常生活器皿中。建筑的装饰物如小塔、旗帜、鳄鱼头形排水口等也被广泛应用于建筑物屋顶，如加德满都老王宫的一些宫殿、塔莱珠女神庙的青铜大屋顶，帕舒帕底纳特庙和斯瓦扬布纳特佛塔的镏金金顶，既使这些建筑显得庄严华贵，又给它们增添了一种神秘而圣洁的色彩。巴德岗王宫的"金门"和帕坦大金庙，从顶部、窗棂和门扉直到墙基，上上下下密集了优美的神像、神龛、飞禽、走兽、草木、旗帜和宝顶等，通体熠熠生辉，光彩照人，令人叹为观止。

3. 绘画

公元 5 世纪中叶的李查维时代，尼泊尔的绘画艺术就已经很发达。贝叶经抄本上的神像插图和贝叶经木盒上的彩绘都十分精美，具有很高的艺术价值。南亚次大陆流行的细密画风也传入尼泊尔，使它的唐卡画（尼泊尔人称包瓦画）也受到细密的影响。

公元 7 世纪，尼泊尔的包瓦画已达很高水平，到 9~10 世纪时更趋成熟。绘画的图案简明，一般中间为主神，众神围绕周边，如阿弥陀佛与众菩萨常被画在一起。藏族画家尼玛泽仁认为，中国西藏的唐卡画初期直接受到了尼泊尔包瓦画的影响，而西藏的唐卡画后来又对尼泊尔的包瓦画产生了重大影响。赤真公主嫁给松赞干布时，从尼婆罗带来释迦不动金刚像，并在拉萨修建小昭寺，绘制壁画。布达拉宫现有一幅《帕巴鲁给夏阿》，便是赤真公主从尼泊尔带到西藏的唐卡画之一。15~16 世纪后，藏传佛教神灵体系和画风反过来影响尼泊尔的包瓦画，使包瓦画的颜色更加鲜艳，西藏密宗护法众神、双身像、复杂的坛城也成为它的主要题材。

传统的包瓦画主要由尼瓦尔族画师和信奉藏传佛教民族的画师制作，技艺与西藏的唐卡画几无区别，只是色彩不如唐卡画那样浓厚，构图比较自由，有的包瓦画绘有印度教的神话故事。今天，包瓦画受到尼泊尔政府的重视，每年举行全国展览，并进行评奖活动。

尼泊尔古代的壁画今已无存。巴德岗王宫《罗摩衍那》壁画为马拉王朝时期的作品，色彩鲜艳，人物形象生动，是中世纪的代表作，有很高艺术价值。还有一种叫作萨达尔（Satal）的优美宗教壁画也极具艺术性。近代时期的一些色彩鲜艳、形象生动的大型传统宗教壁画也不时见于庙宇墙壁。

尼泊尔的现代艺术始于 19 世纪中叶，当时的统治者拉纳家族引进了西方的建筑和装潢艺术，修造了巨大的欧式官邸和馆舍，西方塑像、油画及肖像充斥厅堂和庭院。英国在加尔各答开设艺术学校后，一批热爱艺术的尼泊尔青年去那里接受教育。被称为尼泊尔现代艺术之父的昌德拉·曼·马斯基（Chandra Man Maskey）和泰吉·巴哈杜尔·奇德拉卡尔（Tej Bahadur Chitrakar）都是该校毕业生。前者主张全盘照搬西方，后者则主张应具有一些传统色彩，但二人都受了印度孟加拉画派的影响。1928 年马斯基首次举行画展。尼泊尔前皇家学院院长赖恩·辛格·班格达尔（Lain Singh Bangdel，1923 － ）从加尔各答艺术学校毕业后又去伦敦、巴黎等地留学，回国后在 20 世纪 60 年代开创了抽象派画风。

1962 年尼泊尔举办全国第一次现代画展。1965 年成立了官方美术家协会，有会员数百名。该协会由当时的皇家学院管理。经过几十年的发展，尼泊尔现代艺术已发展出油画、水彩、铅笔画、雕塑等艺术门类。尼泊尔的现代绘画中，油画的地位最高。

20 世纪 40 年代中期成立的加德满都艺术学校，设有绘画和雕塑专业，现直属特里布文大学，拥有学生数百名，为尼泊尔培养出了不少艺术人才。

尼泊尔美术的民族风格正在形成之中。不过，传统艺人在创作中常常采用现代风格，以适应市场需要。

4. 丰富多彩的手工技艺

尼泊尔还生产各式铜质和银质首饰，上面镶嵌各色半宝石，风格奔放，又不失精细，很受大众青睐。

烧制赤土陶器是南亚次大陆古老的技艺。尼泊尔在这一工艺上也有很高的水平。尼泊尔国家博物馆收藏的 17 世纪的赤陶像《大戈力女神》具有很高的艺术价值。帕坦的大觉寺完全是由赤土陶砖建成的，每块砖上都烧有佛像一尊，是一座稀有的赤陶艺术建筑。

尼泊尔面具制作也有古老的传统。节日演出的舞剧大多使用面具，题材取自宗教和神话故事，造型多种多样。

用铜丝或银丝等金属线编织镶嵌半宝石的动物和器皿，也是尼泊尔的一项精巧手工艺。

廓尔喀弯刀是尼泊尔人的生活用品，也是防身武器，现已成为一种具有尼泊尔特色的工艺品。

尼泊尔平原东南部与印度毗邻的麦提拉地区的妇女有在村内墙壁、地面和纸张上彩绘印度教宗教题材画的传统，画风纯朴，是一种著名的民间艺术。

五　文化组织和设施

在文化政策上，尼泊尔强调保持和发扬其古老的文化传统和民族特性，为了发掘和继承古老的文化传统，尼泊尔自 1951 年以来逐渐建立了一系列文化基础设施。

1. 尼泊尔学院

尼泊尔学院原名为尼泊尔皇家学院，成立于 1957 年 6 月，最初的名字为尼泊尔文学艺术院。院长由马亨德拉国王亲任。1963 年该院在加德满都的市中心建成一座办公大楼和可容纳 1300 人的会堂兼剧场。1974 年比兰德拉国王颁布条例，对皇家学院改组，成立院务大会和院务理事会。皇家学院为国家级的自治机构，有自己的章程、院委会、院士、行政人员和艺术家。当时的国王为监护人兼院务大会主席，由他任命院长 1 名、副院长 1 名、秘书 1 名及该院 6 个学科的 6 名负责委员，由他们 9 人组成学院委员会，任期 5 年。学院还设有终身院士和荣誉院士。2006 年国王时代结束后，学院改名为尼泊尔学院。学院每年召开一次院务大会，政府相关部门的高级官员须出席，讨论和通过学院年度预算和工作方针。

尼泊尔学院是促进语言、文学、艺术、科学等领域发展的最高机构，其宗旨和目的是：（1）促进作家、诗人、艺术家和科学家之间的合作，以发展尼泊尔的语言、文学、艺术、科学等；（2）刊印发表上述诸学科的原著和创造性著作；（3）在上述领域提供充分的奖励，以进行研究和创造性活动；（4）采取措施，把有水平的外国文学作品译为尼泊尔语，以丰富尼泊尔文学；（5）确认杰出学者和艺术家的杰出贡献并授予各种学院奖；（6）组织各种会议、报告、讨论会、大会和展览；（7）促进与各友好国家文化交往并与文学、艺术、科学等领域的各国际机构建立联系。

学院每年还按常规举办一些重大活动,诸如在尼泊尔历新年时举行一周的戏剧比赛,每年建院周年时举行诗歌节,在欢庆牛节时举行幽默讽刺诗歌、戏剧、漫画比赛。

成立于1965年的尼泊尔美术家协会并入学院后,学院成为促进和发展美术事业的最高权威机构,每年举办一次全国美术展览。

学院创办尼泊尔文刊物《诗歌》和《学院》。已出版文学、艺术、哲学等各学科著作三四百种,并翻译了少量外国作品,如泰戈尔的作品等。

2. 尼泊尔文化公司

该公司成立于1972年,直属于教育和文化部,由主管文化的秘书任主席,日常事务由总经理负责。它是一个官方歌舞戏剧团,旨在保护、宣扬民族文化。公司负责经营演出、从事创作、培训演员,同时负责组织专区、发展区和全国的文艺会演及建立各地区的文化中心,以及接待来访的外国艺术团和出国演出。其规模与尼泊尔学院艺术团大体相当。

3. 考古局

考古局成立于1952年,隶属于教育和文化部,为总局级建制。下设勘查发掘处、文献摄影处、化学保护处、人类学处、美术处、国家历史研究处、宫殿维护处、古文化检查处、图书馆处、博物馆处;直辖国家博物馆、国家图书馆、国家档案馆等。

在联合国教科文组织和德国等协助下,考古局对加德满都河谷地区的文物,特别是被联合国教科文组织列入世界文化遗产的文物进行维护,对平原地区蓝毗尼周围佛迹和土著部族克拉底人王宫遗址进行了大量发掘和维护工作。但是由于经费缺乏,技术力量不足,许多文物仍缺乏维护。鉴于现在文物保护几乎全部来自政府拨款,尼泊尔政府今后将鼓励私人和私营企业参与文物保护工作,把文物保护与旅游、朝圣结合起来,增加经济效益。

4. 尼泊尔国家档案馆

该馆直属考古局,馆内藏有印度教、佛教等古代文献经典等共25000余册,其中1/10为贝叶经,以兰查、博杰普里、梅蒂利等文字写成,古老的文本有印度笈多王朝、尼泊尔李查维王朝3～4世纪的写本。19世纪欧美及日本学者先后从尼泊尔运走约1600部贝叶佛经，古本精华多已流失。馆内还藏有500部藏文经典及医药文献。1932～1933年中国政府送给拉纳首相的500余册中文古籍也收藏其中。1967年该馆开始收集政府及私人历史文献，虽有收获，但还很不完全。碑文拓片、地契文书也有收藏。根据内容，档案馆分为四个部门：密教、宗教、哲学、星象学。

1970年以来，尼泊尔考古局与德国东方协会开展了手稿保护项目，由德方提供微缩胶卷技术，尼泊尔则要向德国提供所制每种微缩底片各一件。迄今档案馆微缩胶卷部拥有近10万件原稿微缩胶卷。尼泊尔政府表示在今后将继续大力执行这一项目。

5. 博物馆

尼泊尔的博物馆集中于加德满都谷地三市，主要博物馆如下。

尼泊尔国家博物馆　成立于1928年，在加德满都前抗英首相比姆森·塔帕的宅第修建，最初是个兵器馆，1938年对公众开放。1943年增加了艺术画廊。1967年改建为博物馆。它由三幢建筑物组成，主楼设有兵器室、古钱币室、肖像室、自然史室等，另外还有乐器和蓝毗尼－迦毗罗卫及加德满都谷地出土文物的展览区。

兵器室展出尼泊尔历次战争中使用过的兵器、火器，也介绍了尼泊尔的历史。古钱币室藏有5世纪以来的金、银、铜、镍、铝的各式钱币。肖像室展出了历代国王和名人的肖像，其中有周恩来总理和维多利亚女王签名的大幅画像。自然史室展示着尼泊尔国鸟——虹雉和其他珍奇鸟类标本。

艺术画廊藏有尼泊尔历代艺术精品。公元1世纪的夜叉雕像不仅造型优美，具有很高的欣赏价值，而且是研究没有史料记载的古代加德满都谷地艺术和历史的重要依据。公元2世纪的菩萨、5世纪的《手持莲花的拉克希米女神》石雕、9世纪的《佛祖降生》石刻浮雕，都是古代石雕艺术的精品。15世纪的大型木雕《舞女》、17世纪的大型彩陶雕塑《大时母》、18世纪的包瓦画《大时母下凡》反映了当时高超的艺术水平。15世纪的铜铸雕像《持莲菩萨》和比真人还高大的《千手多头牛首菩萨双身铜铸立像》，不能不令人惊叹创作者丰富的艺术想象力和杰出的技艺。

帕坦博物馆　由帕坦旧王宫的一部分和新添加的一部分现代建筑组成，主要展示约 900 件铜制神像和宗教器具，最早的为公元 11 世纪的作品。有 3 个厅展出毗湿奴等印度教神像，2 个厅展出佛祖、菩萨等佛教神像，另有一个厅展示"蜡模浇铸法"和铜板上图形敲击加工技术，把作品和帕坦特有的工艺技术一并展示给观众。

国家艺术馆　位于巴德岗旧王宫金门以西的旧宫内，成立于 1960 年。该馆主要展出尼泊尔传统的包瓦画、古代文献木盒上的彩绘、文稿上的绘画，以及一些传说动物的水彩画。该馆藏有公元 9 世纪或 10 世纪的古老作品。

国家木雕博物馆　位于巴德岗达塔特利亚神庙旁的一个 15 世纪的名叫"布加利僧舍"的木建筑内，1962 年建立，1967 年对公众开放。其中展出了一些木雕精品，但最早的作品不早于 15 世纪。在这里，可看到布加利僧舍墙壁上著名的孔雀窗。

此外，考古局还建立了一些地区性博物馆，如博卡拉、丹库塔和苏尔克特三地的博物馆，以及蓝毗尼的博物馆、希陶达的森林博物馆等。

6. 图书馆

尼泊尔图书馆业不发达。1959 年在美国海外援助团（USOM）的援助下，尼泊尔成立了中央图书馆，后纳入特里布文大学，现名为特里布文大学中央图书馆。尼泊尔现有图书馆 650 余座，其中学院图书馆 70 余座，政府机关所属专业图书馆 60 余座，私人图书馆 500 余座，外国文化中心和机构的图书馆 20 余座。

特里布文大学中央图书馆　是全国最大的图书馆，书籍大部分为英文，只有少量尼泊尔文、印地文图书。尼泊尔文书籍主要是文学作品。藏书中包括一些贝叶经珍本。大部分图书从印度购买，也不时从英国、美国和一些国际组织那里接受一些赠书。特里布文大学在全国各地拥有几十所学院，每所学院都有自己的图书馆，但规模比较大的只有十几个。特里布文大学下属的 4 个社会科学研究所均有自己的图书馆，其中"尼泊尔与亚洲研究中心"和"经济发展与管理中心"有近万册藏书，还有一部分期刊等，日常管理较好。

尼泊尔国家图书馆　隶属于教育部，藏书约5万多册，是尼泊尔最大的公共图书馆。大部分为英文书籍，其余为尼泊尔文、印地文和梵文书籍。馆址设在帕坦，1968年开始向公众开放。

马丹图书馆　位于帕坦，1955年由拉纳家族最后一任首相马丹·苏姆谢尔的遗孀建立，委托给马丹文学奖基金会（尼泊尔最高文学奖项）管理。该图书馆收集了大量尼泊尔文书籍和期刊，对研究尼泊尔语文学具有重要的参考价值。

凯沙尔图书馆　原为已故凯沙尔·苏姆谢尔（Kaisher Shumsher）将军的私人图书馆。此人曾于19世纪从欧洲购进一大批人文社会科学方面的英文书籍，存在自己的公馆内。1968年其公馆和图书馆对公众开放，所以它既是图书馆，又像一个博物馆。

外国文化机构也在尼泊尔设有自己的图书馆，主要有美国图书馆、英国委员会图书馆、尼俄友协图书馆、尼俄文化协会图书馆、法国文化中心图书馆、世界银行图书馆、联合国信息中心图书馆、俄罗斯文化中心图书馆、国际山地开发中心图书馆等。

第四节　体育

尼泊尔人民一向以具有强健体魄和勇武精神著称。古代文献中不乏"善骑射、狩猎、斗牛、角力"的叙述。据称，中世纪马拉国王因崇尚摔跤，而将他的王朝命名为"马拉"（意"角力士"）。北部山民更是以善于登山闻名。

1951年尼泊尔国王重掌执政大权后，实行对外开放，着手现代化建设，为体育事业的发展提供了新的契机。1951年尼泊尔参加了首届亚洲运动会。1952年尼泊尔派人员观摩了赫尔辛基奥林匹克运动会。1958年成立了尼泊尔全国运动委员会（Nepal National Sports Council），统一指导、管理尼泊尔的体育和竞技项目。同年，尼泊尔派出2人代表团参加了东京第三届亚运会。1960年，尼泊尔第二次作为观察员参加了罗马奥运会。1962年尼泊尔派8人代表团，参加了雅加达第四届亚运会。1963年尼泊尔以全国业余田径协会、足球协会、拳击协会（以上三项当时为奥运会正式项目）以及羽毛球协会、乒乓球协会 5 个协会的名义申请加入国际奥林匹克委员会，获得批准，成为其中一员。尼泊尔成立了相应的奥林匹克委员会和各专业协会。

一 体育设施

20 世纪 60 年代末，尼泊尔在中国和友好国家的协助下，开始建立一些现代化体育场馆和设施。1999 年第八届南亚区域合作联盟（以下简称南盟）运动会前，又对这些场馆和设施进行了更新和增建。

达什拉特（Dashrath）体育场是尼泊尔最大和最现代化的体育场，位于首都加德满都，是加德满都标志性建筑之一。1999 年由中国政府提供资金和技术，增铺了 8 跑道的人造橡胶地面，添设了夜间照明系统、液晶显示成绩牌等装置。当年，在此场馆顺利举办了第八届南盟运动会。2005 年中国政府再出资帮助修缮，在这里成功举办了亚洲足联主席杯足球赛。2012 年，中国政府第三次出资帮助修缮该体育场，更新了扩声系统，新安装了一台 500 千瓦柴油发电机组。该体育场有 5000 个座位，可容纳观众 2.5 万人。

1999 年，为迎接第八届南盟运动会，尼泊尔在帕坦市修建了一个国际标准的射击场。此外，尼泊尔还建有一处室内体育馆，可举行篮球和排球比赛，能容纳观众 1500 人。另有比赛用的游泳池，设备较先进，能容纳观众 1500 人。还有一个高尔夫球场。有的五星级饭店设有游泳池和网球场。各学校只有一般的运动场地和器械。达什拉特体育场办公区内设有尼泊尔奥林匹克博物馆。

二 体育运动的开展

足球、乒乓球、排球、长跑、跆拳道、空手道、举重和摔跤等项目在尼泊尔较为流行。这些项目也属于尼泊尔的相对强项。从奢华的高尔夫球到南亚特有的卡巴迪运动，甚至英联邦国家热衷的英国板球运动，在尼泊尔都有人喜爱，也有不少热心的投入者。

尼泊尔体育的发展依靠各级学校和县级基层的工作。校际比赛和县级运动会是选拔运动员的主要渠道。各专项协会工作在于提高和培训运动员，其力度主要取决于各自赞助者的财力支持。尼泊尔全国运动委员会协助安排运动员集训，并邀请外国教练提高他们的竞技水平。德国、韩国的足球教练，中国的排球、乒乓球教练都曾在尼泊尔任过教。尼泊尔也不时向伊朗、巴基斯坦、韩国等一些国家派出运动员，接受训练。

为了普及和发展体育运动，尼泊尔每隔两三年就要举行全国运动会。运动会的竞技项目有田径、拳击、足球、空手道、卡巴迪、射击、游泳、跆拳道、乒乓球、排球、摔跤和举重等。军队和警察运动员也要参加。此外，尼泊尔还举办城市运动会，以及大区和县级运动会。

尼泊尔工商机构、各大公司、旅游公司不时主办一些体育比赛，特别是足球比赛，拥有大批观众。政府部门为了某一庆典或重大活动，也举行某种体育比赛，往往邀请友邻国家参加。尼泊尔成功地举办了第一届和第八届南盟运动会。另外，尼泊尔还热心举办了第一届南亚武术比赛（2000 年）、亚洲杯青年板球锦标赛（2001 年）、亚洲足联主席杯足球赛（2005 年）、亚洲足联挑战杯足球赛（2012 年）等多种体育赛事。

尼泊尔经常派运动员参加地区和国际各类单项项目的锦标赛，积极参加亚运会、奥运会及区域运动会。除了 1954 年的第二届亚运会外，尼泊尔参加了其他所有的亚运会，人数由几人增加到数十人，甚至百余人。参赛项目也由三四项增加到十几项。从 1986 年的第十届汉城亚运会起，尼运动员开始获得奖牌，在这届运动会上获得 8 块铜牌（拳击 4、跆拳道 4）。在此后的亚运会上，尼泊尔经常在拳击、跆拳道、女子空手道等项目上获得铜牌，甚至银牌。

自 1964 年尼泊尔第一次参加奥运会，即第十八届东京奥运会以来，尼泊尔几乎参加了所有的奥运会，参赛项目主要有长跑、马拉松、拳击、举重、跆拳道、射击和游泳等。1988 年第二十四届汉城奥运会上，跆拳道运动员比坦·拉马（Bidhan Lama）在表演项目上击败英国和德国选手获得铜牌，使尼泊尔在奥运会上实现了奖牌零的突破。尼泊尔参赛运动员具备了冲击奥运会奖牌的潜力，但因缺乏训练和比赛经验，战绩不是太佳。

在南盟运动会上，尼泊尔的表现不俗。特别是第八届南盟运动会，尼泊尔作为东道主，共获得了 31 块金牌（空手道 14、跆拳道 14、拳击 2、游泳 1），超过了斯里兰卡的 16 块、巴基斯坦的 10 块和孟加拉国的 2 块。尼泊尔在空手道、跆拳道这些单独格斗的项目上已具有较强的实力。尼泊尔男子足球队在此次运动会上打进了决赛，输给孟加拉国，屈居亚军。在此之前，尼泊尔男子足球队曾获得过第一届、第六届南盟运动会足球比赛金牌，第二届铜牌，第三届银牌，也算是南亚的一支劲旅。

在登山运动方面，尼泊尔的谢尔巴人丹增·诺尔盖曾于 1953 年协助英国登山队员埃德蒙·希拉里登上珠穆朗玛峰峰顶，获得了世界上第一次成功登上珠穆朗玛峰的殊荣。在攀登珠峰和其他喜马拉雅山脉高峰的活动中，谢尔巴人的向导和后勤支援对登顶成功起了重要的保障作用。他们是登山能手，有人不止一次登上珠峰或其他高峰。

总的来看，尼泊尔体育事业在近几十年取得了明显的进步，但也远未达到预期的目标，面临诸多挑战。经费不足、基础设施差、运动员缺乏适当的训练、在国际上没有突出的体育成绩、体育职业化欠缺等，都对尼泊尔体育运动的发展形成制约。尼泊尔计划在各县建立体育发展委员会，每个县建立一个运动场，在 5 个发展区各建立一座综合体育馆，建立一所全国性的体育训练学院，实施体育职业化等，努力在体育方面取得更好的成绩。

第五节　新闻出版

尼泊尔的新闻出版事业起步较晚。1898 年拉纳家族统治时期出版的第一份尼泊尔语（当时称廓尔喀语）文学刊物——《甘露》标志着尼泊尔新闻出版事业的开端。在随后的半个多世纪里，由于拉纳家族对新闻出版采取严格的限制和禁锢政策，新闻出版业几乎没有什么发展。1951 年拉纳家族统治结束后，新闻出版业开始走上正常的发展道路，特别是在 1990 年恢复多党制后，新闻出版事业才真正进入发展的"快车道"，各种报纸、杂志以及电台、电视台等新闻传播媒介如雨后春笋般发展起来。

一 报刊

1. 报刊发行的历史与现状

1901 年 5 月，有着拉纳家族中自由主义者之称的德瓦·苏姆谢尔（Dev Shumsher）发行了第一份尼泊尔语周刊，这就是一直保存至今具有 100 多年历史的《廓尔喀报》（Gorakhapatra）。在拉纳家族时代，《廓尔喀报》的出版具有里程碑的意义，因为从那时候起一直到拉纳家族统治结束，《廓尔喀报》是唯一的大众信息来源。

尼泊尔的第一份日报是 1951 年 2 月 19 日出版的《心声》。这一天是推翻拉纳家族革命胜利后的第二天。1956 年下半年，尼泊尔第一份英文日报——《平民日报》出版。至 1960 年底马亨德拉国王解散民选政府实行亲政时，报纸的数量已经有十多种。但在随后 30 年的无党派评议会制度下，新闻出版事业一直处在有限制的发展之中，新闻自由被各种新闻检查所限制。《廓尔喀报》和《新兴尼泊尔报》是当时两份最重要的官方报纸。

1990 年尼泊尔爆发民主运动，比兰德拉国王被迫宣布解散评议会，恢复被禁止多年的政党活动，重新实行议会民主制。1990 年 11 月新宪法颁布。新宪法赋予人民新闻、言论和出版自由，宪法第 12 条和 13 条明确规定了"公民应享有言论自由"和"不得对新闻报道、文章或其他任何阅读资料实施检查"等，取消在评议会时期实行的新闻检查限制。各党派和各种政治势力纷纷争抢新闻舆论阵地。无论是报刊、电台、电视台都急剧增长。民主运动前的 1989 年各类报刊的注册总数仅有 562 种，10 年之后（1999 年）就已增至 1398 种。其中，日报由 73 种增至 200 种，周报由 425 种增至 994 种，双周刊由 62 种增至 193 种。

1993 年创刊的两家私营报纸《坎蒂普尔日报》和《加德满都邮报》是这一时期出现的两份最有影响力的报纸。《坎蒂普尔日报》是尼泊尔文报纸，发行量仅次于官方报纸《廓尔喀报》；《加德满都邮报》是现在发行量最大的一份英文报纸。

根据尼泊尔新闻委员会 2011 年统计，尼泊尔登记注册的各种报纸和期刊总量为 6166 种，其中日报 500 种、半周刊 36 种、周刊 2347 种、双周刊 428 种、月刊 1821 种、双月刊 323 种、三月刊 528 种、四月刊 35 种、半年刊 69 种、年刊 79 种，具体分布情况见表 7-6。

表 7-6 尼泊尔报纸和期刊数量

单位：种

种类 发行区域	日报	半周刊	周刊	双周刊	月刊	双月刊	三月刊	四月刊	半年刊	年刊	小计
东 部	67	4	311	54	68	14	24	2	4	1	549
中 部	299	14	1660	329	1647	277	451	31	64	67	4839
西 部	55	3	176	34	66	16	31	1	1	8	391
中 西 部	41	7	97	5	29	9	19	0	0	2	209
远 西 部	38	8	103	6	11	7	3	1	0	1	178
总 计	500	36	2347	428	1821	323	528	35	69	79	6166

资料来源：Central Bureau of Statistics of Nepal, *2011 Statistical Year Book*, Nepal, p. 377。

从报刊的类型上看，周刊的数量最多，为 2347 种，占全部报刊的 38%；其次是月刊 1821 种，三月刊 528 种；日报 500 种，位居第四。从语言文字上看，尼泊尔文的报刊占绝大多数（90% 以上），其次是英文、印地文、尼瓦尔文、梅蒂利文、博吉普里文等。从地区分布上看，首都加德满都所在的中部发展区，是各种报刊发行最多的地区，共 4839 种，占全国的 78%。远西部地区由于经济条件落后，报刊发行量很少。

新闻和言论自由给报刊发行带来的好处是显而易见的，但是由于资金不足，许多报刊实际上很少发行或从未发行过。据估计，只有不到 1/3 的报刊得以发行，而且其中又有一大部分时出时停，不能保证定期发行。因此，实际上可以定期发行的报刊数量不多。

在激烈的市场竞争中，许多新报刊不断出现之日，正是那些过时的报刊破产之时。尼泊尔最早的英文报纸《平民报》在她的创始人郭帕尔·达斯·斯雷什塔去世后宣布解散，另外两份 A 级日报《尼泊尔时代报》和《社会报》以及一份英文报刊《祖国》也相继停办。财政遇到困难、无力购买先进的排版和印刷设备、内容无法吸引读者，以及广告税等原因，导致一些报刊在激烈的市场竞争中相继倒闭。

2. 主要报纸

《廓尔喀报》（Gorakhapatra）　　最古老的尼泊尔文报纸，1901 年开始发行，距今已有 100 多年的历史。《廓尔喀报》发行之初是周刊性质，1943 年改为一周双刊，3 年后又变成一周三刊，1961 年 2 月起正式成为日报。《廓尔喀报》目前日发行量为 10 多万份，是尼泊尔发行量最大、覆盖面最广的全国性报纸，在尼泊尔的 75 个县中都有它的发行点。报纸每日 8 版，另加数目不等的广告版，星期六增加 4 版副刊。该报被认为是官方报纸，国内消息主要靠尼泊尔通讯社（RSS）和自己的记者采写，国际新闻主要来自法新社。廓尔喀报业公司是根据 1963 年的一项法令建立的，目前它拥有 7 种发行刊物，包括《廓尔喀报》和两份英文报纸——《新兴尼泊尔报》和《星期天快报》等。公司除了在加德满都的总部外，在东南部重镇比腊特纳加还有分公司。

《坎蒂普尔日报》（Kantipur Daily）　　在《坎蒂普尔日报》出现以前，《廓尔喀报》和《新兴尼泊尔报》几乎垄断了尼泊尔报界近 30 年。1993 年，坎蒂普尔报业公司推出的《坎蒂普尔日报》（尼泊尔文）和《加德满都邮报》（英文）正式发行，标志着尼泊尔报业出现了一个重大变化。这两份报纸都是私人性质，不附属于政府和任何政党，标榜新闻自由、公正和客观，市场销量一路上升，并很快与报业头号霸主《廓尔喀报》齐名。目前，坎蒂普尔报业公司除发行报纸外，还拥有自己的电台、电视台等。公司的主要工作机构在加德满都，另外在比腊特纳加、博卡拉和尼泊尔甘季等地有分支机构。

《消息报》（Samacharpatra）　　创办于 1996 年 1 月，发行初期的名称是《今日消息报》，后改名为《消息报》。它是卡马纳出版集团公司（Kamana Group of Publications）在 1992 年成功发行《都市晚报》并积累了一定经验的基础上发行的。该报以报道娱乐消息为主，主要阅读对象是年轻人，是第三大尼泊尔文报纸。

《加德满都邮报》（*The Kathmandu Post*） 目前尼泊尔发行量最大的英文报纸，1993 年创办。该报是私人性质的坎蒂普尔报业公司发行的另一大报纸。

《新兴尼泊尔报》（*The Rising Nepal*） 创办于 1965 年 12 月 15 日，是尼泊尔创办较早的英文日报。《新兴尼泊尔报》与《廓尔喀报》是廓尔喀报业集团发行量最大的日报，属官方性质。在《加德满都邮报》出现之前，《新兴尼泊尔报》一直是尼泊尔发行量最大的英文报纸，现发行量略低于《加德满都邮报》。该报每日 8 版，星期五增加 4 版副刊，星期六增加 2 版副刊。副刊主要采用法新社消息，有时也采用美联社、路透社、新华社、共同社和印度报业托拉斯的消息。

《喜马拉雅时报》（*The Himalaya Times*） 创办于 1995 年，是尼泊尔具有影响力的英文报纸之一，与《加德满都邮报》一样是私人报纸。

《共和报》（*Republica*） 创办于 2008 年，是尼泊尔结束君主制以后发行的报纸，也是目前尼泊尔有重要影响的英文报纸之一。《共和报》有关中国的新闻报道比较客观，通过介绍中国的发展，使更多的尼泊尔读者了解中国。

《都市晚报》（*Mahanagar*） 尼泊尔晚报中发行量最大的报纸，创办于 1992 年，主要刊登加德满都每天早些时候发生的事情。报纸是四开的小型报，价钱比大的日报要便宜些，因此在首都加德满都拥有一定数量的读者群。

除《都市晚报》外，发行量较大的晚报还有《黄昏时分》《午后》《指挥者》《城市时报》《罪案报道》等。《傍晚时分》是尼瓦尔文报纸。

尼泊尔报刊的发行量都不大，根据新闻委员会规定，发行量超过 1 万份的定为 A 级，0.5 万～1 万份的为 B 级，3000～5000 份为 C 级，其余为 D 级。对于前三级的报刊，政府给予一定数额的经济补贴。

3. 主要期刊

周刊 尼泊尔周刊的数量最多。如前所述，2011 年登记注册的周刊就有 2347 种。但如此之多的周刊，真正得以发行的却并不多，且大部分是不定期的，时出时停，真正定期发行的周刊只有较少一部分，主要周刊如下。

A 级周刊：《考察周刊》（*Bimarsha*），尼文周刊，政治上偏向大会党；《观点周刊》（*Dristi*），尼文周刊，为尼共（联合马列）机关报；《人民道路》（*Janadesh*），尼文周刊，为尼联共（毛）机关报；《尼泊尔人周刊》（*Nepali Patra*），尼文周刊，政治上偏向民族民主党；《国外周刊》（*Deshantar*），尼文周刊；《动态周刊》（*Gatibidi*），尼文周刊；《人民观点周刊》（*Janadharna*），尼文周刊；《每周一刊》（*Saptahik*），尼文周刊；《礼物周刊》（*Kosheli*），尼文周刊；《尼泊尔时报》（*Nepali Times*），英文周刊；《星期天邮报》（*Sunday Post*），英文周刊；《独立周刊》（*Independent*），英文周刊；《电讯周刊》（*Telegrapha*），英文周刊；等等。

B 级周刊：《讨论周刊》（*Chhalphal*），尼文；《评论周刊》（*Samiksha*），尼文；《坚持真理》（*Satyagraha*），尼文；等等。

周刊存在的主要问题是受政党的影响很大，几乎成为各党派宣传自己的工具，带有明显的政治色彩。

双周刊　《喜马拉雅》（*Himal*）是双周刊中影响最大的尼文期刊，由坎蒂普尔报业公司发行，原来是月刊，1999 年起改为双周刊。目前它是尼泊尔销量最大的综合性双周刊，其电子版在国际互联网上同步发行（Himalkhabar.com）。除此之外，《今日加德满都》（*Kathmandu Today*，英文）、《舞台》（*Rangmancha*，尼文）等也是较大的双周刊。

月刊　尼文月刊主要有《愿望》（*Kamana*）、《天使》（*Apsara*）、《莫土帕尔克》（*Madhuparka*）、《优胜者》（*Sarbottam*）、《崇信》（*Sadhana*）、《青年舞台》（*Yuwamanch*）、《尼泊尔旅游者》（*Nepal Traveller*）等，英文月刊主要有《记者》（*Reporter*）、《商业时代》（*Business Age*）等。

二　新闻机构与新闻组织

尼泊尔政府新闻和通讯部负责全面管理有关新闻和宣传等工作。新闻和通讯部下设新闻局、尼泊尔国家通讯社（RSS）、尼泊尔广播电台、尼泊尔电视台（NTV）、廓尔喀报业集团等。

1. 新闻机构

新闻局（Information Department）　　隶属新闻和通讯部，具体负责管理各报刊发行，向地方报纸提供政府的基本信息，协调官方宣传媒介，检查私营报刊的出版和版面情况，给尼泊尔和外国驻尼记者资格认可，组织政府记者招待会，向报纸提供官方图片等。新闻局局长和副局长由政府任命。

新闻委员会（Press Council）　　成立于1970年，是协调政府同新闻界关系的半官方机构。其主要职责是向政府提供有关新闻方面的建议，对报纸进行评估和分类，对尼泊尔和外国记者进行资格审查。委员会由记者、出版商、编辑等代表组成，主席一般由最高法院法官担任。

2. 新闻组织

尼泊尔记者联合会（Federation of Nepal Journalists）　　成立于1958年，当时名为尼泊尔记者协会，1996年更为现名。该会是尼泊尔影响力最大的全国性记者组织。每年可得到政府少量的经费补贴。该会同许多外国记者组织有关系，同中国全国新闻工作者协会有互访。

尼泊尔记者协会（Nepal Journalist Association）　　成立于1959年，该协会也是全国性组织，成立之初有50多家报刊成员，现自称有400多家，但实际情况不完全如此，其影响力已大不如前。

尼泊尔编辑家协会（Editors Society of Nepal）　　成立于1996年4月，由一些著名尼泊尔报纸的总编辑组成。其宗旨是促进各报纸编辑的了解与合作，增强各报纸编辑同国内外同行的交流，使尼泊尔新闻事业朝着自由、健康的方向发展。

3. 尼泊尔国家通讯社（RSS）

尼泊尔国家通讯社（Rastra Samachar Samiti，简称RSS，英文名为Nepalese National News Agency）是尼泊尔唯一的官方通讯社，成立于1962年2月18日，由新闻和通讯部直接管理。它负责发布国内和国际新闻，以英文和尼文两种语言发稿。国内新闻稿由政府有关部门提供和记者采写，国际新闻来源主要依靠法新社，也采用美联社、路透社、共同社和新华社等通讯社的消息。尼泊尔国家通讯社目前尚无驻外分社和记者，国家重要领导人出访时临时派记者随同采访。

三　广播电台

尼泊尔的广播事业起步较晚。1947 年，加德满都成立第一家广播电台，主要播送一些音乐和宗教节目。后来在博杰普尔（Bhojpur）和比腊特纳加等地又建立了旨在推翻拉纳家族的革命性电台。1951 年，尼泊尔广播电台（Radio Nepal）在英、澳、美、日等国援助下建立。经过几十年的发展，广播电台已成为尼泊尔最强有力的大众传媒。目前，除官方性质的尼泊尔广播电台外，从 1997 年起还相继建起了多家私人电台。截至2013 年年底，尼泊尔获得许可的电台数量为 480 家，定期播出的有 360家。其中，尼泊尔广播电台是全国最大的官方电台，其余绝大部分电台为私人电台。

1. 尼泊尔广播电台

尼泊尔广播电台正式组建于 1951 年 4 月 2 日，是唯一的官方电台。它坐落在尼泊尔政府所在地狮宫内，隶属新闻和通讯部，高层行政长官由政府直接任命，拥有职员 300 多名。电台下设行政部、节目部、新闻部、技术部和广告部 5 个部门。新闻部有 20 多名专职记者和 10 多名播音员（包括英语播音员）。新闻来源主要来自尼泊尔国家通讯社（RSS），也采用外国通讯社的消息。

尼泊尔广播电台的中波能覆盖全国 60% 的地区和 80% 以上的人口，加上短波传送，电台基本上覆盖全国。1995 年起增开了调频广播（FM Kathmandu）。尼泊尔广播电台分别在丹库塔、博卡拉、苏尔克特和迪帕亚尔建立了分台。

尼泊尔广播电台每天播音时间累计 16 小时，星期六增加 2 小时，其中 58% 为娱乐节目，22% 为新闻，另外 20% 为教育类节目，地区分台还增设有各民族语言的节目。新闻节目是最受欢迎的节目，每天尼泊尔语的新闻滚动播出 12 次。尼泊尔电台（总台）除用尼泊尔语播音外，还用英语、印地语、尼瓦尔语、梅蒂利语、谢尔巴语、梵语播送新闻节目，在丹库塔、博卡拉、苏尔克特、迪帕亚尔等分台还用拉伊语、林布语、塔鲁语、塔芒语、古隆语、马嘉语、乌尔都语、博杰普里语、阿瓦迪语等地方语言播送节目。

尼泊尔广播电台于 1984 年由单纯的政府主管变成一个发展公司，从此有了自己的经营自主权。每年从政府获得一定的专用事业费，另外从烟草和酒类的广告中也可获取数目不小的收入。在尼泊尔许多偏远山区，广播是唯一获取信息的工具。据一项调查显示，有 69% 的听众认为尼泊尔广播电台的新闻是可信的和公正的，但文化层次较高的听众则认为新闻有取悦和讨好政府的趋向。

2. 私人电台

1997 年 5 月 18 日，尼泊尔第一家私人电台——萨加玛塔电台建立。私人电台一出现便受到听众的欢迎，由于它的大部分节目是娱乐节目，所以尤其受年轻人的欢迎。在全国 360 家（2013 年统计数据）定期播出的电台中，私人电台占绝大部分。私人电台一般使用调频播出，目前主要的私人调频电台有：萨加玛塔 FM 102.4、坎蒂普尔 FM 96.1、K. A. T. H. FM 97.9、加德满都市政调频电台 FM 106.7、热点 FM 90.4、喜马拉雅 FM 94.5、比腊特 FM 96.0、莫丹博卡拉 FM 106.9、蓝毗尼 FM I/C 96.8、马纳卡马拉 FM 92.9、科西 FM 95.3 等。

四 电 视 台

尼泊尔的电视传播事业起步较晚，1985 年 2 月，尼泊尔电视台（NTV）建立，同年 9 月第一次试播。截至 2013 年年底，尼泊尔共有 30 家电视台获准开办，其中已有近 20 家开始播送节目，其他还在筹备之中。

1. 尼泊尔电视台（NTV）

尼泊尔电视台（Nepal Television）也叫尼泊尔国家电视台，隶属于新闻和通讯部，总部位于加德满都市狮宫内，下设行政计划部、财政部、新闻部、节目部和技术部 5 个部门。尼泊尔电视台的新闻来源主要是尼泊尔国家通讯社（RSS），国际新闻主要是接收美国有线新闻网和英国广播公司的节目。

尼泊尔电视台播送的节目主要分为新闻类、信息类、教育类和娱乐类。其中新闻类和时事类节目占节目总量的30%左右，新闻用尼泊尔语和英语播出，另有50%的节目是尼泊尔电视台或国内其他单位制作的，外国制作的节目只占20%。电视台每天播出8小时节目，星期六加播5小时节目。尼泊尔电视台的节目已实现卫星传送，中国在这方面给予了很大的帮助。

除尼泊尔电视台外，尼泊尔电视台附加台（NTV Plus）也是公立电视台，2003年开播，其70%以上的节目为体育和娱乐节目，比如奥运会比赛、世界杯足球赛等各种体育赛事以及音乐和电影等，主要为吸引年轻观众。

2. 私人电视台

近年来，尼泊尔的私人电视台发展较快。比较有影响的私人电视台有坎蒂普尔电视台（Kantipur Television）、影像频道（Image Channel）、渠道电视（Avenues Television）、香格里拉频道（Shangri La Channel）、萨加玛塔电视台（Sagarmatha Television）、尼泊尔ABC电视台（ABC TV Nepal）、特莱电视台（Terai Television）、马卡卢电视台（Makalu Television）、喜马拉雅电视台（Himalaya Television）、山地电视台（Mountain Television）、新闻24小时（News 24）、尼泊尔频道电视台（Channel Nepal）、尼泊尔曼达尔电视台（Nepal Mandal Television）等。

坎蒂普尔电视台为坎蒂普尔报业公司所有，2003年7月开播，是尼泊尔目前最大的私人电视台，其新闻类节目用尼泊尔语和英语播出。影像频道2003年开播，主要为新闻和娱乐性节目。渠道电视开播于2007年7月，主要以播送新闻为主，通过卫星24小时传送，是尼泊尔较有影响力的电视台。尼泊尔ABC电视台开播于2008年，是尼泊尔四大新闻电视台之一，只用尼泊尔语播出。

另外，尼泊尔一号电视台（Nepal One）是位于印度境内的用尼泊尔语播出的电视台，是第一家通过卫星传送尼泊尔语节目的电视台，主要为印度北部和东北部、尼泊尔、不丹，以及缅甸、马来西亚、新加坡、中国香港等地的尼泊尔语群体提供电视节目。

五　互联网

尼泊尔的互联网事业起步较晚，但发展较快。据统计，2001 年尼泊尔仅有 1% 的人使用互联网，这一比例在 2013 年升至 28%。起初，互联网接入一般只集中在较发达的加德满都谷地，偏远地区的互联网服务不发达。但是，随着时间的推移，除了首都加德满都外，热门旅游城市（如博卡拉、奇特万等），甚至其他许多小城镇的饭店、宾馆都提供无线网络服务。尼泊尔藏族聚居区木斯塘县曾是旅客罕至的静寂之地，如今当地许多咖啡馆、饭店、宾馆的招牌上都写着"网络免费"的字样。在年轻人中，"加我微信""加我 Facebook"已经成为日常交友的常用语。

尼泊尔的互联网服务提供商主要有世联（Worldlink）、珠峰（Everest）、商业公司（Mercantile）、尼泊尔电信（Nepal Telecom）、速投（Speed Cast）、网上冲浪（Web Surfer）六大公司。GPRS、ADSL、无线和光纤数据服务发展较快。

尼泊尔主要门户网站如下。

新闻类英文网站：尼泊尔新闻网（http://www.nepalnews.com）、新兴尼泊尔（http://trn.gorkhapatraonline.com）、坎蒂普尔新闻在线（http://www.ekantipur.com）、加德满都邮报（http://www.ekantipur.com/tkp）、喜马拉雅时报（http://www.thehimalayatimes.com）、尼泊尔时报（http://www.nepalitimes.com）。新闻类尼文网站：廓尔喀新闻网（http://www.gorkhapatraonline.com）、雪山新闻网（http://www.himalkhabar.com.np）、坎蒂普尔新闻在线（http://www.ekantipur.com.np）。娱乐类网站中，尼泊尔网站（http://www.nepalisite.com）提供音乐、视频、在线电视、时尚、歌星、模特、尼泊尔新闻等；网络尼泊尔（http://www.cybernepal.com.np）是尼泊尔第一娱乐门户，网站上有尼泊尔各界名流的文章和照片。此外，还有各大电视台的门户网站。

尼泊尔主管互联网服务的信息通讯部制定了《网络法》对互联网进行管理。根据《网络法》，发布不良信息导致社会混乱或诋毁他人者，将会受到相关法律的处罚；某些上网行为，包括黑客入侵和网络欺诈等，将被处以罚款或监禁。

　　互联网已成为尼泊尔人获得资讯的一个重要来源。民众对互联网的热衷程度很高。尼泊尔融入信息化、网络化的趋势已经非常明显。尼泊尔官方甚至宣布，将研究在全国建立足够多的网络 WiFi 站点为民众提供免费 WiFi 服务的可行性。在许多尼泊尔民众看来，寺庙是通往精神世界的入口，网络则是通往信息化现实生活的一条便利通道。

第八章

外　交

第一节　概论

尼泊尔是一个位于喜马拉雅山南麓的内陆国家，除北面与中国接壤外，其余三面均被印度包围。受这种地理条件的限制，尼泊尔要与其他国家交往和进行贸易，就必须依赖印度提供过境便利和海上出路。而尼泊尔是一个物资贫乏的欠发达国家，既不产石油，又不产煤炭，盐的产量也微乎其微，其所需的工业和民用燃料及日常生活用品，大部分要靠进口。因此，如何维持与印度的友好关系，以确保尼泊尔与外界的联系畅通而又不损害国家的主权独立和领土完整，一直是尼泊尔政府面临的一个十分重要的问题，也是一个敏感和棘手的问题。

在沙阿王朝建国初期，普里特维国王常年率兵东征西讨，逐渐统一了现今尼泊尔版图内的许多土邦王国，但在向北和向南的扩张中也遭受过挫折。所以他认为，尼泊尔是"夹在两块巨石间的山芋"。由于这个原因，尼泊尔处世谨慎，基本上执行一种与中国和印度同时交好的政策。1815年签订的《萨高利条约》于1816年得到批准后，尼泊尔的外交政策似乎改变了方向：主要与英国交好，并于1816年3月与英国建立了外交关系。在拉纳家族专政时期，尼泊尔实际上沦为英国的附庸，对外交往只限于两个国家：英国和英属印度。只是在1951年拉纳家族专政被推翻后，尼泊尔才摆脱了长期闭关锁国的孤立状态，陆续与世界各国建立了外交关系，逐渐融入国际大家庭。

1955 年 12 月 14 日，尼泊尔成为联合国的会员国。同年，尼泊尔与中华人民共和国建交，并参加了亚非国家万隆会议。接着，尼泊尔成为不结盟运动的创始国，从 1961 年起，出席了不结盟运动的历届首脑会议。尼泊尔也是 1985 年成立的南亚区域合作联盟的创始国，并参加了历次南盟首脑会议。所以，尼泊尔的外交政策一直以《联合国宪章》为指导，并遵循不结盟运动和南亚区域合作联盟的基本原则。

关于尼泊尔外交的指导原则，2007 年的《临时宪法》第 34 条第 6 款规定，国家应当在国际场合保护主权、领土完整和独立，在国际礼让中提高国家尊严。《临时宪法》第 35 条"国家政策"第 21 款规定，尼外交政策基于国际法的基本准则、《联合国宪章》、不结盟原则、和平共处五项原则等。

第二节　与各大国的关系

一　与印度的关系

1. 政治关系

1947 年 6 月 13 日，印度与尼泊尔建交。印度继承了英国在尼泊尔的特权。1950 年 7 月 31 日，印度利用拉纳家族失去英国支持的恐惧心理和脆弱地位，迫使其签订了《印度尼泊尔和平友好条约》，与尼泊尔建立了一种特殊关系，将尼泊尔纳入其安全体系。因为该条约规定：双方政府约定，如与任何邻国发生任何严重摩擦或误会而可能损害双方政府间现有的友好关系时，应相互通知（第 2 条）；尼泊尔可以自由从印度或通过印度领土进口尼泊尔安全所需的武器、弹药和军事物资及装备（第 5 条）。

在这个条约签订时，中华人民共和国刚刚成立，故其战略意图和矛头所向是十分明显的。但是，这个条约更重要的内容是双方通过互换信件的方式确定的，而这些信件在 1959 年 12 月 3 日尼赫鲁在一次记者招待会上披露前一直保密。这些信件中有这样一段话：两国政府都不容忍外国侵略者对对方安全的威胁。为对付任何此类威胁，两国政府要彼此磋商并设计有效的反措施。据说，在交换的秘密信件中，还有禁止尼泊尔从第三国进口武器等方面的内容。

拉纳家族被推翻后，尼泊尔的广大爱国人士自然对这样一个有损主权的条约感到不满。1955年马亨德拉国王即位后，尼泊尔外交政策有了重大转变：不再过分依赖印度，而是努力扩大外交空间，寻求在平等的基础上同各国发展友好关系，并在1962年中印边界冲突时保持中立。

1962年后，尼泊尔改变了定期与印度交换安全报告的做法。1963～1965年，印度被迫中止向尼泊尔提供武器的安排，同意尼泊尔从美英两国购买部分武器和军事装备以加强尼军。但1965年下半年，印度又与尼泊尔签订了一个秘密协定，主要是关于印度向尼泊尔提供16000名军人所需的全套装备，从鞋带到大炮，应有尽有。印度又借此垄断了对尼泊尔的军火销售，并更紧地将尼泊尔置于印度的安全保护伞下。作为交换条件，印度保证支持尼泊尔君主的地位。

1969～1970年，尼泊尔在力求摆脱印度安全体系方面迈出有意义的一步。在尼方的一再要求下，印度撤走了自1953年以来常驻加德满都的军事顾问团和在中尼边界监听站的人员。这当然引起印方的不满，在1971年双方贸易和过境条约到期时，英·甘地政府取消了1960年做出的让步，拒绝尼方提出分别签订贸易和过境协定的要求。

1972年比兰德拉国王即位后继续推行其父奉行的中立化方针。他在一篇声明中称，尼泊尔不仅是一个南亚国家，也是一个亚洲国家，以此巧妙地冲淡与印度在地理上毗邻的意义，并表明希望推动尼泊尔与外部世界发展关系的愿望。翌年，在阿尔及利亚召开的不结盟国家首脑会议上，比兰德拉国王采取了更为大胆的步骤：提出"宣布尼泊尔为和平区"的建议。

1974年印度对锡金的吞并，进一步增加了尼泊尔的不安。在这种背景下，1975年2月25日比兰德拉国王在其加冕典礼上，向各国贵宾再次郑重提出了"宣布尼泊尔为和平区"的建议。其主要内容是：①尼泊尔遵循和平、不结盟与和平共处的外交政策，在平等和相互尊重主权的基础上，努力发展同各国的友好关系；②不使用武力威胁他国的安全与和平；③和平解决国际争端；④不干涉他国内政；⑤尼泊尔同支持和平区建议的国家相互之间摒弃任何敌对行动；⑥继续履行所有条约义务；⑦尼泊尔不同任何国家结成军事联盟，不允许在尼泊尔的领土上建立针对第三国的外国军事基地，反之，别国也不应在其领土上建立任何反对尼泊尔的基地。

这一建议迅速得到巴基斯坦、孟加拉国和中国等许多国家的欢迎和支持。从此以后，要求将尼泊尔作为和平区就成为尼泊尔外交政策的核心内容，并于 1980 年 12 月写进《宪法》。据统计，到 1990 年 3 月 18 日为止，世界上已先后有 116 个国家表示支持尼泊尔关于"和平区"的建议，唯独印度不予支持。在印度看来，如果认可这个建议，将会淡化尼印间 1950 年和平友好条约的意义和作用，它与尼之间的"特殊关系"将彻底不复存在。

1977 年印度人民党执政后，对尼泊尔采取了一些安抚政策，尼印关系有所缓和。这主要表现在德赛总理于 1978 年访问尼泊尔时，同意尼多年来坚持提出的分别签订过境和贸易协定的要求。另外，双方还签订了在工业领域进行合资的协定，为印度扩大在尼泊尔投资创造了有利条件。

进入 20 世纪 80 年代后，尼印关系时起时伏。在印度方面，英·甘地政府一方面继续发展与尼泊尔的经济交往，扩大对尼投资，力图增加对尼泊尔的经济影响力；另一方面对尼泊尔奉行独立自主的外交政策大为不满，千方百计向尼施压，企图将尼泊尔重新纳入印度的安全体系。而在尼泊尔方面，其奉行的在外交上的中立政策和经济上的多元化政策，均取得显著成效，自然不会轻易屈服于印方的压力。这时，尼泊尔在国际事务中的影响力显著扩大，除再次当选为安理会成员外，还参加联合国的维和部队，并有不少国际组织在加德满都设立了机构。尼泊尔还开通了飞往欧洲和其他地区的航线，加强了与世界各国的交往。

到 20 世纪 80 年代末，尼印关系又趋恶化。印度阿萨姆邦的流血冲突升级，导致当地大批尼泊尔移民返尼，引发了不少社会问题。尼印边界走私问题也引起双方的争执。尼泊尔从其他国家进口纺织品等轻工业产品，影响印度产品进入尼市场，印度颇为不满。1987 年尼泊尔为加强对外来人员就业的管理，决定实行外国人工作许可证制度，也遭到印度的指责。1988 年尼泊尔为实现武器来源多样化，从中国购买了少量防御性武器，遭到印度的强烈指责，认为此举违反了 1950 年条约的有关规定。这时，印度感到尼泊尔难以控制，便决心施加强大压力，迫使其屈服。

1989 年 3 月，尼印在签订新的贸易和过境协定问题上发生争执。印度借口协定期满，单方面废除了长期以来的传统做法，关闭了通向尼泊尔的 15 个过境点中的 13 个。不准来自第三国的货物从印度进入尼泊尔，对石油产品、煤炭和食盐等重要物资实行禁运，使尼泊尔在经济上蒙受巨大损失，严重影响了尼泊尔的社会安定和人民的日常生活。

在印度的支持和鼓励下，尼泊尔大会党联合左翼阵线于 1990 年初发起了声势浩大的反对无党派评议会制度的群众运动，迫使比兰德拉国王于 4 月宣布放弃实行了 28 年之久的无党派评议会制度，改行多党议会民主体制。

1990 年 6 月，新体制下成立的临时政府首相克·普·巴特拉伊在就职后迅速访印。他向印方表示，尼泊尔愿遵守 1950 年条约，维持与印度的"特殊关系"。此后，尼印关系才开始趋于"平静"和"融洽"。

尽管自 1990 年以来，尼泊尔政治体制发生了巨大变革，但是尼泊尔国内要求重新"审议"和修改 1950 年条约的呼声并未减弱。1994 年末，尼共（联合马列）执政。翌年 4 月，尼泊尔首相阿迪卡里访印，正式向印提出，希望取消对尼泊尔的安全保护和修改 1950 年条约。印表示愿意重新审议，但双方未达成具体协议。1996 年 2 月，以尼泊尔大会党为主的联合政府首相德乌帕访印，再次提出重新审议 1950 年条约，以适应变化了的国际形势和地区形势。双方虽未就如何修改 1950 年条约问题达成具体协议，但是在"古杰拉尔主义"的影响下，却签订了《综合利用马哈卡利河流域的条约》。该条约规定尼印将在班贾什瓦尔、塔纳克普尔和萨尔达等三项水利工程上进行合作，尼方利益得以提升。1997 年 6 月 5 日，印度总理古杰拉尔应尼泊尔首相昌德的邀请访尼。在访问结束时发表的联合公报中，印度破天荒地同意讨论包括 1950 年条约在内的所有双边问题。此次古杰拉尔总理访问尼泊尔期间，两国还达成了 5 项协议。印度方面在新的贸易协定中取消了对尼泊尔产品进入印度市场必须含有50%的当地原料或劳务的限制。印方同意向尼泊尔提供陆上通道，使其商品可直达孟加拉国的港口孟格拉，方便尼泊尔向第三国出口，等等。这些善意对尼泊尔两院联席会议于同年9月20日通过该条约起了积极作用。但是，尼印之间许多问题远不是短期内所能完全解决的。例如，根据两国政府首脑之间的协议，1997年8月19～21日，两国外交秘书在新德里就1950年条约举行了会谈。双方回顾了1950年条约作为发展和加强尼印关系的基础所起的历史性作用，考虑了两国的需要和利益，一致同意将讨论就此提出的具体建议。此后尼方虽然提出了有关签订新条约的建议，但至今尚无结果。

2005年2月贾南德拉国王发动政变并亲政后，印度积极介入了尼泊尔政局。在印方的默许下，反对国王专制的尼泊尔七党联盟与反政府武装尼共（毛主义者）于当年11月在新德里举行谈判并达成著名的"十二点共识"，其中包括共同推翻国王专政、结束内战、开启和平进程等。2006年4月，双方共同发动政治运动，逼迫贾南德拉国王交权。2008年5月，君主制被推翻，共和制建立。尼民间认为，印度是这一进程的主要外部支持者，其目的是结束不利于印度染指尼泊尔的君主制。在此之后，尼印关系总体上更加拉近，印度期盼得到的许多利益也得以满足。

2006年6月，刚上任不久的吉里贾·普拉萨德·柯伊拉腊首相对印度展开了为期四天的正式访问。印度总理辛格亲自到机场迎接，并称赞他是"南亚最杰出政治家之一"，拉拢之情溢于言表。印度在吉里贾·普拉萨德·柯伊拉腊访问期间宣布了总额为10亿卢比的援助计划，这被当地有些媒体称为"印度马歇尔计划"，包括以现金形式支付的紧急预算支持、低息贷款以及对尼基础设施投资等多方面内容。

2008年8月，刚上任的新总理、尼共（毛主义者）主席普拉昌达赴北京参加奥运会闭幕式并与胡锦涛主席进行了会晤。此举打破了几十年来历任尼政府首脑必先访问印度的传统，使印度政府十分震惊和不快。尼印关系在普拉昌达任上没有取得进展，直到2009年5月尼共（毛主义者）政府下台。2011年10月，尼泊尔总理巴特拉伊在上任之后首先访问了印度，并签署了《双边投资促进及保护协定》（BIPPA）。该协定引起了尼泊尔一些政党及民间人士的批评，称这一协定对印度在尼投资过度保护，侵害了尼主权。

此外，近年来印度还推动与尼泊尔签订引渡条约，在加德满都机场驻扎印方"机场安全人员"等，均遭到尼政府的拒绝或推托；同时，尼方试图修改1950年条约的努力也未获印方同意。

除1950年条约外，尼印双边关系中还存在其他一些棘手的问题，如印度从卡拉帕尼地区撤军问题和管制尼印边界问题等。这些问题都不是在短时间内能轻易解决的，有待双方做出巨大的努力。

2. 经贸关系

由于地理原因，尼泊尔和印度的经贸关系十分密切。印度向尼泊尔许多领域提供了大量的经济援助，其中以交通运输领域为重点。印度援建的工程主要有特里布文国际机场，马亨德拉国家级公路（即东西公路，印援建了该公路总长的78.5%和22座大型桥梁，仅在哈尔普尔至马哈卡里段印方的援助额即达10.88亿卢比）、比尔根杰—加德满都公路、加德满都—南卡里公路、特里苏里—巴拉久公路、果特伐里—霍套拉公路、苏楼里—博卡拉公路、拉则比则—科西公路以及扎拉克普尔地区的所有公路，巴格马提河和莫哈纳河桥梁以及西尔西亚河桥梁（比尔根杰与拉克索尔两城之间），前皇家陆军英雄医院和警察医院，等等。目前，印度获准在尼泊尔的投资项目为566项，对尼泊尔的直接投资总额为376亿卢比，主要涉及轻工机械、化纤、卷烟、药品及饮料等行业。

1989年，尼印爆发贸易争端，印度单方面关闭了尼印间15个边境通道中的13个。经过尼政府的不懈努力，双方于1991年12月6日分别签订了《贸易条约》和《过境条约》。上述两个条约于1998年12月5日到期后再次续签。1997年4月2日，尼泊尔在加德满都主持召开了孟加拉国、印度、尼泊尔和不丹四国发展集团会议，并通过了七点计划和指导成员国之间经济合作的原则。4月7日，旨在加强经济合作的贸易集团即四国发展集团在孟加拉国首都达卡正式成立。同年6月，印度开放其东北部敏感的"咽喉要道"，为尼泊尔边境口岸卡卡比塔提供经由印度东北部抵

孟加拉国的普尔巴里的陆上通道，该贸易通道全长约 61 公里，它的开通为尼泊尔提供了一个贸易港口，即孟加拉国的吉大港。同时，印度还在尼印边境增设 23 个入境点，并允许所有的尼泊尔产品免税进入印度市场。2000 年 6 月，尼印双方同意加快解决边境问题的进程，印取消了自 2000 年 4 月开始对尼商品实行的 4% 的特别关税。尼泊尔与印度分别于 2007 年 3 月 6 日和 2009 年 8 月 27 日重新修订了双边贸易协定，尼泊尔商品继续享受单方面零关税待遇。

长期以来，尼泊尔因受《萨拉达协议》（1920 年）、《克什协议》（1954 年）和《干达克协议》（1959 年）等一系列不平等条约的限制，在与印度合作中获益很少，且失去了对水资源的控制权。这些引起了尼泊尔人民的不满，因而对新条约谈判反应强烈。这导致一些重要项目的谈判，如马哈卡利项目的谈判难有进展，卡纳利－赤萨帕尼项目也因在补偿协议上达不成一致意见而暂告停顿。2003 年，印度《电力法》颁布实施后，印度开始研究尼泊尔的水电项目，印度几家私营企业于 2006 年提交了对尼泊尔水电项目的建议书，这是印度私营企业首次对尼泊尔水电项目 "表示兴趣"。这些项目包括布迪甘达基（Budhi Gandaki）水电站（600MW）、阿隆 Ⅲ 号（Arun－Ⅲ）水电站（402MW）和卡尔纳利河上游（Upper Karnali）水电站（300MW）。尼泊尔政府在审阅建议书后认为，印度私营企业的建议 "是个不该错过的良机"，并组建专门技术队伍进行可行性研究①。2008 年 7 月，印度多名大投资商表示，有意在尼泊尔政局稳定后在尼投资，如果尼政府能出台对大投资者更有吸引力的外资政策，将更有利于尼泊尔东部区域的开发。其中，印度布尚（Bhushan）集团明确表示，在尼泊尔政局稳定后将尽速对尼方的三大企业进行投资：一是尼泊尔中西部苏尔克特县的水泥厂，投资额约为 16 亿卢比；二是位于尼泊尔东部莫朗－孙萨里走廊的比腊特纳加市的塑料布生产厂；三是瓦楞铁制造厂，不过，

---

① 尼泊尔《加德满都邮报》2006 年 10 月 8 日。

后两个项目尚处在可行性研究阶段①。印方虽在尼泊尔援建了不少项目，但其中一些却迟迟没有竣工，工程预算也一涨再涨。

2011 年 10 月 22 日，尼泊尔和印度在新德里签署了搁置已久的《双边投资促进与保护协定》，规定当双方企业遭遇战争、武装冲突等突发情况时给予补偿，以及今后两国任何一方的投资都将受到对方给予的"国民待遇"和"最惠国待遇"；新协定为两国政府和投资者提供了一个较为完善的纠纷解决机制。双方同时还签署了新的《避免双重征税协定》，使两国在未来能够共享税收相关信息②。2013 年底，尼政府提议与印签署货物转运协议，旨在使尼泊尔从印度以外国家进口的货物可以直接抵达尼泊尔边境口岸办理通关，无须在印度加尔各答港和尼印边境口岸印度一侧海关停留。目前，印度已经原则上同意给予尼泊尔通关便利，但尚未准备签署该协议。

印度是尼泊尔最大的贸易伙伴。1974～1975 年度，尼印贸易总额为22.224 亿卢比，其中对印出口 7.467 亿卢比，进口 14.757 亿卢比。2012～2013 年度，尼印贸易总额增至 4180.311 亿卢比，其中出口为509.998 亿卢比，进口为 5567.403 亿卢比。2013～2014 年度前 9 个月，尼印贸易总额为 3940.451 亿卢比，其中出口 453.403 亿卢比，进口3487.048 亿卢比。

印度又是尼泊尔的最大援助国之一。据统计，第一个五年计划期间，印度向尼泊尔提供 0.821 亿卢比的援助，第二个五年计划期间为1.1 亿卢比，第三个五年计划期间猛增为 5.5 亿卢比，第四个五年计划期间略增为 5.637 亿卢比，第五个五年计划期间进一步增为 6.436 亿卢比。第六至第八个五年计划期间，尼泊尔大约获得印度 200 亿卢比的援助。到 1998 年 12 月 31 日，尼泊尔与印度签署了 120 多个经济协定，获得经济援助 400 多亿卢比。印度对尼泊尔的援建项目涉及公路、机场、邮电、水利、农业、林业、园艺、畜牧、教育、卫生、工业等领域。

---

① 尼泊尔《喜马拉雅时报》2008 年 7 月 27 日。
② 尼泊尔《共和国报》2011 年 10 月 22 日。

2000 年以来，尼泊尔与印度签署的经济援助协定涉及 275 个项目，计划援助金额达 210 亿卢比。其中 2005 年 7 月，印度决定向尼泊尔提供 6000 万卢比援助，以帮助尼泊尔扩展和修复"马纳卡纳水供应系统"，该供水系统不仅使马纳卡纳村和周边地区受益，而且每年到该地朝圣的大约 50 万朝圣者也会因此受益[①]。2006 年 6 月，印度政府宣布了总额为 10 亿卢比的援助尼泊尔计划，这个被印度媒体称为"印度马歇尔计划"的大型援助项目[②]，包括以现金形式的紧急预算支持、低息长期贷款以及强化对尼国内基础设施投资等多方面的内容。2006 年 12 月，印度决定派出专家赴尼泊尔考察建立经济特区以及随后金融支持的可行性，同时建议尼泊尔在尼印边境的比尔根杰建立经济特区，以利于尼泊尔向印度出口商品；印度还鼓励尼泊尔以公私合营模式发展经济特区，邀请尼泊尔考察组赴印度学习经济特区的经验。2010 年 2 月，尼印签署 4 项经贸、援助协议，印向尼的基础设施建设提供 2.5 亿美元的优惠贷款（年利率为 1.75%）；印同时向尼提供 5 万吨小麦、2 万吨大米和 1 万吨豆类等粮食援助，以帮助尼泊尔度过其粮食危机，并承诺尼遇到困难时将进一步提供粮食援助。2010 年 4 月，尼印两国签署谅解备忘录，印向尼的达克辛卡利至库列卡尼（Dakshinkali-Kulekhani）大坝（26 公里）道路改造项目提供 1.5 亿卢比的援助，该项目改造完成后，不仅将带动尼泊尔当地经济社会发展，如农业和旅游业，还将大大缩短从首都加德满都到比尔根杰的距离。截止到 2012 ~ 2013 年度末的 2013 年 7 月中旬，印度获准在尼泊尔投资项目数量累计为 566 项，对尼泊尔直接投资总额为 376 亿卢比。其中 2012 ~ 2013 年度有 41 家印度企业获准在尼开展新的业务，对尼直接投资额为 25 亿卢比。

---

① 中国商务部网站。

② 中国《人民日报》2006 年 6 月 10 日。2006 年 6 月 6 日至 9 日，时任尼泊尔首相吉里贾·普拉萨德·柯伊拉腊访问印度，与印度总理辛格举行了正式会晤，最终确定并签署了印度对尼泊尔的经济援助项目。印度政府承诺一次性向尼泊尔政府提供 10 亿卢比资金，供尼泊尔维修国内公路及铁路网、加强水资源利用及水电站设施建设、铺设一条输油管道以及建立经济特区等，同时再提供 50 亿卢比左右的长期低息贷款，以帮助尼泊尔加快国内经济建设。

二 与美国的关系

尼泊尔与美国自 1947 年 4 月 25 日建交以来，两国关系的发展一直较为顺利。1947 年 4 月，尼美签订《友好和商务条约》，1951 年 1 月签订《技术合作计划协定》。1952 年，美国在尼设立援助团和新闻处。1955 年尼美签订 26 项技术合作计划协定，援助范围从农村发展和矿藏调查扩大到教育、卫生、筑路、开发森林、建造空中索道等方面。1958 年 3 月，尼在美国设立使馆，同年 9 月，尼美签订《经济技术合作计划协定》。1959 年 5 月，尼美签订《发展尼民航事业协定》，同年 8 月，美国在尼设立使馆。1960 年，尼美签订《美投资保护协定》，同年 4 月，马亨德拉国王访美。1962 年 8 月，尼美签订《关于美和平队来尼协定》，根据此协定，美国和平队于 9 月来尼，其活动渗入基层评议会、土地改革和行政管理等各个方面。1963 年 9 月，尼大臣会议主席突西·吉里访美。1964 年，两国又签订了《军事援助协定》、《经济援助协定》和《文化交流协定》。1967 年 8 月至 1968 年 10 月，尼王储比兰德拉在美考察学习。1967 年 11 月，马亨德拉国王访问美国。1970 年 1 月，美国副总统阿格纽访尼。1975 年 2 月，美国总统顾问布钦来尼参加比兰德拉国王加冕典礼。1983 年 2 月，尼首相苏尔亚·巴哈杜尔·塔帕非正式访问美国。1983 年 12 月，尼国王比兰德拉访问美国。1985 年 10 月，美国副国务卿约翰·怀特黑德访尼，同期，美国前总统卡特夫妇访尼。1990 年 12 月，尼大会党最高领袖辛格访美。1996 年 9 月，美国助理国务卿拉菲尔访尼，与尼官员就两国经济合作举行会谈。美是援尼财团之一，该年承诺向尼提供 1.28 亿美元援款。1998 年 4 月，美经贸委员会代表团访尼，考察尼投资环境，以促进美对尼投资。1999 年 10 月，美助理国务卿塔夫特访问尼泊尔。

"9·11"事件之后，美国加大了在反恐等问题上与尼泊尔政府的交流。2001 年、2002 年和 2003 年，美国助理国务卿克里斯蒂纳·罗卡三度访问尼泊尔；美国助理国务卿理查德·鲍彻尔先后于 2006 年 5 月、2006 年 11 月和 2009 年 2 月三度访问尼泊尔；负责南亚和中亚事务的助理国务卿罗伯特·布莱克于 2009 年 6 月和 2012 年 9 月两度访尼；负责政治事务的副国务卿谢尔曼于 2012 年 4 月访尼；负责民主及人权事务的副国务卿玛丽亚·奥特罗于 2012 年 2 月和 2012 年 11 月两度访尼。此外，美国前总统、卡特中心负责人吉米·卡特先后于 2007 年 6 月、2007 年 11 月和 2008 年 4 月三度访尼。2004 年 9 月，由于反政府武装的炸弹恐吓，美国和平队暂停在尼运行。2012 年 1 月，美国和平队恢复在尼运行。

尼方对于美国的重要访问包括：2002 年 5 月，时任首相德乌帕访美；2011 年 9 月，时任总理、尼联共（毛）副主席巴特拉伊在纽约参加联大期间与美国总统奥巴马举行了会晤，并会见了其他美国政府重要官员；2012 年 9 月，时任副总理兼外长纳拉扬·卡吉·什瑞斯塔在纽约参加联大期间与美国副国务卿玛丽亚·奥特罗举行了会晤。

在过去的 60 多年里，美国支持尼独立、发展及其外交政策，对尼提供了经济援助。在 20 世纪五六十年代，美国曾是尼最大的援助国。1977 年卡特政府上台初期，曾利用人权问题支持尼被禁的大会党，向尼王室施加政治压力，两国关系趋于平淡。卡特政府执政后期，改变了对尼的做法，不再利用人权问题支持大会党，转而采取支持尼国王举行公民投票、第三次修改宪法、开放民主、使更多人参政的措施，两国关系有了改善和发展。1988 年后尼印关系趋于紧张，美国对此极为关注。1989 年 1 月 15 日，美国国务院发表声明，敦促尼印通过谈判解决贸易和过境问题上的分歧，不要因此危及地区的和平与稳定。1989 年印对尼进行经济封锁，5 月 20 日，美国会通过决议，呼吁印度停止对尼采取行动。

1990 年，美国支持尼国内反对评议会制度的运动。2 月，美国参众两院一些议员联名致函尼国王，要求国王释放在运动中被捕人员，不使用暴力，实行民主，重视言论自由和人权。尼实行多党制和成立临时政府后，美国政府马上表示欢迎。1990 年 12 月，尼大会党最高领袖辛格访问美国，会见了布什总统。1991 年 5 月，尼大会党在大选中获胜，同月 20 日，美国国务院发表声明，祝贺尼人民和政府进行了"自由、公正的大选"。1991 年 7 月 2 日，美国驻尼大使会见吉里贾·普拉萨德·柯伊拉腊首相时说，美国国会决定把对尼援助在原来每年平均 1500 万美元的基础上，提高 30%。

2002 年 1 月，美国国务卿鲍威尔访问了尼泊尔。这是尼美两国自 1947 年建立外交关系以来，美国国务卿对尼泊尔进行的首次访问。访问期间，鲍威尔答应向尼提供 200 万美元的援助，用于从美国购买军火，打击反政府武装。同年 4 月，美国国会通过政府的提案，同意再向尼提供 2000 万美元的军事援助，以镇压反政府武装。美国还随之陆续向尼派出军事教练数千人，加强了在尼泊尔的存在。此外，美国政府还于 2003 年 10 月将尼共（毛主义者）列入恐怖组织名单之中。

2005 年 2 月贾南德拉国王政变之后，美国政府及驻尼使馆多次试图说服国王与七党联盟和解，共同对付反政府武装尼共（毛主义者）。2006 年政治运动之后，美国对尼泊尔和平进程给予了支持。2012 年 9 月，美国国务院宣布，将尼共（毛主义者）从恐怖组织名单中去除。

美国目前通过美国对外援助署（USAID）每年向尼泊尔提供约 4000 万美元经济援助，主要援助领域包括农业、卫生、环境保护、民主、政府管理等。此外，美国还为尼和平进程等提供了特别援助。据统计，自 1951 年到 2012 年，美国政府累计向尼泊尔提供 7.91 亿美元经济援助。除此之外，美国政府还通过多边组织和机构向尼泊尔提供了累计 7.25 亿美元的援助。

尼泊尔与美国也有一定的贸易交往。据《坎蒂普尔日报》（*Kantipur*）2015 年 2 月 5 日报道，2013 年双方的贸易额为 1.1 亿美元，其中美向尼出口 3300 万美元，从尼进口 7800 美元。美方从尼进口的商品主要包括地毯、艺术品、服装和皮革制品。

三 与俄国的关系

尼泊尔和苏联于 1956 年 7 月 20 日建交，1957 年 2 月，两国互派大使。1958 年 6 月，尼国王马亨德拉访苏。1959 年 4 月，尼苏签订《经济合作协定》，并就互设大使馆达成协议，同年 6 月，苏联在尼设立使馆。

苏联在 20 世纪 60 年代曾着力于对尼进行经济拉拢：无偿援建了医院、卷烟厂、制糖厂、农具厂、水电站和公路等项目。1960 年 2 月，苏最高苏维埃主席团主席伏罗希洛夫访尼。1963 年 10 月，尼大臣会议主席突西·吉里访苏。1964 年 6 月，尼外交和教育大臣比斯塔访苏，尼苏签订了《文化和科学交流协定》。1965 年 8 月，尼苏签订《贸易协定》。1968 年 10 月，马亨德拉国王途经莫斯科前往英国，尼对苏方安排颇为满意，两国关系较为密切。

进入 70 年代后，苏将无偿援助改为有息贷款，并停止了对尼的经济援助，侧重于对尼实行政治拉拢和思想、文化渗透。1971 年 6 月，马亨德拉国王访苏，同年 8 月，尼苏签订《文化协定》。苏竭力向尼兜售"安全体系"建议，宣扬两国在重大国际问题上"观点一致"，对尼施加政治影响。同时，苏派遣各类代表团、各界人士访尼，不断增加奖学金名额（苏每年向尼提供 200 个奖学金名额，但向尼官方提供的名额仅 50 个），邀请尼各界人士访苏，在尼举办名目繁多的活动，利用其资助尼各种组织，积极对尼各界、各部门开展工作，拉拢、培植亲苏势力，甚至不时干预尼内外事务。尼虽自 1974 年起在石油供应问题上有求于苏，但一直拒绝苏"安全体系"建议，对苏的戒心不断增加，两国关系逐渐冷淡，以至于尼后来不得不转向中东国家寻求石油供应。在这段时间，两国主要的交往有：1975 年 2 月，苏最高苏维埃主席团副主席库拉托夫来尼参加比兰德拉国王的加冕典礼；同年 12 月，尼苏签订《科学和文化交流协定》；1976 年 11 月，尼国王比兰德拉访苏，尼苏签订《经济和技术合作协定》；1978 年 11 月，尼全国评议会议长夏尔马率评议会代表团访苏。苏入侵阿富汗以后，尼对苏更加警惕和戒备。

1980 年后，苏对尼做法有明显改变：更多采取拉拢、利诱手段。尼本着大国平衡方针，对苏在策略上也做了一定调整，尼苏关系有了一定改善，但是由于两国在重大国际问题上的分歧，以及苏不支持尼和平区建议和不向尼提供无偿援助，两国关系一直无实质性进展。1980 年 12 月，苏最高苏维埃主席团副主席杜依希夫访尼。1981 年 12 月，苏最高苏维埃主席团第一副主席库兹涅佐夫访尼。1987 年 5 月，苏外交部副部长罗高寿访尼。1989 年 11 月，尼苏签订《文化科技交流协定》。1990 年 8 月，加德满都和莫斯科正式通航。

苏联解体后，俄由于内外交困，已无力顾及尼；尼对俄也不抱太大的希望，两国关系冷淡，交往明显减少。1991 年 11 月，尼正式承认俄罗斯为独立主权国家。1992 年 12 月，俄副外长库纳泽访尼。2010 年 11 月，尼泊尔总理马达夫·库玛尔·内帕尔前往俄罗斯圣彼得堡参加"保护老虎国际论坛"。2011 年 7 月，尼副总理兼外长乌潘德拉·亚达夫访问俄罗斯。

根据尼政府统计，截至 2012 年 7 月，俄罗斯共向尼投资 1.57 亿卢比。

四 与英国的关系

英国于 1816 年与尼建交，是与尼建交最早的国家。近两个世纪以来，两国关系一直顺利发展。英国从 20 世纪 50 年代初开始，即向尼提供多方面的经济援助，是向尼提供经济援助的主要国家之一。在 20 世纪 90 年代，其经济援助数额一直保持在每年 1000 万英镑的水平。援助项目包括农业、林业、交通、水利、人造卫星地面站、茶场、农业研究站、行政人员学院、饮水和医疗卫生设施等。英国是尼泊尔的第四大出口国，仅次于美国、印度和德国，1991 ~ 1992 年度，尼对英出口额达 1.8 亿卢比。1979 年 11 月 26 日，英宣布支持尼和平区建议。1989 年，英对尼印贸易和过境问题深表关切，曾批评印度不公正地对待尼泊尔这样一个内陆小邻国，要求印按照国际公认的准则处理两国之间的过境问题。此外，尼英军事关系也比较密切。自 1815 年以来，英国每年都从尼招募一定名额的青年，到英军廓尔喀部队服役，并对退役的老兵发给抚恤金；英还为尼培训军官。

1999 年 3 月，英国政府国际援助部（DFID）开始向尼提供扶贫及发展援助，到 2011 ~ 2012 年度援助额度达 6000 万英镑。英国宣布 2011 ~ 2015 年将累计向尼提供 3.31 亿英镑的发展援助，但对尼少数民族运动的援助项目却引起争议。

到 2012 年为止，英国在尼投资总额为 15.81 亿卢比。

五　与日本的关系

自 1956 年 7 月 28 日尼泊尔和日本建交以来，两国关系发展顺利。日本支持尼泊尔的和平区建议。从 1968 年起，日本向尼泊尔提供多方面的经济技术援助。1968～1984 年，日本共向尼提供无偿援助 46.85 亿卢比，技术合作 11.56 亿卢比，贷款 19.82 亿卢比，共达 78.23 亿卢比。1985 年 10 月 4 日，日本国会外交委员会主席访尼时宣布，1986～1993 年，日对尼的援助将增加一倍。1991 年 12 月 31 日，日又宣布把尼过去未偿还的贷款改为赠款，用于购买建筑材料、化肥、运输和通信设备。此外，日本还是尼泊尔的第二大进口国，1991～1992 年度，尼从日本进口额达 28.73 亿卢比。

1998 年，两任尼泊尔首相吉里贾·普拉萨德·柯伊拉腊和德乌帕先后访问日本。2000 年 8 月，在间隔 10 年之后，森喜朗以日本首相的身份访问了尼泊尔，使尼日两国关系进一步加强。

据日本驻尼使馆统计，截至 2009 年，日本对尼经济援助累计达3085.8 亿日元，其中包括无偿援助 1864.3 亿日元，低息贷款 638.8 亿日元和技术援助 582.7 亿日元。

2012 年 1 月，尼泊尔副总理兼外长纳拉扬·卡吉·什瑞斯塔访问日本。2012 年 4 月，日本外相玄叶光一郎访问尼泊尔。截至 2012 年 7 月，日本累计在尼投资共 12.2 亿卢比。

第九章

与中国的关系

第一节 传统友好关系和文化艺术因缘

尼泊尔是中国的近邻。巍峨的喜马拉雅山坐落在中尼两国的边境上，它虽在交通上为两国增加了一些不便，却阻挡不住两国人民的友好往来。千百年来，中尼两国人民和使者跋山涉水，不辞艰辛，互相访问和学习，使两国人民之间的友谊日益加深，两国之间的关系不断发展。

一 世世代代的交往

根据有史可考的记载，中尼两国之间的文化交流始于公元 406 年中国高僧法显对尼泊尔的访问。自法显以后，两国间的各种使节往来不断，随之在中国历代的史册和各种典籍上，出现了许多有关尼泊尔的记载。由于时代不同，这些记载对尼泊尔使用的名称也不统一，例如，在唐朝时称"泥婆罗"，元朝时称"尼博罗"，明朝时称"尼八剌"，到清朝时则称"廓尔喀"；在西藏地区，人们则习惯将尼泊尔称作"巴勒布"或"李域"。

其实，从遥远的古代起，中尼两国人民，特别是边境地区的居民便开始了密切的经济、社会和文化往来。在中尼两国长达 1400 余公里的共同边界上，有 20 多个可作为通道的山口，诸如科达里山口（即固帝山口）、拉苏瓦山口（即吉隆山口）、塔普勒山口、拉青山口、那木扎山口、扎那拉山口、丁喀里普山口、柏林山口、拉则拉山口、孔山口、平都山口和孔雀河岸等。几千年来，两国边民便是通过这些山口探访亲友、朝礼圣迹、过境放牧和从事贸易活动的①。正如尼泊尔著名学者道尔·巴哈杜尔·比斯塔教授（Dor Bahadur Bista）所说："在19世纪前，以西藏和印度相比，尼泊尔与前者在文化上有着更大的共同性，在经济上有着更多的利害关系；在西藏居住着比其他地方都多的尼泊尔人，而在尼泊尔定居的西藏血统的居民也比印度血统的居民要多。"②因为那时尼泊尔南部的特莱平原为茂密的热带原始森林所覆盖，疟疾猖獗，瘴气流行，有各种热带传染病，加之野兽出没，强盗横行，一般人很难通过；而北方的山路虽较崎岖，气候也较严寒，但相形之下，要安全和易于通行得多。所以，尼藏边民之间的往来在那时远比尼印之间的往来频繁得多。至于西藏本部与尼泊尔的交往则到7世纪上半期才正式开始。

公元639年，尼泊尔国王鸯输伐摩（Amushu Varma）③将女儿赤真公主④嫁给中国西藏的松赞干布。松赞干布派大臣可噶尔"携礼物与行装，与大臣一百骑去尼泊尔"⑤迎亲；在赤真公主赴藏时，"尼泊尔臣民等皆送至芒域城"⑥。大规模的送往迎来，不仅为中国西藏地方与尼泊尔之间开辟了一条正式通路，同时也为中西交通打开了一条新的国际通道——"吐蕃泥婆罗道"，奠定了南段交通的基础。公元641年唐朝与吐蕃和亲，文成公主入藏，使得从甘肃经青海到西藏的道路（即"吐蕃泥婆罗道"的北段）宣告开通。公元643年，唐朝的使臣李仪表和王玄策陪同摩揭陀王国使者赴印时，首先步文成公主的后尘入藏，然后沿着赤真公主进藏的路线，通过"芒域"（即吉隆山口）抵达尼泊尔，访问了加德满都，受到国王那陵提婆的盛情款待。公元647年尼遣使入唐，开始与

---

① 尼藏传统贸易方面，尼泊尔通常以大米、小麦、烟草和布匹等物品换取西藏地区的池盐、羊毛和铜佛等。

② Dor Bahadur Bista, *Nepalis in Tibet*, Contributions to Nepalese Studies, Vol. Ⅷ, No. 1, Dec. 1980.

③ 又译阿姆苏·瓦尔马（Amushu Varma），公元630～640年执政。

④ 又称赤准公主、赤尊公主或尺尊公主，尼泊尔称布丽库蒂（Bhrikuti 或 Vrikuti）。

⑤ 《西藏王统记》，王沂暖译，商务出版社，1957，第36页。

⑥ 《西藏王统记》，第36页。

唐朝建立友好关系，这是李仪表和王玄策访尼的成果。就在这年，唐太宗又遣王玄策第二次出使尼泊尔和印度诸国，目的是到摩揭陀国取制作"石密"之法。公元648年、657年和664年，王玄策又多次访问了尼泊尔。[①]

王玄策第一次出使印度时，三月奉召，十二月即到达北印度的摩揭陀国，只用了九个月的时间。他所创通的这条"吐蕃泥婆罗道"，大大缩短了中国与南亚各国之间使者往还的时间，对中尼两国和中国与整个南亚地区人民之间的文化和经济交流起过很大作用。过去前往印度和尼泊尔访问的高僧多走两汉至隋朝通西域的"丝绸之路"，"践流沙之浩浩，陟雪岭之巍巍"，艰危万重，备尝苦辛，且费时颇久。例如，法显在公元399年从长安出发，经敦煌，渡流沙，沿塔克拉玛干大沙漠到达于阗，然后登葱岭，翻雪山而至天竺（印度），费时六年，第七年才到达位于尼泊尔南部平原的佛教诸圣地；玄奘于公元629年赴印，也基本上是沿着这条路线，历时数年，于公元635年访问了尼泊尔。自从"吐蕃泥婆罗道"开通后，在一个相当长时期里，中国西行求法的高僧和中尼两国之间的聘使在往来时都是走这条道路。

在唐朝时，中尼两国关系十分密切，使节往来相当频繁。这突出表现在以下两个历史事件上：一是尼泊尔国王鸯输伐摩死后，乌德亚·德瓦（Udya Deva）二世继承了王位。不久，乌德亚为其弟所杀，王子那陵提婆（Narendra Deva）逃到西藏求援，松赞干布于公元643年帮助他恢复了王位；二是王玄策在第二次出使于648年抵中天竺时，当时与中国保持友好关系的戒日王（Siladitya）刚刚去世，其在曲女城（Kanauj）的王位被一个名叫那伏帝阿罗那顺（Arjuna或Arunaswo）的大臣篡夺。那伏帝阿罗那顺反对应戒日王生前邀请由中方派出的使者入境，逮捕了使团的全体人

---

① 对王玄策公元664年第四次出使印度顺访尼泊尔一事，学者们过去多持怀疑态度，主要原因是证据不足。具体说，认为王玄策从印经尼回到洛阳，遇高宗"驾幸东洛阳"一事，两《唐书》在高宗本纪里虽有记载，但是孤证。后来发现了较多的旁证，说明王玄策的第四次使印和访尼是完全可能的。详情参见陆庆夫《论王玄策对中印交通的贡献》，《敦煌学辑刊》1984年第1期，第100~103页。

员，抢走各国所送的礼物。王玄策"乃挺身宵遁，走至吐蕃，发精锐一千二百人，并泥婆罗七千余骑，以从玄策"①。王玄策与副使蒋师仁率兵打败并擒获中天竺篡国权奸，使中天竺继续和唐朝保持友好关系。

在宋元两代，中尼两国的交往持续不断。公元 964 年，宋太祖曾派中国沙门继业等 300 人赴印"求舍利及贝多叶书，归途时经泥婆罗"②，于公元 976 年回国。1260 年（元世祖中统元年），许多尼泊尔艺匠，包括著名的阿尼哥（Arniko），来到中国。

在明代，中尼两国关系发展到又一个交往频繁的时代，两国间的使节往来不断。明太祖和明成祖曾分别于 1384 年和 1403～1407 年间派高僧智光出使尼泊尔。明成祖后来于 1413 年还派杨三保和郑诚等使尼，每次尼方都遣使回聘。明宣宗曾于 1437 年派侯显出使尼泊尔。

在清代，大批尼泊尔人开始在西藏定居，康熙、乾隆时达数千户，两国间的贸易和文化交往相当频繁③。19 世纪初期，英国殖民者在印度站稳脚跟后，继续北上，于 1814 年侵略尼泊尔，并进而对西藏怀有野心。英国殖民主义者蓄意挑拨中尼两国关系，并在两国之间制造冲突，使两国的友好来往暂时受到阻碍。但总的来说，两国人民在反对帝国主义和殖民主义的共同斗争中，始终是互相同情和相互支持的。20 世纪 40 年代末期，两国的外交关系又有了进一步的发展。

二 宗教文化方面的相互影响

公元前 565 年，释迦牟尼出生在尼泊尔南部平原的蓝毗尼。释迦牟尼出家成佛后，便到印度各地游说传教。公元 1 世纪时，由于中国和南亚联系的加强，佛教通过西域传入中国。到两晋南北朝时，佛教在中国有了发展，以后逐渐成为中国的一大宗教，产生了很大的影响。追本溯源，这不能不说是中尼两国古代文化关系史上的一个重要事件。

---

① 《旧唐书》卷一九八《天竺传》。
② 《吴船录》卷上。
③ 据《清朝续文献通考》卷三三三统计，自 1793 年至 1908 年，尼泊尔使者先后来中国达11 次。

中国的许多高僧很早便西行求法，前往尼泊尔礼拜佛迹。其中最早和最知名的是东晋的法显。法显于公元399年以65岁的高龄毅然从长安出发，经过长途跋涉，于406年到达佛祖的故乡迦毗罗卫城（今尼泊尔南部，东经83°20′，北纬27°29′）和佛祖的诞生地论民园（今蓝毗尼园）。他将当时的情景记录在自己的名著《佛国记》中。公元416年，中国的另一名高僧智猛也来到迦毗罗卫城观礼佛迹。

几乎在法显访问尼泊尔的同时，尼著名高僧佛陀跋陀罗（觉贤）于公元408年①应中国高僧智严的邀请来到长安弘传禅学。他后来应高僧慧远之请转赴庐山，译出《出生无量门持经》一卷和《达摩多罗禅经》等。公元415年到建业（今江苏南京），在道场寺做译主，并与法显合译《大般泥洹经》六卷、《方等泥洹经》二卷、《杂藏经》一卷、《摩诃僧祇律》四十卷、《僧祇尼戒本》和《杂阿毗昙心论》十三卷等七部佛经，与法业、慧义、慧严等一百多人译出《大方广佛华严经》六十卷。此外，还自译《观佛三昧海经》、《文殊斯利发愿经》和《新无量寿经》等经书共十五部一百十七卷②。佛陀跋陀罗在中国工作长达21年之久（公元429年在南京逝世），对佛教禅学在中国的传播和发展起了很大作用，在古代中尼佛教文化交流方面立下不朽功绩。直到今天，他仍然活在中国广大佛教徒心里。

在法显之后西行求法到尼泊尔观礼佛迹的高僧中，最著名的是唐朝的玄奘。玄奘于公元635年到达劫比罗伐堵国（即迦毗罗卫城）、腊伐尼林（蓝毗尼）等处。他在《大唐西域记》中写道："泥婆罗国，周四千余里，在雪山中。国大都城，周二十余里。山川连属，宜谷稼，多花果。出赤铜、犁牛、命命鸟。货用赤铜钱。""僧徒二千余人，大小二乘，兼攻综习。外道异学，其数不详。""近代有王，号鸯输伐摩（唐言光胄），硕学聪睿，自制声明论，重学敬德，遐迩著闻。"③ 这是有关尼泊尔谷地最早

---

① 另一说是公元406年。
② 关于佛陀跋陀罗所译佛经数量，长期以来就有争议。这里据《高僧传》卷二中所列数字。
③ 《大唐西域记》卷七。关于玄奘是否到过加德满都地区，学者们有不同的看法。多数学者认为没有去过，因为他当时没有时间；他在书中关于加德满都的记载，是他在南部平原收集采访所得。

和最详细的记载，对研究尼泊尔古代史有重要价值。

此后，西行求法访问尼泊尔的中国高僧日益增多。据《大唐西域求法高僧传》记载，通过"吐蕃泥婆罗道"西行求法的知名僧人有玄照、道希、玄太、玄恪、道方、道生、末底僧诃（俗姓皇甫）、玄会、知岸和彼岸等，他们都顺道访问过尼泊尔，有的还死在那里。道生于公元 649 年，"经吐蕃至天竺，在那烂陀寺学法，携经像返国，行至泥婆罗病卒"。末底僧诃于公元 666 年去天竺。后思还故里，归时路过泥婆罗国，"遇患身死，年四十余"。公元 691 年，玄会到"泥婆罗，不幸而卒，春秋仅过而立矣"。

佛教虽早在汉明帝时便在中国内地流传，但在 7 世纪前一直未进入西藏。公元 639 年，尼泊尔的赤真公主进藏时将大乘佛法和佛像（不动佛像、弥勒菩萨像、度母像等）带到西藏。641 年文成公主入藏时带来了释迦佛像和 360 卷佛经。接着有一些尼泊尔高僧如尸罗曼殊论师等来藏帮助翻译大乘教经典。这样，西藏开始有了佛教。但是佛教真正在西藏盛行是 8 世纪中期以后的事。

在西藏的佛教发展史上有所谓的前弘期（约 640～840 年）和后弘期（978 年以后）。这两个时期西藏佛教的发展都与尼泊尔有十分密切的关系。前弘期实际上始于赤松德赞赞普（公元 742～797 年）。由于赤松德赞把佛教作为自己的精神支柱，当作与苯教进行斗争的有力手段，所以积极扶持佛教。当时他的一名叫作萨囊的大臣崇信佛教，往天竺朝礼圣迹，在尼泊尔遇到著名的印度高僧寂护，便邀请寂护入藏弘法而得到许可。萨囊返藏后向赤松德赞报告此事，经同意后派人到尼泊尔迎请寂护。这是前弘期的开始。经寂护的推荐，赤松德赞还迎请另一位著名高僧莲花生①入藏弘法。寂护和莲花生于公元 799 年仿印度的飞行寺规模在西藏地区共同建成桑耶寺（三耶寺），并主持第一批七名西藏青年出家的剃度仪式。由于佛、法和僧都已齐备，西藏地区的佛教初具规模。寂护和莲花生还在桑

---

① 莲花生曾利用密宗法术同苯教巫师做斗争，对吐蕃佛教战胜苯教起过一定作用，后被宁玛派（红教）尊为祖师。

耶寺领导汉、藏、尼、印高僧翻译了大量的佛教三藏经典，为前弘期的佛教发展奠定了基础。现在西藏地区流传下来的佛教经典，有不少就是在这一时期译出的，其中当然也有尼泊尔高僧的功绩。

佛教在西藏地区经历了公元841年的"朗达玛灭佛"，直到公元10世纪下半期才重新在西藏复兴。这便是所谓的后弘期。在后弘期，西藏赴尼学习的僧人很多。最早的有阿里地区的漾绒巴胜慧，他于公元978年前往尼泊尔，"从枳达迦学律，并在尼亲近各持律大师"[1]，因而于律学多有创获，回藏后传弟子跋觉、菩提狮子等。这是律学复兴的开始。公元994～1078年，西藏拉朵地区的卓弥释迦智和达罗童精到尼泊尔向静贤论师学声明，以后往比扎玛尸罗寺，从六大论师学法[2]。卓弥释迦智先后在尼泊尔和印度学习13年，回藏后创萨迦派。西藏的五大教派[3]之一的噶举派创始人玛尔巴（1012～1097年）曾向卓弥学习过，他后来赴尼游学三年，学四座等密部经典，还向尼泊尔的静贤论师学声明，回藏后创噶举派。该派的理论奠基人米拉日巴（1040～1123年）也曾去尼泊尔学习过佛教经典。噶当派的著名译师俄·罗丹喜饶（1059～1109年）曾在尼学习梵文，回藏后将大量经典译为藏文。由此可见尼泊尔在佛教方面对西藏的影响很大。

宗喀巴（1357～1419年）在西藏进行宗教改革时期，正是尼泊尔的马拉王朝国王贾亚斯提提·马拉（1382～1419年）[4]在位时期。贾亚斯提提·马拉进行了一些宗教改革，对尼泊尔以后的社会和宗教发展起了奠定基础的作用。在李查维王朝时期，由于统治家族来自印度，国王多信奉印度教，但他们并没有将该教的仪规和习俗强加给当时的非印度教臣民。到马拉王朝时则不同了，特别是贾亚斯提提·马拉，他按照《摩奴法典》制定了有关各种姓的等级地位、工作服饰等守则，并大力贯彻执行。从此，印度教在尼泊尔得到迅速发展，并深深扎下了根。此后，尼泊尔佛教

---

① 《中国佛教》十七《西藏后弘期佛教》，引自布敦《佛教史》。
② 《中国佛教》十七《西藏后弘期佛教》，引自布敦《佛教史》。
③ 即噶当派、噶举派、萨迦派、宁玛派和格鲁派。
④ 另一说是1354～1395年或1380～1400年。

渐渐与印度教融合起来。自从西藏佛教各教派次第形成并有了进一步发展后，它反过来又传到尼泊尔对尼产生了很大影响，特别是宁玛派和噶举派。若干世纪以来，散布在尼泊尔北部山区的佛教寺院常请西藏的高僧去讲经或主持佛事。在近代，许多尼泊尔宁玛派僧人到康区的佐钦寺（在四川省甘孜藏族自治州德格县）学习宁玛派教法，一直未断。1948 年，一位称作达摩罗迦的尼泊尔高僧，曾带着一个钵，徒步游历了西藏、四川和山西等省区的佛教圣地并进行学习，历尽千辛万苦，回到尼泊尔后著有《伟大中国纪行》，被尼泊尔佛教界尊为近代的圣雄①。

三　建筑艺术领域的深厚因缘

建筑艺术是中尼文化交流的另一个重要方面。早在赤真公主进藏时，便有不少尼泊尔的塑匠和雕刻、建筑工匠来到西藏。拉萨的大昭寺（古称拉萨上殿或惹萨幻显殿）便是由尼泊尔工匠所建；四方厌胜殿、采日慧灯殿和其他神殿，也多出自尼泊尔工匠之手。尼泊尔工匠还仿照松赞干布本人塑造了观音像，至今仍保存在大昭寺的北殿内。这些建筑和工艺必然带有尼泊尔的特征。

在建筑和工艺诸方面，对中尼文化交流贡献最突出的是元代来华工作的尼泊尔艺匠阿尼哥。阿尼哥公元 1243 年生于加德满都谷地，据说是释迦族的后裔②。尼泊尔人称他为巴勒布·阿尼哥。他自幼聪颖，"入学诵习梵书，未久已通，兼善其字，尊宿自以为弗及"。"尺寸经者，艺书也，一闻读之，即默识之"③。所以未及成年，即精通"绘、塑、铸、镂"各种工艺，并善造佛塔和寺庙。公元 1260 年，元世祖忽必烈命总管西藏事务的国师八思巴在西藏建造一座金色佛塔。当时考虑到尼泊尔在建筑和工艺方面人才荟萃，便向尼方"发诏征之"。尼泊尔国王贾亚比姆·德瓦·马拉（Jayabhim Dev Malla）"搜罗得八十人，令自推一人为行长，众

---

① 1985 年 3 月 25 日尼中友协主席普尔纳·巴哈杜尔与作者的谈话记录。
② 1982 年尼泊尔著名学者萨德亚·莫罕·乔与作者的谈话记录。
③ 见《雪楼集》卷七，《凉国慧敏公神道碑》。

莫敢当。有少年独出当之"①。这个少年便是阿尼哥，当时年仅17岁。国王说他年幼，他回答说，"身幼心不幼也"。八思巴见到阿尼哥后心中惊异，让他督造佛塔。第二年，佛塔竣工。八思巴奇其才，带他到京都。元世祖接见了阿尼哥。当时有一尊传自宋代的练习针灸的铜像坏了，无人能够修理，元世祖便让阿尼哥修理。公元1265年新像修成，"关鬲脉络皆备，金工叹其天巧，莫不愧服"②。公元1273年，元廷授阿尼哥"人匠总管，银章虎符"。其时，"凡两京寺观之像，多出其手"③。公元1276年，忽必烈命人赴尼将阿尼哥之妻宰叶答腊奇美氏迎来中国。由于阿尼哥在建筑和"绘、塑、铸、镂"各种工艺方面成绩卓著，公元1278年元廷授他"光禄大夫、大司徒兼领将作院。印秩皆视丞相"，地位极为显赫。阿尼哥于1306年逝世，享年63岁。公元1311年"加赠公开府仪同三司，太师、凉国公、上柱国，赐谥敏慧至是又蒙恩建碑焉"④。

阿尼哥在中国工作了40余年，他对中尼文化交流做出了不朽贡献。"最其平生所成，凡塔三，大寺九，祠祀二，道宫一。若内外朝之文物、礼殿之神位、官宇之仪器，组织熔范、搏埴丹粉之繁缛者，不与焉。"⑤由此可见他的贡献之多。具体来说，大体可分为三个方面。

第一个方面是建筑。这里所说的"塔三"可能是指1260年在西藏所建的一座；成于1279年的北京妙应寺（今阜成门内）白塔一座；另一座是1310年建成的五台山白塔。阿尼哥所建的寺庙计有：护国仁王寺、乾元寺、圣寿万安寺、城南寺、兴教寺、万圣佑国寺、东花园寺和圣寿万宁寺等。但是这些建筑大都不复存在，仅存的白塔寺和万宁寺也几经翻修改建，已非本来面目，难以看出当初阿尼哥设计的原样。不过可以肯定，阿尼哥将尼泊尔建筑上的一些特点带给了中国。表现最明显的是佛塔，因为阿尼哥带来的塔制为尼泊尔所特有，今天耸立在阜成门内的白塔和北海的

---

① 见《雪楼集》卷七，《凉国慧敏公神道碑》。
② 见《雪楼集》卷七，《凉国慧敏公神道碑》。
③ 见《雪楼集》卷七，《凉国慧敏公神道碑》。
④ 见《雪楼集》卷七，《凉国慧敏公神道碑》。
⑤ 见《雪楼集》卷七，《凉国慧敏公神道碑》。

白塔，就是这种影响的例证。另外，有学者说，寺庙和殿宇的多层檐结构也是来自尼泊尔。

第二个方面是绘塑和铸像。阿尼哥不仅绘塑和铸造了许多佛像，还塑造了不少道家和儒家的先哲像及帝王后妃像。据粗略统计，经他绘塑、修复、补缀、装饰和铸造的各种肖像共 181 尊[1]，这对以后中国佛像塑造艺术有很大影响。中国向有所谓汉（唐）和梵两种式样的佛像塑造，前者系直接受印度的影响，始于唐代，后者则是受尼泊尔的影响，始于阿尼哥。自元代以后，梵式造像逐渐占据绝对优势。

阿尼哥为中国培养了汉藏两族的工匠艺师，其中最有成就的是河北蓟州宝坻人刘元。刘元不仅继承了阿尼哥的技艺，且有所发展。他塑造的西天梵像，"神思妙合"，在当时称为绝艺。由此可见，中国梵式造像的发展和广泛流行，也是和刘元的功绩分不开的。如果说觉贤和法显合作翻译佛经，是中尼两国佛教关系史上的一段佳话；那么，阿尼哥和刘元共同在中国推广梵式造像方面，可以说是两国艺术交往史上的一桩美谈。

第三个方面是仪器的修理和制造。前面提及阿尼哥把残缺已久的练习针灸用的铜人修理完好，使它流传下来。他还"创浑天仪及司天器物"[2]，对中国天文学的发展有一定作用。

从清朝初年起，尼泊尔人陆续到中国西藏定居，最多时达数千人。他们散布在拉萨、江孜、日喀则和亚东等地，但以拉萨为最集中。这些人多以经商为业，其中也有不少铜匠、金银匠和其他艺匠，他们在日常生活中也将尼泊尔的各种工艺传到西藏。历代达赖喇嘛都有赞助和庇护有声望的尼泊尔艺匠的习惯，因为他们精心制作的金银钵罐、各种法器和装饰用品很受欢迎。这些艺匠还为寺庙建筑镶镀金箔，使这些寺庙光彩夺目，色泽经久不变。这些工艺对西藏的同类工艺产生了重大影响。

---

[1] 石田干之助：《关于元代工艺家尼泊尔王族阿尼哥的传记》，见《蒙古学报》2 号（昭和 16 年），第 384 页。

[2] 《雪楼集》卷七，《凉国慧敏公神道碑》。

四　中国纸和造纸术传入尼泊尔及其他

中国造纸术的发明是对人类文明的一个伟大贡献。但是中国纸和造纸术何时传入尼泊尔和通过什么路线传入，存在着不同的观点。一种观点认为，中国纸和造纸术是通过印度输入尼泊尔的，但是证据不足。比较可靠的说法是，中国纸和造纸术是在公元 650 ~ 670 年经过西藏传入尼泊尔的[①]。其主要根据是：首先，早在公元 649 年，松赞干布便向唐朝请求提供蚕种和派遣造酒、碾硙、纸墨之匠，得到唐高宗的允许[②]。这说明在公元 650 年左右，中国纸和造纸术即传入了西藏。而印度在玄奘于公元 645 年回中国时尚没有纸，也不知造纸术。到义净于公元 671 年赴印时，印度使用纸已很普遍。这说明中国纸和造纸术当在公元 650 ~ 670 年间传入印度。这段时间，正是"吐蕃泥婆罗道"取代天山道期间。可以推断，中国纸和造纸术传入印度，除经尼泊尔外，似别无他途。中国纸和造纸术传入尼泊尔，则显然在这 20 年的早期。其次，从造纸原料方面看，无论是古代或现代，西藏和尼泊尔都是用瑞香科植物造纸[③]，而这种植物的产地是西藏高原和尼泊尔。这两个地方使用这种植物造纸的加工过程可能不尽相同，但基本的处理原则和方法是一样的。这从另一方面说明，尼泊尔的造纸术源自中国的西藏，而不是印度。尼泊尔显然是在公元 650 年后不久，从西藏学会了造纸术，随之把它传向印度。这不能不说是中尼文化关系史上的一件有深远意义的大事。

中尼古代文化交流还表现在动植物的传播和音乐方面。

在尼泊尔，人们把荔枝称作"Leechee"，把马铃薯称作"中国薯"，

---

① 黄盛璋：《关于中国纸和造纸法传入印巴次大陆的时间和路线问题》，《历史研究》1980 年第 1 期。

② 见《旧唐书》卷一九六《吐蕃传》："因请蚕种及造酒、碾硙、纸墨之匠，并许焉。"

③ 英国人斯坦因（M. A. Stein）于 19 世纪末和 20 世纪初在和阗和安德悦（Endere）找到了大约在 8 世纪末写成的藏文经文残卷，经维也纳著名植物生理学家维斯那教授（Prof. Von Wisner）化验，证明这种纸完全是瑞香科植物（Thymelaaceae）浸软了的生纤维造成的。参见季羡林《中国纸和造纸法输入印度的时间和地点问题》，载《中印文化关系史论文集》，第 27 页。

把花生称作"中国豆",把金鱼称作"中国金鱼"。这说明,这些东西是在两国人民长期的密切交往过程中从中国传入尼泊尔的。尼泊尔方面也有一些东西传入中国。据《新唐书(西域列传)》记载,公元647年,"泥婆罗国遣使入唐,送上波棱、酢菜、浑提葱"。另据《唐会要》卷一百杂录记载,除上述三种植物外,还有"胡芥""辛嗅药"两种。现在仅知道"波棱"是今天的菠菜,其他四种究竟为何种植物,还有待植物学家进一步研究。关于菠菜是否首先从尼泊尔传入中国的问题,学者们仍有争论。因为,有不少作品认为菠菜是由波斯传来的。据郑樵《通志》中的说法,菠菜是由张骞出使西域时带到中国的。《郭橐驼种树书》中称:"波棱……盖波棱国菜。"刘禹锡《佳话录》中记载:"波棱出自西国,有僧将其子来,云本是颇棱国之种,语讹为波棱耳。"① 这些虽然说明,菠菜最初传入中国,不一定来自尼泊尔,但是,尼泊尔使臣将菠菜籽带来送给中国,无疑有助于它在中国的传播,使它逐渐成为一种中国人喜爱食用的蔬菜。

随着中尼两国人民交往的日益增多,尼泊尔的一些音乐和舞蹈,如"廓尔喀部乐"(一种民族舞蹈音乐)在清代传入中国。

简要回顾一下中尼两国近两千年的传统文化交流情况,可以看出中尼两国的文化有着悠久深厚的历史因缘。在长期的互相学习、互相合作和互通有无中,中尼两国人民不仅加深了彼此间深厚的传统友谊,而且使各自的民族文化不断地丰富和发展。

第二节　基于和平共处五项原则②的新型关系

自1955年8月1日中华人民共和国和尼泊尔王国建立正式外交关系以来,特别是自1960年两国政府相互在对方首都建立大使馆后,两国间

---

① 参见黄盛璋《关于古代中国与尼泊尔的文化交流》,载《历史研究》1962年第1期。
② 尼方为了在文字上有别于中印协定,建议对五项原则使用以下措辞:1)互相尊重彼此领土的完整和主权;2)互不侵犯;3)互不借任何经济政治或意识形态的理由干涉内政;4)平等互利;5)和平共处。

的友好关系得到空前迅速的发展。回顾中尼双边睦邻友好关系的历史，可以说，两国关系在复杂多变的国际风云中，不仅经受住了种种考验，而且在双方的共同努力下，已经成为不同社会制度国家间和平友好相处的典范。

一 废除旧时代的不平等条约

在清朝的咸丰五年（公元 1855 年），正处在拉纳家族专政时期的尼泊尔曾派兵侵入西藏，一度占领了济咙、聂拉木等地。西藏地方军队多次进行反攻，均遭失败，于是向清朝皇室求援。当时正值太平天国定都南京、英法侵略军进逼天津和北京之际，清政府无力顾及此事，于是在驻藏大臣赫特贺的主持下，双方代表于 1856 年 3 月 24 日签订了《西藏廓尔喀条约》。这个条约共 10 条，其中除规定西藏每年赔偿一万尼泊尔卢比和双方尊重皇帝外，还规定：廓尔喀商民在西藏可以自由经营，不纳赋税；廓尔喀王宫在拉萨设置官员；廓尔喀商人犯法，西藏不得处断，廓藏人民之间发生纠纷由双方会同处断；等等。这些特权在两个主权平等的国家之间显然是不应当存在的。1955 年 8 月 1 日，中尼两国正式建立了外交关系。1956 年 8～9 月，中尼两国政府代表团在加德满都就中尼两国在西藏的关系举行了谈判。

在谈判中，尼方为了摆脱印度的控制，主动提出希望同中国签订一项友好条约，双方于是将此议题列入了议程。但是印度对此却大加反对，通过外交途径分别向中尼陈述它不赞成的理由，并对尼泊尔施加种种压力。在当时的情况下，中国不能无视印方的意见，但也不能因为同印度友好而损害同尼泊尔的友谊。经过研究，中方提出，将中尼友好条约与双方在西藏的关系两方面的内容合并，签订一个协定。这就是 1956 年 9 月中尼双方签订的《中华人民共和国和尼泊尔王国保持友好关系以及关于中国西藏地方和尼泊尔之间的通商和交通的协定》的由来，以下简称"中尼协定"。

"中尼协定"共有五条。前三条属政治性的，它们是：（1）缔约双方宣布，中华人民共和国和尼泊尔王国之间应保持和平和友谊；（2）缔约双方重申两国间互派大使级外交代表的决定；（3）所有在此以前存在于中国和尼泊尔之间包括中国西藏地方和尼泊尔之间的条约和文件应即废除。① 其他两条是关于中国西藏地方和尼泊尔之间正常关系的一些具体规定。

此外，双方还通过换文，就两国同意互设总领事馆问题、关于两国间的侨民的权益问题和本国侨民与当地人结合所生子女的国籍问题等有关事项，做出了具体规定。

"中尼协定"于 1958 年 1 月 17 日开始生效。从此，尼泊尔一百来年在西藏享有的特权全部废除，中尼两国在中国西藏地方的关系在新的基础上建立了起来。

二 互谅互让地解决边界问题

中尼边界有一条传统习惯线，全长约 1400 余公里。清朝乾隆年间，曾在热索桥一带建立过界标，但是，由于立过界标的地段不长，且因年久失修，许多界标已无从考查，故中尼边界从整体来说，仍未正式划定。

由于中国西藏地方与尼泊尔之间关系密切，特别是两国边民交往十分频繁，所以双方在边界问题上存在一些争议。1960 年 3 月，尼泊尔首相 B. P. 柯伊拉腊访问中国，"为了正式解决两国边界线现存的某些出入，并且科学地标定整个边界线，为了巩固和进一步发展两国的友好关系，两国政府决定在和平共处五项原则的指导下"，于 3 月 21 日签订了《中华人民共和国政府和尼泊尔王国政府关于两国边界问题的协定》。根据这个协定，联合委员会对"双方的地图上两国边界线不相符合而双方对于实际管辖的情况又有不同认识的地段"进行了实地调查，根据平等互利、友好互让的原则进行调整，确定这些地段的边界线，并在边界全线树立了界桩。

这里应当提及的是珠穆朗玛峰。珠穆朗玛峰是喜马拉雅山脉的主峰，也是世界第一高峰。它坐落在我国西藏南部绒布寺的南面，其名称来自藏

---

① 参见《中华人民共和国对外关系文件集》第四册，第 120～123 页。

语，是"圣母之水"或"女神"的意思。该峰南面的昆布，原为藏地，1856 年为尼占领。对这座山峰，尼方称"萨加玛塔"（Sagarmatha），意为"高达天庭的山峰"。在谈判中，尼方认为珠峰是他们的"神山"，应划归尼泊尔。最后，双方领导人本着平等互利和友好互让的精神，解决了这一问题。双方商定，以最高山顶为界，北面属中国，南面属尼泊尔，双方可以各自使用自己的名称。从尼泊尔方面登山，若需绕道北边的通道时，则须通知中方；反之，从北面登山，若需绕道南坡时，也须通知尼方。

1961 年 9 月，尼泊尔国王马亨德拉应邀来华进行国事访问，于 10 月 5 日同中华人民共和国主席刘少奇签订了《中华人民共和国和尼泊尔王国边界条约》。条约签订后，双方人员便根据条约规定的边界线进行实地勘察，并予以正式标定。1979 年，中尼双方签订了《中尼边界议定书》，至此，两国正式完成了标定边界的工作，在实际上彻底且一劳永逸地解决了这个历史遗留下来的问题。

中尼边界问题的顺利解决，不仅是中尼两国人民友好合作的象征，而且在国际上为邻国之间本着和平共处五项原则解决边界问题和其他一切纠纷树立了一个样板，有着巨大的国际现实意义。

三　大小邻国间关系的楷模

中尼两国在 1955 年建交时，双方便达成协议，要以和平共处五项原则作为指导双边关系的基本原则。半个多世纪的实践证明，两国领导人不仅是这样说的，也是这样做的。双方不仅在处理边界等问题时是这样做的，而且在处理其他双边问题时也是这样做的，因而双方在政治上建立了彼此间的信任。这种信任自然会推动两国的关系顺利向前发展。

中尼两国的社会制度不同，国土面积相差极大，人口数量对比悬殊，但是几十年来，两国一直友好相处，平等相待，关系融洽。中国一贯主张所有国家不分大小、贫富、强弱，都是国际社会的平等成员，各国的内部事务应由各国人民自己来管，世界上重大事务应由各国在相互尊重的基础上平等协商解决。对中国的这一主张，尼泊尔也深表赞同。

一般来说，两个国家对在彼此交往中是否严格遵守和平共处五项原则的问题，幅员较小的国家往往要比幅员较大的国家更为敏感。所以，在说明中尼关系的发展现状时，引用尼泊尔方面的看法会更有说服力。在这里，应当提到雅杜·纳特·卡纳尔（Yadu Nath Kenal）教授，他既是尼泊尔著名的学者，又是杰出的外交官，在 20 世纪 80 年代前后，曾长期担任尼泊尔王国驻中国特命全权大使。在离任返国后，他撰写了一篇题为《回忆中国》的文章，发表在 1982 年 12 月 3 日《新兴尼泊尔报》的星期五副刊上。他在该文中表示对中国对尼泊尔的态度感到满意。再如，1996年 12 月 4 日，当中国国家元首即将对尼泊尔进行国事访问时，尼泊尔前首相阿迪卡里表示，尼中关系"可以称为国家间关系的楷模"①。鉴于卡纳尔教授和阿迪卡里前首相的经历和地位，他们的评论应当具有权威性。

四 高层互访不断

中尼两国高层领导人互访不断，相互了解不断加深，相互信任不断增强，因而使两国老一辈领导人辛勤栽种和培育起来的友谊之树四季常青。

中国老一辈领导人周恩来、李先念、邓小平和尼泊尔老一辈领导人马亨德拉、坦卡·普拉萨德·阿查里亚、B. P. 柯伊拉腊都进行过互访。比兰德拉国王先后对中国进行过 10 次访问并曾出席中方首次举办的博鳌亚洲论坛，中国总理、委员长等也先后访问过尼泊尔。中国共产党和尼泊尔的各个政党也建立了关系。尼泊尔首相，诸如吉尔提·尼迪·比斯塔、吉里贾·普拉萨德·柯伊拉腊、曼·莫汉·阿迪卡里和谢尔·巴哈杜尔·德乌帕都先后访问过中国。

由于中尼两国互相以诚相待，两国已成为彼此真诚可靠的朋友。双方在国际和地区事务中始终都能相互理解和相互支持。中国一贯支持尼泊尔捍卫自己国家主权利益和民族独立的斗争，在经济建设方面，特别是在基础设施和技术培训领域给予尼泊尔以力所能及的援助。尼泊尔一贯主持正义，在许多重大问题上，给予中国很大支持。在西藏问题上，尼泊尔政府

---

① 《人民日报》1996 年 12 月 5 日，第六版。

一再强调和坚持不允许任何人利用其领土从事分裂和反对中国的活动。在台湾问题上，尼坚持奉行"一个中国"的政策，认为台湾是中国领土不可分割的一部分。1990～2000年，西方一些国家在联合国人权委员会会议上先后9次提出恶意攻击中国的所谓提案，在历次斗争中，尼泊尔都站在中国一边，为挫败西方在人权会议上的反华阴谋贡献了力量。

在20世纪90年代前后，国际形势发生了重大变化。由于苏联解体，冷战宣告结束，中印关系也随之得到缓和与改善，并逐渐趋于正常。中印关系的改善不仅没有影响中尼双边的友好合作关系，反而有利于它的发展。这首先是因为这种关系经历过几十年风风雨雨的严峻考验，中国政府和人民十分珍视同尼泊尔之间业已存在的友好关系，并十分重视继续发展这种关系。在这种新形势下，中国国家主席江泽民于1996年12月访问尼泊尔；2001年5月，中国总理朱镕基访问尼泊尔。2005年4月，尼国王贾南德拉赴海南出席博鳌亚洲论坛年会。

需要说明的是，由于尼共（毛主义者）于1996年发动了武装斗争，尼泊尔出现内战。中国政府奉行不干涉内政原则，未对尼共（毛主义者）给予任何形式的支持。

2006年4月，尼泊尔发生的"民主运动"推翻了贾南德拉国王的统治，以尼泊尔大会党为首的"七党联盟"执政。经过谈判，尼共（毛主义者）宣布放弃武装斗争，回归主流政治。这时，中国政府根据形势变化，尊重尼泊尔人民选择，调整了对尼政策；中国共产党也开始与尼共（毛主义者）展开党际交流与合作。

2008年4月，尼共（毛主义者）在第一次制宪会议选举中获得近四成议席，成为第一大党。该党主席普拉昌达于8月15日当选政府总理。接着，他于8月下旬打破尼政府首脑上任后首先访问印度的惯例，到北京出席奥运会闭幕式并对华进行访问，会见了中国国家主席胡锦涛，双方就中尼两国未来的合作初步交换了意见。

2009年12月，尼泊尔政府总理尼帕尔访华，双方发表《中尼联合声明》，决定在和平共处五项原则基础上，建立和发展世代友好的全面合作伙伴关系。

2010 年 10 月，尼泊尔总统亚达夫博士对华进行友好访问，出席上海世博会闭幕仪式。

2011 年 3 月，中国人民解放军总参谋长陈炳德访尼。

2012 年 1 月 14 日，温家宝总理应尼泊尔总理巴特拉伊的邀请对尼泊尔进行正式访问，双方发表《中尼联合声明》，宣布 2012 年为"中尼友好交流年"。

2013 年 6 月，尼泊尔副总统帕马南德·贾阿对中国进行了非正式访问。

2014 年 12 月，中国外交部长王毅应尼泊尔外长马·潘迪邀请正式访问尼泊尔，双方达成多项协议，为帮助尼泊尔发展基础设施建设，中方 2015~2016 年对尼援助将增加 4 倍多。

五　日趋频繁的文化交流

自 1955 年 8 月 1 日中国与尼泊尔正式建立外交关系以来，双边的关系得到长足的发展，这主要是由于双方的高层互访不断，但也得益于双方文化交流的日趋频繁与深入发展。

中国与尼泊尔虽于 1955 年建交，但是直到 1960 年 8 月，中方才在加德满都建立了大使馆。尽管在建馆前，中尼之间不便直接联系，中方还是积极推动与尼方的文化交流，于 1956 年先后邀请以教育部大臣 B.C. 夏尔马为首的尼泊尔文化代表团、由 B.R. 乔西带领的尼泊尔学生代表团和由马亨德拉国王的主要秘书 L. 达尔申率领的尼泊尔亲善代表团来华进行友好访问。中国方面，则于 1957 年 6 月派出以楚图南为首的文化代表团对尼泊尔进行回访。此后，又于 1959 年 6 月邀请由 B. 阿姆里塔南达率领的尼泊尔 6 人佛教代表团访华，开启了两国之间宗教界的文化交流。

此后，中尼两国之间的民间使者往来不断。1959 年 9~10 月，P. 巴哈杜尔率领的尼中友好协会代表团访华并参加了中华人民共和国成立十一周年国庆活动。接着，1960 年 3 月，由 P.D. 潘迪率领的尼泊尔 5 人新闻代表团访华。

1961 年 9 月，上海文艺出版社出版了《尼泊尔诗选》，这是我国有史以来出版的第一本尼泊尔诗选，其中包括尼泊尔国王马亨德拉和捷瓦柯特、萨马、吉瓦里等尼泊尔 12 位著名诗人的作品。

1963 年，马亨德拉国王为摆脱印度对其束缚，坚持实施多元化的对外政策。在他的指示下，这年 6 月在加德满都召开的尼泊尔第二次全国文学艺术代表大会，破天荒地邀请中国派观察员参加会议，并在会后对尼泊尔进行了两周之久的友好访问。当时作为中国观察员随员的王宏纬，回国后在光明日报上先后发表了《尼中友谊之家》和《山城处处是友情》等散文，引起了尼方的关注。这实际上是新中国成立后中国与尼泊尔文学艺术界之间最早的一次交流。

为了推动双边交流，中国与尼泊尔于 1964 年签署了一项文化交流协定，但是它并没有使双边的文化交流出现明显的增长。一方面是由于当时交通不便，另一方面是由于"文革"的干扰，中尼文化交流在建交初期形成的良好势头，没能得到充分的利用和发展。

从 20 世纪 60 年代后期直到 80 年代初期，中尼之间的互访人员并没有中断，但增加比较有限，大型的代表团的来往为数较少。来往的人员主要限于一些医务人员和体育界乒乓球、羽毛球及足球队的代表和教练。可是，在此期间有一个亮点，即中国国际电台的尼泊尔语广播于 1975 年 6 月 25 日正式对尼开播。这一重要发展为中尼两国之间的文化交流着实增色不少。

长期以来，尼泊尔广大群众迫切希望了解新中国的发展和各个方面的情况，但是，由于各种条件的限制，他们的这一愿望在相当长的时间里未能得到满足。中国国际电台尼泊尔语广播开通后逐渐通过中波和短波向尼泊尔进行广播，尼文网站、平面杂志、社交媒体等平台也有序地向尼泊尔介绍中国的社会、经济和文化发展等各方面的情况。这些举措在尼泊尔引起很大反响。中方的尼泊尔语广播逐渐在尼泊尔拥有了大量的听众。他们自发地在各地组织起来，成立了各式各样的听众俱乐部。据不完全统计，分布在尼泊尔全国的收听中国国际电台尼泊尔语广播的听众俱乐部共有 600 多家；他们还自发地成立了 CRI 听众俱乐部全国委员会，为增进尼泊尔广大人民群众对中国的了解起着十分积极的作用。

随着"文革"的结束和"改革开放"新政策的实施，中国上下逐渐重视对包括尼泊尔在内的邻国的交往，作家和学者对尼泊尔的兴趣日浓。1978年，中国社会科学院与北京大学联合成立了由我国著名学者季羡林领导的南亚研究所。这是我国社会科学界当时的一项创举，在国内外颇有影响。接着，两本专门论述尼泊尔的小册子《寺庙之城加德满都》（曾序勇著）和《高山王国尼泊尔》（王宏纬编著）先后于 1980 和 1981 年出版。接着，中国和尼泊尔之间在文学和社会科学领域的交流也得到进一步扩展。

1986 年 11 月，中国南亚问题泰斗季羡林教授（当时任中国社会科学院南亚研究所所长兼全国人大常委会委员）应邀到尼泊尔出席"世界佛教联谊会第十五届大会"，并到尼最高学府特里布文大学讲学。他在加德满都只待了 6 天。但在这短短的 6 天里，他竟利用每日清晨开会前的时间，写出了十几篇随笔和散文：《飞越珠穆朗玛峰》《加德满都的狗》《乌鸦和鸽子》《雾》《神牛》《游巴德岗故宫和哈奴曼多卡宫》《世界佛教联谊会第十五届大会》《游兽主大庙》《望雪山》《在特里布文大学》《别加德满都》等。这些文章不长，但情真意切，内涵丰富，字字珠玑而富有异国情调，强烈地吸引着中国的年轻读者，使他们开始对尼泊尔产生了浓厚兴趣。

几乎就在同一时期，中国作家协会派出著名作家邹荻凡赴尼泊尔进行友好访问，他在回国后写出了一系列有关尼泊尔见闻的优美报告文学。中国社会科学院派出南亚问题研究学者王宏纬赴尼泊尔进行了三个月的考察，回国后与他人合作出版了《尼泊尔民族志》一书。在我国"改革开放"的初期，上述作品在促进中国读者对友好近邻尼泊尔的了解方面起到一定的启蒙作用。

到 20 世纪 90 年代，随着中国经济改革的发展，人们对尼泊尔日益关注。在尼泊尔，由于印度教和佛教已趋融合，佛祖也被认为是印度教三大神之一毗湿奴的化身。所以，印度教和佛教两种宗教的信徒都认为佛祖是整个民族的圣人。1967 年前联合国秘书长吴丹来访时，对佛祖的诞生地蓝毗尼的荒凉和交通不便感到吃惊，于是向马亨德拉国王提出建议：以摩耶夫人庙和阿育王石柱为中心，修建一个与释迦牟尼出生时相似的林水相间的"圣园"。马亨德拉国王接受了这一建议，请人设计，计划在这里建成一个由"圣园"、"庙堂"和"新村"组成的集朝圣、研究和旅游为一体的林水相间的圣地。1985年尼泊尔成立了蓝毗尼开发委员会，负责总体项目的落实工作，并打算将蓝毗尼建成为南亚乃至世界佛教的中心。他们的这一愿望得到中国广大佛教徒的热情支持。为此，中国佛教协会在20世纪90年代即对在蓝毗尼建设佛寺一事积极进行筹备，经过几年的努力，于2000年5月在该地的庙堂区建成了具有中国特色的中华寺。中华寺建成后，中国佛教协会派出法师长驻该寺主持佛事。从此，中国大量的佛教徒和游客往来于蓝毗尼和国内的各地佛寺之间，中尼两国佛教徒之间的交往也日趋频繁。

20世纪90年代，许多尼泊尔的有识之士强烈感到应当尽力加强同中国的文化交流和人员来往，增进相互了解，加强合作，争取搭上中国的快车加速发展尼泊尔的经济。在此背景下，中尼双方于1999年12月达成协议，决定对1964年签署的文化交流协定予以修订，将旅游作为"文化交流"的一个部分纳入该项协定。2000年7月，中方将尼泊尔列入旅游对象国，中国公民可以方便合法地访问尼泊尔。2001年11月，中国旅行社驻加德满都办事处正式成立。与此同时，双方还在发放签证方面为对方旅游者提供便利，尼方还允许中方旅游者和商贸人员在尼泊尔自由兑换人民币。此外，阿尼哥陆路旅游路线的开发和加德满都与中国各大城市航空线路的开通，使中方旅尼人数大为增加。目前中方已成为尼泊尔的第二大旅游者来源市场，仅次于印度。

进入21世纪，尼泊尔方面积极加强与中国学界的联系。2000年，在当时尼泊尔驻华大使阿查里雅（Rajeshwar Acharya）先生的支持和推动下，特里布文大学与新近在加德满都成立的"中国研究中心"联合邀请中国社会科学院亚洲太平洋研究所的王宏纬教授赴尼访问3个月，并希望他能在访问结束后撰写一部关于尼泊尔的专著；王宏纬教授在访尼期间于2000年9月19日出席由中国研究中心举办的规模空前的"中尼关系研讨会"，在会上做了题为《对中尼关系的几点思考》的发言。会议结束的当晚，他受到比兰德拉国王在纳拉扬希蒂宫的单独接见。不久，"中国研究

中心"先后与中国国际友好联络会和现代国际关系研究院等单位达成合作与互访协议，定期举办学术研讨会，以增进彼此的了解。

进入 21 世纪后，中尼双方对加强彼此间的文化交流愈加重视，而且更加重视文化交流的群众性和规模。2003 年 9 月 1 日，尼泊尔政府和中国驻尼泊尔大使馆在加德满都联合主办了首届"中国节"，有许多知名人士和各界群众参加。此后，"中国节"每两年举办一次，通过这个活动向尼泊尔介绍中国的经济和文化发展情况。

2007 年 2 月 5 日，《中国国家汉语国际推广领导小组办公室（汉办）与加德满都大学关于成立加德满都大学孔子学院的协议》签字仪式在加德满都举行。同年 6 月，第一座孔子学院落户加德满都。现在，孔子学院已遍及尼泊尔各大中城市，向尼泊尔社会各界提供学习汉语的机会。同年，中国学界对尼泊尔的研究又取得一些进展：又一本关于尼泊尔的著作——《尼泊尔：人民和文化》（王宏纬著）由昆仑出版社出版。

2009 年 12 月，中尼两国政府签署《关于加强青年交流的谅解备忘录》，建立了青年交流机制。从此，中尼两国青年隔年互访活动成为两国之间一项重要的人文交流活动。

近几年来，中国与尼泊尔间文化交流相当频繁。中国在尼泊尔举办各类文化活动，包括教育展、摄影展、电影展、武术交流、友好周、各类中文才艺比赛等。尼泊尔方面也越来越重视与中国的文化交流，每年都有各界代表团到中国参观、访问、学习；尼泊尔艺术家和艺术品，也频频在中国的重要文化活动上亮相，使中国的文艺界和广大群众大开眼界，增加了对友好邻邦尼泊尔的了解。

应当特别提及的是，为纪念中尼建交 55 周年，中方于 2010 年特地邀请尼泊尔被誉为"活着的传奇"的国歌作者 A. 古隆（Ambar Gurung）来华访问，举办音乐会，并破天荒地邀请尼泊尔的著名歌舞团来北京演出著名诗剧《穆娜与马丹》。这些高水平的演出轰动首都的文艺界，人们开始对尼泊尔的文艺作品刮目相看。

接着，尼泊尔作家代表团于 2011 年 11 月来华访问。此时，已故尼泊尔伟大诗人拉克希米·普拉萨德·德夫科塔（Laximi Prasad Devkota，1909－1959）所创作的名著《穆娜与马丹》已由刘建教授翻译为中文出版。尼泊尔作家代表团参加了《穆娜与马丹》中文版的首发仪式，双方的作家和学者还在北京举行了有关这一伟大史诗的研讨会。

《穆娜与马丹》在尼泊尔被誉为"一部足以名垂千古"的史诗。它讲的是一个旅藏"淘金"的尼泊尔青年马丹在返回故乡途中病倒后遭遇困难的故事：尽管他苦苦哀求，同伴还是将他丢弃路边离去，在他百般无奈之时，一个素不相识的藏人将他背回家，熬草药给他喝，像亲人那样护理他，使他平安返回故乡。他们的对话富有哲理，也十分感人。作者用优美的诗句赞颂了尼藏人民之间淳朴、真挚而深厚的情谊，默默祝愿这种情谊在新的世纪里不断发展和深化。

2011年，尼泊尔蓝毗尼佛教大学代表团应中国佛教协会邀请在副校长曼勒德先生的率领下访华，并与中方佛教和南亚学界的学者举行以"和平与发展"为主题的座谈会。

2012年1月，中尼两国政府宣布2012年为"中尼友好交流年"，双方发表的《中尼联合声明》明确指出：双方同意在平等互利的基础上，进一步加强在社会经济发展、贸易、旅游、水电和交通基础设施建设等领域的合作。

同年9月尼方在北京举办"2012年尼泊尔文化节"，以此庆祝"2012中尼友好交流年"。时任尼泊尔副总理兼外交部部长纳拉扬·卡吉·什瑞斯塔出席了文化节活动，并向为中尼美术交流做出杰出贡献的中国美术家颁发奖状。他在会上表示，"2001年起，中国已经在尼泊尔办过五届'中国文化节'。我希望尼泊尔也能将'尼泊尔文化节'在中国一直办下去。"

随着中尼两国文化交流活动的日益频繁，每年来中国求学的尼泊尔学生人数也在不断增多。据尼泊尔政府统计，尼泊尔现在每年有超过1万人到海外留学，而中国已经成为最重要的目的地之一。以医学为例，尼泊尔每年约有600人在国外攻读临床医学学士学位，其中约半数选择中国。目前总共有2900多名尼泊尔留学生在中国学习。在专业选择方面，20世纪来华的尼泊尔留学生大都集中在医学领域，但进入 21 世纪后，已经有少数学生选择人文社科领域的专业，如国际政治和中尼关系等。

中尼两国之间文化交流、民间往来和旅游的人数日益增多，自然而然地推动了民航事业的发展。目前，中国国际航空公司和中国南方航空有限公司已先后开通了飞往尼泊尔的航线。东方航空公司已于 2009 年 9 月开通昆明至加德满都航线，香港的港龙航空有限公司也增加了香港至加德满都的航运班次。2012 年 1 月 5 日，中国国际航空公司又开通了加德满都与成都之间的往返直航航班。民航业的这些举措，进一步优化了中尼航线网络，加大了中尼往来的便利，也直接推动了双边的经贸联系。据尼泊尔驻北京大使馆签证处统计，2009 年度向中方发放签证数量为 24126 人次，2010、2011 和 2012 年度，分别增至 35964 人次、82743 人次和 84951 人次。同样，尼泊尔来华人数也在迅速增多：尼方 2011 年度的旅华人数为 3.19 万人次，但到 2012 年度即达到 4.09 万人次，其中参加会议者/商务人员有 0.19 万人次，观光休闲者有 2.13 万人次，服务员工有 0.36 万人次，其他方面人员有 1.41 万人次。随着中尼两国文化交流的进一步扩展和深化，两国在陆路方面的联系也将进一步发展。

文化是民族的灵魂，中尼两国之间的文化交流实际上是两国人民之间思想和灵魂的沟通。它是一座桥梁，能让彼此之间更加信任，友好关系更加巩固，从而使双方在各个领域的合作更加密切，共同创建美好幸福的生活。

第三节　日益密切的经贸关系

中尼两国自 1956 年 9 月签署《中华人民共和国和尼泊尔王国保持友好关系以及关于中国西藏地方和尼泊尔之间的通商和交通的协定》后，双边的经贸关系得到有序的发展。此后，双方又陆续签订了《经济援助协定》（1960 年）、《贸易协定》（1964 年）和其他一系列协定，使中尼经贸关系日益紧密，并不断向广度和深度发展。

一　经济关系不断深化

在建交初期的二三十年间，中尼两国的经贸和技术合作关系在表现形式上比较单一，主要限于中方向尼方提供的一些力所能及的援助。这种援助除有时包括少量的现金资助外，主要表现在中国向尼提供一定数额（约1亿元）的经济援助，由两国技术人员和工人合作，无偿为尼泊尔建设一些工程项目。这些项目总计有上百个之多，涉及公路、砖瓦厂、造纸厂、水电站、纺织厂、制革厂、制糖厂、酒精厂、水利灌溉工程、医院和国际会议大厦等；与此同时，还向尼方提供数百次的无偿物资援助，诸如粮食、食盐、卡车、清洁车辆、垃圾处理设备、垃圾箱、医疗器械、各种药品等。

在中方无偿援建的工程项目中，较为重要的有以下十几项。（1）中尼公路（即阿尼哥公路），从加德满都至科达里，全长104公里，1963年6月动工，1967年5月全线通车。（2）普里特维公路（即加德满都—博卡拉公路），全长176.4公里，1967年5月动工，1973年12月完工。（3）加德满都—特里布文—巴德岗市公路，全长12公里，1963年3月动工，1967年12月完工。（4）加德满都环城公路，1972年2月全线通车。（5）鲁潘德希县试种棉花，于1972年获得成功。（6）比兰德拉国际会议中心（即国际会议大厦），位于尼泊尔首都加德满都，1993年投入使用。（7）加德满都射击场，1997年投入使用；同时中方还为加德满都大型体育场更新和升级了所有设备。（8）柯伊拉腊肿瘤医院。这是尼泊尔唯一的一家肿瘤医院，总造价9700多万人民币。它位于尼南部巴拉普尔市，距首都150公里，1998年投入使用，其医务专家全由中方选派，已成功地进行了近2万次手术。（9）巴尼帕技术学校。这是一座具有现代化设施的技术学校，占地50800平方米，2005年动工，主体工程已完成。（10）中医药研究中心。中尼两国于2006年9月签署协议，由中方在尼泊尔著名的特里布文大学校园内，援建一所集中医药研究、开发、临床治疗和人员培训为一体的综合性中医药研发中心。该中心占地面积6130平方米，建成后极大地促进了中尼两国在传统医药和卫生领域的交流与合作。（11）尼泊尔公务员医院。这是一座现代化综合性医院，2006年6月动工，2007 年 11 月正式竣工，2008 年 1 月通过中国商务部验收，被评为优质工程，同年 10 月 27 日整体移交给尼泊尔政府。（12）尼泊尔传统医药研究中心。该中心占地 2 万平方米，投资 4800 多万元人民币；建设项目包括中心的科研、办公、门诊和病房等，2009 年 2 月动工，建成后对尼泊尔的传统医药研究开发和临床治疗及人员培训起促进作用。（13）沙—拉公路（Syaphrubesi-Rasuwagadi）。该公路也称沙坡鲁比西—拉苏瓦格蒂公路，其南端与加德满都至沙坡鲁比西镇的公路顺界，北端与西藏吉隆县的吉隆口岸（中尼边境热索桥头南端）接壤，全长 15.732 公里，共有 10 座桥梁和 48 个涵洞，设计等级为四级，路面宽度为 3.5 米。2001 年 5 月，中尼两国签署关于由中国政府向尼泊尔政府提供无偿援助的框架协议及帮助承担沙—拉公路建设等成套项目的换文，2008 年 9 月正式动工修建，历时 4 年完工，2012 年 12 月交付使用。该公路使加德满都通过其境内的原有公路与中国西藏自治区的吉隆县连接起来。这条公路不仅是中尼之间继樟木口岸外的第二条重要的陆路通道，而且还是中印之间陆路联系的最短通道。

中国提供的这些援助从数量上说虽不算多，从规模上说也不算很大，但它们表达了中国政府和人民真诚希望尼泊尔的民族经济取得发展的心意。这些援助不附带任何政治条件，加之中国派出的援尼人员不要求任何特殊待遇，忘我工作，对工程认真负责，与尼泊尔工人群众平等相待、友好相处，因而给尼泊尔人民留下了良好印象。他们完成的工程项目为尼泊尔民族经济的发展做出了一定的贡献。

20 世纪 80 年代后，中尼双方本着"平等互利、讲求实效"的原则，使双边经济合作的形式和方式有了多样化的发展。在这个阶段，中尼两国之间的经济合作，除中方继续向尼方提供力所能及的援助外，出现了一种新的形式，即中方企业可以积极参加由国际财团援助尼泊尔的工程项目的投标竞争，通过质优价廉的承包工程为尼泊尔的发展做出贡献。例如1983～1986 年，由中国河南省某工程单位承包的修复孙萨里—莫朗（Sunsari-Morang）水利灌溉工程就是一个典型的例子。这项工程位于尼泊尔的东南部，横跨孙萨里和莫朗两县，工程包括修缮现有的能灌溉 11200 公顷土地的灌溉工程系统和重建一些项目。工程耗资 1450 万美元，费用由世界银行提供。此后十多年，中方先后在尼泊尔承包了多项工程，开展了多项劳务合作，总金额达数亿美元。中国承包的项目往往并不赢利，有时还有亏损，但是通过这种经济合作方式，中方能以较少的投入促进尼泊尔的经济发展。实践证明，这种新的合作形式大大扩大了中尼合作的领域，效果令人比较满意。另外，在这一阶段，中方为支援尼泊尔的建设事业，在出售给尼方一些物资和商品时，还特许尼方推迟付款，以解决尼方的暂时困难。

到 1996 年，中尼双方的经济关系得到进一步的发展。这年 4 月，尼泊尔首相德乌帕访华时，双方签署了《中尼民间合作论坛协议的换文》，决定成立中尼民间合作论坛。这一决定是中尼双方在新的国内外形势下，积极探索如何扩大和深化双边经贸关系的重大创举，也是对政府间合作的重要补充。

中尼民间合作论坛已于 1996 年 10 月在加德满都正式启动，迄今已召开过 12 次讨论会。近 20 年来，它一直在调动中尼两国的工商企业家的积极性，在发挥民间经贸的机动、灵活、快速和多样的优越性方面起到不可替代的作用，有力地促进了两国间的经贸交流与合作，并在加深两国人民的传统友谊和推动两国世代睦邻友好关系的发展中，发挥着重要作用。

这里应当提及的是，为进一步扩大和深化中尼双边的经济合作，中国政府在 20 世纪 90 年代中期，对对外援助工作也进行了一些改革。即建立中国企业同受援国企业在双方政府给予政策和资金的支持下，对中方援助项目共同进行建设和经营生产的一种新的援助方式。经过几年实践，这种方式演变为三种形式：一是新建的援助项目由受援国政府将中国政府的贷款转贷给其企业作为项目资本，中方企业再投入一些资金，项目由双方合资经营；二是将已建成的生产性援助项目转为双方企业合资、合作经营；三是受援国政府和中国政府签订原则性协议，两国政府在政策和资金方面给予支持，由两国的企业直接合作经办项目。

进行上述改革有以下三方面的好处：（1）既使用政府的援款，又有企业的自筹资金，可以扩大资金来源和项目规模；（2）双方企业在管理、技术等方面长期合作，将项目效益与企业利益结合起来，有利于巩固项目成果，提高援助效益；（3）受援国可以增加收入和就业，双方企业均可从中受益。

此外，中国政府为提高援外经济效益和社会效益，在援外方式方面也进行了一些改革，即改变了以往援外资金仅靠财政拨款的办法，转为向受援国提供政府贴息贷款。政府贴息贷款是指由中国银行提供的具有援助性质的优惠贷款。这种贷款的利率一般较低，其与银行通常利率之间的利息差额由国家援外费用补贴。这种优惠贷款主要用于为发展中国家建设有经济效益的生产性项目，或者用于受援国能保证偿还贷款的基础设施项目。采取政府贴息优惠贷款方式的好处是：可以把财政援助和银行资金结合起来，扩大对外援助规模，使受援国实际上多受益。在这项援助工作中，因为银行成为政府贴息贷款的执行机构，它自然会对一个项目的可行性进行认真评估，选择确有经济效益的项目，以保证按期收回本金，从而有助于提高援外项目的经济效益。

在双方政府的推动和支持下，中国民营企业不仅在尼泊尔投资建设了羊绒衫厂等企业，还开展了电器、纺织和轻工业等方面的贸易合作。2012年12月在北京召开的"中尼民间合作论坛"第十二届年会，将主题定为"新能源投资与合作"，双方就太阳能、风能、水电和生物能源等领域展开了广泛的洽谈与合作。

自1981年在尼泊尔进行工程承包和劳务合作以来，中方已启动和建设了一系列重要项目。到2013年3月中旬，中国在尼泊尔的工程承包和企业投资达到401项，并在水电和电信领域投入了数十亿美元。2007年9月23日，中方与尼泊尔就樟木至加德满都光缆工程签署协议，2008年1月22日正式动工，8月29日竣工并交付使用。该项目总投资2430万元人民币，光缆总长125公里，共建设了16个节点并提供相关信号传输设备。该项目建成后，不仅惠及阿尼哥公路沿线的尼泊尔人民，还把尼泊尔同中国乃至世界光缆网络连接起来，从而大大改善了目前尼泊尔主要靠卫星通信的局面。2011年4月3日，中国援助尼泊尔传统医药研究培训中心在加德满都正式建成，该中心是中尼两国在医疗卫生领域合作的第三个援助项目，它的建成将为深入发扬尼医尼药、加强两国医疗卫生领域的交流与合作发挥积极作用。2012 年 2 月 29 日，中国长江三峡集团与尼泊尔能源部签署了关于西塞提河大型水电站项目的投资开发谅解备忘录，中国长江三峡集团正式获得该项目开发权。该项目位于尼泊尔的西塞提河上，设计装机容量 75 万千瓦，年均发电量为 33.3 亿千瓦时，是目前尼泊尔设计装机容量最大的水电工程项目①。据统计，截至 2013 年 3 月，中国在尼泊尔累计签约工程承包合同金额为 20.05 亿美元，完成营业额 15.4 亿美元；中国累计向尼泊尔非金融类直接投资为 3610 万美元，尼泊尔在华累计实际投资为 218 万美元。截至 2013 年 7 月中旬，中国企业在尼获批项目数量累计超过印度（566 项），达到 575 项，成为在尼获批项目最多的国家，中国对尼直接投资总额为 106 亿卢比，其中 2012～2013 年度有 97 家中国企业获批在尼开展新业务，对尼直接投资额为 56.7 亿卢比（包括香港地区）。②

中尼经济关系经过数十年的发展，形式日趋多样，合作日益密切，但从总的情况来看，仍然不能令人满意。这里既有主观原因也有客观原因，如交通运输困难、缺乏基础设施、办事拖拉、收取佣金现象普遍，还有免税货栈、签证和语言问题，等等。这些问题的逐步解决，必将进一步促进双边经济合作的发展。

二　双边贸易增长迅速

中尼双边的贸易额在 1955～1956 年度仅为 400 万卢比（不包括香港

---

① 中华人民共和国驻尼泊尔联邦民主共和国大使馆经济商务参赞处网站。西塞提河大型水电站项目为拦河坝式可调节水电站，它的建成将极大缓解（甚至有望最终结束）尼泊尔冬季电力短缺的局面（尼泊尔在冬季每天供电仅 14 个小时）。该项目自立项以来受到尼泊尔政府和民众的极大关注。中国长江三峡集团拟采取公私合作模式（PPP）与尼泊尔电力局组成合资公司（中方占 75% 股份，尼方占 25% 股份），共同开发该水电项目，计划总投资额近 16 亿美元，是迄今为止中国企业在尼泊尔投资额最大、影响范围最广的项目。

② 《加德满都邮报》2013 年 11 月 1 日。

地区）。1975～1976年度增为7710.6万卢比，其中尼泊尔从中国进口4801.2万卢比，向中国出口2909.4万卢比。1997年香港回归中国后，中尼双边贸易发展更加迅速，1998～1999年度，贸易总额达107.889亿卢比，其中从中国进口为101.992亿卢比，向中国出口为5.897亿卢比。2012年，中尼双边贸易额增加到19.98亿美元，其中尼方从中方进口19.68亿美元，向中方出口0.3亿美元。

据尼泊尔贸易出口促进中心统计，继印度、美国和孟加拉国之后，中国已经成为尼泊尔的第四大进口国。2012～2013年度前5个月，中国从尼泊尔的进口总额为12.1亿卢比（约1391万美元），较2011～2012年度同期的3.424亿卢比（393.8万美元）增长2.5倍。尼泊尔对华出口前五位的商品分别为：地毯、草药、金属雕像、皮革、面粉。[①] 除西藏地区外，中国内陆地区对尼泊尔的草药及皮革等需求旺盛是其出口显著增长的主要原因，更重要的原因是尼泊尔地毯的传统出口市场欧洲的经济疲软，中国市场则表现良好。随着中国即将免除尼泊尔7787类商品的关税，尼泊尔对中国出口额将进一步增加。

三 边境口岸不断完善

目前，中国在西藏对外开放的5个贸易口岸中，有4个是对尼泊尔开放的。它们是樟木、普兰、吉隆和日屋。其中仅位于日喀则地区聂拉木县南端的樟木口岸，每年进出口额就占西藏地区边贸出口总额的90%以上。这个口岸设立于1965年，地处中尼边境小镇樟木，距尼泊尔首都加德满都仅90公里，以友谊桥为界与尼泊尔隔河相望，是目前西藏地区最为繁忙的国家一类陆路通商口岸，也是西藏最大的国家一级陆路通商口岸和中国通向尼泊尔和南亚次大陆的最大开放口岸。

中国西藏地区与尼泊尔的经贸往来历史悠久。早在公元789年，吉隆就是西藏与尼泊尔交往和通商的重要口岸，1961年便批准其开放并设立海关和商检等部门，1972年国务院批准其为国家二类陆路口岸，1987

---

① 尼泊尔《共和报》2013年1月21日。

年进一步将其提升为国家一类陆路口岸。可是后来，由于樟木口岸的持续繁荣，吉隆口岸的进出口贸易基本停止，海关、商检等部门也随之撤销。

2009 年 12 月，西藏自治区商务厅披露了连通尼泊尔的南亚陆路贸易大通道的"路线图"和"时间表"，西藏已在当年底完成"西藏自治区口岸总体规划"和"四个分项规划"。"西藏自治区口岸总体规划"是国家商务部的援藏项目；"四个分项规划"是指"吉隆口岸规划""普兰口岸规划""亚东口岸规划""亚东仁青岗边贸市场规划"。

根据西藏自治区确定的"围绕建立南亚陆路贸易大通道这一总体目标，重点建设吉隆口岸，稳步提升樟木口岸，积极恢复亚东口岸，逐步发展普兰和日屋口岸"的总体思路，加快推进"一干线、两基地、三出口"的南亚陆路贸易大通道建设，全面启动了口岸规划编制工作。"一干线"是指青藏铁路、拉日铁路和将要建成的通向中尼边界的铁路，以及以公路等交通网络为主体的运输干线；"两基地"即以那曲物流中心和拉萨国家级经济技术开发区为主的物资集散地；"三出口"即以樟木、吉隆和亚东口岸为主要出口口岸。

2012 年 12 月，《西藏自治区樟木口岸发展规划（2011～2020年)》通过审批。根据这一规划，西藏将对樟木口岸的进出口通道、外贸管理与服务设施进行电子化，开展城乡基础设施的系统建设及环境治理，并重新启用樟木口岸的雪布岗地区。早在 1792 年，樟木口岸雪布岗一带就已经开始与尼泊尔进行通商，可是这个地区后来却逐渐被废弃。2013 年中国投资 3000 万元人民币修建的通往雪布岗的道路已经开工，完工后，即将在那里建立边贸市场、物流园区，从而盘活整个樟木口岸。

与《西藏自治区樟木口岸发展规划（2011～2020 年)》一起通过审批的还有《西藏自治区普兰口岸发展规划（2011～2020 年)》。这也是两口岸对外开放以来首次进行的系统规划。随着这两个口岸规划的逐步实施，吉隆口岸、拉萨航空港建设步伐的加快，西藏作为南亚陆路通道的作用将更加明显。位于西藏自治区阿里地区的普兰口岸，自 7 世纪以来就与尼泊尔、印度边民有贸易往来，1992 年被中国国务院批准为一类沿边开放口岸。由于主要山口通道交通条件落后、口岸边贸市场和边民互市贸易点基础设施不完善，限制了普兰口岸的发展。普兰口岸主要有强拉山口、丁嘎山口、普兰边检站 3 个通道，每年 6 月到 10 月底是普兰口岸边境贸易最为繁忙的季节。根据《西藏自治区普兰口岸发展规划（2011～2020年）》，普兰口岸将被打造成为南亚陆路大通道的桥头堡，也就是促进与尼泊尔和印度两国经贸往来的桥头堡，并使之逐步成为三国边境地区商品的交流中心，三国边民生活必需品交换的平台。规划中强调，将进一步加强普兰口岸的基础设施建设，包括联检区、边贸市场的建设，周边地区交通的建设。此外还将发展特色产业，如旅游产业、民族手工业、绿色生态、农牧业体系等。加强特色产品出口基地建设，促进普兰的特色产品诸如羊绒、食饮品、手工艺品和特有畜产品的出口。争取到 2015 年，普兰口岸的对外贸易额达到 1600 万元以上，边贸市场的交易额达到 5000 万元以上，旅游达到 6000 人次①。

为此，西藏自治区将围绕建立南亚陆路贸易大通道这一总体目标，在今后 5～10 年内重点建设中尼边境北侧的吉隆口岸，以推动与尼泊尔及南亚国家的边贸发展。近年来，随着国家对西藏地方经济的扶持及中尼两国在经贸、旅游、文化等方面的成功合作，吉隆口岸得到快速发展，已经成为西藏与尼泊尔及南亚国家的通商要道。中国政府和西藏自治区为缓解樟木口岸通关压力和进一步发展西藏对外贸易，投入巨资修建的通往尼泊尔边境的"热索"公路已正式通车，投入近亿元人民币为尼泊尔援建的通往吉隆口岸的沙一拉公路也正式通车。同时，海关、商检等有关部门也在积极筹划重新设立工作。此外，西藏自治区还在积极申报，在中方边境吉隆口岸构建吉隆跨境经济合作区，并向国务院申请享受国家经济技术开发区和边境经济合作区的双重政策优惠，以大口岸的思路建设包括生产加工区和贸易区等在内的口岸体系。吉隆口岸作为西藏重点建设的边贸口岸之一，已被纳入"西藏自治区口岸总体规划"。目前，西藏自治区正加紧进

---

① 中国《西藏商报》2012 年 12 月 10 日。

行吉隆口岸在交通、能源、通信等方面的基础设施建设，总投资将超过12 亿元人民币。

四　西藏地区与尼泊尔的经贸现状

尼泊尔的国情与中国西藏自治区的区情比较相似，两者经济都不发达，资源性产品、农副产品和工业粗加工产品较多。但是，尼泊尔有较好的转口贸易条件，西藏有中国内地的广阔市场和丰富的商品支持，西藏地区与尼泊尔的经贸关系有巨大的发展潜力。此外，西藏地区和尼泊尔的传统贸易和生活需求有相近之处。为了加快贸易发展，在未来几年里，西藏地区将本着"不限速度，不限规模，不限比例，不限数量，不限方式"的原则积极支持帮助各种经济成分的企业参与中尼贸易，加快实施"走出去"和"引进来"两大战略，支持西藏地区企业到尼泊尔投资办厂，采取独资、合资、合作经营或委托代理等形式开展加工、装配、商贸等业务，同时也欢迎尼泊尔到西藏地区投资。

近年来，西藏地区与尼泊尔经贸往来关系发展迅速，贸易额不断增加。为了实现双方优势互补，西藏地区对尼泊尔开展的合资合作给予了相当优惠的扶持政策，并对来自尼泊尔的劳务输入予以一定照顾。2009 年 4月，西藏自治区决定，从 2009 年开始，向尼泊尔交通不便、经济发展相对落后的、与西藏接壤的尼泊尔北部地区 10 个县每年提供 300 万元的援助，其期限暂定为 5 年。[①] 2013 年 9 月，尼泊尔开始向中国西藏地区出口柑橘类水果，首批 140 吨柑橘类水果从尼泊尔的柑橘盛产地西扬加和辛杜利地区运抵西藏。[②]

据统计，2005 ~ 2009 年，西藏地区与尼泊尔的边境小额贸易进出口总额分别为 1. 22 亿美元、1. 76 亿美元、2. 49 亿美元、2. 4 亿美元和 2. 49

---

① 新华网，2009 年 4 月 4 日。

② 尼泊尔新闻网，2013 年 9 月 23 日。根据 2012 年 7 月在中国西藏首府拉萨举行的中国西藏与尼泊尔经贸协调委员会会议达成的协议规定，尼泊尔从 2013 年开始向西藏地区出口柑橘类水果，同时，尼泊尔将严格执行有关规定，对出口柑橘类水果的生产过程和品质进行严格监管。

亿美元；1999 年以来，年均边民互市贸易额约为 2 亿元，2009 年实现互市贸易额 3.37 亿元。2012 年，尼泊尔与中国西藏地区的贸易总额为 17.07 亿美元，其中 90% 以上的边境贸易、2/3 以上的对外贸易都是通过被誉为"喜马拉雅第一国门"的樟木口岸与尼泊尔进行的。2011 年，樟木口岸对尼泊尔的贸易进出口总额达 10.01 亿美元（含暂时进出境贸易额），创樟木口岸开放以来的历史新高，其中从尼泊尔进口 0.12 亿美元，向尼泊尔出口 9.89 亿美元。樟木口岸以边境小额贸易为主，进出口额为 9.26 亿美元，其中进口 0.06 亿美元，出口 9.2 亿美元。一般贸易方式进出口额为 0.56 亿美元，其中进口 0.05 亿美元，出口 0.51 亿美元。其他贸易方式总额为 0.149 亿美元。2012 年，樟木口岸对尼泊尔贸易进出口总额突破 15 亿美元。

五　未来展望

回顾半个多世纪的历程，中尼两国的经贸合作关系的确得到了十分明显的发展。但是，就两国人民在新形势下强烈要求尽速改变自身的落后面貌看，这些成绩还远远不够，双方应当加倍努力。

近年来，中方提出了"一带一路"（"丝绸之路经济带"和"21 世纪海上丝绸之路"）的发展战略，并把它摆到前所未有的重要位置。习近平主席在多种场合明确表示，要积极推进"一带一路"的建设。

为加强"一带一路"的建设，中国发起并同一些国家合作建立亚洲基础设施投资银行，为"一带一路"沿线国家基础设施建设打造平台，又宣布出资 400 亿美元成立丝路基金，利用自身的资金实力直接为"一带一路"建设提供支持。

2014 年 12 月下旬，中国外交部长王毅在访问尼泊尔期间拜会了尼总理苏希尔·柯伊拉腊。尼总理向他表示，尼中建立在和平共处五项原则上的双边关系生机勃勃，中国不断增长的经济和战略影响对尼至关重要，并高度赞赏中国在国际上发挥的重要作用。中方致力于打造与周边国家的合作关系，让尼深受鼓舞。尼方期待以 2015 年尼中建交 60 周年为契机，保持两国高层互访，吸引更多中国企业投资，欢迎越来越多的中国游客到尼观光，增进两国青年交流。尼方赞赏中方对南亚一体化进程的支持，并希望中方与南盟深化合作。[①] 王毅表示，中国将周边关系放在中国外交的首要地位，致力于打造周边命运共同体。在此进程中，尼泊尔将是中方的重要合作伙伴。尼方在事关中国主权、安全、核心利益问题上一贯予以中方坚定支持，中方也始终如一坚定支持尼主权独立、领土完整。

王毅外长还拜会了尼总统亚达夫，并与尼外长马·潘迪进行了会谈，取得了丰硕的成果。据中国外交部网站报道，在同潘迪共同举行的记者招待会上，王毅就中尼务实合作提出了"九大领域"和"三个支撑"，其中包括中方将把给予尼方97%的税目输华零关税待遇落到实处，并商签双边自贸区协定，中方还愿就铁路从西藏日喀则延长至尼境内一事适时同尼方探讨开展前期的研究论证。路透社援引尼泊尔官员的话称，中方把2015～2016年对尼的官方援助增加4倍多，从2400万美元增至1.28亿美元，以帮助尼泊尔发展基础设施建设。

中尼进行务实合作的"九大领域"是指：贸易领域、投资领域、农业领域、基础设施建设领域、科技领域、互联互通领域、旅游领域、人文领域和安全执法领域。

在经济合作方面，中方表示愿意帮助尼方开展经济特区前期规划工作，鼓励中国有实力的企业赴尼泊尔投资，开设工业园区，帮助尼方提高工业化水平，加强自主发展能力。中方还鼓励中国企业积极参与尼水电、机场、公路等基础设施建设。

为实现上述合作，中方着力打造"三个支撑"。（1）资金支撑。除双边援助外，中方欢迎尼方参与"一带一路"建设，利用亚洲基础设施投资银行和丝路基金等资金为本国项目融资，同时积极利用中国面向南亚合作倡议中提出的优惠性贷款。（2）人才支撑。中方表示愿为尼方增加培训各方面人才，决定2015年为尼提供500个培训名额，并在和平共处五项原则"卓越奖学金"框架下向尼方提供更多的奖学金

---

① 中华人民共和国驻尼泊尔联邦民主共和国大使馆网站，2014年12月28日。

名额。（3）地方支撑。中方将支持西藏等省区发挥地方优势，更多地开展对尼合作。

2015 年是中尼建交六十周年，相信中尼双方必将以此为契机，深化彼此在九大领域的务实合作，推动其早日落地实施，以造福两国人民。中尼合作的领域十分宽广，合作的前景也是十分光明的。

大事纪年

约公元前 565 年（一说前 623 年）　　佛祖释迦牟尼（本名乔答摩·悉达多）生于现今尼泊尔南部蓝毗尼专区的提罗拉科。

406 年　　东晋的高僧法显去印度取经时访问了今天位于尼泊尔境内的佛祖故乡迦毗罗卫城和佛祖的诞生地蓝毗尼园。

464 年　　李查维王朝国王马纳·德瓦（公元 464－505）开始统治尼泊尔。

635 年　　唐朝高僧玄奘于公元 629 年起程赴印度取经，635 年到位于尼泊尔境内的迦毗罗卫城和蓝毗尼园。

639 年　　李查维王朝的著名国王阿姆苏瓦尔马（即鸯输伐摩）将女儿布丽库蒂（赤真公主）嫁给中国西藏的松赞干布。

643 年　　唐朝使臣李仪表和王玄策步文成公主后尘入藏，然后沿着赤真公主入藏的路线，通过"芒域"（吉隆山口）访问尼泊尔，接着访问了印度，从而创通了一条新的西行道路。

647 年　　尼泊尔遣使入唐，开始与唐朝建立友好关系。同年，唐朝再次遣王玄策出使尼泊尔和印度。

1260 年　　尼泊尔国王贾亚比姆·德瓦·马拉应元世祖忽必烈的要求，派年方 17 岁的阿尼哥率领艺匠 80 人赴西藏建造一座金色佛塔，后转赴大都（今北京）工作。

1328 年　　阿迪特亚·马拉占领努瓦科特，后进入加德满都建立马拉王朝。

1743 年　　普里特维·纳拉扬·沙阿成为位于加德满都西部廓尔喀土

邦王国的国王。

1768 年　9 月 26 日，普里特维·纳拉扬·沙阿攻陷了谷地的加德满都王国，接着占领了拉利特普尔王国和巴克塔普尔王国，完成了对谷地的征服，建立了空前强大、统治全国的沙阿王朝，并于 1769 年 11 月 12 日正式将首都迁到加德满都。

1791 年　8 月 30 日，廓尔喀借口钱币兑换问题分兵两路入侵西藏，大肆掠夺扎什伦布寺。

　　　　11 月 27 日，福安康受命为大将军，准备从青海入藏，讨伐廓尔喀入侵者。

1792 年　6 月 24 日，福安康率兵开始与廓尔喀接仗，七战七捷，深入尼境七百余里。

　　　　9 月 28 日，廓尔喀部队在 8 月 5 日第一次求和未准之后，又于 8 月 31 日第二次前来求和，并于 9 月 28 日送来重礼犒军，福安康将军遂准其降。

　　　　9 月 30 日，中尼签订和平友好条约，规定尼每五年去北京"朝贡"一次，划定中尼边界，尼方的铸币特权被取消，等等。

1814 年　11 月 1 日，英国驻印度总督赫斯廷斯借口边界问题向尼泊尔宣战，调兵 2 万余人从东、西、南三面侵入尼泊尔。

1816 年　3 月 4 日，尼被迫与英国签订《萨高利条约》，将南部和西部平原的大片领土割让给英属印度。

1846 年　9 月 15 日，拉纳家族忠格·巴哈杜尔·拉纳发动政变，制造了骇人听闻的"科特庭院"惨案，一举杀害了政敌 400 余人，夺取了一切军政大权和世袭首相的职务，使国王沦为傀儡，自己成为最高主宰，从此开始了其家族对尼泊尔长达 105 年的专制统治。

1855 年　4 月和 9 月忠格·巴哈杜尔·拉纳以关税和领土争端为借口，先后两次出兵进犯西藏，占领吉隆、宗嘎和固帝（聂拉木），并于 1856 年 3 月迫使西藏签订不平等条约。

1950 年　7 月 31 日，印度在拉纳家族到台前与其签订"印度尼泊尔和平友好条约"。

11 月 6 日，特里布文国王摆脱拉纳家族监视到印度驻尼泊尔大使馆避难。

11 月 10 日，印度派出一架空军飞机将特里布文国王从加德满都接到德里。

11 月 11 日，尼泊尔大会党发动了推翻拉纳政权的武装革命。

1951 年　2 月 2 日，在印度斡旋下，特里布文国王与尼泊尔大会党和拉纳家族在德里达成协议，拉纳家族被迫同意交出政权。

2 月 18 日，特里布文国王返回加德满都，向人民宣布拉纳政权结束，颁布临时宪法，实行君主立宪制。由于这一原因，2 月 18 日被定为国家民主日。

1953 年　5 月 29 日，尼泊尔谢尔巴人藤津格·诺盖陪同新西兰人爱德蒙德·西拉里登上了全球最高的珠穆朗玛峰，改写了珠峰上没有人类足迹的记录。

1955 年　3 月 13 日，特里布文国王逝世。马亨德拉于 3 月 14 日继位。

8 月 1 日，中尼两国正式建立外交关系。

1956 年　9 月 20 日，中尼两国签订"中华人民共和国和尼泊尔王国保持友好关系以及关于中国西藏地方和尼泊尔之间通商和交通的协定"。

9 月 26 日～10 月 7 日，尼泊尔首相坦卡·普拉萨德·阿查里亚应周恩来总理邀请访问中国。

1957 年　1 月 25～29 日，周恩来总理应阿查里亚首相邀请访问尼泊尔，并同阿查里亚首相发表联合公报。

1959 年　2 月，马亨德拉国王颁布尼泊尔王国的第一部新宪法。接着，尼泊尔举行了有史以来的第一次大选，尼泊尔大会党获得下院多数议席，依照宪法组阁，该党主席 B. P. 柯伊拉腊出任首相。

1960 年　3 月 11 ~ 21 日，B. P. 柯伊拉腊首相应周恩来总理邀请访问中国，并于 3 月 21 日签订《中华人民共和国和尼泊尔王国政府关于两国边界问题的协定》与《中尼经济援助协定》。

4 月 26 ~ 29 日，周恩来总理应柯伊拉腊首相邀请和陈毅副总理等访问尼泊尔，双方于 28 日签订"中尼和平友好条约"，使中尼友好关系进入一个新阶段。

8 月 5 日，中国大使向尼国王递交国书，在加德满都建立常驻大使馆（此前大使均由驻印度大使兼任）。

12 月 15 日，马亨德拉国王停止执行宪法，解散议会和内阁，逮捕了首相和一些重要领导人，宣布一切政党非法，并亲自执政。

1961 年　9 月 28 日 ~ 10 月 6 日，尼泊尔国王马亨德拉、王后拉特娜访问中国，并于 10 月 5 日签订《中华人民共和国尼泊尔王国边界条约》。

11 月 13 日，中尼在北京互换"中尼和平友好条约"批准书。

1962 年　12 月 16 日，马亨德拉国王颁布评议会体制宪法。

1963 年　1 月 19 ~ 24 日，尼大臣会议副主席兼外交大臣图尔西·吉里访华，并于 1 月 20 日同陈毅副总理签订中尼边界议定书。

1964 年　5 月 19 日，中尼签订双边贸易协定。

10 月 11 日，中尼签订双边文化协定。

1966 年　6 月 25 日 ~ 7 月 13 日，尼泊尔王太子比兰德拉访问中国。

1972 年　1 月 31 日，马亨德拉逝世，比兰德拉继承王位。

1976 年　6 月 2 ~ 9 日，尼泊尔国王比兰德拉和王后艾什瓦尔雅应邀访华时首先访问了西藏自治区首府拉萨。这是有史以来第一位对西藏访问的外国国家元首，受到热烈的欢迎。

1975 年　2 月 25 日，尼泊尔国王比兰德拉在其加冕典礼上，向各国贵宾郑重提出了"宣布尼泊尔为和平区"的建议。到1990年3月18日为止,有116个国家表示支持尼泊尔的建议,唯独印度不予支持。

1978年　2月3~6日,邓小平副总理访问尼泊尔,宣布支持比兰德拉国王提出的"宣布尼泊尔为和平区"的建议,并准备承担适当义务来支持上述建议。

5月14日,尼泊尔国王比兰德拉在访日途中对中国进行了非正式访问。

1979年　8月26日~9月1日,尼泊尔国王比兰德拉和王后艾什瓦尔雅访问中国。

11月20~24日,中国外交部部长黄华访问尼泊尔。

1980年　5月2日,尼泊尔王国就是否继续保持无党派评议会制度举行全国公民投票,结果是:占54.79%的选民赞成继续保持评议会制度,但要加以适当改革。

1982年　7月28日,尼泊尔国王比兰德拉和王后艾什瓦尔雅访问中国,就开拓双边经济合作的新领域与中方交换意见。

1985年　5月,尼泊尔大会党掀起全国的不合作运动,要求开放党禁,建立民主制度。

1989年　1月下旬,尼泊尔大会党在加德满都举行大会,决定从2月18日"国家民主日"这天起,为恢复民主举行非暴力运动。此后,他们还联合左翼政党在全国发动群众。由于军警镇压,从1月至3月上旬的40多天中,数百人牺牲,数千人被捕。

3月,印度借口尼印贸易和过境条约到期,单方面废除了该条约,关闭了通向尼泊尔15个过境点中的13个,对石油、煤炭和食盐等重要物资实行禁运。

1990年　4月16日,比兰德拉国王向民主运动做出让步,解散了全国评议会,决定实施君主立宪制。

1991年　5月12日,尼泊尔举行了历史上的第二次议会大选,尼泊尔大会党获得过半数的议席，取得组阁权。该党的领导人之一吉里贾·普拉萨德·柯伊拉腊被任命为首相。

1994 年　11 月 15 日，尼泊尔再次进行议会大选，尼泊尔共产党（联合马列）获 88 席，成为第一大党，其党主席曼·莫汉·阿迪卡里被任命为首相，负责组建历史上前所未有的由尼共领导的新内阁。

1995 年　9 月 12 日，大会党再次受命组阁。这次，由该党第二代领导人谢尔·巴哈杜尔·德乌帕出任首相，与民族民主党和亲善党组成三党联合政府。

1996 年　2 月 4 日，尼共（毛主义者）向德乌帕政府提出了涉及国家外交、国内政治和改善民生等著名的《四十点要求》，限期求答复。

2 月 13 日，尼泊尔共产党（毛主义者）在要求政府答复其《四十点要求》时限期满的 4 天前，宣布在尼泊尔西部开展"人民战争"，接着西部山区的鲁孔、罗尔帕、贾贾科特、萨利亚纳、廓尔喀和辛杜利等 6 个县先后向政府机构发起进攻。

4 月，尼泊尔首相德乌帕访华，双方签署了《中尼民间合作论坛协议换文》。

8 月，尼泊尔国王比兰德拉和王后艾什瓦尔雅访问中国。

12 月 4～6 日，中国国家主席江泽民对尼泊尔进行国事访问，双方同意"建立世代睦邻伙伴关系"。在访问期间，双方还签署一项协定：中方为比兰德拉国王即位 25 周年庆典提供 5.6 亿卢比，用于在帕坦建设一座体育馆。

1997 年　3 月 10 日，民族民主党议会党团领袖洛肯德拉·巴哈杜尔·昌德出任首相，与尼泊尔共产党（联合马列）和亲善党组成三党联合政府。

10 月 6 日，民族民主党领导人苏尔亚·巴哈杜尔·塔帕出任首相，由该党（塔帕派）与大会党和亲善党组成三党联合政府。

1998 年　　4 月 12 日，吉里贾·普拉萨德·柯伊拉腊被任命为首相，
　　　　　组成大会党单独执政的政府。

1999 年　　5 月，举行第三次议会大选，大会党获胜，该党领导人
　　　　　克·普·巴特拉伊出任首相，组成政府。

2000 年　　3 月，吉里贾·普拉萨德·柯伊拉腊再次出任首相。

　　　　　5 月，朱镕基总理访尼，双方签订了多项经济合作协定。

2001 年　　2 月 25～29 日，尼泊尔国王比兰德拉应邀作为在 21 世纪
　　　　　访问中国的第一位国家元首，并出席亚洲博鳌论坛。这是
　　　　　比兰德拉国王对中国的第十次访问，也是最后一次访问。

　　　　　6 月 1 日晚，尼泊尔发生震惊世界的王宫惨案。据官方任
　　　　　命的调查委员会称，王储迪彭德拉由于在婚姻问题上与父
　　　　　王和母后发生争执，在王室成员例行的聚会上开枪将比兰
　　　　　德拉国王、艾什瓦尔雅王后及王子、公主和王室的其他成
　　　　　员共 13 人枪杀，然后"自杀"。

　　　　　6 月 2 日，尼泊尔国务会议做出决定，宣布性命垂危的王
　　　　　储迪彭德拉为新国王，比兰德拉的大弟贾南德拉为摄政
　　　　　王。

　　　　　6 月 4 日，迪彭德拉去世，贾南德拉就任尼泊尔国王。

　　　　　7 月 20 日，王宫惨案的发生使吉里贾·普拉萨德·柯伊拉
　　　　　腊及其政府受到谴责，加之他在处理国内反政府武装问题
　　　　　上无所作为引起广泛不满，因而在各党派和人民群众的要
　　　　　求下被迫辞职。大会党的新一代领导人谢尔·巴哈杜尔·
　　　　　德乌帕再次出任首相。

　　　　　7 月 24 日，德乌帕出任首相后公开声明，将优先与尼共
　　　　　（毛主义者）对话，得到后者的积极响应。双方于 8 月 30
　　　　　日、9 月 13～15 日和 11 月 13 日进行了三轮谈判。反政府
　　　　　武装要求废除君主立宪制，改行共和制，但双方未能达成
　　　　　协议。

11 月 26 日，尼泊尔政府宣布全国处于紧急状态。

2002 年　7 月 9～15 日，贾南德拉国王访华，双方同意此后关于中国西藏地方和尼泊尔之间的通商和交通的协定 10 年自动延长。

10 月 4 日，贾南德拉国王宣布罢免德乌帕首相职务，解散内阁，自己直接掌政。

10 月 11 日，贾南德拉国王任命民族民主党主席 L. B. 昌德为临时首相，组织临时内阁。

2003 年　1 月 29 日，贾南德拉国王宣布与反政府武装达成停火协议，准备再次进行和谈。

3 月 13 日，政府与反政府武装就应遵守的行为准则达成协议，先后于 4 月 27 日、5 月 9 日和 8 月 17～19 日举行了三轮谈判。

8 月 20 日，在上述和平谈判期间，尼皇家军队在美国的支持下，不遵守"行为准则"，认为反政府武装为"恐怖主义"，逮捕了 19 名反政府武装成员并将他们杀害。这导致反政府武装宣布停火协议失效，重新开始武装斗争。

8 月 27 日，尼共（毛主义者）领导人向全国人民发出号召：要求建立一个民主共和国；解散皇家尼泊尔军队，组建国家军队；停止外国干涉等。并决定在全国 75 个县采取武装行动。

2004 年　6 月 2 日，贾南德拉国王在内外的压力下重新任命德乌帕为首相。

8 月中旬，尼共（毛主义者）表声明要求政府释放被捕的游击队员，调查游击队员被害事件，并提供数千名失踪游击队员的信息。如果得不到满足，将无限期封锁所有通向加德满都的道路，切断食品和其他物资供应。

8 月 18 日，尼共（毛主义者）开始对加德满都实施第一轮封锁。首都的物价飞涨，人心惶惶，坐卧不安。

8月22日，尼泊尔工商界、社会团体和人权组织联合组织大规模的示威活动。他们高举"反对封锁""要求和平""宣布停火"等标语，敦促政府和尼共（毛主义者）立即停火，进行和谈，实现持久和平。

9月23日，德乌帕首相正式邀请尼共（毛主义者）会谈。后者质疑前者德乌帕政府的地位，拒绝了邀请。

10月14日，贾南德拉国王再次公布了《恐怖和破坏活动（控制与惩罚）法令》。

2005年　　2月1日，贾南德拉国王进行了闪电式政变，将德乌帕首相和其内阁成员及一些著名政治人物软禁起来，宣布国家进入紧急状态，并决定对反政府武装进行一次决定性的打击。

11月22日，尼共（毛主义者）主席普拉昌达经过与以吉里贾·普拉萨德·柯伊拉腊为首的七党联盟在新德里举行秘密会谈，正式签订了著名的《谅解备忘录》（达成"十二点共识"）。双方一致同意联手结束独裁的君主制；积极解决武装冲突，实现持久和平；组建临时政府，举行制宪会议选举，实现充分民主等。

2006年　　4月9日，七党联盟发动的无限期全国性抗议和示威，要求终结国王的专制统治，结束内战，恢复民主。皇家政府力图用过激的手段镇压抗议活动，武装警察在有的地方开火，死伤多人。但群众没有退缩。

4月19日，开枪事件后局势趋于紧张，印度总理曼·莫汉·辛格派卡兰·辛格作为特使，前往加德满都劝说贾南德拉放弃权力。

4月21日，贾南德拉国王宣布要将权力交还给人民，敦促七党联盟提名一位新首相。但七党联盟峰会拒绝贾南德拉国王的讲话，要求国王接受全部条件，包括恢复议会、成立多党政府，与尼共（毛主义者）谈判，并召开制宪会议选举。

4月24日晚，贾南德拉再次发表电视讲话，宣布接受七党联盟所有要求，恢复议会，还政于主流政党。

4月28日，吉里贾·普拉萨德·柯伊拉腊在国王监督下宣誓为首相，组织七党联合政府。接着着手组织代表团与尼共（毛主义者）举行会谈。

5月18日，新恢复的议会召开会议，决定免除国王作为军队最高统帅的职务，剥夺其除礼仪性职务外的其他职务；其枢密委员会也被解散。政府、军队和航空公司等名称前不再使用"皇家"前缀。

6月16日，尼共（毛主义者）主席普拉昌达应邀从西部山区来到加德满都，与七党联盟政府的首相吉里贾·普拉萨德·柯伊拉腊举行会谈。为尽早举行制宪会议选举消除政治障碍，双方达成了《八点协议》。根据这一协议，政府将解散议会，并组成包括尼共（毛主义者）在内的八党联合政府。

11月15日，吉里贾·普拉萨德·柯伊拉腊与普拉昌达经过马拉松的讨价还价终于达成历史性的《全面和平协议》（15点和平协议）。

11月21日，普拉昌达与吉里贾·普拉萨德·柯伊拉腊在加德满都比兰德拉会议中心正式签署了《全面和平协议》。

11月28日，七党联盟政府的内政大臣斯陶拉与尼共（毛主义者）代表马哈拉签署有关武器和武装管理、监督和人民解放军分驻全国各地营地的协定。

2月，公布了临时宪法。根据临时宪法，一个拥有330席位的临时议会将取代原议会。

2007年　4月1日，由吉里贾·普拉萨德·柯伊拉腊领导的包括尼共（毛主义者）在内的八党临时政府成立。

12月28日，临时议会通过临时宪法修正案，决定在尼泊尔废除君主制，建立联邦共和国——有待制宪会议第一次会议批准。

2008 年　4 月 10 日，尼泊尔首次制宪会议成功举行，包括尼共（毛主义者）在内的各政党参加选举。尼共（毛主义者）最终获得 601 个议席中的近 50%，成为第一大党，大会党和尼共（联合马列）分列第二和第三大党。

5 月 27 日，尼泊尔制宪会议正式成立。

5 月 29 日，尼泊尔制宪会议召开首次会议通过由临时政府提出的废除君主制、实行共和制的议案，并宣布 5 月 29 日为"尼泊尔共和日"。从此，尼泊尔从一个"印度教王国"正式转变为一个"联邦民主共和国"，统治尼泊尔长达 239 年的沙阿王朝寿终正寝。

7 月 21 日，拉姆巴兰·亚达夫博士当选为尼泊尔联邦共和国首届总统。

8 月 15 日，普拉昌达当选为尼泊尔联邦共和国首任总理。

8 月 24 日，胡锦涛主席在北京会见来京参加奥运会闭幕式并进行访问的普拉昌达总理。

2009 年　1 月 13 日，尼共（毛主义者）与阔别 9 年的尼共（团结中心）合并，改组为尼泊尔联合共产党（毛主义者），简称尼联共（毛主义者）。

5 月 4 日，由于在将陆军参谋长卡特瓦尔解职一事上与亚达夫总统及执政盟友尼共（联合马列）的严重分歧，普拉昌达宣布辞去总理一职。此后，尼共（联合马列）领导人马达夫·库玛尔·内帕尔得到大会党支持当选为总理，尼联共（毛主义者）成为反对党。

2010 年　6 月 30 日，马达夫·库玛尔·内帕尔总理宣布辞职。

2011 年　2 月 3 日，尼共（联合马列）主席贾拉·纳什·卡纳尔得到尼联共（毛主义者）支持，当选为尼泊尔总理。这是双方在 2008 年 8 月合作成立政府之后的再次携手。

8 月，卡纳尔由于与尼联共（毛主义者）的分歧而宣布辞职。

8 月 28 日，尼联共（毛主义者）副主席巴布拉姆·巴特拉伊在部分马德西政党的支持下当选为总理。巴特拉伊任职期间基本完成了尼联共（毛主义者）原领导的"人民解放军"整合任务，但制宪任务却未能完成。

2012 年　6 月中旬，由于与普拉昌达在政治路线问题上的严重分歧，以副主席莫汉·柏迪亚为首的"革命派"宣布与尼联共（毛主义者）分裂，另行组建政党，沿用原来尼共（毛主义者）的名称。

2013 年　2 月，尼联共（毛主义者）和尼共（毛主义者）分别举行党的"七大"。尼联共（毛主义者）的政治立场"右转"，不再将印度列为"首要敌人"；而尼共（毛主义者）则坚持原来的路线。

3 月 14 日，根据主要政党达成的《十一点协议》，首席大法官雷格米就任"选举委员会"主席（相当临时政府的总理），负责组织第二次制宪会议的选举。

11 月 19 日，第二次制宪会议选举举行，大会党和尼共（联合马列）分别赢得会议 601 席中的 196 和 175 席选举，成为第一和第二大党，而尼联共（毛主义者）仅获 80 席，沦为第三大党。随后，大会党主席苏希尔·柯伊拉腊在尼共（联合马列）的支持下，于 2014 年 2 月 10 日当选为总理，并承诺于 2015 年初完成新宪法的制定。

参考文献

中文

1. 〔尼〕N. B. 塔帕，D. P. 塔帕合著《尼泊尔地理》，浙江人民出版社，1977。

2. 〔尼〕I. R. 阿里亚尔，T. P. 顿格亚尔合著《新编尼泊尔史》，四川人民出版社，1972。

3. 外交部编《中华人民共和国对外关系文件集》。

4. 《中华人民共和国和尼泊尔王国双边关系重要文件汇编》，世界知识出版社，1925。

5. 《西藏王统记》，王沂暖译，商务印书馆，1957。

6. 王宏纬编著《高山王国尼泊尔》，中国社会科学出版社，1980。

7. 曾序勇：《寺庙之城加德满都》，上海人民出版社，1981。

8. 未著撰人《卫藏通志》，西藏人民出版社，1982。

9. 杨公素：《中国西藏地方的涉外问题》，中国藏学出版社，1985。

10. 王宏纬、鲁正华编著《尼泊尔民族志》，中国藏学出版社，1990。

11. 罗祖栋主编《当代尼泊尔》，四川人民出版社，2000。

12. 张惠兰：《传统与现代：尼泊尔文化述论》，世界知识出版社，2003。

12. 王宏纬主编《列国志——尼泊尔》，社会科学文献出版社，2004。

13. 未著撰人《钦定巴勒布纪略》，中国藏学出版社，2006。

14. （清）方略馆编《钦定廓尔喀纪略》，中国藏学出版社，2006。

15. 王宏纬：《来自喜马拉雅山南麓的报告》，中国社会科学院《老年科研基金成果汇编》第四卷，2005～2006。

16. 王宏纬:《尼泊尔——人民和文化》，昆仑出版社，2007。

英文

1. D. B. Gurung（Edited），*Nepal Tomorrow-Voices & Visions*，Kathmandu，Nepal：Koselee Prakashan，2003.

2. Rishikesh Shaha，*Modern Nepal- A Political History，1769 – 1955*，New Delhi：Manohar Publishers，1990.

3. Kamal P. Malla（Edited），*Nepal-Perspectives on Continuity and Change*，Kirtipur，Nepal，1989.

4. Mahesh C. Regmi，*Nepal-An Historical Miscellany*，Delhi：Adroit Publishers，2002.

5. Vijay Kumar Manandhar，*A Comprehensive History of Nepal-China Relations up to 1955 A. D.*，Vo. I & Vol. II，New Delhi：Adroit Publishers，2004.

6. Leo E. Rose，*Nepal-Strategy for Survival*，University of California Press，1971.

7. Kumar Shreshtha，*Monarchy in Nepal-Tribhuvan Era*，Bombay，India：Popular Prakashan Private Ltd. 1984.

8. Somnath & Ashadhar，*Nepal-Land of gods*，*Goddesses and Demons*，New Delhi，1985.

9. Aditya Man Shrestha，*The Dreadful Night-Carnage at Nepalese Royal Palace*，Kathmandu，Nepal：Ekta Books，2001.

10. Jonathan Gregson，*Massacre at the Palace-the Doomed Royal Dynasty of Nepal*，New York：Talk Miramax Books，2002.

10. Buddhi Narayan Shrestha，*Border Management of Nepal*，Kathmandu，Nepal，2003.

11. Arjun Karki & David Seddon，*The People's War in Nepal*，Delhi：Adroit Publishers，2003.

12. Bhim Rawal，*The Communist Movement in Nepal：Origin and Development*，

Communist Party of Nepal (UML), Kathmandu, 2007.

13. Deepak Thapa (Edited), *Underestanding the Maoist Movement of Nepal*, Jamal Kathmandu, 2003.

13. Surya P. Subedi, *Dynamics of Foreign Policy and Law-A Study of Indo-Nepal Relations*, New Delhi: Oxford University Press, 2005.

14. A. C. Sinha & T. B. Subba (Edited), *The Nepalis in Northest India*, New Delhi: Indus Publishing Company, 2003.

15. Prem Kumar Pant & Prof. Shanker Thapa (Edited), *Buddhism-The Icon of Cultural linkage with China*, Kathmandu: Nepal China Society, 2010.

16. John Whelptojn, *A History of Nepal*, Cambridge University Press, 2005.

索 引

地　名

后　记

　　《列国志》丛书《尼泊尔》卷是在 2004 年 3 月出版的。由于中尼关系在进入 21 世纪后空前加强，特别是 2006 年尼泊尔国内政局巨变后，国人对这个近邻国家的兴趣日益趋浓，使此书出乎意料地受到读者的欢迎。这对作者们无疑是巨大的鼓舞。

　　2013 年中国社会科学院科研局和社会科学文献出版社决定全面启动新版《列国志》的编撰出版工作。经过研究，新版《列国志》编辑委员会于 2014 年初决定由我担任《尼泊尔》卷的主编。这是一项很有意义的光荣任务，然而此时我已年届耄耋，深感力量有限，不禁想起原著的班子。从那时至今虽不过十载，但斗转星移，人事变迁，往昔的班子已难再现。在原稿的基础上修订看来相对较易，但是，由于其涉及学科跨度较大，收集资料的范围较广，要在有限的时间内（在签订合同后半年内交稿）较好地完成此项任务有相当的难度。因此，的确需要认真组织一个较为精干的班子。

　　经过反复的考虑和斟酌，我决定邀请刘善国、何朝荣和张松三位同志参与这项工作。刘善国同志是四川省国际和平发展研究中心的理事兼研究员，何朝荣同志是解放军外国语学院教授，张松同志是上海《文汇报》记者并曾长期担任过该报常驻加德满都的首席记者。他们都多年从事尼泊尔问题的研究，对该国的情况颇为熟悉。他们的参与，将是完成这项任务的保证。我及时联系了他们，有幸得到他们的慨然应允。就这样，我们组成了一个四人修订小组。半年多来，每位成员都不辞辛苦，认真努力，且表现出了充分的合作精神，令人甚感欣慰。为铭他们在新版《尼泊尔》

439

编撰工作中的贡献，现将每位担负的分工记录如下：

第一章　概览　　　　　　　王宏纬

第二章　民族　　　　　　　张　松

第三章　历史　　　　　　　王宏纬

第四章　政治与军事　　　　张　松

第五章　经济　　　　　　　刘善国

第六章　社会　　　　　　　何朝荣

第七章　文化　　　　　　　何朝荣

第八章　外交　　　　　　　张　松

第九章　与中国的关系　　　王宏纬、刘善国

作为主编，我除从事有关章节的修订外，尽力做了些纠错补漏的工作，并在最后添加了大事纪年、参考文献和索引等。错误和不当之处欢迎同行和读者不吝指正。

需要说明的是，原版《尼泊尔》虽在 2004 年出版时刊登了反映尼泊尔各方面的 14 张照片，但是今天看来，其数量过少，难以反映尼泊尔的全面情况特别是近十年的发展。新版《尼泊尔》补充和更新了图片弥补了这一不足。对此，我们要向图片提供者表示由衷的感谢。另外，在本书补写有关文化交流的过程中，中央人民广播电台记者朱梅女士为我们提供了一些资料，也在此向她表示谢意。

王宏纬

2014 年 12 月 26 日

新版《列国志》总书目

非洲

阿尔及利亚

埃及

埃塞俄比亚

安哥拉

贝宁

博茨瓦纳

布基纳法索

布隆迪

赤道几内亚

多哥

厄立特里亚

佛得角

冈比亚

刚果

刚果民主共和国

吉布提

几内亚

几内亚比绍

加纳

加蓬

津巴布韦

喀麦隆

科摩罗

科特迪瓦

肯尼亚

莱索托

利比里亚

利比亚

卢旺达

马达加斯加

马拉维

马里

毛里求斯

毛里塔尼亚

摩洛哥

莫桑比克

纳米比亚

南非

南苏丹

尼日尔

尼日利亚

塞拉利昂

塞内加尔

塞舌尔

圣多美和普林西比

斯威士兰

苏丹

索马里

坦桑尼亚

突尼斯

乌干达

赞比亚

乍得

中非

欧洲

阿尔巴尼亚

爱尔兰

爱沙尼亚

安道尔

奥地利

白俄罗斯

保加利亚

北马其顿

比利时

冰岛

波兰

波斯尼亚和黑塞哥维那

丹麦

德国

俄罗斯

法国

梵蒂冈

芬兰

荷兰

黑山

捷克

克罗地亚

拉脱维亚

立陶宛

列支敦士登

卢森堡

罗马尼亚

马耳他

摩尔多瓦

摩纳哥

挪威

葡萄牙

瑞典

瑞士

塞尔维亚

塞浦路斯

圣马力诺

斯洛伐克

斯洛文尼亚

乌克兰

西班牙

希腊

匈牙利

意大利

英国

美洲

阿根廷

安提瓜和巴布达

巴巴多斯

巴哈马

巴拉圭

巴拿马

巴西

秘鲁

玻利维亚

伯利兹

多米尼加

多米尼克

厄瓜多尔

哥伦比亚

哥斯达黎加

格林纳达

古巴

圭亚那

海地

洪都拉斯

加拿大

美国

墨西哥

尼加拉瓜

萨尔瓦多

圣基茨和尼维斯

圣卢西亚

圣文森特和格林纳丁斯

苏里南

特立尼达和多巴哥

危地马拉

委内瑞拉

乌拉圭

牙买加

智利

大洋洲

澳大利亚

巴布亚新几内亚

斐济

基里巴斯

库克群岛

马绍尔群岛

密克罗尼西亚

瑙鲁

纽埃

帕劳

萨摩亚

所罗门群岛

汤加

图瓦卢

瓦努阿图

新西兰

国别区域与全球治理数据平台

www.crggcn.com

"国别区域与全球治理数据平台"（Countries，Regions and Global Governance，CRGG）是社会科学文献出版社重点打造的学术型数字产品，对接国别区域这一重点新兴学科，围绕国别研究、区域研究、国际组织、全球智库等领域，全方位整合基础信息、一手资料、科研成果，文献量达30余万篇。该产品已建设成为国别区域与全球治理数据资源与研究成果整合发布平台，可提供包括资源获取、科研技术服务、成果发布与传播等在内的多层次、全方位的学术服务。

从国别区域和全球治理研究角度出发，"国别区域与全球治理数据平台"下设国别研究数据库、区域研究数据库、国际组织数据库、全球智库数据库、学术专题数据库和学术资讯数据库6大数据库。在资源类型方面，除专题图书、智库报告和学术论文外，平台还包括数据图表、档案文件和学术资讯。在文献检索方面，平台支持全文检索、高级检索，并可按照相关度和出版时间进行排序。

"国别区域与全球治理数据平台"应用广泛。针对高校及国别区域科研机构，平台可提供专业的知识服务，通过丰富的研究参考资料和学术服务推动国别区域研究的学科建设与发展，提升智库学术科研及政策建言能力；针对政府及外事机构，平台可提供资政参考，为相关国际事务决策提供理论依据与资讯支持，切实服务国家对外战略。

数据库体验卡服务指南

※100元数据库体验卡，可在"国别区域与全球治理数据平台"充值和使用

充值卡使用说明：
第1步 刮开附赠充值卡的涂层；
第2步 登录国别区域与全球治理数据平台（www.crggcn.com），注册账号；
第3步 登录并进入"会员中心"→"在线充值"→"充值卡充值"，充值成功后即可使用。

声明

最终解释权归社会科学文献出版社所有

客服QQ：671079496
客服邮箱：crgg@ssap.cn

欢迎登录社会科学文献出版社官网（www.ssap.com.cn）和国别区域与全球治理数据平台（www.crggcn.com）了解更多信息

社会科学文献出版社
SOCIAL SCIENCES ACADEMIC PRESS (CHINA)
卡号：5895594375735491
密码：

图书在版编目（CIP）数据

尼泊尔/王宏纬主编. -2 版.—北京：社会科学文献出版社，
2015.10（2022.3 重印）
（列国志：新版）
ISBN 978 - 7 - 5097 - 7760 - 2

Ⅰ.①尼… Ⅱ.①王… Ⅲ.①尼泊尔 - 概况 Ⅳ.①K935.5

中国版本图书馆 CIP 数据核字（2015）第 152818 号

·列国志（新版）·

尼泊尔（Nepal）

主　　编／王宏纬

出 版 人／王利民
项目统筹／张晓莉
责任编辑／郭白歌　周志宽
责任印制／王京美

出　　版／社会科学文献出版社·国别区域分社（010）59367078
　　　　　　地址：北京市北三环中路甲 29 号院华龙大厦　邮编：100029
　　　　　　网址：www.ssap.com.cn
发　　行／社会科学文献出版社（010）59367028
印　　装／唐山玺诚印务有限公司

规　　格／开 本：787mm × 1092mm　1/16
　　　　　　印 张：30.5　插 页：1　字 数：458 千字
版　　次／2015 年 10 月第 2 版　2022 年 3 月第 2 次印刷
书　　号／ISBN 978 - 7 - 5097 - 7760 - 2
定　　价／89.00 元

读者服务电话：4008918866